KB069653

행동분석가 윤리

Jon S. Bailey · Mary R. Burch 공저

양문봉 · 이성봉 · 조정연 · 최진혁 공역

학지사

Ethics for Behavior Analysts, 3rd Edition

by Jon S. Bailey and Mary R. Burch

역자
서문

 이 책은 '본 윤리 규정이 조직과 단체 구성원의 행동과 전문 과제 수행에 대한 지침을 제공한다.'라는 기본 철학을 견지하고 있다. 이는 행동분석가를 위한 윤리 규정이 전문가의 행동지침만을 통제하는 법 조항 역할에 그치지 않고, 전문가로서의 전문성을 발휘하는 바른 절차에 대한 핵심적 지침까지 제시하는 것을 말한다. 따라서 행동분석이라는 학문영역은 태생적으로 윤리적이고 전문적인 실천이다. 그렇다고 행동분석이 윤리적인 근본에서 시작하기 때문에 이를 실행하는 가운데 자동으로 윤리적인 행동이 유발된다는 것을 의미하지 않는다. 행동분석학의 전문성을 획득하는 과정에서 윤리적 행동 및 결정이 무엇인지를 적절하게 판단할 수 있도록 훈련받는 과정이 반드시 병행되어야 할 필요가 있다는 것이다. 따라서 이 책은 이런 점을 고려하여 행동전문가들이 현장에서 행동중재와 프로그램을 수행하는 가운데 무수히 발생하는 돌발적인 상황마다 윤리적이고 전문적인 결정을 내릴 수 있는 정확한 판단기준을 세우는 데 도움을 줄 수 있다는 점에서 탁월하다.

 이 책은 2016년 초에 새롭게 재정비된 윤리 규정을 바탕으로 구성되어 있고, 초기 버전에 추가로 더 많은 사례를 포함하고 있어 행동분석가가 현장에서 만날 수 있는 상황에 대처하는 과정에서 폭넓고 지혜롭게 윤리적인 결정을 하도록 도와줄 것으로 기대한다. 이 책은 '행동분석가의 전문성과 윤리 이행 관련 규정'의 1.0에서 10.0에 이르기까지 각 윤리 코드에 대한 핵심 요소들을 잘 적용할 수 있도록 쉬운 용어를 사용하여 설명하였으며, 다양한 구성에서의 사례들을 소개하면서 각 행동분석가들의 적합한 적용이 가능하게 도왔다. 부록에 다양한 코드와 연결할 수 있는 50가지 사례와 설명을 추가로 제공하고 있다. 이 책은 행동분석가에게 윤리적인 적용의 지경을 넓혀 준다는 점에서 평생 이 분야에서 활동하는 행동분석가의 서재 중간에 늘 자리 잡을 수 있는 중요 서적이 되리라 믿어 의심치 않는다.

2019년 2월

역자 씀

**저자
서문**

책의 새로운 내용과 사용법

나의 첫 번째 윤리학 경험은 1960년대 말 심리학과 대학원생 때였다. 나는 애리조나주 피닉스의 민간 단체의 작은 병동에서 무거운 철제 침대에 감금되어 있는 중증 발달장애 남자를 위해 근무하고 있었다. 맹·농을 동반하고 있었으며, 용변을 가리지 못하고 이동이 용이하지 못했던 나의 '연구 대상자(subject)'는 거의 하루 종일 자해행동을 했다. 우울하고 악취 나는 그의 생활공간에 들어갈 때에는 그가 금속 막대에 머리를 박는 소리가 23m 밖에서부터 들릴 정도였다. 나는 매일매일 만성적인 자해행동 또는 SIB(self-destructive behavior, 당시에 자멸행동이라고 불렀다.)를 어떻게 감소시킬 수 있는지에 대한 논문을 작성하면서 그의 병상 옆에 앉아 있었다. 몇 번의 공식 관찰 회기 후 의료 기록을 읽고, 몇 가지 아이디어가 떠올랐다. 나의 논문 심사위원 중 한 명인 Lee Meyerson 박사와 회의를 했다. 그는 이 기관에서 연구를 감독하고 있다. 나는 "저는 자멸행동을 보이는 대상자를 관찰하고 있습니다."라고 말을 시작했다. "그는 하루 종일 분당 10번에서 15번씩 머리를 때립니다. 다양한 시간에 비공식적으로 자료를 수집하였고, 일관된 패턴을 볼 수 없었습니다."라고 말했다.

　　Lee Meyerson 박사는 10분 동안 나의 말을 들으며 고개를 끄덕이더니 담배 파이프에 담뱃잎을 채우기도 하였다(당시에는 어디서든 담배를 피울 수 있었다). 그때 갑자기 나에게 멈추라고 하더니 담배 파이프로 나를 가리키며, 내가 한 번도 생각해 본 적이 없는 질문들을 던지기 시작했다. '연구 대상자' 이름을 알고 있는가? 이 사람을 관찰하고 보고할 수 있는 허가를 받았는가? 누가 의료 기록을 보는 것을 허락했는가? 이 사례를 다른 대학원생과 의논하거나 수업 시간에 그 자료를 보여 주었는가? 나는 Lee Meyerson 박사의 어떠한 질문에도 적절한 답을 내놓지 못했다. 나는 '연구 대상자'를 사람으로서 생각하고 있었던 것이 아니라 단지 나의 논문 자료를 위한 자원으로 생각하고 있었다. Billy에게는 사생활과 비밀 유지에 대한 권리가 있고, 학위 취득을 돕기 위한 '연구 대상자'뿐만 아니라 존엄과 존경을 받아야 하는 존재라는 것을 나는 전혀 알지 못했다. 알고 보니 향후 10년까지는 법조계에서 실제로 제기되지 않았을 윤리적 질문을 먼저 심문했던 것이다(제1장 참조). Lee Meyerson 박사의 질문은 나에게 실험 외의 관점에서 무엇을 하고 있었는지에 대해 느끼게 해 주었다. 내가 다른 누군가의 연구 대상자라면 어떻게 대우받고 싶을까? 아니면 나의 어머니나 여동생이 어떻게 대우받길 원할까? 우리는 대부분은 '친절, 연민, 존경'이라고 의심 없이 대답할 것이다. 따라서 우리가 지금 하고 있는 일에 대해 생각해 본다면 심리학, 특히 행동분석에서의 윤리는 쉽게 구체화되고 명확하게 설명할 수 있다.

　　오늘날 학생들은 나의 세대에 비해 큰 이점을 가지고 있다. 우리 시대에는 윤리 규정도 없이 학문세계의 하나인 동물 실험실에 발을 들여놓았고 작동적 조건화 원리를 효과적인 치료로 바꾸려고 노력했다. 그 시대는 윤리적 고려를 하지 못했다. 물론 Lee Meyerson 박사를 만나고 나서 달라졌다. 오늘날 행동분석학은 50년 가까이 응용연구와 실습을 거쳤다(그 속에서 배우고 지식에 대한 책임을 가지게 되었다). 뿐만 아니라 판례법과 판례를 포함한 윤리에 관한 풍부한 법적 자료를 가지게 되었다. 마지막으로, 오늘날 학생들은 우리 분야를 위해 특별히 고안된 완벽하게 합법적이고, 철저하게 연구되고 잘 구성된 윤리 규정을 이용할 수 있다. 이 책은 BACB 행동분석가의 전문성과 윤리 이행 관련 규정의 최신 내용을 다루고 있다. 지난 15년 동안 대학원 과정에서 '행동분석의 전문적 윤리적 쟁점'을 강의하면서 우리 분야에서만 볼 수 있는 윤리적 쟁점에 대해 많은 것을 배웠다. 강의를 개발하며, 우리의 신중한 접근법을 제대로 이해하지 못하거나 높이 평가하지 않는 학생들을 위해 윤리학을 흥미 있고 유익하게 접근할 수 있는 방법을 찾으려고 노력했다. 내가 알게 된 것은 비록 우리가 훌륭한 윤리 규정을 가지고 있지만, 이것은 다소 무미건조하고, 그 자체로는 지켜야 할 긴급성과 타당성을 보여 주지 않는다는 것이다. 규정을 읽는 것은 컴퓨터 소프트웨어의 사용 설명서를 읽는 것과 같다. 이 과정이 분명히 중요하지만, 당신은 이 과정을 건너뛰고 바로 컴퓨터 소프트웨어를 사용하는 경우도 있다.

몇 년 전에 Jerry Shook 박사의 부탁으로 펜실베이니아주립대학교에서 열리는 윤리 워크숍에 참석할 예정이었다. 발표 자료를 준비하는 과정에서 나는 어떤 윤리 관련 질문을 받게 될지 궁금했다. Shook 박사는 각각의 워크숍 참여자들이 근무 상황에서 직면했던 질문 두 가지와 '시나리오'를 써서 제출하도록 준비해 두었다. 곧 받아 본 질문과 시나리오는 단순한 윤리적 쟁점에 관한 것이 아니라는 것을 알게 되었다. (BACB 지침을 바탕으로) 정확한 답변을 찾아보기 시작했고, 어려움을 느꼈다. 무엇인가 빠져 있었다. 일종의 지표로 도움이 되겠지만 내가 찾고자 하는 것은 없었다. 며칠 밤이 지나서야 하나의 지표를 완성했다. Shook 박사와 내가 학회에 참석할 당시 나는 윤리를 가르치는 데 새로운 방법을 익히게 되었다. 이것은 학생들에게 시나리오를 제시하고, 당시 버전의 책임 있는 행동을 위한 지침에서 연관된 내용을 찾아본 후, 그에 대한 바른 윤리적 행동을 제안하고 발표하는 것이다. 이 접근법을 통해 학생들에게 광범위한 윤리적 우려 사항이 특정 규정 조항으로 귀결된다는 것을 가르쳤다. 지난 몇 년 동안 이 방법을 사용하면서 주제와 밀접하게 관련된 쟁점에 대해 다양한 토의를 이끌어 낼 수 있다는 것을 경험하였다.

'행동분석 윤리' 수업에서 접하게 되는 문제 중 하나는 특정한 규정 조항이 문맥에 맞지 않는 경우가 많거나, 너무 엄격한 규정으로 작성되었다는 것이다. 학생들은 왜 이것들이 필요한지 어떻게 관련이 있는지 이해하지 못했다. 나는 종종 특정한 조항을 평범한 언어로 '해석'해 주기 시작했다. 우리 분야에서 특정 규정 조항의 중요성과 관련된 역사적 배경 지식을 제공하는 과정은 학생들에게 이해의 수준을 높여 주었다.

이 책은 행동분석에서 윤리를 가르치는 데 학생 중심적인 실용적 접근법을 제시하려 노력했다. 모든 사례는 실제 사례를 기반으로 하지만 당혹감이나 법적인 번거로움을 방지하기 위해 편집하였으며, 사례의 저자는 자신의 사례를 사용하는 데 동의를 해 주었다(인용 부호를 쓴 부분은 실제 제출된 사례에서 직접 인용한 부분이다). 또한 사례마다, 각 장의 끝에 코멘트를 해 두었다. 부록 C에서는 수업이나 숙제로 사용할 수 있는 연습 시나리오를 제시하였으며, 각 시나리오 끝에 '힌트'를 추가해 두었다. 물론, 특정 영역에 따라 행동분석 실습에서 마주치게 되는 자신만의 응용 시나리오를 만들어 사용할 수 있다.

마지막으로, 이 책의 목적은 실용적인 안내서로 이용되는 것이며, 우리는 이 책을 학술적이거나 이론적인 내용으로 만들지 않으려고 했다. 윤리 과정을 가르치는 사람들은 정기적으로 학생들에게 미국 헌법을 읽게 하고, 『뻐꾸기 둥지 위로 날아간 새(On Flew Over the Cukoo's Nest)』를 읽게 하였으며, 치료의 범위, 서류 보관, 비밀 유지 및 기타 관련 쟁점에 관한 주 법령을 찾게 하였다. 나의 경험에 따르면, 관련 서적을 찾는 데 창의적 탐색 방법을 사용해야 한다는 것이다. Skinner와 Sidman의 서적부터 국제행동분석학회(Association for Behavior Analysis International: ABAI)의 여러 자료를 학생들에게 읽게 하는 것이 직면하게 될 윤리적 쟁점을 다룰 준비를 하는 데 유용할 것이다. 우리는 신임 국제행동분석가(BCBA)에게 가장 중요하고 시급하다고 생각되는 쟁점을 제19장 '첫 직장에서의 윤리적 행위에 대한 실천적인 12가지 팁(A Dozen Practical Tips for Ethical Conduct on Your First Job)'에서 요약하려 했다. 이 책을 즐겁게 읽고 가장 중요한 주제를 효과적으로 가르치는 방법에 대한 의견을 나누길 희망한다.

Jon S. Bailey

2016. 1. 1.

제3판의 새로운 점

『행동분석가 윤리』제1판이 발간된 지 얼마 되지 않아 우리는 주 협회 모임과 전국적으로 다양한 모임에서 윤리에 관한 워크숍을 개최해 달라는 요청을 받기 시작했다. 매일 직면하는 윤리적 상황에 관해 실무자에게서 직접 배우는 것은 계몽적이고 교육적이었다. 우리는 참여자들의 실제 상황을 참고할 수 있도록 워크숍을 시작하기 전에 '시나리오 양식'을 작성하도록 요청하였다. 제출된 시나리오는 활발한 토의를 유발하여 실무자들이 업무에서 직면하고 있는 윤리적 어려움에 대한 이야기를 나눌 수 있게 해 주었다.

워크숍 상황극에서 참여자들은 책임 있는 행동을 위한 지침(지금은 행동분석가의 전문성과 윤리 이행 관련 규정)을 참고했다. 워크숍 참여자들은 특정 규정 조항이 무엇을 말하고 있는지 알고 있지만, 어떤 상황을 처리하는 데 필요한 말과 대응책을 준비하는 데 어려움을 겪고 있음을 알게 되었다. 이로 인해 '효과적인 윤리 메시지 전달(Delivering the Ethics Message Effectively)'을 추가하기로 하였다(제17장 참고). 제2판에 추가된 주요 내용은 2005년에 텍사스 행동분석협회의 발족에서 시작되었다. Kathy Chovanec은 왜 행동분석가는 부모, 교사, 다른 사람이 제시한 문제를 해결하는 데 전문적 서비스 선언(Declaration of Professional Services)을 사용하지 않느냐고 우리에게 물었다.

Kathy와 협력하여 행동분석가를 위한 문서를 만들었다(제18장 참고).

대학원에서 윤리 수업 시간에 학생들이 실습 과정에서 직면하는 어려움을 알게 되었다. 그리고 이러한 어려움은 학생들의 윤리적 접근 방식에서 비롯되었다는 것을 알게 되었다. 일부 학생들은 '개인 윤리'를 포기하고 우리 분야의 전문적인 윤리 규정을 받아들이는 데 어려움을 겪었다. 나는 학생들에게 다음과 같이 극적인 소개로 수업을 시작했다. "오늘 당신은 시민으로서의 삶의 마지막 날입니다. 앞으로 당신은 전문 행동분석가 대열에 합류하여 책임 있는 행동을 위한 윤리 규정을 배우고 사용하시기를 바랍니다." 관련 내용은 제5장 '일반 사람과 행동분석가를 위한 일상적인 윤리 과제(Everyday Ethical Challenges for Average Citizens and Behavior Analysts)'에 제시되어 있다.

2010년 봄, BACB는 윤리 규정 지침에 대한 검토를 시작했다. Jon Bailey(회장), Jose Martinez-Diaz, Wayne Fuqua, Ellie Kazemi, Sharon Reeve, Jerry Shook(자격증위원회 CEO)이 전문가 위원으로 참여하였다. 위원회는 윤리 규정 지침의 작은 부분을 변경하기 위해 추가적으로 위험성 분석을 포함한 몇 가지 새로운 절차를 포함시키고자 권고했다. 이 주제를 제16장 '위험-효율성 분석의 실행(Conducting a Risk Benefit Analysis)'에 제시했다.

2014년 8월, BACB 이사회는 행동분석가의 전문성과 윤리 이행 관련 규정의 최초 버전을 승인하였다. 2016년 1월 1일, 모든 BACB 지원자, 자격증 소지자가 이 규정을 준수하도록 요구하고 있다.

제3판의 사용법

나는 매년 한 학기 과목인 행동분석가를 위한 윤리와 전문가적 쟁점 과목을 오랫동안 가르치고 있다. 학기의 반은 『행동분석가 윤리』를 사용하고 있으며, 나머지 반은 『전문적인 행동분석가를 위한 25가지의 본질적인 기술과 전략』(Bailey & Burch, 2010)을 사용하고 있다. 윤리를 논함으로써 학생들은 자신의 행동 방식에 대한 새로운 사고방식에 민감해진다. 그리고 학생들이 성공하는 데 필요한 다른 모든 전문적 기술에 대해서도 윤리 규정을 도입할 것이다.

　　우리는 『행동분석가 윤리』 제3판이 윤리에 대해 배우고 다른 사람에게 가르칠 때 유용한 책이 되기를 바란다.

Jon S. Bailey

2016. 1. 1.

이 책은 Behavior Analyst Certification Board®, the Association for
Behavior Analysis International 또는 다른 행동분석 기관의 공식적인 의견
을 대변하는 것이 아니다. 이 책의 내용은 행동분석가 자격증 위원회의 행동
분석가의 전문성과 윤리 이행 관련 규정의 유일한 해석이라고 할 수 없다.
각 국제행동분석가(BCBA), 슈퍼바이저 또는 관련 단체가 이 규정을 상황에
따라 적절하게 해석해야 한다.

이 책에 소개된 사례들은 저자들의 행동분석 분야에서의 60년간의 경험을
결합한 것을 기반으로 한다. 모든 사례에서 관련 당사자들과 기관의 비밀을
보장하기 위해 가명을 사용했다. 몇 개의 장이 끝나면, 우리는 실제 사례 또
는 가정된 사례에 의해 제기된 윤리적 문제 해결을 위한 가상적 방법으로 '사
례에 대한 답변(Responses to Case Questions)'을 제시했다. 우리는 이 답변이
유일한 윤리적 해결 방법이라고 주장하는 것이 아니라 윤리적 해결 방법을
위한 하나의 예시가 될 수 있다는 것을 말하고 싶다. 이 책을 이용하는 교수
들은 자신의 경험에 기초하여 대안적인 해결 방법을 만들도록 조언한다. 마
지막으로, 매우 민감한 문제들을 세심하게 처리하는 방법을 논의하고 토론
하는 데 이 책을 사용하기 바란다.

차례

제1부 | 행동분석 윤리의 배경

제2부 | 행동분석가를 위한 전문성과 윤리 이행 관련 규정의 이해

第3부 │ 윤리적 행동분석을 위한 전문적 기술

第4부 │ BACB 윤리 규정, 용어, 시나리오 그리고 추가 읽을거리

제1부

행동분석
윤리의 배경

제1장 우리가 여기에 오기까지

　자신을 보호하고 변호할 수 없는 힘없는 사람을 학대하는 것보다 더 충격적이고 끔찍한 일은 없다. 동물, 어린이, 여성, 노인을 신체적, 정서적으로 학대하는 끔찍한 사건이 우리 문화 속에서 매일 일어나고 있지만, 일간지의 지방 뉴스에 몇 줄로 작게 보도될 뿐이다.

　발달장애인 또한 학대의 피해자가 될 수 있다. 장애아동과 장애인을 대상으로 한 비난 받아 마땅한 학대가 전문가에 의해 발생했을 때 특히 큰 문제가 된다. 그러나 이러한 사건이 1970년대 초 플로리다에서 일어났다.

> 자해행동, 파괴행동, 부적절한 행동에 대해 비공식적 대처 방법으로 혐오적인 후속결과를 사용했다.

이 학대 사건은 행동분석과 장애인 치료의 역사를 바꿨다.

　행동분석가 윤리 규정에 대한 이야기는 1960년대 후반부터 시작되었다. 이때는 '행동수정'이 모든 곳에 유행할 시기였다. 1960년대 중반에 시작되었지만(Krasner & Ullmann, 1965; Neuringer & Michael, 1970; Ullmann & Krasner, 1965), 행동수정 초기 주창자들 중 일부는 극적인 행동 변화를 약속했다.

　이런 행동 변화는 행동 관련 워크숍에 참석한 사람이라면 누구나 수행할 수 있는 손쉬운 것이라고 주장했다. 이 사람들은 자신을 '행동수정 전문가'라고 부르며 호텔 회의실을 대여하여 많은 연수를 실시했다. 등록을 위한 사전 요구사항도 없었고, 강사의 자격에 대한 질문도 없었다. 기본적인 어조는 다음과 같았다. "왜 행동이 일어나는지 알 필요가 없다. (이러한 행동은 '작동 행동'으로서 학습된 것으로 간주한다.) 당신은 후속자극(consequence)을 다루는 방법만 알면 된다. 모든 사람의 일차적 강화제(primary reinforcer)은 음식이다. 단지 당신이 원하는 행동에 따라 그것을 유관적으로 사용하면 된다. 부적절하거나 위험한 행동을 할 경우에는 후속결과(벌)를 사용하여 해당 행동을 '감소'시키면 된다." 행동의 '원인'에 대한 개념이나 원인과 효과적인 치료 사이의 연관성을 고려하지 않았다. 또한, 음식을 사용함으로써 발생할 수 있는 부작용(예를 들어, 식품 알레르기, 체중 증가)이나 사탕과 같은 음식을 다루는 방법에 대해서는 고려하지 않았다. 실제로 '행동전문가'의 호주머니에 들어 있는 치오리오 시리얼(Cheerios®), 엠앤엠 초콜릿(M&M®), 프레첼과 기타 한 입 크기의 과자가 필요에 따라 아침부터 하루 종일 사용되었다(심지어 행동 전문가가 배고플 때, 그것을 먹었을지도 모른다.). 마찬가지로, 혐오적인 후속결과가 자해행동, 파괴행동, 부적절한 행동에 비공식적이고, 즉흥적이고, 자발적인 대처 방법으로 사용되었다. 몇몇 직원들은 '창의적'으로 후속결과를 적용하도록 요구받았다. 이에 따라 '행동치료 건물동(behavior unit)'에서 일하던 치료사들의 재킷 주머니에서 매운 타바스코(Tabasco) 소스와 레몬 주스 등이 발견되기도 했다.

1970년대 초, '유닛(unit)'이라 불리던 치료 건물은 보통 심각한 지적장애, 때로는 일부 지체장애, 문제행동을 가진 발달장애인을 위한 거주 시설이었다. 이 시설은 주로 300~1,500명을 수용할 수 있는 전직 참전 군인이나 결핵 환자 병원을 방불케 했다. '행동수정'이 소개되고 심각한 행동문제에 대한 극적인 치료를 제공하기 전까지는 보호 목적으로 사용되곤 했다.

아무런 윤리 규정도 없고, 근본적으로 아무런 제약도 없는 이러한 '치료'는 바로 철저한 학대로 변했다.

마이애미 선랜드 사건

마이애미의 선랜드 훈련 센터는 1972년에 플로리다 주를 뒤흔들었던 학대 조사의 '그라운드 제로'가 되었다. 1965년에 개원한 이래로 이 센터는 높은 이직률로 어려움을 겪어 왔으며, 이로 인해 인원 부족에 시달렸고 직원에 대한 연수 수준도 낮았다. 놀랍게도, '생활관리 보모'로 일하는 직원의 대부분은 대학생들이었다. 1969년에 해당 센터장은 '거주자 학대 혐의' 조사를 받고 사임했다. 그는 '대형 트레일러를 감방으로 급조하여' 두 명의 거주자를 가둔 혐의를 받았다(McAllister, 1972, p. 2). '드물게 발생하는 감금 사건' 혐의와 관련한 6개월의 조사 후, 1971년 4월 플로리다 지적장애 분과와 데이드 군 소재 지방검찰청은 거주시설 학대에 대해서도 집중 조사를 시작했다. 전문가 직원 중 한 명인 E 박사는 이러한 사건 배당에 대해 불만을 제기하였고, 그 후 민원처리위원회는 명백한 정보와 고위 관리자의 승인을 통해 거주자 학대와 관련된 '매우 충격적인 상황'을 폭로했다. 그 결과, 센터장, 생활 관리 책임자, 심리학자, 거주 슈퍼바이저 3명, 보호 직원을 포함한 7명이 즉시 정직되었다. 각각은 '직권 남용, 위법 행위, 직무 태만, 그리고 거주자 학대'로 기소되었다(p. 4). 이에 따라 주 보건재활청(State Health and Rehabilitative Services: HRS) 지적장애 분과의 Jack McAllister 국장은 변호사, 사회 복지사, 고객 보호 전문가, 행동분석가 2명(Jack May, Jr. 박사와 Todd Risley 박사) 등 9명으로 구성된 블루리본위원회(Blue Ribbon Panel)라는 '거주 시설 학대 조사 위원회'를 발족했다.

현 직원, 전 직원, 거주자, 거주자 친척(마이애미 선랜드 센터에서 아들이 사망한 사람 포함)을 포함하여 70명 이상을 대상으로 면담을 실시했으며, 면담 시간은 최대 10시간인 경우도 있었다. 위원회는 또 원본 일지, 내부 메모, 개인 수첩, 인사 기록물도 검토했다.

자신을 행동수정 전문가로 소개한 심리학자 E 박사는 1971년부터 이곳에

E 박사는 강제적인 공개 자위, 강제적인 공개 동성애 행위, 강제적으로 비누로 입 씻기기, 나무 주걱으로 때리기, 과도한 속박 사용으로 구성된 '치료' 프로그램을 만들었다.

근무하기 시작하였다. 그는 '경제 분석을 위한 통계적 모델의 다소 난해한 질문'을 연구하기 위해 3곳의 생활관리 시설에 이른 '성취 부서'라는 정말 아이러니하게 명명된 프로그램을 만들었다(McAllister, 1972, p. 15). E 박사는 1년여에 걸쳐 여러 학대 사건을 발생시킨 치료 프로그램을 설립했는데, 그때의 사건들은 공개 자위(자위 행위를 하다 잡힌 거주자), 강제적인 공개 동성애 행위(해당 행위를 하다 적발된 거주자), 강제적으로 비누로 입 씻기기(거짓말, 욕설 또는 단순히 말을 했다는 것에 대한 벌로써), 나무 주걱으로 때리기(가출로 10번 '때리기'), 과도한 신체적 속박 사용 등이었다. 한 거주자는 24시간 동안 속박되기도 했고, 다른 거주자는 이틀 동안 욕조에 강제로 앉아 있기도 했다. 속박은 자해를 예방하기 위한 비상 수단이라기보다는 벌로써 일상적으로 사용되었다. 이러한 것뿐만 아니라, 끔찍하고 계획적인 학대로는 남성 거주자에게 여성용 팬티를 입도록 강요당하는가 하면, 화장실 사용을 허락 받지 못하고 살균되지 않은 방에 오랫동안 격리시키기(예를 들어, 4시간), '도둑'이라고 쓰인 팻말을 씌우고 공개적으로 수치심 주기, 벌의 형태로 음식을 제한하거나 수면을 제한하기, 화장실사고에 대한 벌로 10분 동안 대변이 묻은 속옷을 코 밑에 두기와 같은 혐오적인 사건이 반복적으로 이어지고 있었다. 그리고 반복적인 소변사고에 대해서 소변으로 오염된 침대 시트 위에 강제로 누워 있게 만들었다(pp. 10-11).

이러한 혐오스러운 학대 행위는 E 박사가 '훌륭한 행동수정 프로그램'을 만들어내려는 시도의 결과였다.

성취 부서의 '환경'은 세부적으로 계획된 활동의 부족으로 인해 '심각한 지루함과 악화, 상황이 좋지 못한 환경, 사생활의 철저한 결핍, 공개적인 창피, 벌거벗은 상황, 자신의 불만을 표현할 수 없는 상황'으로 이루어졌다(McAllister, 1972, p. 13). 한 거주자는 탈수증으로 사망했고, 또 다른 거주자는 마이애미 선랜드에 있는 시설을 탈출하려다 근처의 운하에서 익사하기도 했다.

얼핏 보기에 이러한 학대는 분명 가학적인 행동에 열중하는 좌절하고, 화가 나고, 잘 훈련되지 않은 일부 직원들의 소행이어야 할 것 같다. 하지만 이번 조사 결과는 이와 반대로 나타났다. 이렇게 혐오스러운 학대 행위는 E 박사가 '행동 형성 장치'라는 루틴을 이용한 '훌륭한 행동수정 프로그램'(McAllister, 1972, p. 14)을 만들어 내려는 시도의 결과물이었다(p. 15). 위원회의 설명은 이 프로그램이 "기이하고 학대하는 비효율적인 벌 시스템으로 전락했다."(p. 17)는 것이다. 성취 부서에서는 이러한 절차들이 체계적으로 적용되었고, 슈퍼바이저들과 전문가에 의해 용인되었으며, 일일 생활 기록부에 기록되었다. 이런 절차는 공개적으로 사용되었을 뿐 아니라, 적어도 초기에는 적절한 연구과정도 거쳤다. 예를 들어, 행동치료 전문가로 잘 알려진 James Lent 박사는 캔자스 주 파슨스에서 개발된 토큰 프로그램을 모델로 적용하였다. 여기에 포함되지 않은 주요 요소가 하나 있었는데, 성취 부서는 이러한 측면에서 거주자 개인의 행동 감시를 절대 등한시 여기지 말아야 한다. 오히려 훈련이 제대로 되지 않은 직원들이 현장에서 적지 않은 재량권을 갖게 하는 치료지침만 강조하였다. 세 가지 지침은 다음과 같다. (1) '행동의 자연적 후속결과'를 강조한다. (2) 거주자가 다루기 힘든 문제행동을 보일 경우 다른 지시를 기다리기보다 즉각적으로 재량껏 대응한다. (3) 거주자에게 "모든 행동에는 후속조치가 따르게 된다."고 결과를 말하지만 위협하지 않는다.

성취 부서에서 적용된 잔인하고 학대적인 절차 중 어느 것도 행동수정 문헌이나 '어떤 현대 치료법이나 교육 방법론'에 기초를 두고 있지 않다고 조사위원회는 결론 내렸다. 학대가 일어난 생활 시설은 철저히 외부의 감독을 받은 적 없으므로 '의도는 좋았지만 훈련이 부족한 직원'이 이러한 절차를 가벼운 형태로 적용하다 점차 궁극적으로 시행한 기이한 형태로 변질되었다고 말했다. 앞에서 언급한 대로 각 사건이 발생할 때마다 일지에 기록되었지만 수정 조치나 대응이 없었으며, 시설 보호 직원은 자연히 암묵적인 허용을 가정하게 되면서 이 절차를 '조금씩 더 극단적인 형태'로 실행하게 되었다. "이런 방식으로 시설 직원은 덜 극단적인 절차를 자발적으로 실행하다가 점차적으로 특정 거주자에게만 쓰던 절차를 강도 있게 반복적으로 사용하고, 그 강도가 높아짐에 따라 재발되는 문제행동을 처리하는 가운데 어느덧 하나의 패턴이 형성되면서 극단적인 절차로 발전하게 된 것이다."(pp. 17-18). 이러한 직원의 '행동 변질'이 자연스러워지는 경향은 주거 치료 시설에서 드물지 않다. 마이애미 선랜드의 경우, 상위 경영진의 전적인 감시 부재로 인해 이러한 일이 용이해졌다. 마이애미 선랜드의 규정 문건은 명백하게 학대 행위를 금하고 있었지만, 이것이 직원들에게 '의무적으로' 적용되어야 한다는 내용이 전달된 증거가 없었으며, 앞서 언급했듯이 그 시설은 잦은 직원의 이직으로 인해 충분한 훈련이 이루어지지 않았다.

　　조사 위원회는 E 박사의 훈련 및 자격증을 조사하였다. 알고 보니 그는 최근에 플로리다대학교에서 박사 학위로 졸업하고 나서, 존스홉킨스대학교에서 박사 후 연구 몇 가지를 마쳤다. 그는 그 분야에서 가장 유명한 연구자들과 함께 일했다고 주장했다. 하지만 위원회가 접촉한 이 유명한 연구자들은 이 남자를 "실험실을 여러 번 방문한 건방진 젊은 남자로 어렴풋이 기억했다." 하지만 아무도 그가 자신의 학생이라고 주장하지 않았다(McAllister, 1972, p. 19). E 박사는 이 분야가 걸음마 단계인 1960년대 말에 훈련을 받았고, 이때는 행동수정이 하늘처럼 한계가 없는 것처럼 보였다는 것을 기억해야 한다. 행동분석 전문 학술지인『응용행동분석 학회지(The Journal of Applied Behavior Analysis)』은 1968년에야 처음 발간되었기 때문에 행동 원리의 적용에 대한 연구가 거의 없었으며, 행동 연구자나 치료사를 위한 윤리 규정도 없었다.

블루 리본 조사 위원회 권고 사항

조사 위원회는 플로리다 주에서 행동수정이라는 명목으로 조직적인 오남용을 방지하기 위한 권고안을 만드는 추가적인 책임을 맡았다. 여기에는 사전 통보 없이 거주 시설을 방문하고, 거주자, 부모, 직원, 관계자와 같은 핵심 인물의 정보를 수집할 수 있도록 지원해 주는 주 차원의 옹호 프로그램이 포함되었다. 또한 위원회에서는 치료 방법을 문헌에 근거하도록 규정하고, '실험적'으로 간주되는 절차가 사용되지 않을 것을 보장하기 위해 모든 행동 프로그램에 대하여 동료 전문가가 점검하도록 권고하였다. 실험적인 프로그램은 보건재활청(HRS) 지적장애 분과에서 인간 실험을 위한 표준심사를 받도록 하였다. 이밖에 위원회의 권고안에는 (1) 기이한 처벌 금지, (2) "긍정적이고 적절한 '타임아웃' 기법"이라는 명목으로 이루어지는 격리를 금지하는 것이 포함되었다(McAllister, 1972, p. 31).

추후 조치

대부분의 경우에 블루리본위원회에서 작성한 보고서와 같은 서류는 정부 부서의 책장에 비치되고 지속적인 효과를 가지지 않을 수 있다. 하지만 플로리다에서는 그렇지 않았다. 플로리다 지

> Charles Cox는 플로리다 전역의 시설에서 적용되는 행동수정 프로그램에 대한 주와 지역 차원의 점검 위원회를 설치하는 것을 포함한 개혁을 실시했다.

적장애아동협회(현재 the Arc of Florida)는 인본적인 치료의 기초를 밝히고, 충분한 훈련을 받은 전문가들의 철저한 슈퍼비전 하에 엄격한 지침을 사용하여 자료 기반의 행동치료를 지원한다는 개념을 적극 추천했다. 지적장애 분과는 Charles Cox의 지침에 따라 플로리다 전역의 시설에서 적용하는 행

동수정 프로그램에 대한 주와 지역 차원의 점검 위원회를 설치하는 것을 포함한 개혁을 실시했다.

주 차원의 행동수정 동료 심의위원회(The Statewide Peer Review Committee for Behavior Modification: PRC)는 행동수정 절차 사용에 대한 지침을 마련했으며, 이는 이후 미국 지적장애인협회(the National Association for Retarded Citizens; MR Research, 1976)와 플로리다 주의 지적장애 분과에 의해서 플로리다 보건재활서비스 매뉴얼(HRSM) 160-4로 채택되었다(May et al., 1976). 주 전체 동료 심사위원회(Peer Review Committee: PRC)는 이후 수년에 걸쳐 주의 시설을 방문하여 시설 직원들에게 이 지침을 교육시키고, 윤리적 치료의 권고안을 제시하였다. 1980년까지 PRC는 모든 협회, 그룹 홈, 소규모 거주 시설이 서로 네트워킹을 시작하도록 장려하고, 행동분석의 전문성을 인식시켰다. 1980년 9월, 올랜도에서 이틀 동안 '제1차 플로리다 행동분석 학회'가 개최되었으며, 거의 300명의 행정관, 치료 전문가, 행동분석가, 관리 직원이 참석했다. 이 역사적인 학회에서 공식적인 주 차원의 협회 설립을 논의하였다. 플로리다 행동분석협회(The Florida Association for Behavior Analysis: FABA)의 첫 번째 연례 학회가 또다시 1981년에 올랜도에서 열렸다. 이때 B. F. Skinner가 기조 연설자였다. FABA의 설립은 플로리다뿐 아니라 나머지 다른 지역의 행동분석에도 전환점을 마련했다. 이제 행동치료에 대해 높은 기대를 가질 수 있었다. 왜냐하면 이 분야의 선구자들은 자신들의 응용행동 연구를 발표하기 위해 정기적으로 학회에 참석하게 되었고, 그 당시 가장 다루기 힘들었던 행동문제를 해결하기 위해 미국의 다른 지역에서 어떻게 하는지 직접 접하는 기회를 가질 수 있었기 때문이다. 주 정부와 민간 시설의 행정가들은 행동분석이 단지 지역적인 현상이 아니라 합법적이고, 효과적이고, 인간적인 치료에 대한 접근이라는 것을 알게 되었다. PRC는 FABA와 함께 지적장애 분과에서 후원하는 시험 프로그램을 통해 행동분석가 자격을 인증하는 절차를 시작했다. 1988년, FABA 소속 위원들은 FABA의 윤리 규정을 채택했으며, 이는 처음으로 미국 주 차원의 협회가 윤리 규정을 채택한 사례다.

마이애미 선랜드가 남긴 것

돌이켜 보면, 1970년대 초 마이애미 선랜드에서 발생한 끔찍한 학대 사건은 어설프고 규제 받지 않은 행동수정이 전문적이고 존경받는 행동분석으로 진화하기 위해서 필요했을 것이다. 이러한 학대 사건이 없었다면, 발

> 학대로 인한 발달장애인의 고통과 고난은 윤리관에 대해 명확하게 생각할 필요성을 증폭시켰다.

달장애를 가진 사람을 조직적이고 학대적인 행동치료 절차로부터 보호할 방법에 대해 진지하게 생각하기 위한 블루리본위원회도 없었을 것이다. 헤드라인 기사 덕분에 필수 지침과 감독이 필요했던 걸음마 수준인 행동수정에 대해 집중적으로 정밀히 조사하게 된 것이다.

학대로 인한 발달장애인의 고통과 고난은 윤리관에 의해 명확하게 생각할 필요성을 증폭시켰다. 행동수정을 전면적으로 금지하는 것이 더 쉬운 일이었지만, 블루리본위원회는 May 박사와 Risley 박사의 두 행동주의 옹호자로부터 치료를 위한 엄격한 지침을 세우고, 가치관, 상식, 바른 판단기준을 견지하고 있는 지역 시민들이 관여한 감시체계를 세우는 것이 더 좋은 대안이라고 확신했다. 인권 위원회와 동료 심사위원회가 제시한 감독이라는 개념은 행동분석에 대한 대중의 긍정적인 평가에 큰 영향을 미쳤다. 게다가 이러한 조치와 더불어 국가 주도의 인증제 개발, 전국 규모의 전문가 조직의 발전과 행동분석가를 위한 윤리 규정(Code of Ethics for Behavior Analysts) 수립의 추진은 향후 모든 학대 예방과 관리에 필요한 요소를 발전시켰다. 결국 윤리는 주로 '피해를 끼치지 않도록' 규정하는 것과 관련이 있다. 플로리다의 사례를 통해 선의를 가진 사람들에게 얼마나 큰 해를 끼칠 수 있는지, 그리고 적절하고 포괄적인 전략을 채택했을 때 학대를 예방할 수 있음을 알게 되었다. 일반적으로 윤리는 개인의 의지로 책임 있는 행동을 하는 개인적인 전문성으로 보여질 수 있지만, 플로리다의 사례는 책임 있는 행동이 다른 방법

으로도 실천될 수 있다는 것을 보여 주었다. 전문가가 이러한 공적인 조사와 경멸을 받는 것은 분명 고통스럽고 부끄러운 일이지만, 이 경우에는 당연히 필요한 과정이었다. 사실, 그러한 명백한 유형의 감시와 통제 없이 행동치료가 일관적이고 효과적으로 적용되는 것을 상상하기 어렵다.

또한 행동분석가들이 치료 결정의 적절성에 대해 매일 수많은 질문에 직면하고 있다는 것도 분명하다. 무엇이 공정한가? 무엇이 옳은가? 내가 이 치료를 수행할 자격이 있는가? 내가 해를 끼치지 않을까? 내가 충분한 자료를 수집하고 있는가? 내가 자료를 제대로 해석하고 있는가? 나의 고객이 치료를 받지 않고 있는 것이 더 나은가? 행동분석가가 매일 올바른 선택을 할 수 있도록 돕기 위해 행동분석가자격증위원회(BACB)의 행동분석가의 전문성과 윤리 이행 관련 규정(Behavior Analyst Certification Board® Professional and Ethical Compliance Code)을 설명하려고 이 책을 집필하였다.

제2장 핵심 윤리 원리

　행동분석가는 다른 사람의 삶을 향상시키고 돌보는 사람들의 문화의 한 부분이다. 수천 년의 연민적인 행동에서 파생된 일련의 핵심적인 윤리 가치는 그리스 시대로 거슬러 올라간다(윤리 Ethics라는 단어는 도덕적 성격을 의미하는 그리스어 ethos에서 왔다). 윤리학 분야는 규범적 윤리학, 메타 윤리학, 실천적 윤리학의 세 분야로 나눌 수 있다. 비록 행동분석의 실천적 윤리에 초점을 맞추는 것이 이 책의 목적이지만, 우리 문화 전반의 바탕이 되는 기본적인 도덕적 원리에 대해 먼저 논의할 필요가 있다. 이러한 핵심 윤리 원리는 우리의 일상생활을 안내하고 전문적인 치료를 위한 기본적인 의사 결정에 중요한 역할을 한다.

　1998년, 『심리학 윤리(Ethics in Psychology)』라는 책에서 Koocher와 Keith-Spiegel은 심리학자를 위해 9개의 윤리적 원리를 제시했다. 이러한 원리는 심리학, 아동 교육, 동물 훈련을 포함한 많은 분야의 윤리학에 적용되었다. Koocher와 Keith-Spiegel의 9가지 핵심 윤리 원리는 너무나 기본적이어서 자세히 설명하지 않겠지만, 이 원칙이 어떻게 행동분석과 연관되는지 설명하겠다.

해 끼치지 않기

'첫째, 해를 끼치지 마라."라는 표현은 보통 기원전 4세기에 "해를 끼치지 마라."라고 쓰인 히포크라테스 선서에 따른 것이다. 하지만 이 문제에 대해서는 몇 가지 쟁점이 존재한다(Eliot, 1910). 히포크라테스는 "질병을 대할 때 도움 주기와 적어도 해를 끼치지 않기라는 두 가지 습관을 만들어야 한다."라고 말했다. 히포크라테스 선서문에는 "나는 능력과 판단에 따라 환자의 이익이라 간주하는 섭생의 법칙을 지킬 것이며, 심신에 해를 주는 어떠한 것도 멀리하겠노라."라고 제시하고 있다.

비록 행동분석가도 고의로 해를 끼치지는 않을 것이지만, 주의가 필요한 미묘한 형태로 나타날 수 있다. 한 가지 분명한 예를 든다면 자신의 전문성 범위에서 벗어난 행동분석가의 사례다.

> 청소년을 위해 일하도록 훈련을 받은 행동분석가가 학교에서 심한 울음 행동을 보이는 유치원생의 사례를 다루기로 했다. 그의 첫 인상은 아동이 '순응하지 않는다.'였으며, 심한 울음행동 소거와 다른 행동의 차별적인 강화에 기반한 DRO를 담고 있는 행동 프로그램을 준비하였다.

또 다른 형태의 '위해성'은 책임 있는 자료 수집 시스템을 수립하지 않고, 행동의 중요성을 간과하는 행동분석가에게 발생할 수 있다.

> 그룹 홈에 자문을 하는 한 국제행동분석가(BCBA)는 '자기자극 행동'을 보이는 젊은 발달장애인 남성을 의뢰 받았다. 그는 직원들에게 그 남성에게서 하루 동안 발생하는 발생 빈도를 측정하는 자료 수집을 시작하라고 요구하였다. 2주 후 그는 기초선 자료를 검토하고는 직원들에게 이 문제행동은 심각한 정도는 아니며 하루에 2~3번만 발생하고 있기 때문에 걱정

할 필요가 없다고 말했다. 다음 방문 때 국제행동분석가(BCBA)가 그 고객에 대해 묻자 여섯 바늘을 꿰매야 하는 머리 열상을 입고 응급실로 실려 갔다는 사실만 확인했을 뿐이다. 이 사례에 대한 검토 결과, 국제행동분석가(BCBA)가 행동의 심각성에 대해 질문하지 않았으며, 간호사에게 피부 상태에 관한 검사를 요청하지도 않았던 것으로 드러났다.

　　때로 행동분석가는 인간의 행동에 대해 전혀 모르는 직원과 윤리적 수행에 필요한 정보를 제공할 생각이 없는 직원과 함께 일하게 되기도 한다.

　　Herman은 발달장애 거주 시설에서 아침에 샤워를 하도록 안내 받았을 때 공격행동을 보여 의뢰 받았다. 그는 샤워하는 것을 거부하였고, 직원을 밀고 탈출하려는 행동을 통해 불쾌감을 표출했다. 이로 인해 최소 두 명의 직원이 부상을 입었는데, 한 명은 2주 동안 시설에서 근무할 수 없을 정도였다. 명백하게, 이것은 치료가 필요한 공격행동의 사례다. 동반될 위험성에 비추어, 직원은 Herman의 아침 목욕 시간 때마다 발생하는 거부 행동에 즉각적인 속박을 강력히 권했다. 이 치료 중재안을 실행하기 직전에 행동분석가는 이 문제가 얼마나 오랫동안 일어나고 있었는지를 질문했다. 질문에 따른 대답은 치료를 완전히 다른 방향으로 전환시켰다. Herman은 예전에는 밤에 목욕을 할 수 있도록 허락을 받았고, 전에 일하던 직원은 욕조를 채우고, 물을 적정 온도로 데우고, 자신이 가장 좋아하는 수건을 가지고 자신의 엄마가 집에서 해 주었던 목욕 상황을 만들어 주었다. 이 직원이 시설을 그만둔 후에 Herman에게 아침에 샤워를 해야 한다는 결정이 내려졌다. 이제야 이해가 되었듯, Herman은 아침 목욕을 몹시 싫어했다. 비록 행동 프로그램이 본질적으로 Herman으로 하여금 아침 샤워를 하도록 강요하도록 작성되었더라도, 이것은 장점보다는 해로움이 더 많은 것으로 판단되었다. 이 사례의 윤리적인 해결 방법은 Herman의 저녁 목욕을 다시 시작하도록 다른 직원을 훈련시키는 것이다.

자율성 존중하기

자율성 존중은 그 사람의 독립심이나 자기만족을 증진시킨다. 분명히 행동분석의 기본적인 절차는 자율성을 증진시키기 위해 설계되었다. 촉구, 행동형성, 행동연쇄, 용암법, 조건 강화제 사용, 토큰경제, 보정적 환경(prosthetic environments)은 모든 사람이 중재자에게 의존하기보다는 자신의 강화제를 자신에게 제공하여 행동을 바꿀 수 있도록 고안된 것이다. 물론 다른 사람을 자신의 통제 하에 두기를 선호하는 사람을 만날 때 갈등이 발생할 수 있다. 이런 사람에 의해 고용된 행동분석가는 매우 어려운 상황이 될 수 있다.

언어지연을 가진 Molly는 볼에 보조개가 있는 귀여운 네 살짜리 아동이다. 그녀는 국제보조행동분석가(BCaBA)로부터 매일 일대일 치료를 받고 있었다. 그 치료사는 Molly에게 일상 사물 요구하기가 이루어질 수 있도록 기본적인 음성을 가르쳤고, Molly는 향상을 보이고 있었다. 치료가 마음에 들지 않았던 Molly의 어머니는 치료사에게 맞섰다. 어느덧 Molly는 우유, 쿠키, 스낵, 그림, 블록 그리고 다른 알고 있는 단어들을 이용하여 엄마에게 요구하기를 일반화하기 시작하였다. Molly의 어머니가 원하는 것은 Molly가 간식 먹는 시간에만 간식을 제공하는 것이었다. Molly가 스낵을 원했을 때만 간식으로 먹을 수 있다는 것이었다. 이렇게 물건을 요구하는 법을 배움으로써 어머니는 Molly가 강압적이고 요구하는 성향으로 바뀌는 것이 아닌지 두려워했다. "다음으로 당신이 알게 될 것은 Molly가 원할 때에는 언제든 냉장고에서 음료수를 직접 꺼내 마시려 할 거예요."라고 Molly의 어머니가 말했다.

자율성은 또한 예견할 수 없는 위험을 언제든 가져올 수 있다. 더 큰 독립성을 제공할 수 있는 기술을 습득시키기 위해 힘쓰는 행동분석가는 이것이 그 사람을 위험에 빠뜨릴 수 있다는 것을 인식해야 한다.

> Marie는 양로원의 노인 환자였다. 그녀는 활동에 참여하는 것을 거부하며 하루의 대부분을 침대에서 보냈다. 이 시설의 목표는 환자가 가능하면 스스로 이동하도록 장려하고, 제공하는 다양한 사회 및 문화 행사에 참여하도록 하는 것이었다. 행동분석가는 Marie의 사례를 검토한 후, 그녀가 도움을 받아 걷는 것이 가능하지만 걷기를 거부하면 더 큰 강화를 받는 것을 파악했다. Marie의 강화제를 결정한 후, 행동분석가는 처음에는 Marie가 도움을 받아 걸을 때에만 강화제를 제공하도록 했다. 그러다가 물리치료사의 승인을 얻어 혼자 걷게 했다. 이 사례는 Marie가 넘어져 대퇴부 골절이 발생하기 전까지 성공한 것으로 여겨졌다. Marie의 가족은 이 사고에 행동분석가가 책임을 지도록 했다. 가족 중 한 명이 말했다. "왜 그냥 가만히 두지 않았는가? Marie는 침대에 누워 있는 것을 더 선호하는데, 당신은 Marie의 삶에 방해만 되었어."

행동분석가는 교육이나 회사 현장에서 일하는데, 교실 관리나 업무 관리 분야에 대해서 자문을 한다. 이러한 현장에서도 자율성의 개념은 몇 가지 윤리적인 쟁점을 야기할 수 있다. 예를 들어, 교사는 자리에 앉아 지시 사항을 따르는 학생에 의해 주로 강화를 받는다. 경영 관리자와 슈퍼바이저는 직원이 단지 지시를 따르기만을 희망할 것이다.

> Rory는 경주용 자동차에 들어가는 특수 배기 장치를 만드는 작은 공장에서 15명의 직원을 슈퍼비전했다. 그녀의 직원들은 높은 보수를 받는데, 엘리트 고객의 복잡해지는 요구에 창의적인 솔루션을 만들어 냈다. 성능 관리에 관한 학회에 참석한 후에 Rory는 발표자 중 한 명에게 연락해서 도움을 청했다. 그녀가 원하는 것은 직원들이 몇 년 전에 그녀가 작성한 매뉴

얼을 따르는 것이었다. "이 젊은이들은 자신이 모든 것을 알고 있다고 생각합니다. 그들은 완전히 색다른 디자인을 고안해 내고 있고, 고객들에게 제 방식이 구식이라고 말하고 있습니다."

다른 사람에게 도움 주기

행동분석가의 주된 역할은 그들이 일하게 될 환경이나 상황에서 다른 사람에게 도움을 주는 것이라는 사실은 말할 필요도 없다. 이 원리는 종종 행동분석가를 다른 전문가와 언쟁을 벌이게 할 수 있고, 어떤 상황에서든 '누가 고객인가?'에 대해 자주 점검하게 해 준다.

선생님은 Tamara를 행동분석가에게 의뢰했다. Tamara는 교실에서 자주 소란을 일으켰다. Harris 선생님은 지난 2주 동안의 Tamara의 소란 행동의 유형, 날짜, 시간을 나타내는 자료 기록지를 보여 주었다. Harris 선생님은 Tamara를 위한 타임아웃 구역을 만들기 위해 도움을 요청했다. Harris가 도움을 요청하였지만 행동분석가는 Tamara가 자신의 고객이라는 사실을 알게 되었고, 자신이 직접 자료를 기록하기로 결정했다. 이 때문에 학교를 몇 번 방문해야 했는데, 이 행동분석가가 다루고 있는 다른 사례의 장소와 학교의 거리가 상당히 멀었다. 따라서 행동분석가는 추가적인 노력을 제공한 결과 Tamara가 교실에서 보인 소란 행동은 교사가 주장했던 '고의성'이 아니고 청각 문제에 기인하였던 것을 발견함으로써 Tamara는 유익함을 얻은 것이다.

공정하게 행동하기

이 원리는 매우 기본적이며, '황금률' 또는 호혜성 윤리학에서 직접적으로 유래하였다(Ontario Consultants on Religious Tolerance, 2004). 정당하게 행동하기(being just)는 당신이 대우받고 싶은 대로 다른 사람을 대해야 한다는 것을 의미한다. 이것은 행동분석에서 특별한 의미를 가지는데, 치료 시 불편한 자극이나 스트레스성 유관성이 이용될 가능성이 있기 때문이다. 윤리성에 대한 추가적인 비난이 발생한다면, "나는 나의 어머니나 아동이 비슷한 상황에서 어떻게 대우 받기를 원할까?"라고 물을 수 있다. 행동분석에서는 공정한 치료에 대한 질문이 종종 발생하기도 한다. 이는 원인이 거의 밝혀지지 않은 행동과 기능적 관계가 입증되지 않은 행동이 종종 존재하기 때문이다.

경험 많은 행동분석가가 팔과 얼굴을 긁는 만성 자해행동을 보이는 고객 사례를 상담해 보라는 요청을 받았다. 무시(ignoring)는 효과가 없는 것으로 나타났고, 반응 차단과 함께 사용한 DRO도 효과가 없는 것으로 나타났다. 그 행동분석가는 당황했지만 '나라면 어떻게 치료 받고 싶을까?'라고 자문했고, 2년 전에 지금과 비슷한 행동으로 인해 자신도 치료 받았던 것을 기억해 냈다. 그는 두드러기가 났다는 진단을 받았고(그의 긁는 행동은 자해행동처럼 보였다.) 반응 차단과 DRO를 사용하는 대신 약물치료를 받은 것이 행운이라고 느꼈다. 이후 그 행동분석가는 고객의 자해행동에 대한 의학적 진단에 관심을 가지게 되었다.

신뢰감 주기

존경받는 전문직 종사자는 다른 사람의 신뢰를 바탕으로 명성을 얻는다. 충성스럽고, 믿을 수 있고, 정직한 사람은 현명한 자문의 믿을 만한 소스와 효과적이고 윤리적인 치료를 추구한다. 고객, 동료, 관리자에게 진실하고 정직하게 대하는 것이 성공적인 직업을 만들어 내는 장기적 관계성의 기초다.

경력이 많은 B 박사는 가정과 지역사회에서 독립적으로 살기 어려울 정도로 심각한 행동문제를 보이는 고객을 위한 거주 시설에서 자문을 하고 있었다. 어느 날, B 박사가 시설에 도착하자마자 관리자는 그에게 다가가 시설에서 가장 중요한 사건 중 하나를 성공적으로 치료한 것을 축하하기 시작했다. B 박사는 행동치료 직원 및 국제보조행동분석가(BCaBA)와 토의를 마친 후에 관리자를 만나 아직 축하 받을 일이 없다고 말했다. 사실, 기초선은 여전히 진행 중이고 치료 계획은 아직 적용되지 않았다.

존엄성 지키기

우리가 서비스 하는 많은 고객은 효과적으로 자신을 대변할 수 없다. 그들은 말하지 못하거나 누군가의 말을 이해하지 못할 수도 있다. 이들의 요구를 알지 못하고, 이들이 선택권을 가질 수 없다면, 우울해 할 것이고, 행동분석가의 주의를 끌기 위해 행동문제를 보일 수 있다. 비록 '행동학적' 용어는 아니지만, 낮은 자존감은 받아야 할 존엄성이 박탈되어 온 사람의 본질적 단면을 보여 준다. 행동분석가로서 우리의 일은 모든 고객을 존엄하고 존중하는 자세로 대하는 것이다. 행동학적으로 이 점은 고객이 주변 사람에게 소리나 신호로 자신의 의견과 요구를 확실히 전달할 수 있는 기술을 습득할 수 있도록 일한다는 것을 의미한다. 또한 훌륭한 행동분석가는 의사소통 기술이 없는 고객과 의사소통할 수 있도록 모든 직원을 훈련시킨다. 사람에게는 언제나 선택권이 주어져야 하고, 음식, 옷, 룸메이트, 활동, 생활 조건에 대해 선호를 표현할 수 있도록 연습시켜야 한다. 존엄성을 지키는 다른 세심한 방법은 우리가 고객과 이야기할 때 사용하는 언어를 고려하는 것이다. Bertha가 자신의 치료 계획에 대해 어떻게 생각하는지 알고 싶다면 직원이나 가족에게 물어보거나, Bertha 자신에게 물어볼 수 있다. 고객에게는 눈을 마주치고 미소를 지으면서 이름을 부르며 대해 주어야 한다. 이러한 종류의 대우는 당신이 비즈니스 상황에서 누군가로부터 서비스를 받을 때 기대하는 것이다.

　Thomas는 그의 공격행동과 자해행동으로 인하여 의뢰된, 발달장애로 진단 받은 젊은 남성이었다. 사건은 주로 오후에 그가 보호작업장에서 그룹 홈으로 돌아오면서 일어나는 것처럼 보였다. 그를 침실에서 그룹 활동이 있는 거실로 끌고 가는 데에는 두 명의 직원이 필요했다. 거실로 옮기기 전에 그에게 옷을 입혀야 했다. 왜냐하면 그는 자주 속옷 차림으로 바닥에 앉아 헤드폰을 끼고 음악을 들었기 때문이다. 직원, 가족, 간호사, 사회 복지사와 심도 있는 조사와 토의를 거친 후에 행동분석가는 Thomas에게 오후 활동에 대해서 선택권을 주어야 한다는 의견을 내놓았다. 그 후 그에게 매일 그룹 활동에 참여할 수 있는 선택권이 주어졌지만, 그가 방에서 음악을 듣기로 선택했다면 그의 선택은 존중되었다. 이 선택을 지킬 때에는 적극적인 공격행동과 자해행동을 보이지 않기 때문에 행동치료 프로그램을 따로 수립할 필요도 없었다.

배려와 공감으로 대하기

앞에서 설명한 많은 윤리 원리들은 본 원리와 관련이 있다. 행동분석가로서 고객의 자율성을 존중하고, 그들에게 이익을 주기 위해 일하고, 그들의 존엄성을 고려하여 프로그램을 고안한다면, 자동적으로 배려와 공감으로 고객을 대하는 것이다. 이 가치는 고객에게 선택권을 제공하는 것뿐만 아니라 대인 관계에 있어서도 동정심과 관심을 보여야 한다는 것을 의미한다.

Terrence는 출근을 위해 아침에 일어나는 것을 싫어했다. 그때마다 직원과 싸우고, 신발을 던지고, 침대 커버를 머리 위로 끌어당겼다. 하지만 Terrence는 한 직원에게만 이런 반응을 보이지 않았다. 그는 Terrence를 일어나게 할 수 있는 방법에 대해 설명해 줬다. "사실, 저는 그를 우리 집에 있는 연로한 아버지처럼 대하려고 했습니다. 나의 아버지도 Terrence와 똑같이 약물치료를 받고 있었기에 아침에 이로 인해 기진맥진하게 된다는 것을 알고 있습니다. Terrence에게 인내심을 보여 주어야 합니다. 그의 방으로 들어가서 다정한 목소리로 "Terrence, 일어날 시간이 거의 다 됐어요."라고 말하는 것입니다. 그리고 커튼을 반쯤 열고 그의 방을 나옵니다. 그리고 15분쯤 지나서 다시 돌아와 커튼을 완전히 열고는 Terrence에게 가서 부드럽게 팔을 비비며 "오늘 기분이 어때요, Terrence? 거의 일어날 시간이에요. 향긋한 커피를 끓여 놓은 게 있고, 제일 좋아하는 작업복도 준비해 놨어요. 잠시 후에 다시 올게요."라고 말하고 그의 방을 나옵니다. 15분쯤 지나서도 그가 아직 나오지 않았다면 저는 라디오를 켜고는 "Terrence, 이제 일어날 시간이에요. 옷 입는 것을 도와줄게요."라고 말합니다. 나는 이것이 많은 노력을 필요로 한다는 것을 압니다. 하지만 나는 이런 방식으로 그를 대우하고 싶습니다. 이게 나의 아버지를 대하는 방식이기 때문이죠. 이 방법은 효과가 있습니다. 제가 라디오를 틀면 그는 침대에서 휘청거리며 나와서는 얼굴에 미소를 지으며 이렇게 이야기했습니다.
"이해해 줘서 고마워요."

탁월함을 추구하기

행동분석은 빠르게 성장하는 분야다. 행동분석가는 지속적인 발전을 추구해야 하고, 계속 업데이트되는 규칙과 규정을 파악해야 한다. 이 분야에서 탁월하다는 것은 최신 연구와 전문 지식을 갖추는 것을 의미하며, 행동분석을 실행하는 데 가장 최신의 방법과 절차를 적용하는 것이다. 이 분야의 주요 학술지를 구독하고, 학회에 참석하고, 국제행동분석학회(The Association for Behavior Analysis International) 또는 행동분석전문가협회(Association of Professional Behavior Analysts)의 연례행사에 참석하는 것이 중요하다. 당신이 하는 일에서 최고의 자리를 지키기 위해서 지역에서 제공하는 특성화된 워크숍에 참여하거나 근처 대학에서 열리는 대학원 세미나에 참석하는 것을 고려할 수도 있다. 행동분석가자격증위원회(BACB)는 국제행동분석가(BCBA)에게 매년 계속 교육을 받도록 규정하고 있다. BACB에서 요구하는 계속 교육 시간은 최소한의 교육 시간이다. ABA의 최신 기술을 유지하고 우수함을 유지하려는 행동분석가는 최신 학술지를 읽기 위해 매주 2~4시간씩 할애해야 한다.

Nora는 1990년대 중반에 행동분석학 전공으로 심리학 석사 학위를 받았다. 그 이후로 그녀는 몇 번 학회에 참석했지만 관심을 가질 만큼 흥미롭지는 않았다. 그녀는 지역 동료심사위원회 앞에서 심사받는데, 최근 급부상하고 있는 어떤 박사학위 소지자가 그녀의 제안서로 제시한 치료 계획에 대해서 질문을 던졌을 때 당황스러워했다. 그녀는 기능평가에 관한 최근의 연구를 알지 못했고, 접하지도 않았다는 사실에 놀랐다.

책무성 가지기

행동분석가는 고객의 행동을 분석하고 목표행동을 변화시키기 위한 프로 그램 적용을 제안하는 데 큰 책임이 있다. 탁월함을 추구함에 있어서 당신이 평가를 위해 했던 모든 것이 최고의 기준을 따르고 있는지를 확인하고 싶을 것이다. 동료들과 다른 전문가들에게 당신의 결론을 제시함으로써 제안한 치료법이 적절하고, 정당하며, 고려할 가치가 있는지를 확인할 책임이 있다. 그리고 치료가 실패하면 책임을 져야 하고, 고객과 다른 관련 당사자들을 만 족시키기 위해 수정해야 한다. 행동분석보다 핑계를 대는 데 능숙한 것은 행 동분석가에게 도움이 되지 않는다. 자신이 제시한 연구 문제를 연구하는 데 별로 시간을 쓰지 않고 성급한 결론에 도달하고자 하는 사람은 항상 얼음판 위에 있는 자신을 발견하게 될 것이다.

> Clara는 직장을 다닌 지 석 달 만에 자신이 지원하는 학교들 중 한 곳에 서 열린 개별화교육계획(IEP) 회의에서 심각한 토의의 중심에 서 있는 자 신을 발견했다. 그녀는 교사가 학생을 위해 사용할 수 있는 토큰 경제 프로 그램을 수립해 주었다. 그 프로그램은 조용히 학습 활동을 하는 학생에게 점수를 주는 내용을 담고 있다. 학생을 위한 프로그램을 수립할 때 안타깝 게도 Clara는 프로그램의 질을 고려하지 않았다. 교사는 Clara에게 "실제 학습에는 전혀 신경을 쓰지 않으면서 그냥 종이에 낙서만 있어도 그 엉터리 같은 토큰점수를 얻어내는 괴물을 만들었다."며 화를 냈다. 교사가 질 높은 학습 활동에만 보상하는 명백한 사실을 지적받은 Clara는 책임을 받아들 였고, 교사에게 사과하고는 이 프로그램을 다시 수립하였다.

행동분석가들은 대학원에서 윤리 교육을 처음 받는 것이 아니다. 한 개 인의 윤리 교육은 대학에 가기 훨씬 전에 시작한다. 발달심리학자들은 아동이 중학교에 들어갈 때 개인의 윤리적 기준이 상당 부분 정해져 있다고 주장한다. 날마다 사람들은 개인적인 윤리적 상황에 직면하고 있으며, 일상적인 일들을 전문적인 삶에 일반화하려는 경향이 있다. 직업적 윤리 기준을 고려하지 않는 사람들은 자신의 이익을 타인의 이익보다 우선시하고, 갈등을 피하고, 자신의 행동에 대해 책임을 지지 않을 가능성이 높다. 이러한 이유로 행동분석가의 전문성과 윤리 이행 관련 규정(Professional and Ethical Compliance Code for Behavior Analysts)이 만들어졌다. 우리는 행동분석가가 이 원리를 주의 깊게 검토하고, 이 규정을 고려하여 전문성을 발전시키고, 새로운 영역을 존중함으로써 책임 있는 행동을 선택하는 가치를 가지게 될 것을 기대한다.

제3장 윤리, 그리고 급류 타기

　행동분석가는 매일 윤리적 딜레마에 직면한다. 종종 이런 윤리적 갈등은 갑자기 발생하는 것처럼 보인다. 갈등 요소가 예상치 못하게 발생하면, 행동분석가는 갑작스런 공격을 당한 것처럼 느낄 수도 있다. 게다가 어떤 윤리적 상황은 숨겨진 정치적 함정, 비밀스러운 자금 또는 행동분석가에게 심각한 결과를 초래하는 일과 연관되기도 한다. 예를 들어, 만약 당신이 상사에게 능력 밖이기 때문에 치료를 맡을 수 없다고 말한다면, 해고당할 위험을 무릅쓰는 것일 수 있다. 어떤 문제는 이상하긴 하지만 덜 복잡할 수도 있다. 이것들은 다음 질문에 즉각적으로 답하고, 간단한 결정을 포함한다. "당신은 Angie의 치료사입니까? 그녀는 자폐입니까? 나는 학교에서 당신을 인정한 줄 알았습니다." 하지만 다른 상황은 신중한 선택을 필요로 한다. 예를 들면, "소수의 학생으로 더 나은 인력을 갖춘 특수학교로 Paul을 옮기는 것이 적절하지만, 이 특수학교에는 그의 공격행동을 위한 행동분석가가 없다. 아니면 국제행동분석가(BCBA)와 보조 인력이 있는 곳에 있게 할 수 있지만, 다른 학생들에게 위험이 될 수 있다……." 다시 말해, 광범위한 윤리적 상황이 존재하며, 어떤 것들은 다른 것보다 훨씬 복잡하다. '쉬운' 것은 다음과 같다.

Billy의 2학년 교실에서 자문을 하는 동안, 행동분석가는 Billy와 가까이 앉아 비슷한 문제행동을 보이는 Sarah를 위해 교사로부터 무엇을 해야 하는지 질문 받았다.

경험 많은 국제행동분석가(BCBA)에게 이것은 다루기 쉬운 상황이지만, 초임 국제보조행동분석가(BCaBA)에게는 심각한 딜레마로 보일 수 있다. "선생님을 기분 상하게 하고 싶지 않아요. 우린 좋은 친구이니까요. 우리 생일에 커피를 마시러 나가서 술을 마시기도 했어요. 그녀는 지금 남자 친구와 힘든 시간을 보내고 있으니까 내가 도와줄게요." 이 국제보조행동분석가(BCaBA)는 그녀가 점차적으로 조용하게, 그리고 의도적으로 교사와 다중 관계를 가지고 있다는 것을 깨닫지 못했다(규정 1.06). 규정에 따르면, 그녀는 고객에 대해 자문할 때에는 의뢰(규정 2.03)가 없다면 자문해 줄 수 없지만, 교사/친구를 도와야 한다는 사회적 압력을 느끼게 된다.

다음과 같은 다른 시나리오가 있다.

나는 자폐스펙트럼장애(Autism Spectrum Dicorder: ASD)로 진단 받은 아동들과 근무하는 국제행동분석가(BCBA)다. 학교에서 열리는 IEP 회의에 참석했다. 어느 한 회의에서 행동전문가가 말했다. "나는 감각 요법과 중량 조끼를 입어 볼 것을 권고합니다. 나는 그가 감각 처리 장애를 가지고 있기 때문에 이 학생에게 적합하다고 생각합니다."

숙련된 행동분석가의 경우에는 이에 대한 대응이 분명하겠지만, 초임 국제행동분석가(BCBA)의 경우에는 그들이 슈퍼비전을 제공하지 않는 다른 전문가나 보조전문인들과의 관계 속에 정치적 문제가 있다는 사실을 이해해야 한다. 이 사례의 경우에 국제행동분석가(BCBA)는 다른 이론에 바탕을 둔 전문가와 증거 기반 치료에 대한 논의를 어떻게 시작할지에 대한 질문이 생길 것이다. 이것은 민감하고 복잡한 윤리적 쟁점이고, 조심스럽게 다루어야 한다.

고려해 볼 또 다른 상황이 있다.

> 나는 개인 행동치료사로 아동의 가정에 직접 회기를 수행하러 간다. 침실에는 큰 침대가 있고, 그 옆에는 트윈 침대가 있으며, 욕실과 옷장이 있다. 가족은 우리가 공부할 수 있도록 거실에 나와 있다. 나의 고객은 말을 하지 못하는 5세의 자폐성장애 아동이다. 그는 높은 반응 비율의 감각자극 행동을 보이는데, 그를 즐겁게 하거나 동기 부여를 해 주는 것은 그가 먹어 버리는 고무찰흙(Play-Doh)을 제외하고는 아무것도 없다. 데이터 수집할 시간을 확보하는 것이 불가능했다. 그가 창문을 발로 차기 시작했고, 나는 그를 멈추게 했다. 그리고는 멈춘 행동을 강화하기 위해 영화를 틀어 주었는데, 그는 나와 시선을 맞추고는 웃더니 다시 창문을 발로 찼다. 내가 몇 번이나 멈추게 하였지만 그의 행동은 계속되었다. 마침내 아동의 어머니가 방으로 들어왔고, 아이는 원하는 것을 얻게 되었다. 어머니는 아들의 부정적인 행동을 강화하였다.[1]

이번 사례는 '등장인물' 한 명이 더 있기 때문에 이전 사례보다 더 복잡하게 보인다. 개인 행동치료사는 심각한 행동문제를 보이는 아동과 치료를 방해하는 아동의 어머니 모두를 다루어야 한다. 이 경우에 다른 중요한 요인은 치료사가 '개인 튜터'라는 것인데, 이것은 아주 최소한의 행동 훈련만 받은 사람을 의미한다. 슈퍼바이저도 반드시 참여해야 하지만, 이 부분이 언급되지 않았다.

이와 같은 많은 윤리 시나리오를 검토한 후, 윤리적 사례를 논의할 때 최소한 두 가지 측면을 고려해야 한다. 즉, 행동분석가의 훈련 및 경험 수준과 사례의 복잡성을 고려해야 한다. 만약 치료사 또는 튜터의 경험 수준과 사례의 복잡성이 불일치한다면 누군가가 피해를 입을 수 있는 상황처럼 보인다.

이 새로운 관점을 통해 한 윤리 워크숍에서 제출된 40건 이상의 사례를 분석했다. 복잡한 윤리적 딜레마에 대한 쟁점이 우리에게 쏟아졌고, 우리는 사례들을 '쉬운' 것에서 '매우 어려운' 것으로 구분하기 시작했다.

은유법의 유용함

계속해서 사례를 살펴보면서 기초적인 기술에서 복잡한 기술까지 평가하는 시스템을 가진 또 다른 분야가 머릿속에 떠올랐다. 몇 년 전에 우리 가족은 조지아 북부 지역에 래프팅(급류 타기)을 하러 갔는데, 이후 콜로라도와 애리조나 로도 갔다. 우리는 급류 속도를 1등급에서 6등급으로 평가했고, 급류 래프팅을 하는 사람을 '기술이 없음'에서 '전문가'까지의 수준으로 평가했다. 기술이 부족한 사람이 6등급의 급류(가장 위험)에서 래프팅을 하는 것은 매우 위험할 수 있기 때문에 가이드는 개인이 가진 기술과 급류 속도를 모두 신중하게 평가하고 서로 비교한다.[2]

1등급: 거친 물살이 매우 적은 구역. 기민하게 조작할 필요 없음. (기술 수준: 기초 기술 필요)

2등급: 거친 물살이 약간 있는 수면, 바위가 있을 수 있음. 약간의 하강. 기민하게 조작하는 연습이 필요할 수 있음(기술 수준: 기초 노 젓기 기술 필요).

3등급: 급류, 작은 파도, 약간의 하강은 있으나 큰 위험이 없으므로 높은 조작 기술이 필요할 수 있음(기술 수준: 능숙한 노 젓기 기술 필요).

4등급: 급류, 중간 정도의 파도, 긴 시간의 유속, 바위 및 위험물, 아마도 상당한 하강이 있음. 빈틈없는 조작 기술이 필요할 수 있음(기술 수준: 급류 래프팅이 가능할 정도의 기술 필요).

5등급: 급류, 큰 파도, 연속적인 유속, 큰 바위 및 위험물, 매우 큰 하강, 정밀한 조작 기술이 필요할 수 있음(기술 수준: 상급 급류 래프팅이 가능할 정도의 기술 필요).

6등급: 급류, 거대한 파도, 큰 바위와 위험물, 거대한 하강, 때로 눈에 보이지 않
는 큰 위험물이 있을 수 있음. 6등급의 급류는 최첨단 장비를 사용하는 전문
가에도 위험. '생명 위험, 팔다리 위험'(기술 수준: 전문가 수준의 기술 필요).

40개의 사례를 그 복잡성에 따라 범주화한 후에 우리는 쉽게 처리할 수 있
는 사례와 또 다른 복잡한 문제를 발생시키는 사례인지 파악하려 했다. 우리
는 사례를 읽고 또 읽으며 주요 단어와 구에 형광펜으로 칠하고 노트에 적었
다. 그 결과 다음과 같은 주관적 측정치를 도출했다.

1. 윤리 규정 그리고/또는 고객의 권리를 위반하는 (경미한~심각한) 사례
   가 일부 있었다.
2. (경미한~심각한) 신체적 또는 정신적 피해를 입을 가능성이 어느 정도
   있었다.
3. 행동분석가의 권한에 속하는 해결 방법에서 슈퍼바이저나 기관장이 포
   함된 여러 단계로 이루어진 해결 방법까지 다양하다.
4. 당사자와 단체 사이에 심각한 갈등이 있었다.
5. 자격증 소지자에 대한 법적 쟁점 그리고/또는 소송 가능성이 있었다.
6. 만약 그 사례가 잘못 해결된다면 행동분석가에게 해고 또는 더 큰 문제
   가 발생할 수도 있다.

다음으로 1단계 사례를 조사하고 6개 차원으로 축소되어야 하는지 결정해
야 한다. 쉬운 사례는 고객의 권리에 대한 비교적 경미한 위반이 포함된 경우
이며, 관련 당사자의 수가 적고, 실제 피해가 발생할 확률이 낮으며, 단일 단계
에서 해결 방법을 찾을 수 있고, 법적 쟁점이 없고, 행동분석가에게 위험이 없
는 경우다. 그리고 우리는 각 단계별로 행동 등급별 평정척도 체계(behaviorally
anchored rating system: BARS)를 다음과 같은 내용으로 개발하였다.

1단계: 경미한 윤리 규정 그리고/또는 고객의 권리 침해. 물리적 또는 심리적 피해 없음. 자격증 소지자가 권한 내에서 해결[기술 수준: 국제보조행동분석가(BCaBA)]

2단계: 중간 정도의 윤리 규정 위반 그리고/또는 고객의 권리 침해. 어느 정도의 피해 가능성. 행동분석가가 권한 내에서 해결[기술 수준: 국제행동분석가(BCBA)]

3단계: 심각한 윤리 규정 위반 그리고/또는 고객의 권리 침해. 피해 가능성 증가. 행동분석가는 다른 사람들과 협력/지원을 통해 해결[기술 수준: 2년 이상의 경험을 갖춘 국제행동분석가(BCBA)]

4단계: 심각한 윤리 규정 위반 그리고/또는 고객의 권리 침해. 피해 가능성 존재. 행동분석가 혼자 해결할 수 없음[기술 수준: 3년 이상의 경험을 갖춘 국제행동분석가(BCBA)]

5단계: 심각한 윤리 규정 위반 그리고/또는 고객의 권리 침해. 피해 가능성이 높음. 행동분석가는 해결할 권한이 없음. 여러 단계로 이루어진 해결 방법이 필요. 일부분은 정치적으로 해결. 위험 존재[기술 수준: BCBA-D, 2년 이상의 슈퍼비전 경험과 1년 이상의 행정 경험]

6단계: 심각한 윤리 규정 위반 그리고/또는 고객의 권리 침해. 중대한 물리적 또는 심리적 피해. 행동분석가는 해결할 권한이 없음. 여러 단계로 이루어진 해결 방법이 필요. 단체 간 정치 그리고/또는 법적 쟁점 해결, 조치가 취해지면 행동분석가는 해고 또는 더 나쁜 위험이 있음[기술 수준: BCBA-D, 5년 이상의 슈퍼비전 경험과 인권위원회 경력이 있는 전문가]

[그림 3-1]은 윤리적 사례의 복잡성을 범주화하는 6단계를 제시한다. 다음은 5단계 또는 6단계로 평가될 가능성이 있는 사례다. 이 사례는 복잡하게 만드는 윤리 위반, 높은 피해 가능성, 다양한 단체 간의 갈등, 고객에 대한 위험, 기관, 국제행동분석가(BCBA)의 모든 구성 요소가 포함되어 있다.

복잡성	심각한 윤리 규정 위반 그리고/또는 고객의 권리 침해	물리적/ 심리적 피해 가능성 (경미함~ 심각함)	한 사람의 권한으로 해결/여러 단계를 통한 해결	회사 또는 기관 간의 심각한 갈등	법적 쟁점 그리고/또는 소송	BCBA에게 위험
1단계	경미함	피해 없음	권한 내 해결	갈등 없음	법적 쟁점 없음	위험 없음
2단계	중간 정도의 위반	어느 정도의 피해 가능성	권한 내 해결	갈등 없음	법적 쟁점 없음	위험 없음
3단계	심각한 위반	피해 가능성 증가	권한 내 해결	갈등 없음	법적 쟁점 없음	위험 없음
4단계	심각한 위반	피해 가능성 존재	한 사람의 권한 내 해결 불가능	갈등 없음	법적 쟁점 없음	위험 없음
5단계	심각한 위반	높은 피해 가능성	한 사람의 권한 내 해결 불가능. 여러 단계를 통한 해결	어느 정도의 갈등	법적 쟁점 없음	어느 정도의 위험
6단계	심각한 위반	피해 임박	한 사람의 권한 내 해결 불가능. 여러 단계를 통한 해결	심각한 갈등	법적 쟁점	심각한 위험

| 그림 3-1 | 윤리적 사례의 특성과 복잡성 단계

우리의 입장에서 우리는 학대와 방치에 대한 보고 의무를 다하고 있다. 학대 또는 방치를 목격하거나 발생했다는 합리적인 의심을 가지고 있는 경

우에 해당 단체에 보고해야 한다. 학대/방치에 책임이 있는 사람에게 우리의 의도와 향후 행동 방침을 자세히 밝히고 나면 나와 나의 슈퍼바이저의 경험에 의하면 결국 조사를 받게 되고, 이로 인해 관련 당사자와 우리 기관과의 관계가 껄끄러워진다.

이 법적 조치를 통해 나타난 결과들은 다음 두 가지 주제로 나뉜다.

첫째, 대개 조사를 통해 알게 되는 것이 많지 않아서 실제적으로 고객의 삶에 변화가 없이 끝난다. 이러한 변화의 결핍은 결국 고객의 현재 상황에 도움이 되지 않는다.

둘째, 관계가 원만하게 이루어지지 않게 되면서 당사자가 서비스를 종료하게 된다. 이 혐오적인 관계는 다른 서비스 제공 기관, 특히 가정 방문 서비스 제공자에게까지도 영향을 끼친다.

물론 이러한 결과는 100% 상관관계를 가지지 않는다. 우리의 대응조치는 가능한 한 법대로 따를 것을 제안하고 있고, 꼭 위의 상관관계가 안 나타날 수 있다는 것을 선례들을 참고하여 숙지하기를 주문한다.

이러한 상황에 관해 뒤따르게 될 사건을 예측할 수 있는 적절한 평가 방법은 무엇인가? 적절한 후속 조치를 결정하는 데 위험—효율성 간의 비율이 도움이 될 것이라고 생각한다. 이 딜레마와 관련된 윤리적 규정과 법적 의무 조항 중 어떤 것들이 더 상위 규정으로 효력을 나타낼까? 나는 아동학대가 문제행동을 회피하기 위한 부모의 욕구/욕망의 기능일 것이라고 본다. 이 사건을 신고하면, 결과적으로 관계가 손상되고, 효과적인 중재가 제거되고, 문제행동과 학대도 유지될 것이다.

권고 사항

윤리적 사례의 복잡성을 분석하기 위한 많은 권고 사항이 존재한다. 첫째로, 행동분석가는 일을 하면서 직면하게 될 다양한 수준의 윤리적 문제에 대

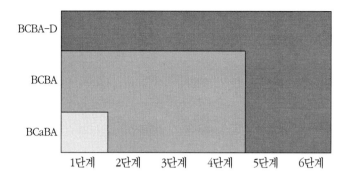

| 그림 3-2 | 복잡성 단계와 필요한 행동분석가의 경험 수준

비해야 한다. 석사 과정의 학생들에게 윤리적 사례의 복잡성 개념을 알려 주어야 하고, 쉬운 것부터 중도적으로 어려운 것까지 점차적으로 난이도를 높이며 딜레마를 안내해야 한다. 학생들은 능숙해질 때까지 해결 방법을 연습해야 한다. 학생들은 일부 윤리적 상황이 '자신의 급여 체계 이상'이고, 상위 행동분석가로부터 도움을 받아야 한다는 것을 인식하도록 훈련받아야 한다. 기관에서 일하는 행동분석가는 복잡한 사례를 처리하는 중에 발생하는 윤리적 문제를 논의하고자 매달 회의하는 것을 고려할 수 있다. [그림 3-2]는 행동분석가의 훈련 및 경험 수준에 적절한 윤리적 사례의 복잡성에 맞도록 제안된 도식을 보여 준다.

　5단계 또는 6단계의 윤리적 사례가 파악되면, 행동분석가는 특별한 기술, 영향력, 용기가 필요한 일련의 단계를 준비해야 한다. 이것은 다음 장에서 다룬다.

제4장 7단계 모델을 적용한 복잡한 윤리적 사례 분석

3장에서 논의한 것처럼 행동분석가는 복잡한 윤리적 사례를 다룰 때에는 특별한 숙고 과정이 필요하다. 복잡한 사례가 발생하면 고객과 행동분석가가 피해를 입지 않도록 면밀하고 철저한 분석이 필요하다. 국제보조행동분석가(BCaBA)에 의해 제출된 다음의 실제 사례는 중간 정도의 복잡성에 해당하는 상황이다.

나는 1년 반의 경험을 가진 국제보조행동분석가(BCaBA)다. 나는 발달장애 아동에게 교육 서비스를 제공하는 작은 사립학교에서 근무하고 있다. 본 사례에는 5~7세의 아동 중 몇 명이 포함되어 있다. 일대일 치료를 위해 자폐스펙트럼장애(ASD)를 가진 아동들이 나에게 배정되었다. 어느 날, 다른 치료사 한 명이 아파서 나에게 아동 한 명이 더 배정되었다. 나는 그 아동에 대한 교육과정이나 어떤 자세한 지시도 받지 못했다. 나는 "이건 그냥 오늘만 하는 거야. 해결해 봐."라는 말을 들었고, 그렇게 했다. 하지만 결과적으로 나는 새로 배정 받은 학생을 관리하느라, 정작 나의 주 책임 학생을 위해 아무것도 해 준 것이 없었다. 다음 날도 같은 말을 들었다. "해결해

봐. 이건 일시적인 거야." 다음 날도 어떠한 일도 제대로 하지 못했다. 이런 상황은 이번 주 내내 계속되었다. 근본적으로 나는 이 두 명의 ASD 아동을 단순히 돌보고만 있었다. 금요일에 주 책임 학생의 부모가 찾아와 아동이 일주일 내내 불안해하고 말수가 적어졌다고 보고했다. 부모는 무슨 문제가 있는지 알고 싶어 했다. 나는 가끔은 기복이 있고, 잘하는 주도 있고 못하는 주도 있다고 거짓말을 했다. 그들은 내 말을 믿고 떠났다. 그 후 나는 기분이 매우 나빴고, 국제행동분석가(BCBA)인 기관대표자에게 가서 이 상황이 불편하다고 말했다. 내가 물어보지 말았어야 했는데, "아직도 일대일 치료비로 비용을 청구하고 있나요?"라고 질문했다. 기관대표자는 "그건 사업상의 문제예요. 그냥 치료만 신경 써요. 잘 해결될 거예요."라고 말했다. 나는 "부모님은 알고 있나요?"라고 물었다. 기관대표자는 나를 빤히 쳐다보고는 그냥 가 버렸다. 나는 학교가 각 아동에게 일대일 치료비로 비용을 청구하고 있고, 새로운 조정안을 부모나 보험 회사에 알리지 않았다는 강한 의심이 들었다. 어떻게 해야 하나? 단체 관리자에게 가 볼까? 부모님께 말씀 드릴까? 내가 믿었던 국제행동분석가(BCBA) 2명이 6개월 전에 이 학교를 떠났다. 한 명은 임상 관리자였고, 매우 윤리적인 사람이었다. 나는 기관대표자에게 그가 왜 떠났는지를 물었고, 그것은 '단지 전문가 간의 의견 차이' 때문이라는 대답을 들었다.

이와 유사한 사례들은 너무나 많고 긴 대기 학생, 적은 수의 직원, 수입과 얽혀 있다. 고객을 두 배로 하고, 일대일 치료로 비용을 청구함으로써 큰 이익을 얻게 되는 것은 윤리적으로 민감한 행동분석가를 제외하고는 거의 모든 사람들이 이 문제를 간과하고 있다.

7단계

1. 이 사건이 윤리 규정에 해당되는가?

　너무 깊이 다루기에 앞서 윤리적 문제를 해결하기 위해 반드시 이 문제가 규정에서 다루어지고 있는 사항인지 확인할 필요가 있다. 이는 이 책의 부록 A를 검토하거나 bacb.com의 상단 메뉴에서 'Ethics'를 클릭하면 확

> 당신은 그 조직을 다룰 수 있는 힘, 관련된 다른 사람들을 다루는 기술, 옳은 일을 하려는 동기를 가지고 있는가?

인이 가능하다. 행동분석가의 전문성과 윤리 이행 관련 규정(Professional and Ethical Compliance Code for Behavior Analysts)은 딜레마와 관련된 주요 단어를 바탕으로 제목을 찾을 수 있는 2페이지 분량의 편리한 목차가 있다. 또한 이 책 뒤에 있는 제목 색인을 사용할 수도 있다.

　앞의 사례에는 규정의 몇 가지 요소가 관련된 것을 볼 수 있다. 기관대표자 측의 의심스러운 진실성(1.04)과 2.0—고객에 대한 행동분석가의 책임—관련 하위 규정(2.02, 2.04, 2.05, 2.09, 2.10, 2.11, 2.12, 2.13)에서부터 시작해 볼 수 있다. 관련된 규정의 위반 사항이 심각하고 조치를 진행할 수 있는 근거가 있다는 것을 확인한 후, 다음 단계에서는 당신이 다루게 될 사람을 이해해야 한다. 우리는 이 사람을 '등장인물(player)'이라고 부른다. 그들은 또한 때때로 '이해 당사자(stakeholder)'로도 불린다.

2. 등장인물: A) BCBA(또는 BCaBA, 또는 RBT), B) 고객, C) 슈퍼바이저, D) 단체장, E) 다른 기관

　등장인물들 중 가장 중요한 당사자는 당신, 즉 1단계에서 얻은 정보를 토대로 비윤리적인 상황을 해결하기 위한 결정을 내리고 조치를 취하기 위해

이러한 노력을 기획하는 사람이다. 당신이 이렇게 불편한 상황을 대할 준비가 되어 있는지 신속하게 확인해 보는 것이 필요하다. 당신은 그 조직을 다룰 수 있는 힘, 관련된 다른 사람을 다루는 기술, 옳은 일을 하려는 동기를 가지고 있는가? 만약 당신이 성공적으로 1단계에서 3단계에 해당하는 윤리적인 사건을 다룬 적이 있다면(3장 참조), 당신은 이 윤리적 사건을 다룰 준비가 되었을지도 모른다. 만약 준비가 되지 않았다면, 신뢰할 수 있는 동료나 슈퍼바이저의 자문을 받아야 한다.

다음 '등장인물'은 고객이다. 고객에 관한 결정을 내리기 위해서는 행동분석가의 신중한 생각이 필요하다. '고객'은 보호가 필요하고 상황을 고침으로써 가장 큰 이점을 누릴 수 있는 취약한 개인일 경우가 많다(고객에 대한 종합적인 정의는 부록 B: 용어사전을 참조). 앞의 사례에서 가장 직접적인 고객은 첫 번째 ASD 아동이다. 이 사례에는 적어도 한 명의 고객이 더 있었다. 두 번째 아동이다. 두 번째 아동은 학교가 제공하기로 계약되어 있는 언어와 사회적 기술 훈련 대신 '돌봄 서비스'만 받고 있었다. 세 번째 고객은 첫 번째 아동의 가족이다. 가족은 자신의 아이가 일대일 언어와 사회적 기술 훈련을 받고 있다고 믿었다. 더 넓은 의미에서 이런 치료법에 많은 돈을 지불하고 있던 보험 회사 역시 고객으로 간주할 수 있다. 마지막으로, 기관대표자의 관점에서 보면, 국제보조행동분석가(BCaBA)를 고용한 사립학교도 이 시나리오에서 법적으로 고객으로 간주할 수 있다. 이 사례에 있어서 대부분의 고객[국제보조행동분석가(BCaBA), 첫 번째 아동, 두 번째 아동, 첫 번째 아동의 부모와 보험회사)]은 각자의 관심 사항에 맞추어져 있다. 반면에 기관대표자는 비용을 낮추고 이윤을 유지하거나 증가시키는 것과 같은 다른 이익에 관심을 두고 있었다.

국제보조행동분석가(BCaBA)는 제시된 사례에서 슈퍼바이저에 문의하지 않았다. 따라서 슈퍼바이저가 없거나(예를 들어, 기관대표자가 슈퍼비전을 맡음.) 응답하지 않은 것으로 가정할 수 있다. 대부분의 경우에 행동분석가는 이런 사건을 슈퍼바이저에게 직접 보고할 것이다. 행동치료 현장의 슈퍼바이저는 고객의 행복을 염두에 두어야 하고, 이 윤리적 문제를 해결하는 데 있어서 협력자가 되어야 한다.

이 사례 속에서 기관대표자는 행동분석가가 윤리적 문제를 해결하기 위해 상대해야만 했던 등장인물이었다. 이 경우, 기관대표자는 병으로 인해 치료사가 빠지는 것과 같은 비상 상황이나 예상하지 못한 상황을 대비하여 계획을 세우지 않은 것으로 보인다. 또한 기관대표자는 부모나 보험회사 둘 중 한 곳에 청구 비용을 바꿀 준비를 하지 않았다. 기관대표자의 행동은 바꾸기 힘든 상황이었다. 안타깝게도, 같은 관행을 보이는 다른 단체의 기관대표자들이 더 있다.

시나리오의 마지막 등장인물은 보험회사다. 이 보험회사는 청구서 내용을 모르고 타격 받은 외부 기관이다. 이런 경우에는 보험회사가 이 상황을 해결하는 데 관심을 가져야 하지만, 그런 신고가 그들에게는 '사소한 사건'으로 비춰질 수도 있다. 그럼에도 불구하고, 보험회사에 가족과 사립학교에서 발생한 계약 위반 사실을 알리지 않는 것은 비윤리적이다.

> '후속 조치 계획'은 첫 번째 행동이 성공적이지 못했을 때 할 수 있는 행동으로 신중하고 전략적 분석이다.

3. 후속 조치 윤리 계획: A 계획, B 계획, C 계획

이 단계에 숨어 있는 개념은 당신의 직장에서 윤리적 딜레마를 다루려는 첫 번째 시도가 성공적이지 못했을 가능성을 염두에 둔 것이다. 예를 들어, 앞의 사례에서 국제보조행동분석가(BCaBA)가 먼저 기관대표자에게 직접 이야기했지만 어떤 계획을 세우진 않았다. 아마도 치료사는 기관대표자가 이렇게 말할 거라고 생각했을 것이다. "아, 그렇게 오래 됐어요? 바로 말해 줘서 고마워요. 지금 당장 부모님께 말씀 드릴게요." 물론 이런 일은 일어나지 않았다. 이런 복잡한 상황에서는 처음부터 후속 조치 계획을 마련할 것을 제안할 수 있다. 만일의 사태에 대비한 계획은 여러분의 첫 번째 행동이 성공하지 못한 경우에 무엇을 해야 할지에 대한 사려 깊고 전략적인 분석이라고 할 수 있다. 앞의 사례에서 A 계획(기관대표자와 대화)이 실패했을 때의 국제보조행동분석가(BCaBA)가 할 수 있는 추후 전략이 없었다.

B 계획은 이미 자신의 아동을 위한 치료에 대해 우려를 보였던 부모에게 그 상황을 직접적으로 설명하는 것이었다. 이런 선택은 근본적으로 두 명의 고객을 돌보고 침묵하도록 내린 지시에 직접적으로 반하는 것이기 때문에 이 행동분석가에게는 위험한 것이다. 만약 국제보조행동분석가(BCaBA)가 부모에게 말했다면, 그녀는 반항 행위로 인해 즉각 해고되었을 수도 있다.

이것은 윤리 문제를 다룰 때 드문 일이 아니다. 옳은 일을 하는 것은 윤리의식이 있는 사람에게 부정적인 결과를 가져올 수 있다. 만약 국제보조행동분석가(BCaBA)가 부모에게 무슨 일이 일어나고 있는지 말했다면, 부모는 행동분석가를 지지하고, 기관장에 대해서 행동분석가를 지원해 줄 가능성도 있다. 하지만 크게 명백한 것은 없다. 때때로 부모는 기관대표자와 특별한 관계를 맺은 경우가 있고, 옳은 일을 하기 위해 나서기를 꺼린다. 어떤 상황에서는 부모 둘 다 직업이 있어 아이를 돌볼 수 없는 상황이 생길 수 있기 때문에 서비스 중단을 원하지 않을 수도 있다. 다른 예로, 아동의 지원을 위해 필요한 것은 무엇이든 하려는 부모의 욕구가 우선적으로 고려되기도 한다. 부모가 무엇을 결정하든 간에 윤리적 문제에 관심을 가지기 시작하면, 스스로 몇 가지 윤리적인 결정을 내려야 한다. 예를 들어, 성가신 부모로 보이는 것과 아동을 다른 학교로 보내는 것 사이에 저울질이 필요하다.

> 탄탄하고, 책임감 있고, 존경 받을 만한 전문성을 갖추기 위해서는 다른 행동분석가의 행동규범을 알고 있어야 하며, 효과적인 중재를 위한 고객의 권리와 다른 모든 권리를 위해서도 맞서야 한다.

명백하게 모든 윤리적 딜레마를 위한 후속 조치 계획은 달라질 것이다. 후속 조치 계획은 사례의 독특한 교육과정을 반영해야 한다. 가장 적게 방해되는 전략에서부터 점차 방해의 정도가 높아지는 전략으로 나아가야 한다. 고려해야 할 또 다른 요소는 행동분석가의 문제 해결 능력과 사람이 조직에서 일을 해결하는 '영향력(clout)'이다.

4. 기술과 영향력

대부분의 행동분석가는 사람을 돕고자 하는 강한 열정으로 이 직업 분야에 들어선다. 대부분은 윤리적 기준을 감시하고 유지하기 위한 책임을 행사하는 것이 행동분석가의 책무라는 것을 의식하지 못한다.

이러한 수행 조건이 규정에 명확하게 제시되어 있다(자세한 내용은 12장 참조). 건실하며 책임감 있고 존경 받을 만한 전문성을 갖추기 위해서는 다른 행동분석가의 행동 규범을 알고 있어야 하며, 효과적인 중재를 위한 고객의 권리(2.09)와 기타 모든 권리를 수호해 줄 준비가 되어 있어야 한다(규정 조항 1.0~4.0).

이 단계에서 언급한 기술은 전문 행동분석가를 위한 25개의 필수 기술과 전략(Essential Skills & Strategies for the Professional Behavior Analyst; Bailey & Burch, 2010)에 설명되어 있다. 이 단계와 가장 관련 있는 기술은 다음과 같다.

- 단호함
- 대인 관계
- 리더십
- 설득력/영향
- 비판적 사고
- 협상과 로비
- '실리적 사고'
- 효과적인 행동형성법 사용
- 까다로운 사람 다루기
- 수행 관리

• 권한 이해와 사용

윤리적인 사례를 다루는 데 있어서 매우 중요한 기타 기술은 (1) 법에 대한 기본적인 이해와 (2) 기업과 정부 기관의 기능에 대한 이해다.

> '영향력(clout)' 요소는 일을 해결하는 지위, 힘, 권한을 말한다.

4단계의 '영향력(clout)' 요소는 일을 해결하는 지위, 힘, 권한을 말한다. 이 사례의 경우, 학교에서의 짧은 계약 기간과 보조 행동분석가로서의 지위를 가진 국제보조행동분석가(BCaBA)는 아마도 영향력이 거의 없었을 것이다. 만약 그녀가 어떤 인맥을 가지고 있다면(예를 들어, 그녀의 부모나 친척 중 한 명이 보험 규정 부서에서 일하거나 주요 보험회사에서 일한다면), 그녀는 이런 윤리적인 사례에 변화를 만들 수 있는 영향력을 가질 수 있다.

A 계획을 위한 기술과 영향력　기관대표자를 설득하고, 부모에게 상황을 알리고, 자녀의 교육 계획에 대한 진실을 말하고, 부모의 이해를 구하고, 상황을 신속히 해결하는 '계획'을 기억해야 한다. 국제보조행동분석가(BCaBA)는 이 사례에서 순간 충동적으로 행동했고, 설득할 준비가 되어 있지 않았다. A 계획을 위해 추천할 수 있는 몇 가지 기술은 단호함, 좋은 대인 관계, 리더십, 설득력/영향, 까다로운 사람 다루기다. 리더십을 발휘하고, 강력한 사례를 제시하고, 기관대표자의 반감에 대비했다면 변화가 생겼을 수 있다.

B 계획을 위한 기술과 영향력　B 계획은 부모에게 직접 찾아가는 방법을 고려하는 것이다. 이 방법도 좋은 대인 관계, 의사소통 기술, 리더십, 단호함을 보여 주는 것을 필요로 한다. 또한, 샘플 사례와 같은 경우에 행동분석가는 부모에게 말할 때, '실리적 사고'를 고려해야 한다. 즉, 자녀의 아이들을 치료하는 데 있어서 부모가 어디서 이것들이 시작되었는지 이해해야 한다. 서비스가 없어지면 부모는 다른 선택권을 가지고 있지 않을 수도 있고, 기관대표자를 기분 나쁘게 하고 싶지 않을 수도 있다.

C 계획을 위한 기술과 영향력   만약 부모는 아이가 서비스를 받지 않고 있고 부적절한 청구서를 받고 있다고 들었어도 큰 관심을 보이지 않는다면, 행동분석가는 이 문제를 더 밀어붙이는 것이 좋을지를 결정해야 한다. 한 가지 선택 사항은 행동분석가가 사표를 내고 이직하는 것이다. 현재 행동분석가를 위한 여러 가지 직업이 있으며, 고객과 가족을 위한 더 윤리적인 직업도 있다(직업을 선택할 때 살펴봐야 할 내용은 19장과 20장 참조). 또 다른 방법은 기관대표자의 보험 사기 사항을 보험회사나 주 보험 위원에게 신고하는 것이다. 이렇게 하면 상당한 비용이 발생한다. 방법, 신고 대상, 필요 문서 유형을 파악하는 데 탐색이 필요하다. 이 선택 사항을 선택하기 위해서 행동분석가는 법을 다시 알아보고, 보험 사기에 대해서 알아볼 필요가 있을지 모른다.

5. 위험: A) 고객에게, B) 다른 사람에게, C) 행동분석가에게

B 계획에서 ASD 아동과 그의 가족을 포함하는 고객의 위험은 그들을 '분쟁을 일으키는 사람'으로 낙인찍히게 하여 서비스가 종료될 수 있다는 것이다. 어디에 사느냐에 따라 다른 기관을 찾기가 어려울 수도 있다. 아니면, 다른 서비스 기관을 찾더라도 그 위치가 가족에게 불편할 수도 있다.

국제보조행동분석가(BCaBA)가 제시한 실제 샘플 사례에서 행동분석가는 이 쟁점을 기관대표자에게 제기했다는 이유로 해고되지 않았다. 하지만 만약 그녀가 B 계획을 추진했다면 그녀는 반항적인 태도를 보였기 때문에 직장을 잃었을 수도 있다. 이 행동분석가는 실제로 기관대표자와 학교에 위험 부담이 되는데, 기관대표자의 비윤리적 행동에 대하여 소문을 낼 수 있기 때문이다.

6. 계획 실천하기

이 사례에서 A 계획(기관대표자에게 말하기)은 기본적으로 실패했다. 다음 단계는 행동분석가가 B 계획(부모에게 직접 찾아가 이야기하기)에 대해 신중하게 생각하는 것이다. 만약 당신이 직장에서 고객의 부모와 연락을 취해야 하는지를 결정해야 하는 상황에 처해 있다면, 몇 가지 생각해 볼 것이 있다. 부모를 만날 시간과 장소를 생각하고, 어떻게 하면 상황을 잘 설명할 수 있을지 생각해야 한다. 분명한 이유로 오후마다 아동을 데리러 오는 부모에게 로비에서 해당 내용을 말하는 것은 좋지 않을지도 모른다. 기관대표자가 당신을 목격하는 극적인 위험을 감수하고 싶지 않을 것이다. 게다가, 만약 부모가 그 시간에 분주해서 효과적으로 당신의 메시지를 받지 않을 수도 있다. 만약 아동의 부모에게 연락하는 방향으로 결정했다면, 부모에게 잠시 만날 수 있는 좋은 시간이 언제인지 물어봐야 한다. 부모는 어떤 일 때문인지 알고 싶어 할 것이고, 이때 가장 좋은 방법은 "상당히 중요한 사항을 논의해야 한다"라고 말하는 것이다. 학교에서 떨어진 곳에서 만나는 것도 좋은 생각이다. 감정적이지 않은 상태에서 먼저 아동이 발전이 없는 것에 대해서 말한다. 그런 다음, 발생한 상황과 기관대표자의 반응을 명확하게 설명해 주고 부모의 반응을 파악해야 한다. 어떻게 반응하는지 보기 위해 기다려야 한다. 그 다음에는 그냥 지원만 한다. 부모가 조치를 취하기로 결정하면 당신의 이름을 알리지 말아 달라고 부탁해야 한다.

> 논쟁을 초래하는 영역에서는 법적 조치의 가능성이 항상 존재한다. 만약 누군가 당신을 상대로 소송을 제기했다면 당신은 무엇을 했고, 언제 그것을 했는지에 대한 상세한 기록을 준비해야 한다.

7. 평가

때로는 무슨 일이 발생했든 간에 어떻게 그 사건이 일어났는지 추적하는 것도 좋은 생각이다. 이것은 우리 분야의 윤리적 기준을 감시하고 유지하려고 노력하는 경우에 특히 중요하다. 논쟁을 초래하는 영역에서는 법적 조치의 가능성이 항상 존재한다. 만약 누군가 당신을 상대로 소송을 제기했다면 당신은 무엇을 했고, 언제 그것을 했는지에 대한 상세한 기록을 준비해야 한다. 회의, 전화 통화, 메모, 이메일에 대해 기록해 두면 다른 사람들을 피해 보지 않게 보호하고 자신의 행동을 방어하기 위해 충실했다는 것을 변호사, 판사, 배심원에게 보여 줄 수 있다.

당신이 직면한 윤리적 사례의 세부적인 사항을 적어 두면 다음에 쟁점이 발생했을 때 무엇을 해야 할지를 결정하는 데 도움이 될 것이다. 1년 전에 일어난 일에 대한 기록을 위조하라는 요구를 받거나, 의무 신고자로서 학대나 방치에 대해 신고했을 때 단순히 기억에 의존하는 것은 안전하지도, 현명하지도 않다.

> 행동분석가로서 당신은 일 년에 여러 차례 복잡한 윤리적 쟁점에 직면하게 될 것이다.

요약

행동분석가로서 당신은 일 년에 여러 차례 복잡한 윤리적 쟁점에 직면하게 될 것이다. 고객, 자신, 직업을 대신하여 조직적이고 효과적으로 대처할 수 있도록 체계적인 과정을 거쳐야 한다. 이 7단계 절차를 따르면 비윤리적 행동으로 이어지는 요소를 더 깊이 이해할 수 있게 되고, 자신과 고객을 위험으로부터 항상 보호할 수 있게 된다.

제5장 일반 사람과 행동분석가를 위한 일상적인 윤리 과제

아동들은 성인이 되기까지의 힘든 여정을 따라가면서, 그들의 공동체, 종교, 문화의 규칙을 받아들인다. 놀랍도록 짧은 시간에 걸쳐 부모, 친척, 교사, 때로는 스카우트 담당자가 미래의 윤리적 행위를 위한 길을 닦아 준

> 학생들이 행동분석학 대학원 과정에 들어가기로 결정했을 때, 그들은 색다른 규칙을 가진 세계로 들어가는 것이다.

다. 이런 일을 하는 어른들은 매일 규칙을 말해 주며 미래에 행동을 결정짓는 결과를 가져오는 데 핵심적인 역할을 하고 있다는 사실을 깨닫지 못하기도 한다.

어린 시절부터 어떤 상황에서도 우리는 모든 시민에게 적용되는 일관된 윤리 행동 규칙은 없다고 말하고는 한다. 중학생이 시험에서 부정행위를 하고 걸리지 않는다면, 그는 부모나 종교 지도자의 말에 상관없이 부정행위가 괜찮다고 믿게 될지도 모른다. '속이지 말 것' 대신 '잡히지 말 것'이 규칙으로 발전할 수 있다. 일상적으로 방과 후에 집안일을 돕지 않고 변명을 늘어놓는 아동은 성인으로 성장해서 왜 직장에 늦었는지, 또는 왜 분기 보고서가 어설프고 제출 기한을 넘겼는지에 대한 정교한 핑계를 댈 것을 만들어 낼 것

이다.

시간이 지나면서, 이런 아동기와 성인기를 거치면서 축적된 경험을 통해 느슨한 규칙을 가진 개인이 형성되는데, 이를 개인 윤리라고 한다. 배우자를 속이는 행위, 나이 든 부모님을 방문할 수 없는 이유에 대한 거짓말, 다른 사람의 인터넷을 불법적으로 사용하는 것은 모두 개인 윤리와 관련된다. 개인 윤리는 직업 윤리와 대치될 수 있다. 학생들이 행동분석학 대학원 과정에 들어가기로 결정했을 때, 그들은 색다른 규칙을 가진 세계로 들어가는 것이다. 풋내기 행동분석가가 직면할 수 있는 갈등을 이해하기 위해서는 다음과 같은 비교 상황을 고려해야 한다.

호의

친구들은 종종 서로에게 부탁을 한다. DVD를 빌리거나 주말 동안에 잔디 깎는 기계나 차를 빌리기 위해 친구가 휴가를 가는 동안에 집을 봐 주기도 한다. 우정이 길어질수록 호의는 더욱 친밀해지거나 복잡해질 수 있다. "좋은 상담자를 알려 줄 수 있어? 남편과 내가 개인적인 문제를 겪고 있어." 또는 "만약 내 아내가 물어보면, 내가 목요일 밤에 친구들과 볼링을 치러 갔다고 말해 줄 수 있어?" 일주일에 세 번 행동분석가로부터 가정 치료 서비스를 받기 시작했다면, 행동분석가에게 도움을 부탁하는 것도 예상하지 못하는 일은 아니다. "오늘 차 안에서 Jimmy 치료 회기를 해 줄 수 있나요? 큰아들을 축구 연습하는 데 데려다 줘야 해서요." 이상하게 들릴지도 모르지만, 이 일이 실제로 석사 학위 학생 중 한 명에게 일어났다. 서로에게 호의를 베풀어 주었기 때문에 그 대학원생은 한 번 동의해 주었다. 곧 그것은 일상적인 것이 되었다. 물론, 5시의 교통체증 속에서 미니밴의 좁은 뒷좌석에 앉아 이루어지는 산만한 언어 훈련은 완전히 효과가 없었다.

가십

식료품 가게 계산대에서 잠시 멈추면, 당
신은 단순한 가십(gossip)이 아니라, 진한 색
조의 사진과 같은 달콤한 가십들을 접하게
될 것이다. 계산대의 잡지와 리얼리티 TV 프

> 일반적으로 가십은 재미있
> 고 흥미로운 것으로 보이는
> 데, 해로운 점은 무엇일까?

로그램은 상업적으로 자극적인 가십이지만 우리 사회의 보통 사람들은 이를
일상적인 것으로 받아들인다. 일반적으로 가십은 재미있고 흥미로운 것으로
보이는데, 해로운 점은 무엇일까? 이러한 상황은 너무 만연해 있어서 여기에
참여하지 않는 사람이 이상해 보일 수도 있다.

직업 환경에서, 행동분석가는 일상적인 유혹에 직면한다. 상담가들은 종
종 부모가 다른 누군가의 아동에 대해 물어본다고 말한다. "Maggie는 어때
요? 문제가 있다고 들었어요."라고 다른 아동의 부모가 묻는다. 하지만 고객
이나 가족의 비밀 정보에 대해서는 말할 수 없다. 고객에 대해 물어보는 사
람에게는 그 요청이 무해한 것처럼 보인다. 다른 누군가의 아동에 대해 알기
를 원하는 사람은 '비밀' 정보라는 것을 고려하기보다는 단지 한 입 크기의
맛있는 정보 덩어리를 얻으려는 것으로 보인다. 이렇게 다른 사람에 대해 이
야기하는 것이 가십이다.

선의의 거짓말

갈등이나 비난을 피하기 위해 자신의 실수, 동기, 혹은 다른 사람의 결점
을 '선의의 거짓말'로 덮어 버리는 것은 우리 문화에서 흔한 일이 되었다. 가
십을 지나치게 좋아하는 친구에게 커피 마시러 가고 싶지 않다고 말하는 대
신에, 갈등을 싫어하는 민감한 사람은 "내 조카의 생일 파티 때문에 쇼핑을

가야 해."라고 말할 것이다. 물론 친구에게 들킨다. "오, 그거 재미있겠는데. 나도 (파티에) 같이 가도 될까?" 이제 하얀 거짓말을 한 범인은 더 극적이고, 더 적극적인 변명을 해야 할 것이다. "음, 내 차 안에 박스가 너무 많아서 쇼핑을 하기 전에 Sam의 팸플릿을 우편으로 보내야 해." 이 미묘한 힌트를 알아채지 못한 친구는 다시 "아, 내가 도와줄 수 있어. 나의 새 차를 이용하자. 상자를 넣을 공간도 충분하고, 내가 상자를 옮기는 것도 도와줄게."라고 말할 것이다. 한 이론에 따르면, 사람들은 진실을 말하기보다는 너무 흔하게 돌려 말하는 것 때문에 다른 사람의 말을 의심하는 경향이 있다. 또 다른 극단적인 경우에는 당신의 미묘한 신호를 알아채지 못하고, 모든 거짓 변명 거리를 성공적으로 만들어 주는 사람이 많이 있다.

감사

> 선물 교환은 다중 역할 관계를 만들어 낸다. 고객과 행동분석가는 이제 친구가 되었고, 국제행동분석가(BCBA)는 이 호의에 결국 적절한 시기에 보답해야 한다.

비록 나라별로 어느 정도 차이가 있을지 모르지만 소비자, 특히 가정 내 서비스를 받는 고객은 자신이 좋아하고 우호적이고, 정중하고, 능력 있는 행동분석가에게 선물을 주는 보편적인 경향이 있다. 결국, 행동분석가가 아동을 변화시키고 부모에게 희망을 준 은인이라는 점을 고려하면, 뭔가 감사의 표시를 하는 것은 합리적일 수 있다. 방법은 집에서 만든 쿠키에서부터 스파게티('그 가족만의 비밀 요리법으로 만들어진')까지 또는 가족과 함께 해변에 가자는 초대("Damon이 모래장난을 하는 모습을 보는 것이 재미있을 거야.")까지 다양하다. 일상적으로는 성탄절에 경비원, 미용사, 신문 배달부에게 현금과 같은 선물을 주거나 집들이에서 와인을 선물해 준다. 꽤 많은 고객들이 국제행동분석가(BCBA)의 생일이 언제인지를 알아내어 마음에 들어 할 선물을 찾아 놀라게 하기 위해 고민

한다. 야구팀 모자, 스포츠 이벤트 티켓, 서적, DVD, 고가의 와인, 아기 선물, CD, 상품권은 워크숍에 참석했던 행동분석가들이 받아 보았다고 말한 선물이다[규정 1.06(d)에서는 이것들 중 어떤 것도 허용되지 않음]. 선물 교환은 다중 역할 관계를 만들어 낸다. 고객과 행동분석가는 결국 친구가 될 것이고, 국제행동분석가(BCBA)는 이 호의를 적절한 시기에 보답해야 한다.

조언

사람들은 서로 자유롭게 조언을 구하고 제공한다. 그들은 영화, 식당, 보모, 어쩌면 의사까지 눈 깜짝하지 않고 추천할 것이다. 그들의 조언은 종종 개인적 경험, 명확하지 않은 편견, 공개되지 않은 관계를 바탕으로 한다. "웨스트 브로드웨이에 카펫 매장이 새로 생겼어요. 정말 싸게 샀어요."라고 말할 수도 있다. 이 제안을 한 사람의 처남이 그 매장을 소유하고 있는 사람일 수 있다. 친구나 이웃에게 학교나 부동산 업자를 추천해 달라고 요청하는 것처럼, 많은 사람이 행동분석가에게 건방진 십대나 게으른 남편을 다루는 가장 좋은 방법이 무엇인지 물어볼 것이다.

전문적 훈련을 받기 전에는 행동분석가들도 한때는 학기 중에 어떤 심리학 과정을 택할 것인지, 아니면 어느 대학원에 지원할 것인지와 같은 다양한 주제에 대해 자유롭게 조언을 요구하고 제공했던 일반적인 사람들이었다. 국제행동분석가(BCBA)가 되면 이러한 규칙은 상당히 바뀐다. 전문가로서 많은 직업 윤리를 습득해야 하고, 국제행동분석가(BCBA)는 다른 사람에게 조언을 할 때 무엇을 말해야 할지와 어떻게 말해야 할지 주의해야 한다.

한 교사는 Janie의 향상 정도를 확인하기 위해 일주일에 두 번 교실에 방문하는 행동분석가를 알게 되었다. Janie의 자료에 대해 대화를 나누는 중에 교사는 "내가 Nunzio를 위해 무엇을 해야 한다고 생각하나요? 당신도 그가 행동하는 것을 보았잖아요. 어떤 행동장애가 있다고 생각하나요?"라고 물어보았다. 전문가 윤리 규정에 따라 행동하는 것은 많은 행동분석가에게 완전히 새로운 경험이다. 신속하게 대응해 주거나 한 줄짜리 말로 반응해 줄 수 있을 수 있지만, 정답은 "미안하지만, 그 아동은 제 고객이 아니기 때문에 말할 수 없습니다."라고 하는 것이다(BACB 규정 2.06).

책임

뭔가 잘못되면 책임을 전가하고, 당황하지 않기 위해 은폐하고, 무능력의 증거를 숨기는 것이 우리의 정치 지도자, 영화배우, 유명 스포츠 선수 사이에서 만연해 왔다. 일반적인 사람은 둔감해지고, 비윤리적 행동을 실수로 인정하고 고백하는 것이 아름답게 보일 수도 있다. 아동의 학교 파손 행위에 책임을 지지 않는 부모는 종종 자신이 효과적으로 훈육하지 못했다는 사실을 부인한다. 일부 부모는 아동의 행동에 대해 알리바이를 대거나 변명까지 한다. ("어쩔 수 없이 그렇게 되었어요. 그는 아픈 상황이었고, 아버지는 술 마시는 문제를 가지고 있었어요.") 이러한 행동은 아동에게 흥미로운 일련의 규칙을 가르쳐 준다. 만약 부정적 결과를 막을 수 있다면, 양측은 책임을 회피하는 전략을 사용하도록 강화하게 된다. 행동분석가는 이와 같은 경험을 가진 고객이 실제로 존재할 수 있음을 알아야 하며, 부모와의 상세한 합의가 반드시 실행될 수 있도록 필수적인 조치를 취해야 한다. 특히 아동이 강화제를 얻기 위한 점수 또는 특권을 획득하는 가정에서 부모가 관리하는 조치(예를 들어, '좋은 행동 계획')의 사례가 이에 해당한다.

요약

윤리적인 면에서 행동분석가는 '일반 시민'에서 전문가로의 어렵지만 중요한 변화를 겪어야 한다. 행동분석가가 되기 전의 삶의 기준이 국제행동분석가(BCBA)에 대한 기대 사항과 상충될 경우, 행동분석가 규정으로 기준을 바꿔야 한다. 뿐만 아니라, 매일 국제행동분석가(BCBA), 국제보조행동분석가(BCaBA), 등록된 행동실무사(RBT)는 '비윤리적 행동'을 하려는 고객, 비전문가를 만나게 된다. 이러한 고객들은 이들의 접근 방식을 자극하거나 조롱하기까지 한다.

개인 윤리 역사와 새로 학습한 직업 윤리 및 규정이 상충할 수도 있는데, 이는 우리 분야에서 가치 있는 도전이다. 그리고 우리 직업에 주는 혜택과 진실성으로 인해 이 규정을 따를 가치가 있다.

제2부

행동분석가를 위한 전문성과 윤리 이행 관련 규정의 이해

 행동분석가자격증위원회(BACB)의 행동분석가의 전문성과 윤리 이행 관련 규정(Professional and Ethical Compliance Code for Behavior Analysts, 이하 '규정')은 BACB의 '전문가 행동 강령 및 윤리 기준'과 '행동분석가를 위한 책임 있는 행동을 위한 지침' 두 가지를 통합하고 수정하여 새롭게 대체된 것이다. 이 규정은 행동분석가의 전문적이고 윤리적인 행동에 관련된 10개의 장

(section)과 용어 해설을 포함하고 있다. 2016년 1월 1일부터 모든 BACB 지원자, 자격증 소지자, 등록 기관은 이 규정을 준수해야 한다.

이전 판의 책 또는 규정을 가지고 있는 경우에는 2015년 8월 11일 규정의 개정판에 새로운 조항이 추가되었고, 일부 규정이 새롭게 변경되었음에 유의해야 한다.

다음 장에서는 ABA 전문가들이 처리해야 하는 실제 생활 문제를 설명하기 위해 미국 전역의 국제행동분석가(BCBA)와 국제보조행동분석가(BCaBA)로부터 수집된 윤리 사례를 제시할 것이다. 이러한 사례를 적용하여 필수 규정에 대한 지식을 점검할 수 있다. 각 장의 끝에는 의문점과 사례에 대한 저자의 답이 제시되어 있다.

제6장 행동분석가로서 책임 있는 행동(규정 1.0)

　다른 분야의 서비스 전문직과 비교하면, 행동분석은 독특한 방식으로 발전해 왔다. 우리 분야는 1960년대 중반까지만 거슬러 올라가는 비교적 짧은 역사를 가지고 있고, 우리의 뿌리는 행동에 대한 실험적 분석에 확고히 내려져 있다. 원조 행동분석가들은 종종 실험 심리학자로서 동물 실험실에서 처음 개발한 절차가 인간의 행동 조건을 돕기 위해 어떻게 적용할 것인지를 재정립한 인물들이다.

　인간을 대상으로 한 최초의 적용 사례(Ayllon & Michael, 1959; Wolf, Risley, & Mees, 1964)는 (동물 실험실에서 이루어진) 실험 절차를 대부분 직접적으로 반복한 것이었다. 이러한 인간에게 적용한 초기 절차는 당시에 다른 서비스 전문가들이 포기한 집단에 사용되었다. 이때는 치료 윤리에 대한 질문이 제기되지 않았던 시기이기도 했다. 잘 훈련되고 책임감 있는 실험 심리학자는 새로운 치료법을 개발하기 위해 자신만의 양심, 상식, 인간 가치에 대한 존중감에 의존했다. 당시에는 학습 이론에 기초한 치료법이 별다른 효과적인 치료를 받지 못하고 있는 개인의 고통을 덜어 주거나 삶의 질을 극적으로 향상시킬 수 있다고 여겼다. 전문성과 윤리 이행 규정이 없었고, 최초의 선구적 치료사로 전향한 박사 연구자를 위한 슈퍼비전도 없었다. 그들의 업적은 부모나 보호자에 대한 충분한 지식으로 대중의 눈에 띄었고, 오늘날 당시 연구에 대해 검토해 보거나 윤리적 행동에 비추어 보아도 거의 문제가 없었던 것으로 보인다.

이로부터 시간이 훨씬 흐른 뒤 준비도 제대로 안 되고 세심하지 못했던 몇몇 행동분석가가 윤리적인 문제에 부딪히게 되어 1장에서 설명한 불미한 사건을 일으키기 시작했다.

오늘날 한 전문영역으로서 행동분석가에 대해 매우 높은 기대 수준을 가지고 있으며, 규정 1.0은 책임 있는 행동에 대한 전반적인 관심사를 다루고 있다. 이 윤리 규정은 우리 분야의 가치 체계를 보여 주고, 자신을 행동분석가라고 소개하려는 전문가는 자신의 분야를 긍정적으로 보여 주는 방식으로 행동해야 한다고 제시하고 있다.

규정 1.01은 행동과학(Skinner, 1953)에 뿌리를 두고 있다는 것을 강조하고 있고, 행동분석가가 내리는 결정이 과학적 관련이 있음을 보여 준다. 지난 40년 동안 시행된 수많은 응용행동 연구들을 살펴보면, 이것은 실제로 대단한 업적이다. 현재 전 세계적으로 거의 24개의 학술지에 행동연구를 게재하고 있다(APA, 2001). 따라서 윤리적 행동분석가는 많은 '과학적 지식'을 지속적으로 접촉할 의무가 있다.

행동분석가는 자신의 '역량 내에서(규정 1.02)' 서비스를 제공하고, 교육하며 연구를 수행해야 한다. 이것은 '교육, 훈련, 슈퍼비전 경험에 따른 적합성'으로 정의되지만, 그 외에 ABA의 어떤 하위 전문 분야에 전문성을 가지고 있는지 결정해야 한다. 이러한 하위 전문 분야의 사례로는 섭식 장애, 자해행동, 공격행동, 파괴행동을 들 수 있다. 워크숍이나 세미나에 참석하는 것만으로 자신이 하위 전문 분야에서 전문성이 있다고 설명하기에 충분하지 않다. 여기에 설명된 행동문제를 치료하는 데 필요한 전문 지식을 갖추려면 행동분석가는 치료 회기를 관찰하고 전문가의 피드백을 받으며 하위 전문 분야에 특성화된 치료실(특정 분야 전문)에서 오랜 시간을 보내야 한다. 행동분석가는 잠재적으로 위험하고 생명에 피해를 줄 수 있는 행동을 다루는 데 필요한 기술을 습득한 것을 증명하는 증명서를 받는 것이 가장 이상적이다.

그리고 규정 1.03에 기술된 바와 같이, 행동분석가는 '그들이 사용하는 기술의 능력에 대한 역량'을 유지해야 한다. 이는 상대적으로 역사가 짧은 학문 분야에서 지속적으로 방법론이 발전되어야 한다는 점을 고려한다면 또다른 필수 기준일 것이다. 자격증 소지자는 이와 같은 중요한 기준에 대해 보수적으로 정의를 내리면서 역량을 구하고 유지할 필요가 있다.

행동분석의 초창기에는 행동을 변화시키기 위해 혐오적인 방법을 사용하는 것이 강조되었는데, 안타깝게도 이것은 지지자와 소비자 그룹의 상당한 반발을 야기했다. 더 발전된 전문성을 가지게 된 지 오랜 기간이 지난 이후에도 여전히 벌을 남용하는 분야로 우려를 나타내면서 '반혐오(anti-aversive)' 운동이 시작되었다. 여러 분야와 마찬가지로 일부 전문가의 기술은 정체되어 있는 듯 보인다. 심지어 1975년에 박사 학위를 받은 사람은 자기 분야의 최신 동향을 모를 수도 있다. 규정 1.03은 전문성을 유지하지 못한 사람이 다른 사람에게 피해를 입히고, 최신의 전문성을 갖춘 행동분석가의 평판을 훼손하기 전에 현재의 표준 기술과 다시 접촉하도록 하기 위한 경고다.

규정 1.04에서 제시하는 진실성 조항은 전문가에게 그들이 속한 사회의 법 규정들을 인식하거나 높은 도덕적 원리를 유지하라고 요구하는 것이 너무 과하지는 않을 것이다. 규정과 다르게 행동하면 다른 전문가의 평판에 오점을 남긴다는 것이다. 만약 무언가가 잘못되면, 비록 행동분석가가 아닌 사람이라도 당신을 문제 요소로 인식할 것이다. 우리 중 누구도 '지역 고등 학교에서 마약을 거래하다 적발된 행동분석가' 같은 헤드라인을 보고 싶어 하지 않을 것이다. 우리의 직업은 복잡하고 두 자로 된 이름을 가진 새로운 직업으로서, 대부분 미국인의 레이더에 잡히지 않는다. 우리의 직업 목표는 진실, 정직, 신뢰성에 관한 높은 평판의 현장에 모습을 드러내는 것이다. 우리는 '가장 덜 존경 받는 10대 직업' 목록에 기자, 공무원과 함께 오르기 원하지 않는다(BBC Radio, 1999). 초임 행동분석가에게 줄 수 있는 조언은 스스로의 행동을 감시하고, 고객과 대중을 적법하게 대하고, 주변 사람에게 모범적인 시민으로 인식되도록 하는 것이다.

존경받는 전문가가 되기 위한 일환으로, 행동분석가는 전문적이고 과학적인 역할 속에서만 서비스를 제공해야 한다[규정 1.05(a)]. 이것은 행동분석가가 이웃, 친구, 친척에게 무심코 조언하는 것을 삼가야 한다는 것을 의미한다. 돈을 지불할 가치가 있는 조언을 무료로 제공하는 경우가 아니더라도, 무심코 제공하는 조언이 안 좋은 결과를 초래할 수도 있다.

행동분석가는 전문적인 능력을 바탕으로 행동서비스를 제공할 때에는 정교한 용어를 사용하도록 훈련 받았다. 하지만 고객과 가족을 만날 때에는 그 용어를 다르게 사용해야 한다[(규정 1.05(b)]. 치료 계획을 제안할 때에는 고객, 소비자, 기타 전문가를 위해 평이한 언어로 설명해야 하고, 전문 용어는 행동분석가 동료 회의에서 사용해야 한다.

우리가 행동분석가에게 기대하는 바는 가족이나 공동체 속에서 자라면서 습득한 편견을 떨쳐 내고 궁극적으로 거부하는 것이다. 행동분석가는 성별, 인종, 민족 또는 국적이 다른 사람과 차별 없이 일할 수 있도록 훈련 받아야 한다[규정 1.05(c)]. 또한 연령, 성별, 인종, 문화, 민족성, 국적, 종교, 성적 지향, 장애, 언어, 사회 경제적 지위 또는 그 밖의 다른 기준에 따른 개인이나 집단에 대해 차별해서는 안 된다[규정 1.05(d)].

성희롱은 사라지지 않을 우리 문화의 오점이다. 2014년에 26,000건 이상의 성희롱 사건이 신고되었으며, 여성이 그중 85%를 신고하였으며, 이를 해결하기 위한 금액은 매년 5천만 달러에 달하고 있다(U.S. EEOC, 2014). 성희롱은 1964년 민권 법의 제7조(Title VII of the Civil Rights Act of 1964)를 위반하는 성차별의 한 형태다. 대부분의 전문가가 이것에 대해 알고 있을 것이라고 생각할 수 있다. 그러나 Clarence Thomas를 상대로 한 Anita Hill 소송 건(Hill, 1998)의 증언에서 언급되었듯이 변호사도 이런 비열한 형태의 학대에 연루된 적이 있다. 이러한 형태의 행위에는 원하지 않는 일의 강요, 성적 요구, 심각하고 만연하며 학대적인 근무 환경을 조성하는 모든 형태의 행동이 포함된다(Binder, 1992). 성희롱에 더불어 규정 1.05(e)는 사람의 나이, 성별, 인종, 문화, 민족성, 종교, 성적 지향, 장애, 언어, 사회경제적 지위와 관련된 괴롭힘을 포함하여 다른 유형들을 다루고 있다.

심지어 행동분석가도 사생활과 관련된 문제를 일으킬 수 있다. 만성 질환, 이혼, 알코올 중독은 사람을 우울하게 만들 수 있으며, 전문가의 경우 개인적인 쟁점이 양질의 서비스를 제공하는 데 방해가 되지 않도록 해야 한다[규정1.05(f)]. 직장 생활에 영향을 미치는 다양한 문제에 대해 '신뢰할 수 있는 동료'에게 솔직하게 말하고 의지하는 것이 최선이다. 어떤 식으로든 고객이나 직장에 대한 의무를 다하지 않고 있다고 느낀다면, 신뢰할 수 있는 동료와 마음을 터놓고 대화하여 동료의 의견을 확인하고 어떤 선택을 할지 정리해야 한다. 삶을 다시 정리하는 동안 일정 기간 휴가를 얻는 것도 한 가지 방법이다. 이 기간 동안 당신의 고객을 보호하고, 위원회에서 당신의 자리를 지키고 고객을 보호하기 위해 다른 행동분석가들과 어떠한 준비를 했는지 확인할 필요가 있다.

유능한 행동분석가는 지역사회에서 많은 감투를 쓰고 있기에 이해 관계에 충돌이 발생할 수도 있는 상황에 직면하기 쉽다. 이상적으로 행동분석가는 다중 관계나 이해 갈등을 야기할 수 있는 상황을 피할 수 있다[규정 1.06(a)]. 이러한 갈등은 바쁘고 유능한 행동분석가에게 주로 발생한다. 유능한 행동분석가는 많은 고객을 다루고 있고, 학술지 논문 심사 위원으로 활동하고 있고, 주 단위 학회 대표가 되거나, 지역 학교운영위원회에서 역할을 담당하는 경우가 많다. 더 개인적인 이해 갈등은 이웃이 아동의 행동문제에 대한 도움을 요청하거나 방문한 친척이 문제해결을 위해 도움을 요청하는 가운데 일어날 수 있다. 정부 기관에 고용된 행동분석가는 다른 기관의 특정 자리에 선출되는 것이 고용주와 상충한다는 것을 알게 될 수도 있다. 행동분석가가 친척에게 무료로 조언한 행동 프로그램이 효과적이지 않거나, 학교 심리학자, 상담가 또는 다른 전문가의 조언과 상충되는 경우에 그 사람 간에 갈등을 발생시킬 수 있다. 가장 좋은 해결 방법은 처음부터 그러한 상황을 피하는 것이지만, 규정은 어떤 피해가 발생하기 전에 행동분석가가 이 상황을 해결하도록 제시하고 있다[규정 1.06(b)]. 또한, 행동분석가는 고객에게 다중 관계의 잠재적인 부정적 영향에 대해 공개적이고 신속하게 알려야 한다[규정 1.06(c)].

놀랍게도 규정에 관한 가장 빈번한 질문 중 하나는 선물을 주고받는 것에 관한 것이다. 일을 잘하고, 전문적이고, 신뢰할 수 있는 행동분석가는 서비스를 받는 가족에게 중요한 존재가 된다. 머지않아 많은 가족은 행동분석가에게 선물을 주고, 행동분석가를 초대해서 저녁을 대접하고, 행동분석가를 가족 파티나 축하 파티에 초대하고 싶어 할 것이다. 규정 1.06(d)는 다중 관계를 형성할 수 있기 때문에 선물을 받거나 주지 말아야 한다고 제시하고 있다. 부모/보호자가 서비스 개시 전에 기대 사항을 설명하는 '전문적 서비스 선언(Declaration of Professional Practice)'에 서명하는 것이 윤리적 서비스 제공을 위한 좋은 방법이다.

지난 40년간 우리의 직종이 성장하면서 행동분석가는 자신의 전문 기술로 더욱 존경받게 되었고 권위 있는 위치로 옮겨 갔으며, 어느 정도 힘과 영향력을 행사하는 자리로 성장했다. 처음에는 치료사나 유닛 디렉터로만 근무했지만, 많은 행동분석가가 현재는 심리학과 학과장, 대형 거주 시설 책임자 또는 주요 자문 회사의 사장으로 재직하고 있다. 그러한 위치에서 심지어 가장 윤리적으로 세심한 행동분석가조차도 다른 사람의 승인 없이 그들이 결정을 내릴 수 있는 자리에 있음을 알게 될 것이다. 박사학위를 가진 자문 회사 사장이 상담사 직원에게 과다 청구를 조장하거나, 경쟁 회사를 염탐하도록 지시할 수도 있다. 자문회사의 박사급 대표자는 수하의 석사급 자문역들이 이러한 압력에 저항하기를 바란다. 그러나 이러한 상황을 막기 위해 주의를 기울이지 않는다면, 권력의 차이로 인해 하급 직원이 이용당할 수 있다. 교수가 좋은 성적을 제공하는 대가로 학생에게 다른 부탁을 할 수도 있고, 이론적으로 행동학 교수도 그렇게 할 수 있다. 혹은 종종 보도되듯이 학생도 좋은 성적을 위해 부탁을 들어줄 수도 있다. 행동분석가는 자신이 슈퍼비전, 평가하는 대상, 즉 학생, 슈퍼비전 피제공자, 직원, 연구 참가자, 고객을 결코 이용해서는 안 된다(규정 1.07). 따라서 양측은 착취의 가능성에 대해 똑같이 인식할 필요가 있다.

1.0 행동분석가로서의 책임 있는 행위

행동분석가는 직업 행동에 높은 기준을 유지한다.

이 간단한 조항은 우리 분야의 전문가에게 많은 의미를 담고 있다. '높은 기준'은 정직, 진실성, 신뢰성, 비밀 보장, 신뢰성을 포함한다. 이러한 가치들이 행동분석가의 근무 외의 시간에 반영되어야 한다는 것은 말할 필요가 없다. 다른 직업에서도 마찬가지다. 의사, 건축가, 학교 심리학자, 많은 다른 전문직 종사자들은 대중 앞에서 그들의 정직함과 진실성을 보여 주기를 기대한다. 그렇지 않으면 사업에 나쁜 영향을 주고, 자신의 직업에 오점을 남길 것이다. 다음 사례는 높은 기준의 행동을 유지하는 것과 관련된다.

***

사례 1.0 드러냄

　Katie는 자폐성장애 아이를 둔 싱글 맘으로, 서비스 제공 기관을 선택하기 전에 행동분석 서비스 제공 후보 기관들을 방문했다. Katie는 서비스를 제공할 행동분석가를 최종 선택하고 몇 주 후에 면담을 했는데 선택에서 제외시켰던 Marilyn을 지역 전시장에서 우연히 보았다. Marilyn이 고개를 들어 Katie에게 큰 소리로 인사하며 말했다. "Katie! 어쩐 일이에요? 나의 자폐 치료실을 방문했을 때 우리 치료실을 선택했다고 생각했어요… 왜 우리 치료실을 선택하지 않았나요?" Katie는 불편함을 느졌다. 특히 동네 사람들에게 아이가 자폐성장애를 가지고 있다고 말하지 않았기 때문이었다. 그녀는 금액 문제 때문이라고 에둘러 말하고 서둘러 전시장을 나섰다.

***

1.01 과학적 지식에 근거함(RBT)

행동분석가는 인간 서비스 제공에 있어 과학적 판단 또는 전문가적 판단을 내리고, 학문적인 노력과 전문적인 노력을 할 때, 과학과 행동분석에 기반을 둔 전문적인 지식을 신뢰해야 한다.

행동분석의 주요한 특징 중 하나는 우리의 행동이 과학적 증거에 기초하고 있다는 것이다. 특히, 우리는 행동에 대한 기능적 통제를 명확하게 보여 주고 임상 자료로 중재 효과를 신중하게 평가하는 단일대상연구설계를 다룬다. 비록 우리가 입학 절차 중에 가족이나 보호자로부터 정보를 구할 수 있지만, 행동분석가는 결론을 내리기에 충분한 객관적인 자료에 의존한다.

***

사례 1.01 한 가정 치료팀에 대한 비판

Anthony는 FC, 즉 촉진된 의사소통(facilitated communication) (AKA '지원된 타이핑')이라고도 알려진 절차를 강하게 믿고 있는 부모를 위해 일하는 국제분석행동가(BCBA)이다. Anthony는 초등학교 3학년생인 구어발화 아동의 언어 관련 반응을 이끌어 내기 위해 타이핑 기기와 신체적 촉구를 사용한다. Anthony는 "나는 스크린을 보지 않는다."라고 말하며 자기업무 수행을 정당화한다. 한 학교의 국제분석행동가(BCBA)는 이 학생을 테스트하고 나서 그가 명백하게 촉구에 의존하지 기기에 눈에 띄게 반응하지 않는다고 증명했다. 이 국제분석행동가(BCBA)를 자격증 위원회에 신고해야 하는가?

***

1.02 역량의 범위(RBT)

(a) 모든 행동분석가는 자신이 받은 교육, 훈련, 슈퍼비전 경험에 기반을 둔 능력 범위 내에서 서비스를 제공하고 교육하며, 연구를 수행해야 한다.

(b) 행동분석가는 자신에게 새로운 영역 분야의 서비스와 교육을 제공하거나 연구(예를 들어, 대상자들, 기법, 행동)를 수행하기 전에 해당 분야의 전문가로부터 적절한 연구, 훈련, 슈퍼비전, 그리고/또는 자문을 받아야 한다.

몇 년 전에 비해 행동분석은 훨씬 널리 알려져 있다. 우리의 증거 기반 절차를 연구 기반이 없는 영역까지 확대하자는 요구가 증가하고 있다. 이를 위해서는 적절한 훈련과 슈퍼비전이 없을 경우, 고객과 단체에 피해가 발생할 수 있으며, 이에 대한 책임은 해당 단체에 있다. 행동분석가는 만약 자신의 능력의 한계를 넘어서는 치료를 제공하도록 압력을 받는다면, 조항 1.02를 고용주에게 언급하고 설명하는 것이 필요하다.

***

사례 1.02 소아성애증 전문가

　최근에 한 생활할 시설에 거주자 한 명이 더 배치되었다. 그는 열여덟 살로, 70 이하의 IQ를 가진 자폐성장애 진단을 받았고, 소아성애증 (pedophilia) 관련 행동을 보인다. 그는 성별에 상관없이 어린 아이를 목표로 삼을 것이고, 옷을 벗기려고 할 것이며, 생식기 부분과 접촉하려 할 것이다. 어린 아이를 대상으로 범하는 이런 행동은 이 시설과 지역사회에서 관찰되어 왔다. 지난 몇 년 동안, 이 행동의 빈도와 강도는 현저하게 증가하였다. 이렇게 사회적으로 민감하고 잠재적 위험성을 가진 행동을 다루어 본 경험은 없지만 평가와 치료를 실행하도록 압력 받고 있다.

***

1.03 전문성 개발을 통한 역량 유지(RBT)

　행동분석가는 자신의 수행 영역과 관련된 최근의 과학적 정보와 전문 정보에 대한 지식을 유지해야 한다. 적절한 문헌을 읽고, 학회, 학술대회, 워크숍에 참여하고, 추가적인 교육과정을 이수하고, 직업적 자격증을 적절하게 유지함으로써 자신의 전문적 역량을 유지하는데 계속적인 노력을 취한다.

　이 요구사항의 배경이 되는 이유는 모든 행동분석가가 우리 분야의 합법적인 연구에서 얻어진 최신 정보를 유지하도록 장려해야 한다는 것이다. 여기서 한 가지 중요한 표현은 '적절한 문헌'이다. 이것은 동료 심사를 거친 증거 기반의 최신 관련 연구를 의미한다. 이를 준수하지 않을 경우, 심각한 결과를 초래하거나 잠재적 위험이 있는 것으로 알려진 절차를 적용할 수 있다. 행동분석가도 자신의 기술을 향상시키기 위해 학회와 워크숍에 참석해야 한다.

***

사례 1.03 마음챙김 명상 연수

내 직장에서는 정기적으로 연수에 참여하도록 되어 있다. 최근에 우리는 마음챙김 명상(Mindfulness) 관련 워크숍에 참여하도록 지시 받았고, BCBA-D가 강사였기 때문에 3시간의 계속교육(CEU)을 받았다. 그 연수의 요지는 행동 중재가 마음 챙김 명상 전략에 비해 뒤떨어져 있다는 것이다. 이 사람은 몇 가지 연구를 발표했는데, 내가 읽었던 JABA의 연구에 비해서 약점 투성이인 듯 보였다. 이런 내용에 3시간 CEU를 얻었다고 생각하면 죄책감이 든다. 어떻게 해야 할까?

***

1.04 진실성(RBT)

(a) 행동분석가는 진실하고 정직하며, 또한 다른 사람의 정직하고 솔직한 행동을 향상할 수 있도록 환경을 조성한다.

(b) 행동분석가는 다른 사람이 사기, 불법 또는 비윤리적 사태에 관여하게 하는 유관적인 일을 수행하지 않는다.

(c) 행동분석가는 양질의 서비스를 제공하는 것과 관련된 의무, 계약 사항, 직업적 약속을 따르며, 지킬 수 없는 직업적 약속은 피해야 한다.

(d) 행동분석가는 자신이 속한 사회적 · 직업 공동체의 법적 · 윤리적 규정을 따라야 한다.

(e) 행동분석가의 윤리적 책임이 자신이 속한 기관의 법 또는 정책과 충돌할 경우, 본 규정 준수에 대한 자신의 책임을 알리고, 법과 조화를 이루는 방향으로 갈등을 해결해 나가야 한다.

최근 새 윤리 규정의 이 조항은 실제로 다른 모든 조항의 기초가 된다. 이 조항은 이전의 지침에서 크게 확장되었으며, 우리 분야의 신뢰성을 유지하는 데 필수적인 것으로 생각되는 모든 가치관들을 통합시켰다. 현재 많은 단체가 ABA를 단지 국제행동분석가(BCBA)를 보유한다면 소유주에게 막대한 이익을 가져다 줄 수 있는 금광으로 보고 있기 때문에 하부 조항 (b)는 시기적으로 적절해 보인다. 하부 조항 (d)는 우리가 법적 규정과 법으로 이루어진 사회 속에 존재하며, 이러한 기존의 규정을 따라야 한다는 사실을 다시 상기시킨다.

하부 조항 (e)는 상사나 슈퍼바이저로부터 불법적이거나 비윤리적인 과정을 강요할 것 같은 상황 속에서의 행동분석가를 위한 내용을 안내하고 있다.

***

사례 1.04 의심스러운 보험 비용 청구

지역 학교 교사와 상담하는 동안, 나는 교실에 있는 한 아동을 관찰해 달라는 요청을 받았다. 내가 청구서 작성에 대해 질문을 했을 때, 내가 서비스를 해 주지 않은 다른 아동을 고객의 이름으로 청구서를 보내라고 했다. 그 다른 아동의 보험은 서비스 제공을 위한 시간 제한이 없었기 때문이다. 나는 서비스를 제공하지 않은 고객에게 비용을 청구하는 것이 비윤리적일 뿐만 아니라 불법이라고 말했다. 이 회사의 방침은 고객의 필요에 관계없이 고객의 보험료로 몇 시간까지 청구할 수 있는지를 파악하고, 최대 시간을 청구하는 것이다.

***

1.05 전문적이고 과학적인 관계(RBT)

(a) 행동분석가는 행동분석적 서비스를 정해진 직업적·과학적 관계와 역할의 맥락 내에서만 제공해야 한다.

이 조항의 의도는 행동분석가가 친구, 이웃, 친척에게 자유롭게 충고하는 것을 제한한다. '정의된' 관계는 일반적으로 관계의 기간, 임금에 대한 설명, 기타 고려 사항뿐만 아니라 의무와 책임을 명시하는 구두 또는 서면 계약을 의미한다.

(b) 행동분석 서비스 제공 시 행동분석가는 행동분석의 전문성을 유지하되, 서비스를 제공 받는 이가 충분히 이해할 수 있는 언어를 사용해야 한다. 서비스를 제공하기 전에 이러한 서비스의 특성과 이후의 결과와 결론에 대해 적절한 정보를 제공해야 한다.

행동분석가가 효과적이기 위해서는 최소한 이중 언어를 구사해야 한다는 것이 일반적으로 잘 알려진 사실이다. 우리는 우리끼리 완전한 전문용어로 서로 의사소통하지만, 고객이나 보호자를 대할 때는 복잡한 용어 대신 고객에게 적절한 수준의 분명하고 쉬운 언어(또는 고객에게 적합한 기타 언어)로 말해야 한다.

(c) 특정 개인 또는 단체를 대상으로 행동분석가가 수행하는 일에 연령, 성별, 인종, 문화, 민족성, 국적, 종교, 성적 지향, 장애, 언어, 사회경제적 지위의 차이가 심각한 영향을 미칠 경우, 양질의 서비스 제공을 위해 필요한 훈련, 경험, 자문, 슈퍼비전을 받거나 다른 적합한 전문가에게 넘겨야 한다.

현재 많은 행동분석가들은 행동 서비스를 필요로 하는 다양한 문화에서 온 사람들이 살고 있는 지역이나 환경에서 일하고 있다. 그러한 현장에서 행동분석가는 문화적 · 민족적 차이에 대해 매우 잘 알고 있어야 한다. 필요한 경우, 문화적으로 적절한 전문 지식이 있는 전문가를 초빙하여 서비스를 신속히 진행해야 한다.

(d) 직업 활동 시 개인 또는 단체를 연령, 성별, 인종, 문화, 민족성, 국적, 종교, 성적 지향, 장애, 언어, 사회경제적 지위, 법에서 규정하는 근거에 기초하여 차별하지 않아야 한다.

차별의 사례로는 40세 이상의 사람들은 면접하지 않거나 고용하지 않는 것이 포함되는데, 이 사람들은 업무를 수행할 수 없다고 생각하거나 그들의 종교적인 휴일을 제공하지 않으려 하기 때문이다. 또 다른 차별의 사례로 남녀가 동일한 노동을 하지만 여성이 남성 임금의 77%만 받는다면 성차별이다.

(e) 행동분석가는 법에서 규정하는 바와 같이, 일과 관련하여 상호작용 하는 사람의 인종, 문화, 민족성, 국적, 종교, 성적 지향, 장애, 언어, 사회경제적 지위에 근거하여 이들을 괴롭히거나 위신을 떨어뜨리는 행동에 의도적으로 참여하지 않는다.

행동분석가가 이러한 일에 관여할 것 같지는 않지만 특정 인종이나 종교에 대한 만화나 논평을 올리는 것은 완전히 규정을 넘어선다. 또한 장애를 가지고 있거나 언어 장애를 가진 사람에 관한 농담이나 이야기를 인터넷을 통해 전달하는 것은 매우 부적절하다.

(f) 행동분석가는 자신의 개인적 문제와 갈등으로 인하여 효율성이 떨어질 수 있음을 인식해야 한다. 자신의 개인적 상황으로 인해 최상의 능력으로 서비스를 제공하는 것이 어렵다고 판단될 때, 서비스 제공을 하지 않는다.

불행히도 불법 약물에 쉽게 접근할 수 있게 되고, 사회적 활력소로서 술을 도매로 판매하는 것이 장려되면서 일부 전문직 종사자들은 이런 유혹에 굴

복하고 이어서 행동분석가는 업무적으로도 영향을 받게 된다. 전문가는 필요한 경우, 자기 모니터링을 실시하고, 필요한 경우 자격을 갖춘 다른 전문가가 자신의 업무를 처리할 수 있도록 다른 준비를 해 두어야 한다. 또한 행동분석가는 스트레스, 삶의 상황 변화(예를 들어, 연인과 헤어짐, 이혼, 가족의 죽음)와 다른 갈등 요소가 자신의 전문적인 수행에 부정적인 영향을 미칠 때 다른 사람이 그 일을 대신할 수 있도록 조치해야 한다.

***

사례 1.05 약물 의심

나는 국제행동분석가(BCBA)로 일하고 있으며, 지역교육구에 속한 가정에게 치료 서비스를 제공하고 있다. 최근에 고객과 동료가 나에게 지역 교육청의 국제행동분석가(BCBA)에게 "심각한 약물 문제가 있다."고 신고해 왔다. 나는 그와 거의 상호작용이 없었으며, 이 문제에 대한 증거를 가지고 있지 않았다. 다만, 고객과 동료의 약물 사용은 윤리적 지침을 위반하는 것인데, (1) 주 법령을 위반하는 것이며, (2) 우리 분야의 평판에 부정적인 영향을 미치는 사항이기 때문이다. 내가 이 사람과 상호작용이 없었던 것을 감안하면, 내가 할 수 있는 것은 무엇인가? 즉, 소문만 들었을 뿐인데 무엇을 해야 하는가?

***

1.06 다중 관계와 관심사 충돌(RBT)

(a) 행동분석가는 잠재적인 위험 효과를 지니므로 다중 관계를 맺는 것을 피해야 한다.

(b) 행동분석가는 다중 관계가 지니는 잠재적인 해로운 영향에 대하여 항상 민감해야 한다. 예측하지 못한 요인에 의해서 다중 관계가 형성되

었을 때, 이에 대한 해결을 모색해야 한다.

(c) 행동분석가는 다중 관계의 잠재적인 해로운 영향에 대하여 인지하여
  이를 고객과 슈퍼비전 피제공자에게 알려야 한다.

행동분석가의 다중 관계는 다른 역할을 하는 동시에 전문적인 역량과 관련된 역할의 이중적 상황에서 발생할 수 있다. 이에 대한 사례로는 치료 서비스나 슈퍼비전 서비스를 제공하고 있으며, 동시에 고객이나 그의 가족과 긴밀한 우정을 유지하고 있는 행동분석가를 들 수 있다. 이러한 상황에서 일차적 문제는 행동분석가 자신의 객관성을 손상시킬 수 있다는 것이다. 예를 들어, 고객의 부모와 친구가 된 행동분석가는 평가에 대한 좋지 않은 결과를 부모에게 전하는 것이 어려울 수 있다. 고객이나 그의 가족, 직원이나 연구 참여자를 친구처럼 대하는 것은 편애라는 인상을 줄 수 있다. 이로 인해 고객 및 슈퍼비전 피제공자와 행동분석가 간의 업무 관계에 부정적인 영향을 미칠 수 있다.

***

사례 1.06(c) 직원인 고객

몇 달 전에 우리는 사례 관리 부서에 직원을 고용했다. 이 직원은 사례 분석 업무를 담당하고 있고, 고객을 위한 자금 관리를 담당하고 있으며, 보험 회사에 연락하는 역할을 한다. 그녀는 우수한 직원으로 평판이 났고, 우리와 함께한 짧은 시간 동안, 행정에 상당한 영향을 끼쳤다. 안타깝게도 그녀의 3살짜리 아들이 자폐성장애를 가지고 있었고, ABA 서비스를 필요로 한다는 소식을 들었다. 우리는 그녀가 회사로부터 치료 서비스를 받을 수 없다는 것을 알고 있다. 그것은 이 규정에 직접적으로 위반이 되기 때문이다. 따라서 우리는 양질의 서비스를 제공하는 것으로 소문난 다른 ABA 치료실 목록을 작성해 주었다. 그 밖에 그녀를 도와줄 수 있는 일이 또 있을까?

***

(d) 행동분석가는 고객으로부터 어떠한 선물도 주거나 받지 않는다. 왜냐하면 이것이 다중 관계를 형성시키기 때문이다.

새로운 규정에 대해 가장 많이 묻는 질문 중 하나는 고객에게 선물 받는 것을 금지하는 것에 관해서다. 우리는 음식과 서비스도 여기에 포함된다고 해석한다. 물론, 이 규정의 의도는 행동분석가와 고객 사이의 다중 관계로의 발전을 막는 것인데, 저녁 식사를 위해 머물거나 고객의 생일 파티에 가는 것이 친구 관계처럼 보이기 시작하기 때문이다. 많은 사람이 이 개념을 받아들이는 데 어려움을 겪고 있는 반면, 상품권이나 컵케이크도 다중 관계로 발전할 수 있다. 여기서 우려되는 점은 고객이 언젠가는 보답을 기대할 수도 있고, 치료 건에 대한 행동분석가의 판단이 쉽게 흔들릴 수도 있다는 것이다.

하지만 왜 선물의 가치와 상관없이 모든 선물이 안 되는 것일까? 일부 전문직 분야에서는 상품권(즉, 10달러 이하)이 '영향력 행사'로 이어지지 않는 한 문제를 제기하지 않는다는 인식이 있는데(Borys & Pope, 1989), 우리는 이것도 보답에 대한 기대를 만들 수 있다고 해석한다. 행동분석가에게 주는 작은 상품권도 이후 직업적 판단에 미묘한 영향을 끼칠 수 있다. 선물은 일종의 사려 깊은 방식으로 감사를 표현하는 상징이다. 따라서 앞으로 청구서 작성, 서명, 또는 그 사람의 좋은 성품을 증명하는 어떤 일을 함에 있어서 유연성을 발휘할 필요를 느끼지 못하는 사람은 정말로 무정한 사람이 될 것이다. 더욱이, 받을 수 있는 선물의 비용 가치를 결정해 놓으면 행동분석가가 그 물건의 구입 비용(소매가 또는 도매가)을 추산해야 하는 상황이 된다("이 사탕은 정말 5달러 이하일까?" "이 꽃은 10달러 이상으로 아는데?" "eBay에서는 5달러면 구매할 수 있을까? 분명히 100달러 이상일 텐데."). 일단 선물의 가치를 판단하고 나면, 행동분석가는 한도를 초과하는 어떤 선물을 고객에게 돌려주어야 하는 불편한 상황에 직면한다.

어떤 문화에서는 선물 거부가 최악의 경우에는 무례한 행동으로 간주되기도 한다. 그러나 아동을 위해 고객의 집을 방문하는 행동분석가는 손님이 아니다. 배관공이나 전기 기사가 손님이 아닌 것처럼 말이다. 상인이 선물을 주거나 선물을 받는 것은 말이 되지 않는다. 가정 내 서비스 고객과 초기에 관계를 형성할 때, 행동분석가가 전문적 서비스 선언문(Declaration of Professional Practice)을 사용하는 것이 무엇보다 중요하다(Bailey & Burch, 2011, p. 261). 여기서는 행동분석의 '문화'를 설명하고 있다. "우리는 당신의 아이를 치료하기 위해 당신의 집에 왔습니다. 우리는 손님이 아니기에 그렇게 대우 받기를 기대하지 않습니다. 우리 분야에서는 직업상 규정을 따라야 합니다. 음식이나 음료수를 제공하지 말고, 선물이나 감사의 표시를 해야 한다고 생각하지 마십시오. 우리에게는 아이가 치료의 결과로 개선되는 것이 보상이 됩니다. 가끔 '감사하다'라는 말로도 충분합니다."

***

사례 1.06(D) 그렇게 될 줄 알았다!

나의 대학원생 중 한 명은 가족으로부터 선물을 받지 않는다는 정책을 가지고 있는 대규모의 단체에서 일하고 있다. 하지만 학생은 가족에게서 상품권을 받아도 된다는 압력을 받았다. 그녀는 한동안 공손하게 거절했지만, 그녀의 상사는 그녀에게 "아, 그냥 선물을 받아 주자. 더 이상 부모님을 화나게 하지 말자."라고 말했다. 그 학생은 선물을 받기 시작했다. 몇 달 후에, 부모들은 대학원생과 기관의 관계가 악화되었고, 학생들이 규정에 어긋나는 선물을 받았다고 불만 사항을 기관에 제기하였다!

***

1.07 착취적 관계(RBT)

(a) 행동분석가는 자신이 지도하고 감독하며 평가하는 학생, 슈퍼비전 피

제공자, 고용인, 연구 참여자, 고객과 같은 대상자에게 착취적이지 않
도록 해야 한다.

어떤 현장에서는 행동분석가가 회사, CEO, 임상 디렉터로서의 권한 때문
에 또는 단순히 건물에서 유일한 국제행동분석가(BCBA)라는 사실 때문에 상
당한 권한을 행사한다. 후자의 권한으로 자금 관련 단체와 보험회사에 보내
는 많은 서류에 서명을 해야 하기 때문에 행동분석가는 막강한 영향력을 갖
는다. 대학 현장에서는 학생의 불만 제기를 막기 위해 교수가 자신의 권한을
사용하는 경우가 종종 있다. 조항 1.07의 의도는 행동분석가가 다른 사람을
착취하는 것을 막기 위한 것이다.

***

사례 1.07(A) 국제행동분석가(BCBA)의 조작

내가 일하는 센터에서는 행동치료를 수행하는 프로그램 코디네이터 중
국제행동분석가(BCBA)나 국제보조행동분석가(BCaBA)가 하나도 없다.
그럼에도 불구하고, 국제행동분석가(BCBA)에게 서류를 보내 주어야 한
다. 국제행동분석가(BCBA)는 한 시간 동안에 한 명의 고객도 본 적이 없
고, 고객의 이력이나 행동에 대해 아무것도 알지 못하며, 프로그램 관리자
는 보고서를 검토하지 않는다. 그러나 국제행동분석가(BCBA)는 마치 그
일을 한 것처럼 각종 서류에 서명한다. 우리가 모든 일을 하면 슈퍼비전도
받지 못하고, 국제행동분석가(BCBA)가 모든 이익을 차지하고 있기 때문에
국제행동분석가(BCBA)가 우리를 이용하고 있다고 생각한다. 이건 불공평
하다.

***

(b) 행동분석가는 고객, 학생, 슈퍼비전 피제공자와 성적 관계를 맺지 않아
    야 한다. 이러한 관계로 인해 판단력이 흐려지거나 착취하는 관계가 될

수 있기 때문이다.

어떤 사람들에게는 특히 젊은 여성 슈퍼비전 피제공자를 둔 남성 슈퍼바이저나, 십대 고객을 둔 행동분석가 등 다른 사람들보다 높은 고용 위치를 이용하려는 유혹이 크다. 특히 젊은 여성에게 슈퍼비전을 제공하는 남성 슈퍼바이저나 십대 고객에게 서비스를 제공하는 나이 든 행동분석가에게 더 그렇다. 그러한 은밀히 접근하는 관계는 혐오스럽고 불법이다. 젊은 고객 혹은 슈퍼비전 피제공자는 슈퍼비전을 받는 사람은 해고를 두려워하여 아무 일도 할 수 없기 때문에 그러한 관계는 비윤리적이다.

(c) 행동분석가는 직업적 관계가 공식적으로 끝난 2년 후까지 고객, 학생, 슈퍼비전 피제공자와 성적인 관계를 맺지 않아야 한다.

남성 행동분석가와 여성 고객(주로 아동 고객의 싱글 엄마) 사이에 성적 관계가 지속적으로 신고되고 있기 때문에 그러한 관계를 완벽하게 자제시킬 수 있게 제한 장치를 마련할 필요가 있다. 다음의 사례는 이러한 비윤리적 시행이 어떻게 삶을 망칠 수 있는지 보여 준다.

***

사례 1.07(C) 어머니와의 데이트

한 학생의 부모가 다음과 같은 정보를 내게 알려 주었다. 약 1년 전에 그 학생을 담당할 것에 대해 의뢰를 받자 국제행동분석가(BCBA)는 어머니도 오라고 초청했고, 그녀는 초청에 응했다. 약 3개월 전, 학생의 부모는 곧 이혼할 거라고 국제행동분석가(BCBA)에게 말했다. 학생의 아버지는 아내가 국제행동분석가(BCBA)와 바람을 피운 것이 이혼의 계기가 되었다고 말했다. 학생의 어머니는 국제행동분석가(BCBA)를 자신의 '남자 친구'라고 말했다. 학생의 어머니는 국제행동분석가(BCBA)가 무상으로 전문적/지지적 치료 서비스를 제공하고 있다고 말했다. 그녀는 국제행동분석가(BCBA)를 다가오는 계획 및 배치 팀 회의에 초대해 학생을 지원하도록 요청했다. 나는 국제행동분석가(BCBA)와 관련된 윤리적 기준에 따른 우려 사항을 단체장에게 전달했다. 간단히 말해서 몇 가지 이해 충돌(즉, 고용주-고용인, 개인적 관계)이 존재하며, 국제행동분석가(BCBA)의 전문적 관여는 학생에게 잠재적으로 피해를 줄 수 있다고 우려됐다. 이 사례에 나의 우려가 적절한지 여부와 만약 그렇다면 이 상황을 어떻게 다루어야 하는지에 대한 조언을 구하고 싶다.

**

(d) 행동분석가는 서비스에 대한 물물교환이나 흥정을 하지 않는다. 단, (1) 고객 또는 슈퍼비전 피제공자가 요구하거나, (2) 서비스가 제공되는 지역의 관습, (3) 제공하는 행동분석 서비스의 가치에 부합하고 적합할 경우, 서류상 동의가 이루어질 때 협상이 허용된다.

이전 버전의 지침에서는 '고객과의 물물 교환'에 대해 경고되었고, 이 입장에 새로 추가된 규정 속에도 유지되었으나 새로운 조건이 추가된 것이다. 만약 한쪽 당사자가 그 동의 과정에 속았다는 느낌이 들기 시작한다면, 서비스는 비윤리적으로 될 수 있다. 식당을 소유하고 있는 부모의 아이를 위해 일하면서 정기적으로 식사를 제공받는 것에 동의할 수도 있다. 행동분석가가 음식에 싫증을 내거나, 행동분석가가 친구를 무료 식사에 초대한다면, 부모/소유주는 속았다는 느낌을 받을 수도 있다. 그러한 협정은 양 당사자의 이해관계 충돌 사건으로 넘쳐날 것이기에, 다른 비용을 지불해야 하는 경우가 아니라면 피해야 한다.

사례에 대한 답변

사례1.0 드러냄

국제행동분석가(BCBA)로서 Marilyn은 공공장소에서 자신의 고객의 비밀을 말했다. 공공 행사에 참석했을 때 Katie가 그녀의 고객이 아니었음에도 불구하고 Marilyn(BCBA)은 다른 사람의 사생활을 존중했어야 한다.

사례1.01 한 가정 치료팀에 대한 비판

Anthony는 그의 실천에서 과학적인 증거에 의존하지 않았다. 촉진된 의사소통(FC)은 1990년대에 유효하지 않은 것으로 드러났으며, 국제행동분석학회(The Association for Behavior Analysis International)를 포함한 거의 12개의 과학 및 전문 기관이 그 이후에 이 전략의 사용을 꺼려했다. 학교의 국제행동분석가(BCBA)가 이미 FC를 지지하지 못하도록 만류하고 있기 때문에 Anthony는 이런 비윤리적 행동에 관해 이사회에 신고될 수 있다.

사례 1.02 소아성애증 전문가

이 경고의 목적은 (1) 고객에 대한 학대를 방지하고, (2) 행동분석가가 자신의 전문성을 잘못 보여 주었다는 비난을 받지 않도록 하기 위함이다. 평가 시도조차 문제를 촉발하고, 행동분석가와 주변 사람들에게 부정적인 영향을 미칠 수 있다. 이런 일이 일어난다면, 행동분석가는 관련 치료 서비스를 제공할 자격이 없다는 사실이 금방 드러난다. 행동분석가는 의료 사고로 인한 소송으로 인해 직장이나 기반을 잃을 수도 있다. 행동분석가에게 가장 좋은 충고는 그러한 사례를 다루는 데 불편함을 느낀다고 슈퍼바이저에게 말하는 것이다. 이 사례는 위험하고 특별한 고객을 다룰 수 있는 자격 있는 다른 전문가에게 의뢰해야 한다. 또한 행동분석가는 기관에서 발생한 사건에 대해 소송을 당할 경우, 기관에 미칠 수 있는 부정적인 영향도 언급해야 한다. 또 다른 선택은 소아성애증에 대한 충분한 배경을 가진

행동분석가를 알고 있는지 동료에게 문의하는 것이다.

사례 1.03 마음 챙김 명상 연수

이 연수는 CEU 시간으로 승인되었을 수도 있지만 윤리 규정 조항에 부합하지 않는 것으로 보인다. 마음챙김 명상은 스트레스를 받는 날에 사람이 좀 더 차분해지거나 편안해지도록 도와주는 적절한 방법일 수 있다. 하지만 마음챙김 명상이 체계화되고 문서화된 행동치료법을 대체할 수 있다는 생각은 어리석은 일이다. CEU에 대한 비용을 지불하지 않았기 때문에 행동분석에 대해 이 시수를 당신의 연간 CEU에 포함시키지 않음으로써 양심을 지킬 수 있다. 만약 그 과정이 특히 부적합하거나 부정적인 주장을 한다면 자격증 위원회에 알려야 한다.

사례 1.04 의심스러운 보험 비용 청구

이것은 명백한 보험사기 사건이다. 회사(자문 회사)는 행동분석가에게 서류를 조작하게 함으로써 스스로 책임을 회피하고 있다. 이 사건을 보험회사에 서면으로 보고하는 것은 규정 조항 1.04에 따라 필요한 대응으로 보인다. 그 후에 회사를 그만둘 수 있다.

사례1.05 약물 의심

우리의 윤리 규정은 간접적인 정보에 의한 신고를 허용하지 않는다. 약물의 불법 사용을 목격한 사람만 신고 전화를 할 수 있다. 당신이 취할 수 있는 가장 적절한 조치는 당신에게 말해 준 사람에게 가서 직접 접근해서 그의 반응을 파악하도록 요구하는 것이다. 이것은 그가 도움을 받기 위해 필요한 압박일지도 모른다. 그러나 적절하게 대응하지 않거나 납득할 수 있는 설명을 제공하지 못하는 경우에는 자격증 위원회를 포함하여 관련 기관에 이를 신고하는 것이 적절할 수 있다.

사례1.06(C) 직원인 고객

그 직원이 자신의 아이를 치료하기 위해 또 다른 단체를 찾도록 도운 것은 좋은 판단이었다. 이 상황은 그녀에게 불편할 수도 있다. 그녀가 당신이 속한 단체의 운영 방식과 다른 단체를 비교하기 때문에 충분히 그녀를 만족시키기가 어려울 수도 있기 때문이다. 또 다른 사례에서 비슷한 상황에 처해 있는 한 지역의 사립 학교에서는 직원의 아이에게 행동 서비스를 제공하기로 결정했다. 몇 주 동안 모든 것이 잘 진행되었지만 고용주/부모가 치료, 청구서 작성, 직원의 자격에 대해 질문하기를 시작했을 때, 상황은 급속도로 나빠졌다. 결국 그 직원은 직장을 그만두었고, 아이 역시 프로그램에서 하차했다. 그리고 그녀의 전 고용주에 대해 좋은 말을 할 수 없게 되었다.

사례1.06(D) 그렇게 될 줄 알았다!

이것은 전문가가 윤리 규정을 잘못 해석할 때 발생할 수 있는 사건을 보여 주는 전형적인 예다. 행동분석가가 순수하게 고객을 '친구화'하다가 친절함에 부메랑이 되어 돌아온 다른 많은 예가 있다.

사례 1.07(A) 국제행동분석가(BCBA)의 조작

국제행동분석가(BCBA)는 ABA 교육을 하고 있는 직원에게 적절한 슈퍼비전을 제공하지 않은 비윤리적인 행위를 하고 있다. 이는 국제행동분석가(BCBA)에 신고될 수 있다. 규정 5.0 또한 여러 가지 측면에서 위반하고 있으며, 이 부분도 신고 사항에 포함해야 한다.

사례1.07(C) 어머니와의 데이트

최선의 행동 방침은 가능한 한 빨리 국제행동분석가(BCBA)를 개별적으로 만나 여러 가지 심각한 윤리 규정 위반에 대해 설명하고, 그에게 회의에 참석할 다른 사람을 찾게 하는 것이다. 여러 가지 이해 충돌 위반 사항과 국제행동분석가(BCBA)에 대한 공식적인 우려 사항을 자세히 기술하여 국제행동분석가(BCBA)에게 제공해야 한다.

제7장 고객에 대한 행동분석가의 책임(규정 2.0)

초창기에 우리 분야는 행동 원리를 '대상자(subject)'에게 적용하려는 실험 심리학자들로 구성되어 있었다. 이 대상자들은 주 정부 산하에 거주 시설에 있었으며, 책임을 누가 가지고 있는지에 대한 대답은 명확하게도 고용주였다. 이러한 선구자 행동분석가들은 대개 임상 심리학에 대한 훈련을 받지 않았다. 그들은 학습 이론에서 파생된 절차를 사용하여 행동을 변화시킬 수 있다고 믿었다. '고객'(처음에는 이 용어가 사용되지 않았음에도 불구하고)은 그들의 고용주였다. 어떤 사례에서는 아동의 부모가 '고객'이었다.

1974년이 되어서야 고객의 '치료할 권리'에 대한 쟁점이 앨라배마에서 발생한 역사적인 Wyatt 대 Stickney(1971) 소송 건으로 표면화되었다. 이 사례에서 시설에 입원된 정신질환 환자들이 개별 치료를 받거나 퇴

> Wyatt v. Stickney(1971) 소송 건은 행동분석가들에게 패러다임의 전환이 일어났다는 사실을 알려 주는 계기가 되었다.

원할 때 지역사회로 되돌아갈 수 있는 권리를 가지고 있다고 주장되었다. 비록 이 사례가 그 자체로는 치료법과 직접적으로 관련이 없었지만(예를 들어, 전문 직원의 증원, 물리적 환경 개선, 환자의 의무 샤워 횟수), 법적으로 치료할 권

리를 주장하고, 행동분석가를 포함한 모든 심리학자에게 패러다임의 전환이 일어났다는 사실을 알려 주는 계기가 되었다.

> Wyatt 사건의 결정에 따라 당신이 치료가 종결되게 하는 책임을 가진다는 것이 분명해졌다.

행동분석에서 우리는 '고객'이 우리의 절차로 인해 피해를 입을 수도 있다는 가능성에 민감해졌고, 단기간에 '고객의 권리'는 새로운 화두가 되었다. 원심 판사 Frank M. Johnson, Jr.는 이후 Wyatt 기준이 된 사항들을 제시했다. 이 사례는 모든 정신건강 및 지적장애 전문가들에게 인도적 환경에서 서비스가 제공되어야 한다는 사실을 알려 주는 선례가 되었다. 인도적 환경은 충분한 자격을 갖춘 직원과 개별화 치료 계획이 존재하며, 치료가 가장 최소 제한적인 환경에서 이루어져야 한다는 것이다.

Wyatt 사건의 결정에 따라 당신이 거주 시설의 고객을 위해 일하도록 배정 받았다면, 시설에서 최선을 다할 의무가 있을 뿐만 아니라, 치료를 받는 측의 소비자가 해를 입지 않게 할 책임이 있다는 것이 분명해졌다. 초기에는 '행동전문가'(처음에는 행동분석가로 불리지 않았다.)들이 배변 사고를 낸 고객을 벌하는 것과 같은 절차들을 통해 '고객' 행동을 수정했는데, 이로써 기저귀를 갈 필요가 없게 만들어 좀 더 직원들을 편하게 해주려는 점에서 고민이 있었다. 시간이 흐르면서 윤리적으로 말하자면, 절차에 의해 영향받을 수 있는 다른 누군가(예를 들어, 직원, 부모 또는 보호자, 기타 거주자)와 함께 실제 고객의 요구를 함께 고려하는 것만이 옳다는 것이 분명해졌다. 이것은 행동전문가의 일을 훨씬 더 어렵게 만들었다. 1970년대 말까지 행동분석은 점점 더 보편화되어 사람들에게 인식되고 있었고, 행동분석가는 고객의 적절한 치료를 결정하는 '재활팀'의 다른 전문가들과 함께 일하게 되었다. 이에 따라 다른 전문가와 협의 및 협력하는 쟁점이 등장했다. 또한, 영역별로 서로 다른 역할이 생기기 시작하였으며, '제삼자'의 개입에 대한 관심이 떠올랐다.

만약 고객(제1 당사자)이 행동분석가(제2 당사자)를 고용한다면, 아마도 이해 충돌이 없을 것이고, 고객은 서비스에 만족하지 못할 경우에는 행동분석

가를 해고할 수 있다. 마찬가지로 행동
분석가는 자신의 서비스에 따른 대가를
받을 수 있도록 고객의 요구를 충족시
키기 위해 최선을 다할 것이다. 이 합의
에는 기본적으로 견제와 균형이 존재한

> 1980년대 후반에 행동분석가가 치
> 료 권리에 대해 주창하였으며, 행
> 동분석학회는 이 주제에 대하여
> 합의에 도달하기 위해 전문가들로
> 구성된 위원회를 구성하였다.

다. 그러나 행동분석가가 제3 당사자(예를 들어, 시설)에 의해 거주자 중 1명
(제1 당사자)을 치료하도록 고용된 경우, 행동분석가는 제3 당사자의 요구를
만족시켜야 하는 가정도 대두되었다. 규정 2.04에서 이 쟁점을 좀 더 자세히
다루고 있다.

　1980년대에 이르러 행동분석은 지적장애 치료 분야에서 훨씬 더 눈에 띄
게 되었고, 많은 사람에 의해 재활에 대한 성공적인 전략으로 받아들여졌다.
이 시기는 더 많은 서비스 제공이 필요할 때였다. 모든 고객이 권리를 가지
고 있고(미국「헌법」과 Wyatt 기준에 따라), 행동분석가를 포함한 모든 사람이
이 권리를 존중해야 했으며, 치료를 시작하기 전에 반드시 이 사실을 알려야
했다. 게다가 행동분석이 주류 속에서 허용된 접근법으로 받아들여지면서
다른 보호 장치들이 시행되어야 했다. 고객은 사생활을 보호 받을 권리가 있
고, 고객의 사생활과 비밀을 보호하기 위한 조치가 이루어져야 했다. 기록은
이러한 권리를 유지하는 방식으로 저장되고 전송되어야 했으며, 행동분석가
들은 정보 공개 동의에 대하여 다른 전문가들과 동일한 수준의 의무를 가지
게 되었다.

　1980년대 후반에 행동분석가들이 치료 권리의 쟁점에 대해 주창하였으며,
행동분석학회(ABA)는 블루리본위원회를 구성하여 이 주제에 대해서 합의하
였다. 고객들은 '치료적 환경'에 대한 권리가 있다고 본질적으로 발표한 ABA
의 이사회에서는 이러한 합의를 했고 궁극적으로 승인하였다. 개인적 복지
가 가장 중요하기에 고객들은 '유능한 행동분석가'에 의해서 행동평가를 받
고, 기능적 기술을 배우며, 치료에 대한 평가를 하면서 치료 중재 서비스를
받을 권리가 있다. 행동분석학회의 블루리본위원회는 마침내 고객들이 '가

장 효과적인 치료 가능법'에 대한 권리를 가진다고 결론 내렸다(Van Houten et al., 1988). 이러한 효과적인 치료법에 대한 사항은 행동분석가가 발표된 연구와 경험적으로 검증된 치료의 적용을 직접 연결하려는 그들의 노력을 배가시키는 발판을 만들었다.

규정 2.0은 행동분석가가 행동 절차를 사용하여 고객을 치료하는 경우에 가져야 할 의무를 명확하고 상세한 목록으로 제시한다. 이러한 책임을 엄중하게 받아들임으로써 우리는 고객이 마땅히 받아야 할 최고의 치료를 받을 것을 보장할 수 있고, 최고의 행동 중재를 제공함으로써 고객의 권리에 대한 존중을 보여 준다.

2.0 고객에 대한 행동분석가의 책임

행동분석가는 고객의 최대 수혜를 고려하며 일해야 하는 책임을 지닌다. 여기서 고객이라는 용어는 행동분석가가 서비스를 제공한 모든 사람에게 적용되는 것으로, 개인, 서비스를 받는 대상자의 부모 또는 대리인, 기관의 대표, 공공 또는 사설 기관, 회사 또는 기업 모두가 해당된다.

우리는 서비스를 제공받는 사람과 장기적으로 소통하기 때문에 행동분석에서는 '고객'이라는 용어를 사용하는데, 이는 주로 일회성 또는 단기 소비자로 간주되는 '소비자(customer)'와는 반대된다. 전문적인 훈련을 바탕으로 고객의 최대 관심 사항을 위해 특별하게 일할 수 있는 자격을 갖추고 있다. 우리는 기능, 선행사건, 동기, 후속결과에 대한 이해를 바탕으로 모든 고객의 삶의 잠재성을 향상시키고, 가능한 한 최적의 삶을 살 수 있도록 프로그램을 디자인한다.

2.01 고객 수용

　행동분석가는 서비스를 요청한 개인 혹은 각 기관의 요건이 행동분석가가 받은 교육, 훈련, 경험, 가능한 자원, 그리고 기관의 정책에 적합할 경우에만 고객으로 수용한다. 행동분석가의 경험 및 훈련의 범주 밖에 있는 고객을 받아들였을 경우에는 고객이 요청한 서비스 수행과 관련한 자격증이 있는 다른 행동분석가의 슈퍼비전 또는 자문을 통하여 서비스를 제공해야 한다.

　규정 1.02에서 설명했듯이, 고객이 전문가로부터 최상의 서비스를 받아야 하기 때문에 우리는 역량 범위(교육, 훈련, 경험)와 효과적인 개선을 도출해 낼 수 있는 자원 속에서 일해야 한다. 그렇게 하지 않는 것은 비윤리적이다. 행동분석가가 치료를 제공할 자원을 가지고 있지만 그렇게 할 자격이 없다고 느끼는 경우, 슈퍼바이저에게 도움을 요청해야 한다. 도움을 청하는 사람의 본질은 필요한 자문과 슈퍼비전을 제공할 수 있는 사람을 찾는 것이다. 자해행동(SIB)이 한 예가 될 수 있다. 행동분석가가 자해행동과 같이 까다롭고 잠재적으로 위험한 행동을 다루는 방법에 대해 구체적인 훈련을 받지 않았다면, 관련된 전문 지식을 갖춘 국제행동분석가(BCBA)를 이 사례에 포함시키는 것이 필수적이다. 학교 운동장에서 몇몇 공격 행동을 하는 학생들을 관찰했던 대학원 실습시간의 상황을 이 사례에 일반화하는 것은 적절하지 않다. JABA에서 '자해' 또는 'SIB'를 주요 단어로 검색하는 것으로 이 분야의 전문가를 찾기 시작할 수 있다.

2.02 책임감(RBT)

　행동분석가의 책임은 행동분석적 서비스를 통하여 모든 관계자에게 영향을 미친다. 고객으로 정의되는 다수의 관계자가 연관되어 있을 때, 이 관계자들에 대한 위계(hierarchy of parties)를 명백히 세우고, 이렇게 정의된 관계가 시작하는 시점부터 위계에 대한 의사소통을 해야 한다. 행동분석가는 어떤 주어진 상황에서 서비스를 통한 우선적이고 궁극적인 수혜자가 누구인지 인지하고 의사소통하며 그 수혜자의 관심사를 최대한 지지해야 한다.

우리는 치료하는 대상자와 비용 제공자를 구별해야 한다. 행동분석가는 학교 교육청에서 학생 대상 기능행동평가를 위해 고용될 수도 있지만, 이 사례의 고객은 평가를 받는 학생과 가족이다. 행동분석가는 가장 상처 입기 쉬운 사람들 편에 서서 일하고, 그들의 최고 수혜를 위해 지켜 주어야 하는데 여기에서 아동이 바로 그 대상이다. 처음에 당신을 고용하는 기관에게 이 점을 설명하는 것이 중요하다. 이를 위해서는 18장의 전문적 서비스 선언(Declaration of Professional Practice)을 참고해야 한다.

***

사례 2.02 교육청과 계약시 힘든 부분

나는 학생 대상 FBA 시행을 위해 교육청과 계약했다. 나는 보고서를 교육청에 제출했다. 교육청은 회의 이틀 전에 대상자 가족에게 그 보고서를 전달하도록 되어 있다. 학생 가족은 지금 나에게 직접 보고서를 보내도록 요구하고 있다. 우리의 일반적인 규정은 24시간 이내에 고객이 요청한 모든 서류를 제공한다는 것이다. 교육청은 그 학생의 가족에게 내가 직접 보고서를 전달하지 않게 되어 있다고 말했다. 어떤 조언이라도 해 주면 도움이 될 것이다. 당신의 도움에 감사드린다.

***

2.03 자문

(a) 행동분석가는 주로 고객의 최고 관심사에 근거하여 적절한 자문과 의뢰를 요청해야 한다. 이에 대한 고객의 동의가 있어야 하며, 또한 관련 법과 계약상 의무에 위배되지 않아야 한다.

우리 분야에서 '적절한' 자문이란 일반적으로 행동분석과 양립할 수 있는 다른 기반으로 의뢰하는 것을 의미할 수 있다. 예를 들어, 강박장애(OCD)를 가진 고객을 정신과 의사에게 의뢰하는 것이다. '적절한' 동의를 통해 다른 전문가의 자격에 대한 정보를 제공하고, 전문가를 추천하는 절차를 고객에게 말해 준다. 친구나 친척에게 의뢰하는 것은 잠재적인 이해 충돌 때문에 부적절하고 비윤리적이다. 이런 상황에서는 고객이 원하는 전문가를 선택할 수 있도록 두세 명의 전문가를 추천하는 것이 일반적이다.

(b) 행동분석가는 효과적이고 적절한 서비스 제공을 위하여 행동분석의 원리와 철학적 가정에서 벗어나지 않는 범위 내에서 다른 전문가와 협력해야 한다.

행동분석가는 종종 의사 그리고/또는 간호사, 사회복지사, 작업치료사, 물리치료사, 언어치료사 등으로 이루어진 팀에서 다른 전문가들과 함께 일한다. 처음 이 분야에 발을 들여 놓은 신입 행동분석가들은 이와 같은 다른 전문가들 중 일부는 우리와 다른 철학적 가정을 가지고 있다는 사실에 놀란다. 우리 분야는 탄탄한 증거를 기반으로 하고 있지만, 다른 분야들은 이론적 한계가 있을 수 있다. 우리는 단일대상연구에 의존하는 반면에, 그들은 집단 통계 자료를 신뢰한다. 행동분석가로서, 우리는 올바른 선행사건, 동기 조작(MOs), 후속결과를 파악하면 행동을 교정하고 변화시킬 수 있다고 가정한다. 이와는 대조적으로, 다른 접근 방법들은 약한 경험적 기반을 가진 유전적 또는 성격적 변인이나 이론을 강조한다. 우리 대부분은 "그것을 뒷받침할 자료가 있나요?"라고 질문하는데, 이것은 다른 사람들에게 위협적일 수도 있다. 다른 신념을 가진 사람들이 우리와 협력하기 위해서는 라포를 형성하고, 그들의 관점을 존중한다는 것을 알려 주는 것이 필요하다(Bailey & Burch, 2011). 회의 중에 다른 사람의 말을 경청하고 ABA와 부합하는 생각을 지지하는 것은 중재 전략을 제안할 때 협력을 이끌어 내는 데 도움이 될 것이다.

2.04 서비스에 대한 제삼자의 관여

(a) 행동분석가가 제삼자의 요청으로 인하여 특정 개인에게 서비스를 제공하기로 동의했을 때, 서비스의 실현 가능한 범위에 맞게 그리고 시작하는 시점에서 각 당사자와 맺는 관계의 본질, 그리고 잠재적인 충돌에 대하여 명확히 해야 한다. 명확하게 해야 하는 사항으로는 행동분석가의 역할(예를 들어, 치료사, 기관의 자문, 또는 숙련된 목격자), 제공된 서비스의 사용, 획득한 정보, 그리고 비밀 유지에 대한 한계 등이 포함된다.

앞에서 언급한 사례(높은 빈도의 울음행동과 머리 때리기 행동을 보이는)의 학생을 대상으로 FBA를 시행하기 위해 학교 교육청과 계약한 경우, 가족의 요청 사항을 교육청에 알린 것은 규정 2.04에 따라 적절한 조치였다. 아동의 이익을 위해 최선을 다하기 위해서는 행동분석가는 우선 부모로부터 허락을 받은 후에 결과 보고서가 완성되면 학교 교육청으로 사본과 함께 가족에게 직접 제출해야 한다.

(b) 만약 제삼자의 개입으로 인하여 행동분석가가 상충되는 역할을 수행하면서 위험이 예견될 경우, 행동분석가는 자신이 책임져야 할 것에

대한 성격과 방향성을 명확히 하고 문제의 발생에 대하여 모든 관계자에게 적절하게 알리며 윤리 규정에 따라 상황을 해결해야 한다.

행동분석가는 이혼이 임박한 부부 간의 양육권에 대한 증언을 종종 요청받는다. 주로 받는 질문은 누가 그 아동의 양육권을 가져야 하며, 매일 치료를 제공하는 행동분석가는 누구를 위한 증언을 할 것인가다.

만약 당신이 이 상황에 처해 있다면, 자료를 기반으로 한 방법에서 위안을 찾을 수 있기를 바란다. 예를 들어, 만약 당신이 아동에게 교육하도록 부모 두 사람 혹은 둘 중 한 사람을 연수하고 있다면 효과성에 대한 자료를 가지고 있을지도 모른다. "누가 더 좋은 부모라고 생각하는가요?"와 같은 더 넓은 범위의 질문은 우리 분야의 범위를 벗어나는 것이다. 따라서 "죄송합니다. 그것은 내 전문 분야가 아닙니다."라고 답하면 된다. 모든 당사자는 이 문제에 대한 당신의 입장을 사전에 알았기 때문에 증언에서나 법정에서 놀라지 않을 것이다.

(c) 제삼자의 요청으로 인해 요보호 집단의 구성원 또는 미성년자를 대상으로 서비스를 제공할 경우, 서비스를 받는 대상자의 부모나 대리인에게 제공하는 서비스의 특성과 서비스의 적용 범위에 대해서 알려야 하고, 모든 서비스의 기록과 자료에 대한 그들의 권리도 알려야 한다.

이 규정의 주요 단어는 '보호받는 집단'이다. 이 단어는 우리의 문화 속에서 추가적인 지원이나 보호를 필요로 하는 수감자, 소수자, 능력이 부족한 사람, 정신적으로 또는 신체적으로 어려움을 겪는 사람들을 포함한다.[1] 기본적으로 이 규정은 거주 시설 환경에서 보호받는 집단을 위해 일하는 행동분석가는 부모나 고객의 대리인에게 연락하고, 이들에 대한 정보(즉, 절차 및 자료)를 지속적으로 제공해야 한다는 점을 상기시켜 준다.

(d) 행동분석가는 무엇보다 고객에 대한 관심을 가장 우선시하며, 제삼자가 행동분석가의 권고에 반하는 서비스를 요구했을 경우, 고객의 관심사를 최대한 존중하여 충돌을 해결해야 할 의무가 있다. 만약 충돌을 해결하지 못할 경우, 알맞은 전환 시점에 맞추어 서비스 제공을 중단할 수 있다.

이런 상황의 예가 다음에 제시되어 있다. 반드시 이 장의 끝에 제시된 사례의 답변도 읽어야 할 것이다.

***

사례 2.04(D) 우울한 합병

내가 근무하는 행동분석 기관은 작업치료, 물리치료, 언어치료 등의 재활 서비스를 제공하는 다른 회사와 함께 일하기 시작했다. 우리 기관은 고객들의 자폐증 치료에 필요한 모든 것을 한 번에 해결하기 위해 그들과 협력하고자 한다. 또한, 우리 국제행동분석가(BCBA)들은 추가 치료 서비스를 통해 이익을 볼 수 있는 고객을 파악하고 부모에게 아동을 작업치료사, 물리치료사, 언어치료사를 통해 평가받도록 조언하고 있다. 나는 고객에게 효과적인 치료를 받을 권리가 있고, 우리가 센터에서 제공하기 시작하는 치료 방법 중 일부는 근거 기반 절차가 아닐 수도 있다는 우려를 표했다. 이 기관이 제공하는 치료 방법을 더 깊이 살펴본 후에 나는 이 기관이 감각통합 치료, 청취치료(therapeutic listening), 우주비행사 훈련치료, 감각 다이어트 등을 수행한다는 것을 발견했다. 국제행동분석가(BCBA)인 디렉터와 다른 기관의 소유주는 나에게 우리와 함께 일해 보면 우리 모두가 고객에게 비슷한 서비스를 제공하고 있음을 알게 될 것이라고 말했다. 이것들이 단지 다른 이름으로 불린다는 것이다. 고객들은 다른 치료는 매주 1시간만 받고, 여전히 10시간씩 ABA 치료 서비스를 받는다며 디렉터는 나를 안심시키려 했다.

***

2.05 고객의 권리와 특권(RBT)

(a) 고객의 권리는 무엇보다 중요하며, 행동분석가는 고객의 법적 권리와 특권을 지지해야 한다.

(b) 고객과 슈퍼비전 피제공자는 행동분석가의 자격에 관한 정확한 최근의 내용을 받아볼 수 있다.

(c) 면담과 서비스 제공 회기 동안, 전자 기록에 대한 허가를 고객과 모든 관련 상황에 연관된 직원에게 받아야 한다. 기록을 다른 명목으로 사용하는 것에 대한 동의는 구체적으로 또는 별도로 받아야 한다.

(d) 고객과 슈퍼비전 피제공자에게 그들의 권리와 행동분석가의 직업적 수행에 대한 불만 사항 발생 시 이를 고용인, 적합한 권위자와 BACB에 제기할 수 있는 권리와 절차에 대해서 알려 주어야 한다.

(e) 행동분석가는 범죄 경력 조회 관련 의무 사항에 대해서 순응해야 한다.

이러한 조항 중 일부[2.05(b), (c), d)]는 전문적 서비스 선언(Declaration of Professional Service)에 포함되어야 한다(18장 참조). 부모의 권리와 특혜 [2.05(a)]를 존중하지 않는다면, 다음의 사례와 같이 큰 반발이 있을 수 있다.

***

사례 2.05(A ~ D) **부모의 격분**

아내와 나는 11살 된 자폐성장애 딸을 두고 있다. 공립학교에 고용된 한 행동분석가가 우리의 아이를 12주 동안 우리도 모르게 치료하였다. 딸의 도시락에서 발달보고서가 발견되었을 때, 우리는 이 사실을 알게 되었다. 우리 아이의 IEP에는 ABA 치료에 대한 언급이 없었고, 팀 회의록에서도 행동분석가가 아이를 치료하는 것에 대한 언급이 없었다. 아이를 위한 치료 계획이나 직접 서비스에 대한 조언도 없었다. 게다가 우리는 평가 과정에 포함되지 않았으며, 평가 결과를 받지도 못했다. 치료사는 자신의 치료를 수행하는 데 부모를 포함시킬 필요가 없다고 우리에게 알려 주었다. 치료사는 자신이 학교와 맺은 계약이 우리 딸을 치료할 수 있는 법적 권한을 부여하고 있으며, 이것은 법적으로도 윤리적으로도 부적절하지 않다고 말했다. 특수교육 디렉터는 "치료 방법과 구체적인 치료 사항은 학교의 특권이다."라고 말했다. 그 치료사는 국제보조행동분석가(BCaBA)다. 그 치료사의 '슈퍼바이저'인 BCBA-D는 두 달에 한 시간도 안 되는 시간 동안 전화로 지도와 슈퍼비전을 제공했다. 슈퍼바이저는 이 모든 것이 일반적인 것이고, 받아들일 수 있는 치료 형태라고 주장했다. 우리는 충격을 받고 격분했다. 우리는 완벽한 법적 동의 없이 이루어지는 어떠한 치료도 비윤리적이고 불법이라고 생각한다. 비밀스럽게 치료하는 것은 심각한 학대 가능성을 보여 준다. 이 문제를 해결하기 위해 어떤 조언을 받을 수 있는가?

***

2.06 비밀보장 유지(RBT)

(a) 행동분석가는 법, 기관의 규정 또는 전문적이고 과학적인 관계 속에서 이러한 비밀 유지가 확립되어야 한다는 사실을 인식하면서 그들이 일하거나 자문하는 대상자들에 대한 비밀을 유지하기 위한 기본적 의무를 다하고 합리적 예방 조치를 취해야 한다.

(b) 행동분석가는 업무 관계를 시작하는 시점에서, 그리고 그 후에 새롭게 나타날 수 있는 상황에서 비밀보장 유지에 대해 논의해야 한다.

(c) 고객의 사생활 침해를 최소화하기 위하여 문서, 구두와 전자 보고서, 자문, 다른 형식을 통해 서로 의사소통 목적으로 거론된 정보를 포함해야 한다.

(d) 행동분석가는 임상 과정 또는 상담 관계에서 획득한 정보 또는 고객,

학생, 연구 대상자, 슈퍼비전 피제공자, 고용인에 관한 평가적인 자료를 과학적 또는 직업적 목적으로만 적절하게 사용하며, 이 자료를 관련 문제에 명백하게 연관된 사람에게만 한정지어 논의해야 한다.

***

사례 2.06(D) 호기심 많은 교인

　Elizabeth C. 박사는 작은 마을에서 많은 아동을 위해 일했던 BCBA-D다. C 박사는 주로 방과 후에 가정을 방문하여 아동에게 치료를 제공했다. Jason과 Jessica 남매는 C 박사의 고객이었다. 이들의 아버지는 알코올 중독자로, 가출했다 복귀하곤 했고 과거에는 어머니를 학대했던 적도 있었다. C 박사가 다니는 교회에 이 가족을 아는 교인이 있었다. 이 교인은 그 아이들을 매우 아끼고, 아이들이 어떻게 지내고 있는지를 물어보았다. 이 배려심 많은 교인은 종종 C 박사에게 가족에 대하여 알고 있는 것들을 말해주곤 했다. 그리고 아이들이 학교에서 어떻게 지내는지, 어떤 일들을 하는지 수소문하곤 했다. 이 교회 사람들은 이 가족을 위해 옷을 기부했고, 교회가 아이들에게 크리스마스 선물을 주도록 노력하고 있다고 했다.

***

(e) 행동분석가는 소셜 미디어 맥락 내에서 현재 고객이나 슈퍼비전 피제공자의 신원을 알아볼 만한 정보(기록, 영상 혹은 동영상)에 대해 공유하거나 이러한 상황을 초래해서는 안 된다.

　이 규정에서 추가된 내용은 소셜 미디어가 가득한 현대적인 '서부 활극' 분위기 속에서 고객의 비밀을 보호하는 것이다. 행동분석가는 일하는 고객과 당연히 가까워지고, 여러 곳에 '셀카'를 올리고 싶어 하면서 종종 페이스북, 인스타그램이나 다른 소셜 미디어 페이지에 셀카를 올리는 것이 부적절하다는 것을 잊게 된다.

2.07 기록 보유(RBT)

(a) 행동분석가는 기록을 만들고, 분류하고, 접하고, 전송하고, 폐기하는 것에 있어서 적합한 비밀 보장을 자신이 통제할 수 있도록 유지해야 한다. 이러한 기록은 문서, 자동화, 전자화, 또는 다른 모든 매체 수단의 형식을 포함한다.

행동분석가는 서면 평가, 메모, 이메일, 기타 많은 문서를 다룬다. 이제는 점점 더 전자 미디어를 사용하여 자료를 기록하고 월간, 분기별 또는 연간 보고서를 작성하고 있다. 고객에 대한 정보를 비밀로 유지하기 위한 안정적인 방법은 필수적이다. 행동분석가로서 당신은 아파트나 차 안에 고객의 정보를 놓아두면 안 된다. 당신 집에 방문하는 사람이나 당신의 차를 얻어 타고 가는 사람이 고객 정보를 볼 지도 모르기 때문이다. 특히 중요한 것은 데스크탑 컴퓨터, 노트북 또는 iPad에 있는 전자 정보에 접근하기 위한 비밀번호를 설정해 놓아야 한다는 것이다. 최악의 시나리오가 있는데, 만약 당신에게 피해를 끼치고 싶은 사람이 당신 고객의 비밀 기록을 발견한다면, 이 사람이 기록에 접근할 수 있지 않을까? 고객에 대한 기록은 값비싼 보석보다 더 주의 깊게 다루어져야 한다.

(b) 행동분석가는 적합한 법, 규율, 기업의 정책, 기관의 정책에 따라 기록을 유지 및 폐기해야 하며, 이 규정에 순응하는 태도를 유지해야 한다.

고객에 대한 기록의 유지 및 파기에 관한 최신의 주 법과 연방법을 알아두는 것이 중요하다. 기록 유형에 따라 1년에서 7년 이상 유지해야 한다. 사용자의 주 법률을 반드시 기관과 함께 확인하여 해당 지역의 고객 기록과 관련된 특별한 정책을 숙지해야 한다. 이 조항에 관련된 최악의 시나리오는 당신이 몇 년 전에 일을 해 준 한 고객으로 인해 법정에 서게 되는 것이다. 만약 이런 일이 생긴다면, 당신은 그때 자신의 기록을 사용함으로써 자신을 방어할 수 있겠는가?

2.08 공개(RBT)

행동분석가는 정당한 목적을 위해 법의 권한이나 법이 허용하는 다음의 상황을 제외하고서는 비밀 정보를 결코 누설하지 않아야 한다. (1) 고객에게 필요한 직업적 서비스를 제공하기 위해서, (2) 적절한 전문적 자문을 얻기 위해서, (3) 고객 또는 다른 사람을 위험에서 보호하기 위해서, (4) 서비스 지불금을 받기 위해서 그리고 이러한 경우에 공개는 그 목적을 달성하는 데 필요한 최소한의 조건 하에서만 한정된다. 행동분석가는 이렇게 규정된 관계가 시작되는 시점에서 공개의 한도에 대하여 고객으로부터 동의를 확보해야 함을 인지하며, 이는 업무적 관계가 지속되는 동안 계속되는 과정이다.

'동의'는 서면 동의를 의미한다는 점에 유의해야 한다. 이것은 규정 2.07에 해당하는 문서의 한 형태다. 여기에 해석을 필요로 하는 몇 개의 용어가 더 있다. (1)에서 '필요한' 전문적 서비스는 당신 고객의 높은 삶의 질을 보장하기 위한 이해를 필요로 한다. 여기에는 간호, 물리 치료, 상담 또는 기타 관련 전문 서비스가 포함될 수 있다. (2)에서 '적절한 전문적 자문'은 섭식장애나 자해행동 관련 전문가를 투입하는 사례로 이해할 수 있다. 드문 경우이지만 (3)의 경우, 고객이나 다른 사람을 상해로부터 보호하기 위해 법률 집행을 요청하는 경우, 고객의 정보를 제공하여 고객들이 조심스럽게 보호조치를 받게 하도록 하는 것이 중요하다. 마지막으로, (4)는 보험회사나 정부 기관에 대한 청구서에 최소한의 특정 정보나 진단 정보를 필요로 하는 경우를 의미한다. 이러한 경우, '최소한의 필요' 정보를 제공해야 하며, 치료 시작 시

이 모든 사항을 전문적 서비스 선언(Declaration of Professional Services)에 명시해야 하며(18장 참조), 치료 과정 중에도 종종 상기시켜 주어야 한다.

2.09 치료/중재 효율성

(a) 고객은 효과적인 치료를 받을 권리가 있다(즉, 연구 문헌에 기초하고, 고객 개인에 맞춘). 행동분석가는 항상 고객에게 과학적으로 증명된 가장 효과적인 치료 절차를 옹호하며 교육해야 하는 의무를 지닌다. 효과적인 치료 절차는 고객과 사회를 대상으로 장기적이고 단기적인 유익함을 제공하는 것으로 입증된다.

이 규정 조항에서 효율적인 치료를 위한 권리는 Van Houten(1988) 등의 초기 정책 지침서를 말한다. 이 지침서는 고객의 '치료받을 권리'를 강조하는 발달장애 운동에 대한 응답이다. 이 분야의 지도자들은 '효과적인'이라는 용어를 강조하는 것이 중요하다고 느꼈다. 왜냐하면 이 용어가 최근 행동과학의 두드러진 특징이기 때문이다. 여기서 언급한 '연구 문헌'은 대개 Baer, Wolf, Risley(1968)의 논문 『Somecurreut dimensions of Applied Behavior Halysis』의 요구사항을 충족시키는 행동분석 저술이다. 즉, 행동분석가로서 우리는 Skinner의 『유기체의 행동(Behavior of organisms)』(1938)으로부터 출발한 작동적 조건화 전통에서 나온 연구의 활용을 지지한다. 어떤 절차가 어느 정기 간행물에 발표되었다는 단순한 사실만으로 이런 요구를 충족한다는 의미가 아니다. 행동분석가는 동료들이 검토한 행동분석 정기 간행물에 발표된 높은 기준의 행동분석 절차를 이용할 것이라 분명히 사람들을 기대하고 있다. 이러한 견해가 한 가족 안에서 나타날 때 발생하는 문화 충돌의 예를 보기로 하자.

***

    사례 2.09(A) **효율적인 치료를 놓고 벌인 충돌**

    거의 구어 능력이 없는 다섯 살 난 고객이 있다. 고객의 언어치료 사는 Floortime(성인이 아동과 함께 바닥에 앉아 함께 놀이하는 치료 기법이나 양육방법) 치료 방법과 자신만의 것으로 변형하여 적용한 PODD(Pragmatic Organization Dynamic Display: 화용적 조직 역학 표현법)를 이용하여 학교에서 기능적 의사소통 방법을 가르치고 있다. 나는 고객이 가정을 방문하는 국제행동분석가(BCBA)이며, 나의 팀에서는 그 아동에게 그림교환 의사소통 체계(PECS)를 가르치고 있다. 그의 발성이 나아지고 있으나 매우 제한적이다. 절차가 충실하게 적용된 PODD라 할지라도, 가능한 모든 연구 내용을 읽고 그것이 효과적인 근거 기반의 의사소통 체계인지 여부를 검토하는 일은 어렵다. 나는 국제행동분석가(BCBA) 동료로부터 Floortime 치료 방법이 연구실험에 기초한 것이 아니라는 것을 들어 알고 있었다. 학교 언어치료사로 말미암아 고객의 부모에게 안내하는 것이 갈등을 부추긴다. 언어치료사는 기본적으로 PECS는 요구를 가르치는 단순 절차이고, 응용행동분석은 개별시도훈련(DTT) 정도로만 생각한다. 질문1: 윤리적으로 어떻게 수습해야 하는가? 질문2: Floortime이나 PODD를 효과적인 교수 방법으로 지지하는 ABA 분야연구가 있는가?

***

(b) 행동분석가는 적합한 분량과 수준의 서비스 제공을 지원해야 하는 책임이 있으며, 정의된 행동–변화 프로그램의 목표를 충족할 수 있도록 필요한 관리 및 슈퍼비전을 제공해야 한다.

    인정하듯이 모든 고객에게 맞는 정확한 치료의 양과 수준을 결정할 만큼 완벽하게 연구된 과학은 없다. 그러나 이를 안내해 줄 연구 문헌은 풍부하다. 행동분석가는 행동분석 문헌을 숙지하고 그 내용을 매일 실행에 적용할 필요가 있다. 한 가지 예를 보자.

***

사례 2.09(B) **최대 시간에 대한 청구**

우리 회사 정책은 고객의 보험이 몇 시간을 지불해 줄 수 있는지를 우선 검토하고, 고객의 필요에 관계없이 그 고객에게 최대 시간 지불을 요청하는 것이다. 예를 들어, 경미한 기능 장애를 갖는 고객은 주간에 몇 시간의 치료만 권장하는 게 진료상 적당함에도 의료적 권고와는 상관없이 보험사에 할당된 최대한의 시간(가끔은 주 20시간)을 제공하게 한다. 이런 방법에 의문을 제기했을 때, 내가 들은 말은 "그건 중요하지 않아. 보험사가 지불할 거야." 였다. 나는 아스퍼거 증후군 진단을 받은 5살 소년을 한 회기만 관찰했다. 그 소년은 치료실에서 국제보조행동분석가(BCaBA)로부터 '섭식치료'를 받고 있었다. 치료사에게 어떤 목표로 치료하고 있느냐고 물었더니 그녀는 고객이 이미 섭식 목표를 충족했다고 했다. 그러나 보험회사에서 이에 대한 치료비를 지불하기 때문에 회사는 그녀에게 정기적으로 치료하라고 요청했다.

***

(c) 과학적으로 증명된 치료법이 한 가지 이상일 경우, 중재를 선택하는 데 있어서 다음과 같은 추가적인 요소(효율성과 비용 대비 효과성, 위험 요소와 중재 부작용, 고객 선호도, 치료사의 경험과 받은 훈련)가 고려될 수 있다.

앞의 조항은 행동분석가들이 이 분야에서 현재 진행되는 연구를 항상 숙지하고 있어야 한다는 것을 명백히 하고 있다. 선택할 수 있는 절차도 많고, 결정할 사항도 많으므로 가끔은 현기증이 날 정도다. 예를 들어, 비용 대비 효과성과 위험 요소(부작용 포함) 간의 비교만 하는 데에도 상당한 전문적 의

사결정이 따른다.

(d) 행동분석가는 행동-변화 프로그램의 목표에 영향을 미칠 수 있는 치료의 효과와 행동-변화 프로그램에 미치는 영향에 대해서 가능한 범위 내에서 검토하고 평가해야 한다.

이 규정 조항은 행동분석가로서 고객에게 어떤 다른 치료가 행해지고 있는지, 그 증거가 무엇인지 알고 있을 필요가 있다고 해석할 수 있다. 한 가지 예를 보자.

***

사례 2.09(D) 기적을 믿는가?

나는 1년 반 동안 5살 소녀와 그녀의 부모를 대상으로 일해 왔다. 내가 집에서 실시하는 ABA 서비스에 추가해 그녀의 가족은 생약 치료에 매우 관심이 높았다. 작년 가을, 회기 중 그녀의 아버지가 그 소녀에게 내가 전에 보지 못했던 무언가를 주었는데, 그것은 마법의 무기질 용액(Magic Mineral Solution: MMS)라고 나에게 말했다. 집에 돌아오자마자 나는 MMS와 그에 대한 FDA의 논평 내용을 읽었다. 나는 그 제품의 효과나 안전성에 대해 의견을 제시하는 이 분야의 전문가들이 검토한 연구결과를 발견할 수 없었다. 나는 그 점에 대해 걱정이 되어 아동의 어머니에게 이메일을 보냈다. 행동분석가인 나로서는 많은 연구를 거치고, 고객을 위해 증거가 입증된 최선의 중재 방법만을 사용하라고 훈련 받았다고 말했다. 나는 그녀의 어머니에게 그것이 사기로 보인다는 기사의 링크와 MMS에 대한 FDA의 논평 링크를 보냈다. http://www.fda.gov/Safety/MedWatch/SafetyInformation/SafetyAlertsforHumanMedicalProducts/ucm220756.htm.

또한 나는 담당 의사와도 그것에 대해 얘기해 보라고 권유했다. 나는 의사가 아니라서 이 제품에 대해 별로 모른다. 그렇지만 나는 결과의 효과성에 대한 동료 연구가 검증된 연구를 따라야 한다는 점을 잘 알고 있고, 이 제품은 자폐증에 일시적으로 각광을 받다가 금방 시들어질 치료로 사료되는 많은 요소들을 갖고 있다고 언급했다.

***

2.10 직업적 일과 연구를 서류화함(RBT)

(a) 행동분석가는 자신 또는 다른 전문가가 이후에 실행할 서비스 제공을 용이하게 하거나 책무를 보장하고, 법규나 기관이 정한 다른 의무 사항들을 지킬 수 있도록 자신의 업무에 대해서 적절히 서류처리를 해야 한다.

(b) 행동분석가에게는 최상의 실행과 법 규정에 부합하는 문서의 질적 수준과 세부 사항을 고려하여 서류를 작성하고 유지해야 하는 책임이 있다.

자신의 일을 문서화할 때, 행동분석가는 기록 유지에 모범이 되어야 한다. 일에 대한 자료를 구하고, 대부분의 자료를 그래프화하여 남이 볼 수 있도록 하는 것은 우리가 당연히 해야 할 일이다. 만약 취약한 부분이 생긴다면, 이는 자료가 없는 탓이다. 이 규정 조항은 나중에 사용하기 위해 접수 면접, 전화 대화, 회의 기록을 항상 문서화할 필요가 있다는 점을 일깨워 준다. 소송이 잦은 현재의 문화 특성상, 고객마다 서류상 행적을 남기는 것이 현명할 것이다. 물론 어떤 사유로 다른 행동분석가에게 사례를 넘겨줄 때 문서화가 더욱 더 유용할 것이다. 누군가 고객을 당신에게 의뢰하면, 우선 당신이 받고 싶은 자료를 생각하라. 그러면 이 기준 규정의 필요성을 이해할 것이다.

2.11 기록과 자료(RBT)

(a) 행동분석가는 그들의 연구, 업무 수행에 관련된 일에 대한 기록과 자료를 적용하는 법과 규정, 정책에 부합하도록 작성하고, 유지하고, 전파하고, 저장하고, 보유하고, 폐지하며, 본 윤리 규정의 필요 요건에 어긋나지 않는 방식 그리고 어떠한 시점에서도 적합한 서비스 감시 전환이 이뤄지는 것이 가능한 방식으로 실행해야 한다.

(b) 행동분석가는 기록과 자료를 최소 7년 동안 아니면 법이 정한 기간 동안 보관해야 한다.

이것은 (1) 고객 자료의 보안 특성상, (2) 시간 요건상 매우 엄격한 요구사항이다. 많은 사례에서 상담자 자료를 보호하고 보존하는 것은 행동분석가가 일하는 회사나 기관에서 할 일이다. 그러나 당신이 단독 서비스 제공자라면, 사업 개시하고 효율적으로 서류를 검색할 수 있는 정확한 서류 저장 시스템을 설치하자마자 보안이 확보된 잠금 서류 캐비닛을 사도록 한다.

2.12 계약, 수수료, 재정적 협정

(a) 서비스 제공을 시작하기 직전에 행동분석가는 모든 이해관계자들의 책임 내용, 제공될 행동분석적 서비스에 대한 범위, 그리고 행동분석가가 규정을 준수해야 하는 의무 등을 기술한 계약서에 고객의 서명을 받는 것을 분명히 해야 한다.

(b) 업무적 또는 과학적 관계를 시작하는 초기에 빠른 시일 내에 행동분석가는 보상과 치료비 청구에 대해 구체적으로 언급하여 고객의 동의를

얻어야 한다.

모든 당사자가 서비스 내용과 지불 방법을 알고 있다고 확신하는 가장 쉬운 방법은 전문적 서비스 선언(18장에서 논의)을 이용하는 것이다. 나중에 어떤 의문이 생기면 이 문서가 처음 합의 내용을 입증하는 데 이용될 수 있다.

(c) 행동분석가의 서비스 제공에 대한 지불 요금 내역은 행동분석가의 서비스 제공에 대한 지불 요금 내역은 법과 일치해야 하며 행동분석가는 허위로 수수료를 청구하지 않는다. 그러나 제한된 재정 지원에 의해 서비스가 제한될 것으로 예상될 경우, 가능한 한 빠른 시일 내에 고객과 이 문제에 대해서 논의해야 한다.

(d) 재정 지원 상황이 바뀔 경우, 재정적 책임 내용과 한계에 대해서 고객과 반드시 재검토해야 한다.

2.13 청구서 보고의 정확성

행동분석가는 제공하는 서비스의 특성, 수수료 또는 요금, 제공자의 신원, 관련 결과, 그리고 다른 기술적 자료에 대해서 정확하게 진술해야 한다. 그러나 몇몇 비양심적인 행동치료사가 우리 지역 사회에 활동하고 있는 것 같다. 다음의 사례를 보자.

***

사례 2.13 **악몽 같은 청구**

내 딸은 자격증이 있는 행동치료사로부터 ABA 치료를 받고 있었다. 그 치료사는 내 딸이 받지도 않은 서비스를 보험회사에 청구를 하고 있었다. 치료사는 고용되어 일하는 자이고, 법률상 ABA 치료비는 보험회사에서 지급되고 있었다. 나는 치료사에게 설명과 규명을 요구했으나 그녀는 어떤 요구 내용도 거부하며 나에게 딸을 데리고 가라고 말했다. 그녀는 최근에 나에게 등기로 송장을 보냈고, 빚을 회수하겠다고 협박했다. 그녀가 나에게 청구한 것이 몇 시간인지 알려고 하고 있지만 내가 갖고 있는 정보라고는 보험 청구에 사용된 코드 단위뿐이다.

***

2.14 의뢰와 수수료

행동분석가는 어떠한 업무적인 의뢰와 관련하여 현금, 선물, 또는 다른 종류의 유혹을 받거나 제공하지 않는다. 의뢰는 고객의 요구사항을 객관적으로 결정하고, 아울러 의뢰된 전문가의 역량에 맞춘 다양한 선택 사항을 포함해야 한다. 의뢰를 받거나 제공할 때, 추천인과 의뢰 받은 전문가 간의 관계를 고객에게 공개해야 한다.

이 규정 조항의 목적은 1950년대에 음악계를 강타한 '뇌물수수' 방식의 스캔들이 우리 분야에서 일어나지 않도록 예방하기 위한 것이다. 이 부패는 음반 판매를 늘리기 위해 디스크자키가 다른 노래보다 더 자주 특정 노래를 틀도록 상업적인 뇌물을 준 것과 관련된다. 행동분석가를 추천해 준 대가에 대한 '유혹'을 차단하고 여러 가지 선택을 할 수 있는 옵션을 제시하도록 함으로써 우리 분야에서 '뇌물(kickbacks)'이 발생할 우발성을 줄일 수 있다.

2.15 서비스에 대한 방해와 중단

(a) 행동분석가는 서비스 방해 또는 중단을 피하려 할 때, 고객과 슈퍼비전

피제공자의 관심사를 최우선으로 삼고 대응해야 한다.

이것이 이상적이기는 하지만 실제로는 다음과 같은 간섭이 때때로 발생한다.

***

사례 2.15(a) 정당화

우리가 일하고 있는 어느 가족의 아버지는 우리가 강화제 평가에 근거하여 효과적이라고 결정한 강화제를 사용하기를 원하지 않고 있다. 결과적으로 우리는 다른 효과적인 강화 방식을 찾으려고 힘쓰고 있다. 게다가 아버지는 딸의 기분이 상할 때마다 치료실에 들어온다. 우리는 이것이 얼마나 치료수업을 방해하는지 아이의 어머니와 논의했다. 우리는 또한 아버지와 만나기 위해 여러 번 시도했으나 시간을 내려 하지 않았다. 우리는 고객이 우리의 서비스로 혜택을 보지 못한다고 느끼나 어머니는 자신이 보기에 우리가 진행하고 있는 중재의 결과로 아이가 나아지고 있다고 주장했다. 우리는 윤리적이고 책임 있는 방법으로 서비스를 계속 제공하고 싶다. 만약 종결 이외의 방법이 없다면 윤리적 관점에서 어떤 형태의 사전 종결 서비스가 이 상황에서 적합하며, 서비스를 종결하는 가장 좋은 접근 방법은 무엇인가?

***

(b) 행동분석가는 예상하지 못한 사건의 방해가 있는 경우, 행동분석적 서비스의 지속적인 제공을 촉진하기 위한 합리적이고 시기적절한 노력을 해야 한다(예를 들어, 질병, 손상, 불이용, 재배치, 재정적 방해, 재난).

예기치 않은 서비스 중단은 당연히 통제하기가 어렵다. 특히, 단독 서비스 제공자인 행동분석가는 병이나 사고로 갑자기 일을 할 수 없는 경우 곤란에 처한다. 이러한 전문가에게 최상의 계획은 연락을 하면 바로 대체해 줄 수 있는 동료를 두는 것이다. 동료는 허락을 받고 고객에 대한 서류를 읽고, 고객과 대화한다. 또한 행동분석가는 그 대체자가 고객의 사례를 인수할 만한 능력이 있음을 확인해야 한다.

(c) 고용 또는 계약관계에 들어간 기간 동안에 고용 또는 계약상 관계가 끝나는 상황이 발생할 때, 행동분석가는 서비스의 최종 수혜자의 이익을 전적으로 고려하면서 서비스 제공의 책임과 관련하여 질서 있고 적합한 해결 방법을 제공해야 한다.

이 규정에는 두 개의 핵심 어구가 등장한다. 첫째, '순조롭고 적절한'이란 말인데, 이는 서비스를 중단하는 방법에 충분한 시간과 생각을 할애해야 한다는 의미로 쓰인다. 여기에는 발생한 상황을 논의하기 위한 최초 모임과 이후 어떤 해결이 가능한지 알아보기 위한 후속 모임이 따를 것이다. 만약 이것이 '애써 노력하지 않는' 피고용인이거나 훈련과 상담이 실패한 경우라면, 더 이상 효과 없는 서비스로부터 고객을 보호하기 위하여 이를 처리할 계획을 세울 필요가 있다. 둘째, '전적으로 고려하면서'라는 어구는 고객의 지속적인 서비스가 필요함에도 불구하고 관리자가 급격한 행동을 취해서는 안 된다는 의미다.

(d) 서비스 중단은 전환(transistion)에 대한 노력을 하고 난 이후에 결정해야 한다. 행동분석가는 다음과 같을 때 시기적절하게 업무적 관계를 중단한다. 1) 더 이상 서비스의 필요성이 없어졌다거나, 2) 서비스를 받아도 그다지 효과가 없다거나, 3) 서비스가 계속될 때 훼손 및 상해 가능성이 있다거나, 4) 고객이 중단을 요청했을 경우다(4.11 행동-변화 프로그램의 중단과 행동분석적 서비스 참고).

어떤 사례에서는 고객이 진전을 보여 더 이상 치료가 필요 없는 경우 또는 프로그램을 여러 번 교체했는데도 진전이 없는 경우에 행동분석가는 고객이 상황을 알도록 할 필요가 있고, '중단' 계획을 제시할 필요가 있다. 어떤 고객은 자신의 치료사와 너무 친밀해서 지금까지 보여 준 진전으로 인해 서비스를 단계별로 중단할 필요가 있다는 것을 받아들이기를 거절한다. 고객이 서비스를 중단하겠다고 결정하면 이 과정은 그들의 필요성을 충족시키기 위해 속도가 붙을 것이다. 관련된 행동분석가는 고객이 그런 환경 하에서 다른 전문 서비스를 찾을 수 있도록 도와야 한다.

(e) 행동분석가는 고객과 슈퍼비전 피제공자들을 포기해서는 안 된다. 방임해서는 안 된다. 중단이 일어나기 전, 어떤 이유를 막론하고 행동분석가는 서비스의 필요성에 대해서 논의하고, 적절한 사전 종료 서비스를 제공하며, 적절한 대안적인 서비스 제공자를 추천하고, 동의가 이루어지면 다른 서비스 제공자에게 시기적절하게 책임을 양도하는 합리적인 절차를 밟아야 한다.

'포기(abandon)'란 고객에게 어떠한 통지, 의뢰, 도움도 없이 갑작스럽게 서비스가 해지됨을 뜻하는 가혹한 말이다. 우리가 제공하는 고객 중심 행동분석에서 이런 일이 전혀 일어날 것 같지 않지만, 서비스 중단에 대한 암시만으로도 다음의 예에서와 같은 소동이 일어날 수 있다.

***

사례 2.15(C), (D), (E) 포기로 인해 고소된 사례

한 아동의 어머니로부터 우리가 무책임하고 방임적인 태도와 관련하여 BACB와 함께 우리를 대상으로 민원을 제기했다는 통지를 어제 받았다. 곧 닥쳐올 민원에 대한 통지는 우리가 최근에 ABA 직접 서비스를 종결하는 절차를 추진한 후에 발생하였다. 이 학생에게 6월에 서비스를 제공하기 시작했고, 10월에 서비스를 마칠 생각이었다. 공식적인 종결에 대해서는

9월에 통지하였지만, 8월 중순부터 관련 사항에 대해서 부모와 논의하기 시작했다. 이 사례와 관련하여 우리는 해결하고자 노력했던 지속적인 문제가 있었다. 아동에 필요한 사항과 ABA 치료에 대한 부모의 요구, 이해 충돌, 이중 역할과 같은 것들이었다. 우리는 다른 국제행동분석가(BCBA)에게 성공적으로 이전해 갈 수 있도록 한 달이라는 고지 기간보다 더 길게 서비스를 제공하는 옵션을 기꺼이 알아보려고 했다. 그러나 우리가 망설이는 것은 이미 언급했던 바와 같이 치료가 불가능했다는 것에 대한 윤리적인 부분 때문이다. 첫 번째 단계로 우리는 부모와 아동의 필요에 가장 적합한 다른 단체나 개인 전문가에게로 이관하는 것을 용이하게 하는 데 지속적인 협조를 제공하겠다고 부모에게 즉각적으로 응대할 생각이었다. 예를 들어, 풀타임 국제행동분석가(BCBA)를 고용하고 있는 단체에서 운영하는 지역 프로그램을 추천하는 것이 가장 윤리적인 답변이라면 그렇게 할 수도 있다. 아동의 필요에 맞는 참신한 추천안은 몇 가지 있지만, 그렇다고 해당 단체에 훈련된 직원과 전문가가 배치되어 있음을 확인하기 위해 오랫동안 우리 단체에 머물 수는 없는 노릇이다. 윤리적 관점에서 이렇게 오랜 기간 머무르는 것이 현명한 일인가?

***

사례에 대한 답변

사례 2.02 교육청과 계약 시 위험

교육청의 지도를 따르는 것은 고객에게 최선의 호혜가 아닌 것 같다. 우리의 윤리 규정은 고객(이 사례는 가족)의 호혜를 최고로 고려하도록 요구한다. 교육청의 정책은 가족에게 미리 보

> 행동분석가는 항상 고객의 권리를 옹호하고, 그들의 최선의 이익을 위해 활동해야 한다. 행동분석가는 최고 액수를 부르면 구할 수 있는 포수들이 아니다.

고서를 분석한 후 회의에 참석하여 대응할 준비를 하기 어려울 정도로 시간을 주지 않는 것이다. 이 사례에서 가장 윤리적인 조치는 당신이 신속하게 가족에게 보고서를 제공하여 가족이 충분한 시간을 갖고 대응을 준비하고, 이런 중요한 문제에 법적 상담자를 찾을 수 있도록 하는 것이다. 행동분석가는 항상 고객의 권리를 옹호하고, 그들의 최선의 이익을 위해 활동해야 한다. 행동분석가는 최고 액수를 부르면 구할 수 있는 포수들이 아니다. 행동분석가가 가족에게 보고서를 제공하면 교육청과의 관계는 종료되고, 더 이상 일을 수주할 수 없게 될 것이므로 이를 대비하고 있어야 한다.

사례 2.04(D) 합병으로 인한 우울

이 문제의 저자는 기관 내 다른 국제행동분석가(BCBA)의 지지를 끌어모으고, 자신의 기관이 비증거 기반 절차를 지지하는 기관과 합병하는 것에 항의하는 이사회에 보낼 편지를 준비했다. 국제행동분석가(BCBA)들은 합병을 지연시키고 입증이 안 된 절차 사용을 제한하는 데 성공했다.

사례 2.05(A ~ D) 격노한 부모

부모는 줄기차게 자신의 사례를 교육부에 호소하였고, 주 교육청은 부모들이 참석하는 개별화교육계획의 모임을 열었다. 이 모임에서 주에서 제공하는 행동 서비스를 아동을 위해 활용할 이유가 없다고 결정되었고, 현재 아동은 사립학교에 다니고 있으며, 어떤 심각한 행동문제도 보이지 않는다.

사례 2.06(D) 호기심 많은 교회 사람들

행동분석가는 함께 일하는 사람의 비밀을 존중해야 할 의무가 있다. 아동에 대해 질문을 받으면 C 박사는 묻는 사람에게 정중하게 고객과 자신의 일을 논의할 수 없다고 해야 한다. 그러고는 정중하게 주제를 바꿔야 한다.

사례 2.09(A) 효과적인 치료에 대한 격돌

질문1: 윤리적으로 어떻게 진행해야 하는가?

언어치료사로 하여금 PODD로 하는 일을 그만두고 당신의 시스템을 사용하도록 확신시키는 것은 어렵다. PECS를 사용하는 합리성을 부모에게 설명하고, 사용을 지원할 수 있는 자료를 논의하는 것이 적합할 것이다.

질문2: ABA 영역 내에서 Floortime이나 PODD를 효과적인 교수법으로 지원하는 연구가 있는가?

Floortime이 증거 기반 절차라는 실제 연구(행동분석적인 단일대상연구 방법)가 없으므로 일시적으로 유행했다가 시들어질 이 치료를 사용하라는 압력을 받지는 않을 것이다. PODD에 관해서는 2007년에 출간된 '연구'가 하나 있었고, 당연히 행동분석 연구 기준을 충족하지 못했다.

사례 2.09 (B) 최대 시간에 대한 청구

분명 이런 관행은 비윤리적일 뿐만 아니라, 불법이며 사기다. 행동분석가는 구두 및 문서상으로 필요하든 필요하지 않든 최대한의 시간을 청구하는 관행에 대해 회사에 항의했다. 또한 회사를 보험회사에 보고했고, 이후 그녀는 즉시 그 자리에서 사임했다.

사례 2.09(D) 기적을 믿는가?

행동분석가는 이 사례를 책임감 있게 해결하려고 하다가 자신의 직무 범위를 넘어섰다. 그녀는 부모를 위해 해당 제품에 대해 충분히 경고했다. 만약 행동분석가가 아동과 아동의 어머니의 행동에서 해로운 영향을 발견했다면 추가적인 조치를 취할 필요가 있다. 그러나 그녀는 윤리 규정에서 요구하는 모든 조치를 취했다. 제품의 장기적인 복용으로 인해 아동이 병에 걸리거나 행동이 악화된다면, 그 시점이 부모에게 이 사실을 상기시킬 때다. 그 시점에서 행동분석가는 아동과 계속 함께할 것인지를 결정할 수 있다. 일부 부모는 아동의 완치에 필사적이다 보니 "무슨 방법이든 시도해 보자."나 "믿겨야 본전이다."라는 식의 태도를 견지한다. 행동분석을 공부하는 학생들은 일시적인 유행 치료에 관해서 비판적으로 사고하라고 배워야 한다. 이 사례에서 행동분석가는 조심성 있었고, 세심하였고, 우리 직업의 귀감이 되었다.

사례 2.13 악몽 같은 청구

이것은 분명히 비윤리적 행동이자 법 위반이다. 이것은 소비자 보호원이나 주 보험 법규부에 회부시켜야 한다.

사례 2.15(a) 정당화

이런 상황은 꽤 흔하고, 두 부모가 치료의 특정 양상에 대해 의견이 일치하지 않을 때 문제가 발생할 수 있다. 행동분석가가 부모를 조정하고, 아버지를 개입시키려 했으나 소용이 없었다. 종결을 고지하기 전에 고려해야 할 몇 가지 사항이 있다. 부모가 최초 ABA 서비스를 요청했을 때, 처음부터 전문적 서비스 선언을 적용했는가? 만약 그랬다면, 행동 계획에 대한 전폭적인 협조를 요구하는 문구가 포함되어 있었는가? 프로그램 성공을 위한 이행에 방해가 되는 조건에 대해 논의가 있었는가? 또한 종결 기준이 포함되어 있었는가? 이런 모든 단계별 조치가 취해졌다면, 이 쟁점들을 논의할 회의를 준비하는 추가적인(문서화된) 노력이 있어야 한다. 만약 두 부모가 회의에 참석하지 않으려 한다면, 비로소 종결 과정을 시작할 때다. 종결 이유가 고객의 진전이 부진한 때문임을 부모에게 분명히 해야 한다. 마지막 두 단계는 두 부모에게 해당 규정 조항이 무엇인지 알려 준 뒤, 서비스를 제공할 다른 사람에게 이관하는 것이다. 이 사례에서 아동이 나아지려면 두 부모가 함께 해야 한다는 점을 알려 주기 위해 가족상담이 서비스에 포함될 수 있다.

주의: 이 사례는 자금 부족으로 가족이 서비스를 종결한 것으로 끝이 났다.

사례 2.15(C), (D), (E) 포기로 인해 고소된 사례

행동분석가는 곧장 이관 절차를 개시해야 하는데, 모든 의사소통을 문서로 하고 나중에 필요한 경우를 대비하여 이 문서를 확실히 보관해야 한다. 가장 윤리적인 대응은 이 아동과 함께하기 위해 필요한 기술을 갖춘 단체나 단독 국제행동분석가(BCBA)를 찾을 수 있도록 부모를 돕는 일이다. 부모에게는 적어도 3개 단체를 추천해야 한다. 이 같은 사례에서는 보통 완전히 종결하는 편이 낫다.

제8장 행동 평가(규정 3.0)

치료를 고려하기 전에 '기초선'을 구할 필요가 있다는 것이 행동분석의 확고한 원리다. 그 이유가 외부인에게는 명확해 보이지 않을 수도 있고, 그것을 성취하는 방법론 역시 다른 전문 영역에서는 범위 밖에 있다. 우리에게 기초선은 다음의 것들을 포함한 여러 가지를 의미한다.

> 행동분석가는 소문이나 전해 들은 말을 근거로 일해서는 안 된다. 행동분석가는 자신의 힘으로 문제를 보아야 한다.

- 특정한 이해관계가 있는 사람에게 문제가 되고 있는 행동이 의뢰되었다.
- 행동은 관찰 가능하고, 정량적 평가가 가능한 방법으로 조작적으로 정의되었다.
- 훈련된 관찰자가 그 행동이 일어나는 환경(setting)을 방문하여 발생 및 발생 환경을 문서화하였다. (이는 의뢰가 합법적이며, 문제가 측정 가능하고, 자료의 그래프가 보여 주는 내용에 따라 그 행동이 치료를 요할 수도 그렇

지 않을 수도 있음을 가리킨다.)

행동분석가는 소문이나 전해 들은 말을 근거로 일해서는 안 된다. 행동분석가는 자신의 힘으로 문제를 보고, 매일매일의 가변성을 얻고자 해야 하며, 어떤 경향을 보이는지, 최종적으로는 어떤 환경에서 그런 행동이 발생하고 또 그 행동의 기능이 무엇인지를 이해해야 한다.

"이 아이는 나를 미치게 해요. 다른 아이와 이야기하면서 항상 자리에 있지 않고, 내가 건네준 숙제를 결코 완성하지 못해요. 나는 그 아이에게 제자리에 돌아가 앉으라고 말하는 데 시간을 다 보내요." 매우 좌절한 3학년 선생님의 이 같은 언급은 행동분석가가 교실에 가서 무엇이 일어나고 있는지 정확하게 관찰하도록 하는 자극제가 된다. 한편, 그 선생님은 이 '개구쟁이'를 교실에서 쫓아내고 싶다고 생각하고 있었다. 교감, 교내 상담교사, 또는 학교심리학자가 그 선생님께 무엇을 해야 할지 바로 조언을 시작할 수도 있고, 일련의 IQ 검사와 성격 검사 일정을 잡을 수도 있지만 행동분석가는 행동 평가가 우선 이루어져야 한다고 주장한다. 그 학생이 얼마나 많은 시간 동안 자리를 이탈하는가? 이런 행동의 자극제가 무엇인가? 어떤 종류의 숙제가 주어지고, 실제로 몇 번 숙제를 완성했는가? 행동분석가는 각 행동에 대해 교사가 어떤 종류의 촉구를 사용하는지, 어떤 형태의 강화제를 사용하고 있는지에 대해 관심이 있을 것이다. 또 다른 질문은 과제가 학생에게 적합한지와 관련되어 있다. 지시가 너무 어렵거나 부적절할 가능성이 없는가? 그리고 마지막으로 행동분석가는 언급된 학생을 관찰하는 동안 물리적 환경과 이 학생의 행동에 또래가 어느 정도로 관여되었는가를 평가할 것이다. 그 학생에게 시력이나 청력에 문제가 있는가? 아니면 단순히 거슬리는 또래 아이들 때문에 산만한 것은 아닌가? 눈치 빠르고 윤리적인 행동분석가라면 해결해야 할 문제가 실제로 있는지 확인하기 위해 충분한 기초선을 측정

> 눈치 빠르고 윤리적인 행동분석가라면 해결해야 할 문제가 실제로 있는지 확인하기 위해 충분한 기초선을 측정할 것이다.

할 것이고, 작용하고 있는 변인에 대한 예비단계의 계획을 수립할 것이다. 마지막 한 가지 요점은 이 기초선 자료가 도표화되어 치료 효과를 평가하는 데 사용될 것이라는 점이다. 우선 기초선을 잡아야 한다는 규칙이 없다면 이 것이 어떻게 작용할지를 상상해 보라. 아마 행동분석가는 훈련도 받지 않고, 어쩌면 편견에 치우친 사람의 추정에 의존하여 목표행동의 빈도를 어림하고, 원인이 될 변인에 대한 그 사람의 의견을 심각하게 받아들여 아무런 근거도 없는 제안을 하게 될 수도 있다. 이에 비춰 볼 때 이 방식을 따르는 것은 명백히 비윤리적이지만, 이 시나리오는 아마 우리나라에서 비행동분석 '전문가'가 행동 컨설팅에 흔히 사용하는 방식일 것이다.

윤리 규정 3.0(행동 평가)에서는 행동 평가에 해당하는 것이 무엇인지를 명시하고 있으며, 나아가(규정 4.0에서) 고객(예를 들어, 교사, 교장, 학부모)에게 중재가 효과적이기 위해 필요한 조건을 설명하고(규정 4.06), 중재가 적절히 실행되는 것을 방해하는 조건은 무엇인지 설명해야 할(규정 4.07) 의무를 포함하고 있다. 만약 윤리적인 행동분석가가 기능분석(이 방법에 대한 구체적인 연구 원전은 Iwata et al., 1982 참조)을 실시하여 통제 변인이 무엇인지 알아내기로 결정했다면, 행동분석가는 이 점을 고객에게 일일이 설명하고 치료에 한계 조건은 무엇인지 설명할 의무가 있다. 이 후자의 한계 조건(limiting conditions)은 행동분석이 응용환경에 어떻게 작용되는지 이해하는 데 중요하다. 간단한 예를 들자면, 앞서 기술한 3학년 아동의 착석행동을 강화하기 위해 어떤 강화제를 사용하고 싶다면, 무엇이 강화제로 적당한지 찾아내야 한다. 어떤 이유로 강화제를 찾을 수 없다면, 바로 그때 이 한계 조건 초과된 것이다. 혹은 우리가 강화제가 될 만한 것을 발견했지만 사용이 허락되지 않았거나 혹은 우리가 강화되는 것을 아는 데도 교사가 강화 사용을 거부한다면, 우리는 치료의 한계 조건을 넘어서는 것이다. 만약 강화제가 일종의 간식인데(강화제 평가를 통해 찾아낸) 교사가 "스낵의 사용 효과를 믿을 수 없다."라고 한다면, 그때는 이 수

> 제한적 조건의 개념은 행동분석이 응용환경에 어떻게 작용하는지 이해하는 데 중요하다.

단을 통해 아동의 행동을 변화시키기기는 어렵다. 만약 행동분석가가 아동에게 가장 좋은 해결 방법이 일일 보고 카드라고 결정하였더라도 부모가 집에서 이에 수반되는 강화제를 주는 협조를 거부한다면 우리는 치료의 한계 조건에 빠지는 셈이다.

마지막으로 평가에 있어 중요한 점은, 행동분석가가 고객에게 자료의 의미하는 바(아마도 실제 도표를 사용하여 요점을 제시하는 방법으로)를 설명하는 것은 중요하므로 이 점이 규정에 포함되어 있음을 유의해야 한다. 규정 3.04에 행동분석가로서 당신은 기초선 자료, 기능평가, 강화제 평가, 또는 다른 형태의 행동 관련 수집 자료를 고객에게 평이한 용어, 즉 다른 용어로 설명할 의무가 있고, 그리하여 누구나 관련 사항을 쉽게 이해할 수 있어야 한다고 명확히 언급되어 있다. 물론 여기에는 무엇을 시행했고 무엇이 발전했는지를 실제로 추정된 효과를 보여주는 모든 치료 중재법들의 결과에 대한 설명도 포함되어 있다. 고객, 보호자, 변호인에게 중재를 알리는 것 외에 이 요구는 대중 홍보 기능에도 어느 정도 기여할 것이다. 그것은 고객들에게 우리가 하는 일이 투명하고 이해 가능하다는 것, 접근 방법이 객관적이고 의사결정을 위해 자료를 이용한다는 것을 가르쳐 준다. 한 가지 바람직한 결과는 그렇게 교육 받은 고객과 고객의 보호자들이 다른 직종의 전문가를 만나면 그들의 치료의 근거에 대해서 물어본다는 것이다. 한 가지 중요한 필요조건은 어떤 행동이 '의학적 혹은 생물학적 변인'의 결과일 수도 있는 경우에는 의학적 자문(규정 3.02)을 찾는다는 것이다. 잘 훈련된 대부분의 행동분석가는 이미 오랫동안 이를 수행하고 있었지만 이제야 이것이 우리의 새 윤리 규정에 명백하게 드러났다.

행동분석가로서 당신은 행동 관련 수집 자료를 고객에게 영어나 다른 관련 언어로 설명할 의무가 있다.

3.0 행동 평가

행동분석적 평가 기법을 사용하는 행동분석가는 최근의 연구에 기초해서 설정한 목표에 따라 실행해야 한다.

이 규정 조항은 우리가 구사하는 평가가 IQ, 성격 특성 또는 성공적인 결과물의 예측을 결정하는 데 목적이 있는 것이 아니라는 것을 상기시킨다. 임상가는 그 행동이 사회적, 학술적 혹은 언어적 기술이든 행동 양상의 매우 정확한 모습을 제공하는 것을 제외하고는 이처럼 매우 유용한 도구로부터 어떤 추정을 하라는 압력에 저항해야 한다.

당신의 고용주나 보호 시설의 관리자가 당신의 익숙한 영역을 벗어나 검사를 실시하라는 압력을 가한다면, 거리낌 없이 그런 임무를 수행하는 학교 심리학자 또는 임상 심리학자 등 다른 전문가에게 이를 의뢰해야 한다.

3.01 행동분석적 평가(RBT)

(a) 행동분석가는 권고 사항을 제시하거나 행동-변화 프로그램을 개발하기 직전에 최근의 평가를 수행한다. 사용하는 평가의 종류는 고객의 요구와 동의, 환경적 매개변인, 그리고 다른 맥락상 변인들을 고려하여 결정한다. 행동-감소 프로그램 개발 시, 반드시 기능평가를 실시해야 한다.

평가를 실시하는 주요 이유는 고객의 현재 보유 능력을 결정하여 효과적인 중재가 이어지도록 하기 위함이다. 기술 습득 평가는 고객이 같은 생물학적 연령의 타인과 비교하여 어느 정도 위치에 있는가를 이해하도록 치료사를 도와주며, 또한 훈련에 있어서 우선순위를 지정해 준다. 언급하지 않았지만 추정하건대, 평가는 타당하고 신뢰할 수 있을 정도로 적절하게 개발되어왔다. 지난 십 년간 빠르게, 그리고 일관된 결과를 낼 수 있는 기능평가에 많은 연구가 이루어졌다. 기능행동평가(FA 혹은 FBA)의 주요 기능은 고객에게 병명을 붙여 분류하는 것보다 그 행동이 발생하거나 혹은 발생하지 않을 가능성이 있는 조건을 찾아내는 것이다.

다음 사례의 질문은 실시되고 있는 평가가 적절한지를 묻는 문제다.

***

사례 3.01 임상에 있어 검사의 범위

나는 임상심리학 대학원 연구를 마친 한 국제행동분석가(BCBA)와 함께 일해 왔는데, 그는 학위를 마치지 않았고 국제행동분석가(BCBA) 외에 어떤 자격증이나 인증서를 갖고 있지 않았다. 나는 최근에 그 국제행동분석가(BCBA)의 FBA 보고서 하나를 검토하였는데, 그 보고서는 ABA 서비스를 위한 보험금 청구용으로 실시되었다. 자금 사용과 BACB 자격 하의 임상 실시의 범위에 대해 몇 가지 염려스러운 점이 있다. 그 염려는 다음과 같다.

1. FBA 기간 동안에 실시하는 몇 가지 심리 평가가 있다. 여기에는 발달 프로필-3(Developmental profile-3), 부모 스트레스 평가(Parent Stress Inventory), 전반적 발달장애 행동 평가(PDD Behavior Inventory)가 포함된다. 고객은 15살이고, 모든 평가는 부모 면담을 통해 실시되었다. DP-3는 출생부터 12세에 이르는 아동을 기준으로 규준 참조 또는 표준화 검사만을 실시한다. 이 평가는 타깃문제행동(자해행동과 공격성)에 대한 추가적인 통찰이나 정보를 제공하지 않는다.

2. 고객이 자살 위협과 심한 우울증 이력을 갖고 있다. 타깃문제행동으로는 자해행동(손으로 머리 치기)과 언어적 공격(이런 행동은 평가

기간 중에는 관찰되지 않았음)이 포함되어 있다. 그 고객은 이런 위협의 결과로 48시간 병원에 입원하게 되었다. 그의 국제행동분석가(BCBA)는 부모에게 이런 행동이 고기능 자폐에서 흔하다고 말하고, 우울증이 청소년에게서는 성인과는 어떻게 다른 양상으로 나타나는지를 논의했다.

나의 질문은 다음과 같다.
1) BACB 자격으로 ABA 평가를 위한 예산으로 평가를 실시함에 있어 본질적으로 심리검사이면서 문제행동의 기능, 강도, 수준에 대한 정보를 포함하지 않는 검사를 실시하는 것이 윤리적인가?
2) 이러한 실행은 BCBA의 영역 외로 간주해야 하는가?

나는 그와 나의 염려에 대해 논의했다. 나는 예산이 사용되는 방식과 BCBA 영역 외에서 임상이 실행되고 있음에 대해 염려하고 있다고 말했다. 그는 나의 의견에 반대했다. 만약 이러한 임상 실제가 범위를 벗어난다면, 이 쟁점을 해결하기 위해 어떤 추가 조치를 취해야 하는가?

***

(b) 행동분석가는 행동분석적 관례 절차에 따라 자료를 수집하고, 시각적으로 제시할 의무가 있으며, 행동-변화 프로그램 발달 결정과 권고 사항이 이뤄질 수 있는 방식으로 이를 실행해야 한다.

행동분석은 자료 기반의 분야이므로 행동분석가가 자료를 수집하는 것은 큰 도전이 아니다. 그러나 가끔은 행동분석가가 아닌 사람이 쉽게 이해할 수 있는 방법으로 자료를 제시하는 데 어려움이 있다. [그림 8-1]은 행동 서비스의 영향력을 예시하기 위해 연방법원의 한 재판에서 제시된 도표다.

자료 제시 방법에 관심이 있는 학생은 Edward Tufte(1983)의 '정량적 정보의 시각적 제시(The Visual Display of Quantitative Information)'를 참고하면 된다. 이 교재는 자료 그래픽에 있어 고전이며, 관심 있는 ABA 전문가의 필독서다.

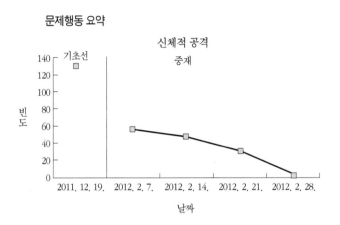

문제행동 요약

| 그림 8-1 | 2012년 3월 연방법원 K.G. 대 듀덱 사건에서 제시된 고객 자료의 그래프

3.02 의학적 자문

행동분석가는 의뢰 받은 행동이 의학적 · 생물학적 변인에 영향받을 타당한 가능성이 보이는 경우에는 의학적 상담을 받을 것을 권고해야 한다.

행동분석가가 상담 요청을 받다 보면 사실상 온전히 작동행동이 아닐 수도 있는 행동을 접한다. 여기에는 고객이 먹는 약물로 인한 행동과 의학적 · 생물학 변인으로 인한 행동이 포함된다. 자기 눈앞에서 손을 흔드는 고객의 행동 원인이 관심을 끌기 위해서일 수도 있지만 무의식적인 시각 자극을 위해 그렇게 행동하는지도 모른다. 피부를 긁는 것은 햇빛 화상, 덩굴 옻나무,

특정 음식 혹은 약물 알레르기 때문일 수도 있다. 이 규정 조항은 이와 같은 사례를 다룰 때 이처럼 작동행동이 아닌 행동과 관련하여 모든 합리적인 사항을 고려하도록 행동분석가를 환기시킨다. 왜냐하면 이 경우에는 후속결과만을 갖고 행동을 중재하는 것은 비윤리적일 뿐만 아니라 고객에게 위험할 수도 있기 때문이다.

***

사례 3.02 새로운 기능 찾기

나는 학교에서 발생한 사례에 대한 조언을 구하고자 한다. 나는 심각한 행동을 보이는 두 살 유아를 도와 일하고 있다. 이전에 있었던 기능인 회피(가정에서나 학교의 요구에 대한)와 관심이 명백했고, 우리의 중재 절차(선행사건 중재 및 소거)는 효과가 있었다. 약 한 달 전에 아이의 행동이 변하기 시작했다. 이는 아이의 환경에 많은 변화(즉, 부모의 별거, 새로운 학교)가 일어났던 시점이었다. 아이의 현재 행동은 줄어들지 않고 있으며, 원래의 중재 방법은 효과를 보지 못하고 있다. 이런 새로운 행동은 모든 환경에서 일어나는 것으로 보인다. 나는 이런 행동을 학교와 가정에서 관찰했으며, 또 다른 관찰자가 아이가 등교하는 다른 학교에서도 목격했다고 보고했다. 이 행동도 어느 정도는 사회적 강화에 의한 것으로 보이지만, 여전히 부분적으로는 자동 강화에 의해 유지되는 것으로 보인다. 기능이 더 이상 명확하지 않으므로 우리는 기능분석(FA)을 실시할 예정이다. 추가로 이 행동이 자동 강화 이상의 요소를 포함하는 것으로 보이고 그의 머리(예를 들어, 머리 박기, 머리 흔들기)와도 관련되어 있으므로 나는 가족에게 추가적인 검사와 촬영을 위해 신경과 전문의를 만나 보라고 추천했다. 내가 이 검사의 결과 없이 기능분석을 진행한다면 비윤리적인가? 진료 검사를 예약하고 결과를 얻는 데에는 시간이 걸리고, 나는 중재까지 오랜 시간을 기다릴 수 없을 것 같다.

***

3.03 행동분석적 평가 동의

(a) 평가를 시행하기에 앞서 행동분석가는 참여할 고객에게 적용될 과정과 결과 관련 정보가 어떻게 사용될 지에 대해서 설명해야 한다.

(b) 행동분석가는 평가를 실행하기 전, 고객으로부터 평가 절차에 대한 문서화된 동의를 확보해야 한다.

사례 2.05에서 논의한 바와 같이, 행동분석가가 부모나 권한이 있는 다른 보호자로부터 평가 실시에 대한 허가를 얻는 것은 필수다. 더 나아가 누가 평가를 실시할 것이며, 그 결과가 어떻게 사용될 것인지 설명해야 한다. 이런 단순하고 쉬운 요구가 서비스 개시 때 모든 평가에 대한 포괄적인 승인을 요구하는 진료소나 교육청 같은 기관에 의해 다소 쟁점이 흐려질 수도 있다. 이 규정 조항은 고객의 양육 책임자에게 정보에 대한 통제권을 인정해 주면서, 행동분석가로 하여금 이 과정을 온전히 지키도록 책임을 부여하기 위함이다.

3.04 평가 결과 설명

행동분석가는 평가 결과를 고객이 이해할 수 있는 언어와 시각적인 자료를 통해 설명해야 한다.

다음 사례는 이것이 어떻게 작용하는지 보여 주는 예다. 학교에서 관찰되는 아동의 행동에 대해서 독자적인 평가를 원하는 부모가 국제행동분석가(BCBA)에게 연락했다. 그 아동은 두통을 호소하고 있었다. 아동의 어머니는 학교에 연락했고, 교장으로부터 다음과 같은 말을 들었다. "우리는 무엇 때문에 두통이 생기는지 알 수가 없으니 아이를 병원에 데려가 보시죠?" 아동의 어머니는 학교에 연락해 교장에게 행동분석가가 언제쯤 도착할 것이라 말했다. 다음은 그 이후 사건에 대한 국제행동분석가(BCBA)의 서술이다.

***

[사례 3.04] 평가 절차의 설명

나는 약 2시간 반 동안 관찰 후, 다음 날 부모에게 보고서를 제출했다. Jenny의 반에서 본 것은 자해행동의 높은 발생률과 강도였다. 나는 곧장 빈도를 세기 시작했다. 2시간 25분 동안 359번의 머리치기를 관찰했다. 게다가 증거 기반 교수 전략에 대한 활용이 부족했다. 나는 교사가 건네준 기록을 보고 오랫동안 효과가 없는 중재 방법이 사용되었음을 알았다. 오히려 행동을 유발하고 유지시키는 것으로 보이는 행동 계획이 있었다. 나는 부모에게 높은 자해행동 수준을 고려할 때, 위기관리 계획이 준비될 때까지 학교에 나가지 말아야 할 것 같다고 조언했다. 우리는 의뢰인 딸의 안녕을 위해 우선순위를 정할 필요가 있었다. 나는 가족과 대화 후, IEP 팀장에게 연락해서 학생의 안전에 대한 염려 때문에 더 이상 관찰을 수행하지 않을 것임을 설명하고, 며칠 내로 팀이 검토할 최종 보고서를 제출하겠다고 말했다.

***

상황이 긴급하므로 그래프까지 만들 필요는 없겠지만 다음의 기록 요약이 모든 것을 말해 준다.

요약: 오전 8시 30분 ~11시 55분(2시간 25분간)
학생이 본인 머리를 359번 타격함. 행동 비발생 시간은 28분임.
 - 179회 / 시간당
 - 2.99회 / 분당

| 그림 8-2 | 자해행동 아동에 대한 BACB 보고서에서 인용한 도표 요약

3.05 고객 기록에 대한 동의

행동분석가는 평가를 위하여 다른 곳 또는 다른 곳에서부터 고객의 기록을 획득하거나 공개하기 전, 고객으로부터 문서를 통해 이에 대한 동의를 얻어야 한다.

고객을 상대로 적극적인 활동을 하는 행동분석가는 이따금 교육청이나 본인의 단체로부터 고객 정보를 알려 달라는 압력을 받게 된다. 이 규정 조항은 행동분석가에게 주의를 환기시키고 이런 압력으로부터 보호하기 위해 고안된 것이다. 왜냐하면 이는 고객이나 후견인의 서면 동의를 요구하기 때문이다. 학기 초에 평가의 일부 또는 '전체'를 위해 포괄적인 동의를 받는 것은 이러한 행동평가 사례의 보호를 유지하는 데 적합하지 않다는 점에 유의해야 한다.

***

사례 3.05 주저되는 정보 공유

한 부모로부터 집과 교실에서 FBA를 해 달라는 연락을 받았다. 반항, 공격, 과제이탈 등 몇 가지 쟁점이 있었다. 아동의 어머니는 자료를 보면서 그 자료가 영구적인 기록의 일부로 남는 것이 꺼림직하다고 말했다. 현재 해당 교육청의 BCBA는 아동이 자신의 학교에 다니고 있으므로 자료 역시 자기들의 것이라며 달라고 압력을 넣고 있다. 그들은 또한 나의 단체장에게 연락하였고, 그는 "우리는 지금까지 자료를 교육청과 공유하고 있습니다. 이미 교육청과 계약 관계에 있는데 문제될 것이 뭐가 있겠습니까?"라고 말했다.

나는 어떻게 해야 하는가?

***

사례에 대한 답변

사례 3.01 임상에 있어 검사의 범위

심리검사에 대한 적절한 자격이 없는 국제행동분석가(BCBA)가 검사를 하는 것은 온당치 못하다. 더구나 3.0에서 행동분석가는 심리검사보다 행동분석적 평가를 이용하는 것이 명확하다. 심리검사는 행동치료에 필요한 정보를 제공하지 않는다.

후속 조치: 해당 기관에서 그 국제행동분석가(BCBA)와의 고용 관계를 종결하였다. 그 BCBA는 또한 행동주의 영역 밖의 활동에 대해 BACB에 보고되었다.

사례 3.02 새로운 기능 찾기

이 같은 사례를 고려할 때, 최우선적인 윤리적 질문은 이러하다. 무엇이 아동에게 가장 큰 혜택인가? 이 사례에서는 현재 적용하고 있을지 모를 의료적 변인을 찾아 제거하는 것이 아동에게 최우선적이다. 의료적 쟁점이 없다면, 다음은 새로운 기능분석에 기초한 효과적인 행동치료 개발이 후속 단계일 것이다. 행동 중재를 먼저 실시하는 것은 아동에게 해가 될 위험이 늘어나는 것이므로 최선의 이익으로 볼 수 없으며, 따라서 반응 차단을 사용하여 아동을 보호하도록 노력하고, 동시에 요구사항은 최소한으로 줄이되 관심을 끌기 위해 강화제를 계속 사용해야 한다.

비고: 그 행동분석가는 초기 질문을 제출하고 한 달 후에 다음과 같은 의견을 보냈다.

의료팀과 부모와의 모임 후 우리는 신경과 진료 결과를 기다리기로 했다. 이 기간 동안 우리는 행동 발생을 방지하고 아이를 안전하게 지키기 위해 다양한 선행 조작을 실시했다. 선행 조작은 종종 아동의 행동을 촉발시켰던 선행사건의 상황을 기반으로 했다. (이 방법은 결과를 기다리는 3주간 실시되었다.) 신경과 전문의는 의료적 쟁점이 없음을 언급하면서 추천 받은 행동주의적 접근 방법을 계속 진행하라고 가족을 격려했다. 우리는 부모로부터 기능분석(FA) 실시에 동의를 얻고 정식 FA를 실시하였으며, 또한 많은 행동이 그룹 활동에서 일어나는 것을 고려하여 교실에서 자연스러운 FA를 진행하기도 했다. (물론 아이와 주변 사람을 보호하기 위해 많은 안전 수단을 조치했다.) FA 결과, 획득기능으로 평가되었고, 우리는 이를 위해 다양한 집중 중재 계획을 수립했다. 또한 가정에서의 ABA 확대를 위해 조기 중재 프로그램의 승인도 얻었고, 해당 시간의 대부분에 교수부장을 학교에 배치하여 일관된 중재와 적절한 부모훈련도 실시하였다. 이러한 조치의 결과, 계획은 성공적이었고, 아동은 더 이상 어떠한 문제행동도 보이지 않았다. 행동 계획의 구성 요소들을 단계적으로 서서히 줄였고, 그는 교실에서나 집에서나 이전보다 더욱 독립적이고 성공적으로 적응하였다. 우리는 이 결과에 매우 만족하고 있다.

사례 3.04 평가 절차 설명하기

부모는 행동분석가의 조언을 받아들이기로 결정하고, 그 사이에 딸을 집에서 보호하면서 IEP 회의를 요청하였다. 회의가 열렸고, 거기에 부모는 후견인을 데리고 왔으며, 행동분석가는 학생의 안전을 위해 필요한 제안과 더불어 조사결과의 요약서를 제출했다. 부모는 행동을 다루는 데 필요한, 그리고 학생이 좀 덜 제한적인 환경으로 성공적으로 돌아가도록 준비하는 기술을 가르치는 데 필요한 훈련과 상당한 수준의 지원을 갖춘 센터로 개별 배치를 요구하였다. 몇 가지 옵션을 논의한 끝에 IEP팀은 전환배치가 학생에게 이익이 된다고 결정하고 부모의 요구를 승인했다.

전략적으로 개인적 배치 방법을 사용한 것은 공립학교 현장에 투입된 행동분석가에게 비용을 지불하지 않기 때문에 오히려 아동을 전문 ABA 학교로 배치하게 하면서 행동분석가가 프로그램 진행 감독을 더 용이하게 수행하도록 해주는 것이다. 그러면 행동분석가의 서비스 계획에 공립학교로 돌아가는 전환계획을 포함시킬 수 있다.

아동의 어머니는 아이가 전학갈 때 행동분석가에게 이메일을 보내 다음과 같이 의견을 진술했다. "개인적으로 저는 이전에 ABA의 낡은 모형과 생각을 접했던 터라 ABA를 약간 경계해 왔습니다. 그러나 당신이 갖고 있는 윤리의 강점과 개성을 경험하게 되어 즐거웠습니다."

사례 3.05 공유하기를 꺼려함

이 규정 조항 하에서, 행동분석가는 부모의 소망을 존중해야 한다. 부모는 과거 교육청의 지나친 정보 공유에 대해 나쁜 경험을 갖고 있을지도 모른다. 이 규정 조항은 또한 단체으로부터 받는 압력으로부터 행동분석가를 보호한다.

제9장 행동분석가와 행동-변화 프로그램(규정 4.0)

이 분야의 발전 초창기에는 행동분석가들이 행동-변화 프로그램을 실시하는 방법에 대해 지지자들은 '유동적'이라며 고무적으로 기술한 반면, 험담자들은 '되는 대로 즉흥적으로 하는' 것으로 표현했다. 초기에, 행동 프로그램은 단지 사람과 그들이 참여하는 실험환경에 적응하는 실험 절차의 확장이었다. 기록물은 남아 있지 않았고 공식적인 승인과정도 없었다. 자료는 항상 정확하고 일관되게 수집되었으며, 그 결과는 새롭고 엄청났기에 관여한 사람 모두가 이 원시적인 절차에 의해 얻게 된 효과를 보면서 놀라지 않을 수 없었다. 이러한 성공과 함께 이들의 초기 지도자들이 수행한 임무의 중대함이 인식되기 시작했다. 이윽고 행동분석의 선구자들은 행동-변화 프로그램이 단지 행동 변화의 실험이 아니라 완전히 새로운 형태의 치료법, 즉 자료에 근거한 치료법이라는 것을 깨달았다. 조항 4.01에서 스스로를 행동분석가라 부르고 싶은 이들의 의무는 이 분야의 행동분석 원리(Baer, Wolf & Risley, 1968; Miltenberger, 2015)와 개념적으로 일치하며, 학습이 아닌 다른 이

> 행동분석의 선구자들은 행동 변화 프로그램이 단지 행동 변화의 실험이 아니라 완전히 새로운 형태의 치료법이라는 것을 깨달았다.

론에 호소하는 것은 피해야 한다는 것이 확실하다(Skinner, 1953). 행동분석 분야가 발전함에 따라 행동치료에는 더 높은 수준의 보살핌, 고려, 사려, 책임이 요구되었다. 더 나은 기록 유지가 필요한 것도 명백해졌다.1980년대 중반까지 행동분석가는 그 당시의 기준에 완전히 일치했는데, 그 기준은 프로그램 실행 전에 고객이나 대리인으로부터 서면으로 실제 승인을 받도록 요구했다. 행동치료에서의 변화와 더불어 응용분야의 연구도 진전하면서 행동절차의 제한 조건은 분명해졌고, 이 조건을 소비자에게 설명하는 것이 치료사의 의무였다.

> 행동분석 분야가 발전함에 따라 행동치료에는 더 높은 수준의 보살핌, 고려, 사려, 책임이 요구되었다.

이렇게 책임과 책무가 늘어난 것은 지켜야 할 다른 수칙들을 포함한 것을 의미하는데, 여기에는 최소제한 절차를 사용하고 해로운 후속결과(강화와 벌을 모두 포함)를 피하며, 도중에 프로그램 수정이 있을 경우 고객을 개입시킨다는 것이 포함되어 있다. Skinner(1953)는 항상 벌 사용을 반대했으나 행동분석 분야가 이것에 대한 목적을 규정화하는 데에는 약간의 시간이 걸렸다. 책임 있는 행동을 위한 BACB 지침(BACB Guidelines for Responsible Conduct)이 점검을 거쳐 마침내 간결하고 일관된 지위의 현재 윤리 규정, 즉 "행동분석가는 가능하다면 벌보다 강화를 추천한다."는 조항(4.08)으로 발전하였다. 규정의 이러한 측면의 본질은 소비자에게 정보를 제공하고, 가능한 한 해롭지 않은 강화제를 사용하여 새롭고 적절한 적응 행동을 가르치는 행동-변화 프로그램을 개발하는 데 우리의 주요 관심사가 있음(4.10)을 행동분석가에게 환기시켜 준다.

새로운 규정인 4.01은 행동분석가는 행동분석 원리와 일치하는 행동-변화 프로그램을 설계해야 한다는 점을 분명히 하고 있다. 다른 형태의 치료와 비교해 보면, 이 규정은 아주 독특하고 가치 있는 특징을 지닌다. 지속적이고 객관적인 자료 수집

> 치료의 중단에 대한 결정에는 수많은 '임상적 판단'이 관련되어 있다.

은 행동분석가가 치료의 효과를 이해하는 데 유용하며, 또한 소비자 역시 치료의 가치에 대해 지속적인 평가를 내릴 수 있다.

행동-변화 프로그램의 시작할 때 가장 강조하는 부분은 올바른 치료법을 찾아내어 안전한 조건 하에서 올바르게 실행하는 데 있다. 행동분석가에게 추가된 요구사항은 종결 규준을 고려해야 한다는 점이다(4.11). 근본적으로 우리는 "언제 치료를 중단해야 하는가?"에 대해 질문할 필요가 있다. 중단을 보장할 정도로 소비자의 행동이 충분히 변화했을 때 종결하게 된다면 그 판단 규준은 무엇인가? 이에 대한 결정에는 수많은 '임상적 판단'이 관련되어 있으며, 당연히 고객이나 법적 후견인도 포함되어야 한다. 규정은 어느 정도 행동-변화가 바람직한가에 대해 숙고할 것을 요구하면서 기한 없이 계속 반복되는 치료를 방지한다. 예를 들어, 행동분석가가 자해행동을 치료한다면 행동분석가는 일정 수준의 수긍할 수 있는 행동-변화를 보여 주어야 하고, 그리고 승인도 받아야 한다. '2주 동안 자해행동이 전혀 없음' 이 그런 목표가 될 수 있다. 혹은 행동-변화 프로그램이 적응 행동과 관련된다면, 목표는 "Carl은 3일 연속 어떤 도움도 없이 스스로 완전히 옷을 입을 수 있다."라고 진술될 것이다. 자주 일어나는 일이지만, 고객이나 대리인은 그 시점에서 치료를 종결하기로 결정할 수도 있고, 혹은 늘 그렇듯이 "Carl은 일주일 동안 혼자서 버스를 탈 수 있다."라든가 "Carl은 자해행동이나 부적절한 행동 없이 하루 일과를 완수할 수 있다."처럼 또 다른 목표가 설정될 수도 있다.

4.0 행동분석가와 행동-변화 프로그램

행동분석가는 행동-변화 프로그램의 개념화에서부터 실행, 그리고 궁극적으로는 종료까지 모든 측면에 대하여 책임을 지닌다.

이 단순하면서도 강력한 진술은 행동분석가로서 우리가 고객을 위한 행동치료의 모든 과정을 '보유(own)'해야 함을 분명히 하고 있다. 우리는 행동의 '원인'에 대해 정신분석, 마음이론, 감각통합, 또는 다른 이론적 개념을 차용하지 않는다. 우리는 행동분석 연구에 근거하여 우리 자신의 중재 방법을 개발하고, 고객이 치료를 종료할 때까지 후속 조치를 할 준비가 되어 있다.

4.01 개념적 일관성

행동분석가는 행동분석적 원리와 개념적으로 일치하는 행동-변화 프로그램을 개발해야 한다.

'개념적 일관성(conceptually consistent)'은 작동적 학습이론과 일치함을 의미하는데, 이 이론은 1938년에 Skinner의 이정표적인 저서인 『유기체의 행동(The Behavior of Organisms)』이라는 책을 출판하면서 시작되었다. 작동적 학습 이론의 개념적 기초는 다시 Baer 등이 1968년에 저술한 고전, 『응용행동분석의 몇 가지 특징』에 의해 갱신되었다. 이런 일관된 접근법은 『응용행동분석 학회지(Journal of Applied Behavior Analysis: JABA)』에 발표된 연구에서 계속 전개되었다. 행동분석가로서 당신은 다음의 예처럼 다른 접근 방법의 지지자들을 반드시 만나게 될 것이다.

***

사례 4.01 촉진된 의사소통이 돌아오다

촉진된 의사소통(facilitated communicatin)이 나의 지역사회에 돌아오는 것 같다. 여러 부모가 우리에게 왜 그것을 사용하지 않느냐고 질문했다. 분명 새 시대의 촉진된 의사소통이 있고, 지지자들은 그것에 대한 몇 가지 논란을 바르게 수정했다. 예를 들어, 더 이상 화면을 보지 않고 아이가 자판을 누르려는 의도를 보여야만 하는 식이다. 아동이 타이핑을 하고 있다고 확신을 주는 것처럼 '보이게' 되었다. 그러나 촉진된 의사소통을 독학으로 탐구해 보고 사용자 지침대로 실습해 본 뒤에도 나는 여전히 확신할 수가 없다. 물론 지지자인 부모들은 내가 믿지 못하기 때문에 아이가 그것을 눈치채고는 자판을 누르려고 하지 않는다고 주장한다. 또한 아이들이 스스로 자판을 보고 누르려면 내가 아이들에게 할 수 있다는 확신을 심어주기 위해서라도 내가 자판을 보고 있어야만 한다고 주장한다. 하지만 내 주장은 이렇다. 내가 무의식적으로 다음에 오는 글자를 예측하고 미세하게 아이의 손을 움직여 그 글자로 향하게 할 수 있고, 만약 진정 아이로부터 정보가 나오는 것이라면 내가 자판을 볼 필요는 전혀 없다. 어떤 조언이든 도움을 받고 싶다.

***

4.02 계획과 동의에 고객을 참여시킴

행동분석은 행동-변화 프로그램을 계획하고, 이에 대한 동의를 받는 일에 고객을 포함해야 한다.

행동분석가는 의사소통을 시작하는 시점에서 자신의 치료 개념과 고객 개인의 가치관에 걸맞게 실행하는 것이 아주 중요하다. 의견 충돌이 생길 수 있으므로 개념적 윤곽과 방법에 대해 완벽하리만큼 분명하게 해두는 것이 최선이다. 한 자폐아동의 부모의 다음과 같은 진술을 통해 우리의 방법과 여러 면에서 충돌할 수 있는 강력한 의견이 있을 수 있음을 알 수 있다.

***

[사례 4.02] **가치에 대한 솔직한 토의**
치료 방법에 관해 … 어떤 것은 다른 것보다 더 문제가 있어 보이기도 하

겠지만, 결국 내가 무엇보다 염려하는 것은 이러한 것들이다. 그것이 아이에게 도움이 되는가? 아이에게 학습이 되는가? 아이는 안전한가? 단기적인 이득이 장기적인 고통이나 심지어 심리적 외상(trauma)의 대가로 얻은 것인가? 이것이 아이의 자존심에 어떻게 작용하는가? 상호 존중하는 중재 방법이 실행되고 있는가? 아이가 수치심을 느끼고, 부끄러워하고, 뇌가 정보를 처리하는 방식 때문에 기분이 상하고 있지는 않은가? 선생님과 치료사는 내 아이가 학습할 능력이 있다고 믿는가? 교사는 내 아이의 능력을 믿으며, 아이가 성장하고 존재하는 데 필요한 수단을 주고 있는가? 아이에게 능력이 있다고 여기는가, 아니면 능력을 억지로 증명하고 있는가? 아이에게 똑같은 방정식, 이야기, 개념, 용어를 반복해서 가르치고 있는 것은 아닌가? 아이를 타인과 똑같은 권리를 가진 인간으로 보는가? 당신도 이 아이를 치료하고 가르치는 방식으로 치료 받고 가르침을 받고 싶어 하는가?

***

4.03 개별화된 행동-변화 프로그램

(a) 행동분석가는 행동-변화 프로그램을 각 고객의 특정 행동, 환경적 변인, 평가 결과 목표에 맞춰서 개발해야 한다.

행동분석가가 직면하는 가장 어려운 직무 중 하나는 공식적인 연구 방법으로부터 개별 고객에게 효과적인 절차를 추론하여 만들어 내는 것이다. 우리에게 양질의 단일대상연구가 수천 건이 있다고 해도 고객이 지닌 독특한 평가 결과, 행동 능력 목록, 현장, 부모나 교사의 목표 등에 적합하려면 여전히 수많은 수정과 조정 과정을 거칠 필요가 있다. 약간의 절차 변경은 때로는 행동 프로그램 효과를 잃고, 오히려 부작용을 가져올 수도 있음을 의미한다. 예를 들어, 15초의 DRO가 한 아동에게는 좋은 효과를 나타내고 둘째 아동에게는 좌절감을 안겨 주며, 셋째 아동에게는 전혀 효과가 없을 수도 있다. 사용하는 강화제, 치료하는 사람, 환경 속에서 일어나는 일들에 따라서도 마찬가지의 결과가 나타난다. 6살 아동에게 실시하는 순응 프로그램이 4살 아동을 위한 지시 따르기 프로그램과 완전히 달라 보일 수 있다.

(b) 행동분석가는 다른 전문가의 행동-변화 프로그램을 표절하지 않아야 한다.

다른 고객에게 사용할 프로그램을 복사하는 것, 심지어 자기 자신의 프로그램을 복사하는 것도 표절로 여겨질 수 있으며, 이는 비윤리적이다. 다수의 고객을 위한 과자 자르기 프로그램은 일이 과중되고 너무 바쁜 행동분석가가 계획할 때에는 상황이 좋지 않을 텐데, 다음의 사례에서처럼 단체가 의도적으로 밀어부친다면 더욱 악화된다.

***
사례 4.03 잘라 붙이기를 반복하기

나에게 있어 윤리적인 의문점이 있다면 독특한 고객 가장에 대한 개별화하고 작동적으로 실행하는 것에 관한 것이다. 나는 최근에 국제행동분석가(BCBA) 자격을 취득하였기에, 현재 윤리적 입장에서 어떻게 처리해야 할지 딜레마에 빠져 있다. 왜냐하면 자격을 상실할 위험에 처하고 싶지 않기 때문이다. 우리 회사에서는 각 고객용 행동 계획서에서 행동에 관한 짧은 설명 부분을 빼고 나머지는 모두 잘라 붙이기 식으로 급조하여 작성한다. 선행 중재와 후속결과 전략도 모두 복사해 붙여서 다 똑같다. 여기에는 이용 가능한 모든 포괄적 중재 방법(토큰경제, 처음-나중 유관성 등)이 들어 있지만 고객 고유의 중재 방법은 거의 없다.
***

4.04 행동-변화 프로그램 승인

행동분석가는 행동-변화 프로그램의 적용 전 또는 중대한 수정(예를 들어, 목표 수정, 새로운 절차 도입)을 실행할 경우, 이에 대한 문서화된 동의를 고객으로부터 획득해야 한다.

규정 3.03은 평가 실시를 위해서는 고객으로부터 동의를 얻는 것이 필요하다고 규정하고 있다. 이 승인 절차는 또한 프로그램 개발과 아울러 프로그램의 주요 수정 사항 모두에 적용된다. 행동분석가의 기본 수칙은 행동치료의 모든 단계에 대해 고객에게 지속적으로 통보하고 다른 치료로 전환하기 전에 고객의 승인을 받아 내는 것이다.

4.05 행동-변화 프로그램의 목표에 대한 언급

행동분석가는 프로그램 실행을 시도하기 전에 행동-변화 프로그램의 목표에 대해서 문서를 통해 고객에게 설명해야 한다. 가능한 한 목표 달성을 위해 실행되는 절차에 대하여 위험-효율성 분석(risk-benefit analysis)을 실시해야 한다. 프로그램의 목표와 이를 성취하기 위한 필요한 방법에 대한 서술은 고객-치료사의 업무적 관계가 지속되는 기간 동안에 계속적으로 이뤄져야 한다.

고객에게 행동-변화 프로그램의 목표를 승인 받는 것은 그들이 목표, 방법, 시간의 흐름을 이해하고 있으며, 결과에 실망하지 않음을 보장받는 데 있다. 부모는 자신의 자녀가 정상 언어로 회복되기를 간절히 바라다보니 6개월의 치료 후에 아이가 완전한 문장이 아닌 간단한 구절만 말할 수 있음에 종종 실망하게 된다. 목표를 설정할 때에는 발전이 빠르지 않더라도 고객이 전반적인 치료 계획에 대해 환상에 빠지지 않도록 보수적인 편이 더 현명하다. '위험-효율성 분석'(16장에서 논의)의 목적은 치료의 잠재적인 위험요소를 드러내어 고객이 예상하지 못한 효과에 대해 생각지 않은 실망감이 들지 않도록 하는 데 있다.

4.06 성공적인 행동-변화 프로그램을 위한 조건에 대한 언급

행동분석가는 행동-변화 프로그램이 효과적이기 위한 환경적 조건에 대해서 고객에게 언급해야 한다.

경험 있는 행동분석가는 행동-변화 프로그램이 성공하기 위해서는 주변 여건이 필요하다는 것을 안다. 이런 여건 중 첫째가 고객의 협력이다. 다음으로, 안전에 대한 고려가 있는가, 프로그램을 실행하는 데 필요한 자원(시간 및 자격을 갖춘 인력 포함)을 얻을 수 있는가다. 또 다른 변인 중 명확한 것으로는 강력한 강화제를 찾는 것, 그리고 강화제가 강력하고 효과적이도록 이를 통제할 수 있는 허가를 얻는 것이다.

4.07 실행을 방해하는 환경적 조건

(a) 환경적 조건이 행동-변화 프로그램의 실행에 방해가 될 때, 행동분석가는 다른 전문가의 도움(예를 들어, 다른 전문가에 의한 평가, 자문, 치료적 중재)을 구할 것을 권유해야 한다.
(b) 환경적 조건이 행동-변화 프로그램의 실행에 방해가 될 경우, 행동분석가는 이러한 환경적 제약을 제거하기 위해 노력하거나, 방해 요소를

파악하고 문서화해야 한다.

만약 지원이 부족하여 행동-변화 프로그램의 실시 조건이 방해를 받는다면, 보통은 필요성을 설명하는 추가적인 회의를 열고, 재훈련 프로그램을 수립하여 다시 시도해 볼 필요가 있다. 만약 이런 방법이 실패하면, 가족 상담과 같은 다른 전략을 시도하여 치료의 통일성을 모색해 볼 때다.

***

사례 4.07 후속 조치 없음

아스퍼거장애로 진단받은 일곱 살 아동에게 약 일 년 동안 행동 서비스를 제공하고 있다. 과거에 우리는 공격행동(바닥에 드러눕기, 머리 박기, 다른 사람을 물기), 말 꾸미기(사람들에게 치료사가 자신을 다치게 했다든지, 자기를 욕했다고 말하기), 그리고 타인에게 피해를 입힐 부적절한 말을 관찰했다. 아동은 남에 대한 부적절한 말은 했어도 자해를 하겠다는 말을 하거나 위협을 한 적은 없었다. 치료를 하는 내내 우리는 아동의 어머니에게 부모 훈련 교육을 하려고 시도했다. 그러나 그녀는 이 요구사항을 맞추지 못하였다. (과거에 훈련 회기를 놓쳤다.) 또한 그녀는 행동분석가에게 부모 훈련에 참가하고 싶다는 통보를 한 적이 없다. 우리는 환경이 아동의 안전을 보장할 여건을 갖추지 못한 것뿐만 아니라 부모의 후속 조치가 없다는 사실을 걱정하고 있다. 행동분석 기법을 시행하는 동안, 안전을 보장할 만한 좀 더 통제적인 환경을 조언한다고 해도 부모가 우리의 제안에 귀를 기울일 것인가에 대해 확신할 수가 없다. 이 상황에 관해 윤리 규정을 검토했고, 우리는 아동의 안전을 확보하면서 충실한 행동분석을 실행하기가 매우 어렵다고 느끼고 있다. 그래서 우리는 이 사례를 좀 더 통제적인 현장으로 이전할 것을 고려하고 있다. 이 상황에 관련된 모든 사람의 안전을 보장할 만한 다른 어떤 제안이 있는가?

***

4.08 벌 절차에 관한 고려 사항

(a) 행동분석가는 가능하다면 벌보다 강화를 추천한다.

벌은 다루기 힘든 부작용(Cooper, Heron, & Heward, 2007, pp. 336-338)을 일으킬 수 있으므로 항상 다른 전략이 우선적으로 사용되어야 한다는 것은 확고부동한 점이다. 벌을 우선 선택하여야 할 정도로 생명을 위협하는 상황이 있을 수 있지만 이런 경우는 극히 드물다. 벌을 사용할 경우, 도피 및 회피 반응이나 위험할 수도 있는 정서적 반격이 거의 확실하게 부작용으로 나타난다. 가끔은 유감스럽게도 이 규정 조항을 따르지 않는 불량한 행동분석가도 있다.

***

사례 4.08 벌 우선

우리는 프로그램 구안의 적절한 첫 단계로서 벌에 기초한 절차를 소개하는 한 국제행동분석가(BCBA)의 행동 중재 계획을 건네받았다. 우리는 이 계획서를 통해, 그리고 곤란을 겪은 전문가 및 소비자를 통해 그 사람의 실행 과정에서 증거가 드러나고 있다. 예를 들어, 어떤 중재안에서는 벌로 장작 쌓기 같은 육체노동을 권장한 것을 보았다. 만약 아동이 벌을 조치한 후에 순응하지 않으면 찬물 샤워 같은 혐오자극을 제안하고 있다. 나는 이 상황이 국제행동분석가(BCBA)와 관련되어 있기 때문에 이를 처리할 최상의 방법을 잘 모르겠다. 우리는 가족과 임상가에게 이 제시 방법이 최상의 중재 방법은 아니라고 말하고, 가능한 다른 최선의 방법을 추천하였다. 때로는 단지 단순하게 이 국제행동분석가(BCBA)를 대체할 사람을 추천할 수 있을 것이다. 그러나 이러한 추천 말고 나를 곤란하게 한 것은 이 사람이 공인된 국제행동분석가(BCBA) 프로그램의 대학 교수진 중 중요한 역할을 하고 있다는 점이다. 그는 지역 워크숍과 학회에서 정기적으로 강의를 하고 있으며, 우리 주 ABA 지부의 집행위원회에서 위원을 맡고 있다.

***

(b) 만약에 벌 절차가 필요하다면, 행동분석가는 행동-변화 프로그램 안에 대체 행동을 위한 강화 절차를 포함해야 한다.

벌 절차가 필요하다고 주장하려면, 행동분석가는 우선 적절한 기능평가가(3.01) 행해졌다는 것을 확실히 밝혀야 한다. 통제 변인을 알지 못하면, 벌은 단지 행동-변화 계획이라기보다 단순한 혐오적인 통제일 수 있다. 대체 행동을 확인할 수 있다면, 이 대체 행동을 위한 강화제를 찾을 수도 있을 것이다.

(c) 행동분석가는 즉각적인 혐오 절차가 필요할 정도로 과격하거나 위험한 행동이 아닌 이상, 벌 기반의 절차를 시행하기 전에 강화 기반의 절차를 제공할 기회를 보장해야 한다.

심각하고 위험한 행동의 몇 가지 예로 다른 사람 공격하기, 가구 집어던지기, 창문 깨기 같은 공격행동과 함께 손 깨물기, 머리 박기, 눈을 찌르기 같은 자해행동이 포함된다. 이런 사례에도 JABA에 있는 연구를 검토하면 효과적인 절차를 위한 아이디어를 얻을 수 있을 것이다. 마지막으로, 윤리적인 행동분석가는 항상 의료적인 혹은 생물학적인 요인 가능성을 고려하기를 원하는데, 사례 3.02의 예에서처럼 이러한 의심 요소들이 위험한 행동을 촉발하는지도 모른다.

(d) 행동분석가는 혐오 절차를 제공할 필요가 있다면, 이에 대한 훈련, 슈퍼비전, 감시 수준을 확대시켜 포함해야 한다. 행동분석가는 시시각각

혐오 절차의 효과성을 평가해야 하고, 효과적이지 않을 때에는 행동-변화 프로그램을 수정해야 한다. 행동분석가는 혐오 절차의 사용이 더 이상 필요하지 않을 때, 언제든 이에 대한 중단 계획을 포함해야 한다.

혐오 절차의 효과는 금방 사라지며, 예상 외의 원하지 않는 부작용을 일으킬 수 있다. 혐오 절차가 드물게 사용되는 상황에서는 고객과 그 장소에 있는 다른 사람들(직원 포함)을 위해로부터 보호하기 위해 추가적으로 사전에 주의를 기울여야 한다. 혐오 절차 사용에 대해 특별히 교육받은 행동분석가만 시행에 관여해야 하며, 직원은 안전을 확보하기 위해 추가적인 관찰을 반드시 요청해야 한다.

***

사례 4.08(D) 강제로 먹이기

'음식 확장 치료'를 시작한 고객이 있다. 이 치료 방법은 강제로 딸기 조각을 먹는 것으로 시작했다. 결과는 아동이 토하고 난 뒤에 다시 그 음식이 제공되었다. 자격증이 없는 직원이 이런 강제로 먹이기를 수행했다. 나는 또한 무자격 슈퍼바이저가 이것에 대해 한 치료사(보조인력 수준)를 훈련시키는 경우를 목격했다. 한 직원이 아동을 말로 칭찬하며 간질였고, 토한 후에 고객의 셔츠를 갈아 입혔다. 그러나 나는 아동에게 몹시 혐오적인 절차를 시작하는 방법으로 싫어하는 음식을 먹이면서 아동의 식단을 확장하는 것은 결국 실패할 것으로 걱정이 됐다. 내가 이 단체에 있는 동안 아이는 영양결핍으로 보이지 않았다.

***

4.09 최소 제한절차

행동분석가는 중재 절차의 제약성을 검토하고 살펴보면서 효과적일 것이라고 판단되는 최소 제한절차를 추천해야 한다.

'제한절차'란 개인의 이동, 활동 또는 기능을 제한하고(practice), 적극적인 강화제를 얻을 수 있는 개인의 능력을 방해하며 개인이 가치 있다고 여기는 사물이나 활동을 상실하는 결과를 낳는, 주어진 자유로운 선택 상태에서 행하고 싶지 않은 행동을 개인에게 행하도록 요구하는 '절차'로 정의된다.[1] 이 정의에 의하면, 기계에 의한 신체 속박이 가장 제한적이고, 타임아웃은 가장 덜 제한적인 것으로 결론짓고 싶을 것이다. 반응대가 절차도 여전히 벌에 속하며, 비제한적인 절차와는 거리가 멀다. 이 규정 조항이 행동분석가에게 내리는 지시는 다음과 같다. 1) 최소 제한적인 방법을 사용할 것(Cooper et al., 2007, p. 350), 2) 강화제에 접근할 수 있는 고객의 능력을 방해하지 않을 것, 3) 고객에게 선택의 자유를 제공할 것이다. 분명히 이 규정은 혐오 절차나 제한절차를 고려할 때마다 조율할 필요가 있는 복잡한 처방이다.

4.10 해로운 강화제 피하기(RBT)

행동분석가는 건강에 해롭고, 고객의 발전에 해로울 수 있거나 효과성을 추구하기 위해 과도한 동기 조작이 필요한 잠재적인 강화제 사용을 최소화해야 한다.

여러 형태의 담배가 거주시설 현장에서 성인 고객의 강화제로 사용된 때가 있었다. 당시는 흡연, 물담배나 코담배 사용이 그 문화에서 받아들여지고 만연한 때였다. 사람들은 식당과 술집, 비행기, 영화관 그리고 다른 공공 장소에서 흡연하는 것을 허용했다. 이제는 다양한 형태의 담배 금지 정책에 따라 대부분의 시설에서 금연이기 때문에 담배는 문제가 덜 된다. 행동분석 가는 강력한 잠재 강화제를 찾을 때 고객의 건강과 복지에 관심을 가져야 한 다. 과거에는 필수품인 음식과 물을 잠재 강화제로 만들기 위해 거주시설 현 장에 있는 고객으로부터 오랫동안 음식이나 물을 박탈했던 때가 있었으나 그러한 시대는 오래 전에 지나갔다.

4.11 행동-변화 프로그램과 행동분석 서비스의 중단

(a) 행동분석가는 행동-변화 프로그램의 종료를 위한 이해가 쉽고 객관 적인(즉, 측정 가능한) 기준을 세우고, 이를 고객에게 설명해야 한다 [2.15(d) 서비스에 대한 방해와 중단 참조].

고객에게 분명하고 객관적인 기준을 제시하기 위해 많은 행동분석가는 VB-MAPP 지침(Sundberg, 2008)을 사용한다. 목적이 충족되면 행동 프로그 램은 종결될 수 있다. 이 평가 도구는 18영역에 걸쳐 수행도를 살펴보고 평 가자가 아동에게 1에서 5까지 점수(5가 최적)를 부여하도록 되어 있다. '학업 과제를 독립적으로 수행'이라는 목적은 '과제 수행을 위해 성인이 촉구하지 않아도 최소 10분간 독립적으로 학업 과제를 수행할 수 있음'과 같이 특정하 고 이해 가능한 형식으로 진술된다.[2] 전이 기준(transition criteria)을 충족하기 위한 언어 기반의 목표에 대해 다음과 같은 예를 들 수 있다. "인트라버벌: 한 가지 주제에 대해 4가지 다른 돌림 의문사, 의문문으로 질문을 하면 10가 지 주제로 대답을 한다(예를 들어, "누가 너를 학교에 데려다 줘?" "너는 어느 학교 에 다녀?" "너는 학교에 뭘 가져가?").[3]

(b) 행동분석가는 일련의 합의된 목표가 달성되었을 때와 같이 서비스 중단에 합의한 기준에 도달했을 때 고객에게 제공하는 서비스를 중단한다[2.15(d) 서비스에 대한 방해와 중단 참조].

이 규정 조항은 아주 명확하지만 다른 우발적인 상황, 특히 경제적 상황이 발생할 수 있으며, 다음의 예처럼 행동분석가는 고객의 요구를 무시한 채 '부적절하게 행동할 수'도 있다.

**

사례 4.11(B) 잘못 정한 우선순위

JD는 다음과 같은 상황이 벌어지는 동안 BCBA 시험을 통과한 행동분석가다. JD(JD는 BCBA다.)의 고객 중 한 사람인 Andrew는 정부 지원의 고강도 행동 중재 프로그램을 지역 서비스 제공자로부터 받아 왔다. 부모는 JD에게 이달 말로 더 이상 JD 서비스가 필요하지 않다고 통보했다. JD는 서비스 시작 시 고객이 서비스를 종결하기 한 달 전에 통지하도록 요구하는 계약서에 서명한 것을 환기시켰다. JD는 이런 통지가 매월 3일 이전에 전달되어야 했으며, 그렇지 않으면 해당 월의 잔여일과 익월의 기간까지 금액을 지불해야 한다고 말했다. 부모는 이런 계약서(비록 자신이 서명했지만)에 혼란이 생겨 이에 저항하자, JD는 공격적이 되어 화를 냈다. 부모는 정부 지원 서비스가 종결된 이후에도 서비스를 계속 받고 싶은 경우에 대비하여 JD와의 관계를 끊고 싶지 않다. JD는 고객이 종결할 경우 자신에게는 종결 통지에 대한 법적 근거가 없다는 것을 잘 알고 있지만 다른 고객을 구하기 전에 일찌감치 이 고객이 떠나기 때문에 입을 수 있는 손실이 걱정된다고 한 동료에게 시인했다. 그 결과 그녀는 계약된 기간 동안 계속 머물러 있도록 부모를 압박했고, 그렇지 않을 경우 법적 조치를 취하겠다는 뜻을 넌지시 비추었다.

**

사례에 대한 답변

사례4.01 촉진된 의사소통이 돌아오다

오랫동안 완전히 신뢰를 받지 못한 이 방법이 돌아와서 가족과 또한 ABA 주위를 맴돈다는 것은 혼란스럽다. 부모가 자신의 집에서 FC를 사용하려는 것에 대해 (그들을 교육하는 것 말고는) 행동분석가가 할 수 있는 일은 많지 않다. 그러나 분명한 것은 부모가 행동분석가로 하여금 이것을 ABA 치료에 사용하도록 강제할 수는 없다는 것이다.

사례 4.02 가치에 대한 솔직한 토의

부모가 항상 치료 초반부터 포함되어야 한다는 게 우리 분야의 입장이다. 우리는 한 사람의 잘못으로 우리의 전문 영역 전체를 판단하지 말 것을 부모에게(다른 누구에게든) 요청한다. 우리는 증거를 기반으로 하는 치료사들이며 "수치심을 느끼고, 부끄러워하고, 뇌가 정보를 처리하는 방식 때문에 기분이 상한다."와 같은 막연한 용어에 불편을 느낀다. 우리는 이전의 연구에 근거하여 어떤 절차가 효과적인지 알고 있으며, 이 절차를 개별 고객에게 어떻게 맞출 것인지도 알고 있다. 우리는 과학을 지향하며, 인간의 선한 가치를 전달하려 한다. 우리는 또한 인도주의적 믿음과 따뜻하고 애매모호한 용어와 열정으로 넘쳐나면서도 자신의 주장을 지지해 줄 자료는 조금도 가지고 있지 않은 접근법에 회의론이라 부르는 건강한 약을 투여하는 사람들이다.

이상적으로 말하자면, 만일 치료팀원이 표준을 맞출 수 있다고 느낀다면 아이가 행동 서비스를 받을 것인지 말 것인지에 대해 결정할 시점에서 부모의 진술을 제출 받을 것이고, 만약 맞추지 못한다면 기꺼이, 아마도 엄격하게 판정을 받을 것이다. 확실히 치료팀은 부모를 위해 행동분석적 치료의 특성을 설명할 수 있을 것이다. 부모 진술의 한 가지 문제점은 강한 개인적 견해를 가진 사람에 의해 쉽게 이렇게도 저렇게도 해석될 수 있는 주관적인 요구사항이라는 점이다.

사례 4.03 잘라 붙이기를 반복하기

이 규정 조항은 분명하지 않을 수 있다. 어떤 종류이든, 선하게 보이는 어떤 이유에서든 표절은 비윤리적이다. 우리의 치료 접근 방법은 치료의 개별화라는 개념에 굳건히 기초하고 있다. 공격적인 성향의 아동에게 성공적인 프로그램이 다른 아이에게는 전혀 효과를 보지 못할 것이다. 왜냐하면 원인 변인이 분명하게 다르기 때문이다. 한 고객을 위한 치료 계획서를 자르고 붙여서 조급하게 만든 그 계획서가 비슷한 행동을 가진 다른 누군가에게 맞을 것이라 여기는 것은 아주 부적절하다. 그런 계획은 의심할 여지없이 실패할 것이며, 성공하지 못한 이유를 찾느라 귀중한 시간과 자원을 낭비하게 될 것이다. 행동분석가는 이런 일의 발생을 목격하면 BACB 행동분석가의 전문성과 윤리 이행 관련 규정을 해당 회사 담당자에게 제시한다. 행동분석가는 윤리 위반을 지적하고 이러한 입장이 정당함을 제시해야 한다. 만약 저항에 부딪힌다면 "저에게 윤리 규정 위반을 요구하지 마십시오. 저 역시 제 자격을 상실할 수 있습니다."라고 답변하라. 행정가와 이것을 논의했다는 내용을 이메일로 보내 서류로 남겨 두는 것도 좋은 방법이다.

사례 4.07 후속 조치 없음

첫 번째 글쓴이는 행동분석가에게 이런 환경에서 성공할 수 없으니 서비스를 줄일 필요가 있다고 부모에게 알려 줄 것을 조언했다. 다음은 몇 주 뒤에 행동분석가가 회신으로 쓴 내용이다. 권고받은 대로 나는 어제 부모와 이야기하여 좀 더 통제적인 현장을 추천했다. 예상대로 의붓아버지는 아이가 그저 관심을 받고 싶어서 이런 행동을 하는 거라 딱히 이런 형태의 현장에 아이를 둘 필요가 없다고 했다. 나는 적절한 슈퍼비전이 없는 서비스 제공이 어떤 골칫거리를 만드는지 설명하고 우리의 주 관심사는 아동의 안전이라는 점을 그에게 확신시키기 위해 노력했다. 나는 좀 더 보살핌을 받을 수 있도록 이 가족을 다른 심리학자에게 이관시켰다.

추신, 교신 2개월 후

당신의 의견을 읽은 후, 우리는 당신의 조언을 염두에 두고 서서히 서비스를 줄여 보기로 했다. 나는 두 부모를 직접 방문해 치료 계획에 대한 합의 부족과 효과적인 치료를 제공하는 데 직면한 문제 때문에 적어도 법정 상황이 해결될 때까지 당분간 서비스를 줄여 나가는 것이 최선으로 생각한다고 설명했다. 부모는 서비스를 중단하지 않고 유지하기 위해 그들이 무엇을 해야 하는지 우리와 합의하겠다고 말했다. 이 요청에 따라 서비스를 계속하는 데 필요한 것을 명확하게 기술한 계약서 초안을 작성했다. 요구사항에 대한 일부 필수조건은 당사자 간에 소통을 원활하게 하는 것인데(따라서 어떤 이메일도 모든 당사자에게 발송해야 함) 실제로 일어난 대화 내용, 당사자들이 만난 모든 회의 그리고 치료에 대한 합의사항들은 모두가 다 전달받는 것이다.

"우리는 두 부모가 바로 합의하고 계약서에 서명함을 전하게 되어 기쁘다. 그들은 아들의 치료가 중단될지도 모른다는 두려움으로 인해 더 잘 소통하고 일을 해결할 수 있었다."

사례 4.08 벌 우선

첫 단계로 BACB에 서면으로 세부 사항에 대해 통보해야 한다.

이 사람의 중재 계획을 처리하는 가장 손쉬운 해결 방법은 그의 계획서에 '윤리 조항 4.07 위반으로 인한 거절'이라고 스탬프를 찍어 반환하는 것이다. '어려움을 겪고 있는 전문가와 소비자'에 관련하여 문제가 되는 관행을 지켜 본 행동분석가는 이들 전문가와 소비자를 교육시키기 위해 작성한 짧은 배부용 문구를 담은 노트 준비할 수 있다. 내용은 "우리는 당신이 우선 치료로 벌의 필요성을 강조하는 행동프로그램을 보았을 수 있다는 점을 이해합니다. 우리는 이것이 BACB 행동분석가의 전문성과 윤리 이행 관련 규정에 따르면 비윤리적인 수행으로 여긴다는 점을 당신에게 알리고 싶습니다."와 같을 것이다.

마지막으로, '벌 우선'의 치료사가 교수진에 있을 경우, BACB 행동분석가의 전문성과 윤리 이행 관련 규정의 명백한 위반을 지적하면서 학과장과 학장에게 서한을 보낼 수 있다. BACB에 보낸 서한의 사본도 첨부해야 한다.

후속 조치: 이 교수는 계약 갱신 시점에서 재계약에 실패했다.

사례 4.08(D) 강제로 먹이기

이 규정의 요소에는 혐오 절차가 고객에게 사용될 경우, 훨씬 증가된 수준의 훈련, 슈퍼비전, 감시가 요구된다. 강제로 먹이기는 분명히 혐오 절차에 해당되며, 아동의 안전을 위협하는 명백한 비윤리적 사례다. 행동분석가는 슈퍼바이저, 행정가, 필요하면 지방 당국에 자격이 없고 훈련도 받지 않은 직원이 이런 방법을 사용하는 위험을 지적하면서 위해를 방지하기 위하여 즉각 행동할 필요가 있다. 또한 행동분석가는 BACB에 이의를 제기해야 한다.

사례 4.11(B) 잘못 정한 우선순위

이 사례에서 행동분석가는 분명히 길을 잃었다. 왜냐하면 그녀는 고객을 돕는 것보다 수입 상실을 더 걱정했다. 이러한 비윤리적이고 비직업적인 행동은 부모에게 해가 되며, 이로 인해 우리 분야의 인식도 악화된다. 이 상황을 직접적으로 알고 있는 행동분석가는 윤리 지침에 따라 이 개인에게 접근해 우리 직업의 가치에 대해 교육시키기 위해 노력해야 한다. 만약 고객 중심의 해결 방법이 나오지 않는다면 이를 BACB로 보고해야 한다.

제10장 슈퍼바이저로서의 행동분석가(규정 5.0)

어느 분야이든 전문가를 새로 양성하는 데 있어 가장 중요한 것은 높은 품질의 직접적인 슈퍼비전을 제공하는 것이다. BACB가 슈퍼바이저 훈련 교육과정(Supervisor Training Curriculum Outline)(BACB, 2014a)의 모든 과정 내용을 포함한 8시간의 훈련 과정을 마치도록 한 후, 슈퍼비전은 더욱 중요한 자리를 차지하게 되었다. BACB는 또한 매번 자격 인증 사이클당 3시간의 계속교육시간(CEU) 필수요건을 추가했다.

규정 제2부는 행동분석가가 슈퍼바이저 역할을 할 때 전적인 책임을 지도록 요구한다. 행동분석가는 자신의 능력 범위 안에서만 일해야 한다. 또한 타인을 슈퍼비전하고 있는 행동분석가는 효과적으로 다룰 수 있는 슈퍼비전 피제공자의 수 이상을 맡아서는 안 된다.

슈퍼바이저가 관찰, 자료 수집, 접수 면접, 기능분석 관리, 행동 계획 작성 등과 같은 고객 관련 업무를 위임하는 것이 흔하지만, 현재 규정은 이러한 직무를 슈퍼비전 피제공자가 유능하고 윤리적이고 안전하게 수행할 준비가 되어 있는지 슈퍼바이저가 신중하게 결정해야 함을 명확히 밝히고 있다. 만약 그렇지 못하다면 슈퍼비전 피제공자를 그에 준하여 업무를 수행할 수 있

도록 훈련을 제공해야 한다. 더구나 슈퍼바이저에게는 슈퍼비전과 훈련 과
정을 '설계하는' 책임이 있는데, 이는 과정이 사전에 계획되고 슈퍼비전 피
제공자에게 슈퍼비전이 어떻게 수행되는지를 서면으로 기술하여 제공해야
함을 의미한다. 현재의 슈퍼비전 기준이 개발되기 전에 '슈퍼비전'은 형식
만 갖추어 기술하면 되었다. 예를 들면, "내 사무실에서 일주일에 한 번 만납
시다."하는 식이다. 새 지침 하에서는 슈퍼비전 피제공자는 자주 직접 관찰
을 받고, 실제로 성과를 향상시키는 방법으로 정확하고 시기적절한 피드백
을 받는 것이 당연한 것으로 되어 있다. 최종의 새로운 요구사항은 슈퍼바이
저는 그들의 효율성을 평가할 시스템을 포함시켜야 한다는 것이다. 효과적
인 슈퍼비전에 대해 이번에 새롭게 강조한 점은 참신하면서 더 엄격해진 것
인데 앞으로 슈퍼비전 피제공자의 질적 수준이 높아질 좋은 전망을 예고한
것이다.

5.0 슈퍼바이저로서의 행동분석가

행동분석가는 슈퍼바이저로서의 역할을 할 때, 이 일을 수행함에 있어서
모든 측면에 대한 책임을 반드시 가져야 한다(1.06 다중 관계와 관심사 충돌,
1.07 착취적 관계, 2.05 고객의 권리와 특권, 2.06 비밀 보장 유지, 2.15 서비스에 대
한 방해와 중단, 8.04 미디어 발표와 미디어를 사용한 서비스, 9.02 책임 있는 연구
의 특징, 10.05 BACB 슈퍼비전과 교육과정 기준에 순응 참조).

국제행동분석가(BCBA)로 몇 년의 경험 후에 많은 행동분석가는 '슈퍼바
이저' 수준으로 승진하여 새로 훈련 받은 전문가들과 함께 일을 시작하게 된
다. 어떤 이들에게는 새로운 직위와 급여의 상승이 그들이 받은 전부일 수
있다. 왜냐하면 이미 대학원에서 슈퍼비전에 대한 것을 다 배웠다고 여기
기 때문이다. 일부 소수의 신임 슈퍼바이저는 8시간 이상의 훈련을 받으면

서도 그 새로운 기술이 일반화가 되었는지 확인할 후속 조치도 없다. 그럼에
도 불구하고 우리의 규정에서는 새로 배출된 슈퍼바이저에게 '맡은 일의 모
든 면에서 전적인 책임을 지라'고 요구하고 있으며, 여기에는 이해 상충 피하
기, 타인의 착취 피하기, 고객의 권리 존중하기, 비밀 파기 피하기, 시기에 맞
지 않는 서비스 중단 예방하기, 모든 유형의 대중매체에의 노출 금지가 포함
되어 있다. 만약 슈퍼바이저가 연구 활동에 포함될 경우, 여기에도 동일하게
적용된다. 마지막으로, 슈퍼바이저는 자신과 슈퍼비전 피제공자들이 윤리
규정을 준수하고 있는지를 확인해야 한다.

효과적인 슈퍼비전과 관련된 행동의 몇 가지 예를 들면 연관된 임상 기술
을 익히도록 슈퍼비전 피제공자 촉구하기, 배운 기술을 발휘하는 동안 관찰
하기, 향상이 필요한 것은 무엇이든 서면 또는 영상기록으로 확인하기다. 그
다음으로 슈퍼바이저는 안전함을 필두로, 기술 습득이나 행동 감소와 관련
된 윤리 사항과 쟁점, 슈퍼비전 피제공자의 영향력과 그것이 고객에게 어떤
영향을 미치는지·관찰하기 등 취해야 할 수정 조치의 단계를 결정해야 할 필
요가 있다. 슈퍼바이저는 특히 이전의 피드백 회기 이후에도 계속 반복되는
실수를 알고 있어야 하며, 슈퍼비전 피제공자가 새로 익힌 기술이 한 고객에
게서 다른 고객으로 유지되고 보편화될 수 있는지를 결정해야 한다.

피드백 회기 동안, 슈퍼바이저는 슈퍼비전 피제공자가 숙지하는지, 교정
적 피드백에 잘 반응하는지 확인해야 한다. 게다가, 슈퍼바이저는 적절한 행
동의 시범을 보인 뒤 슈퍼비전 피제공자에게 올바른 행동을 수행해 보도록
요청해야 한다. 슈퍼바이저가 이 회기 동안 행동형성 및 무오류 학습을 사용
해야 함은 말할 필요도 없다. 슈퍼비전 피제공자가 교정 피드백에 잘 반응하
고 있는지 알아보기 위해 2주 이내에 후속 회기 일정을 잡고 연속되는 일정
을 반복해야 한다.

***

사례 5.0 게으른 슈퍼바이저

나의 슈퍼바이저에 대해 질문이 있다. 나는 대학원생이고, 학교에서 주당 10시간 일한다. 나는 배정 첫 날 전에 전화로 슈퍼바이저를 만났다. 그녀는 몇 가지 질문을 하고 나서 며칠 뒤 교실 어디에서 만나자고 말했다. 나는 오후 1시 만남을 위해 일찍 도착해 기다렸으나 그녀는 나타나지 않았다. 방문록에 퇴실 서명하려고 사무실로 향하려는데, 휴대전화가 울렸고, 나는 "무슨 일이 있었나요?"라고 물었다. 나는 그녀를 기다리고 있었다고 말했고, 나는 뭘 해야 할지 몰라 "아무것도 하지 않았다."고 말했다. 그녀는 "오, 이런! 늦을 것 같다고 얘기를 했어야 했는데 전화하는 걸 깜빡했네요. 목요일에 다시 하는 거로 하고 그때 바로 교실로 가서 선생님께 자신을 소개하고 Allie를 알려 달라고 하세요. Allie가 문제 아이예요. 이제 전화 끊어요."라고 말했다. 나는 2주 후에 그녀로부터 전화를 받았고, 나를 관찰해 줄 것인지를 물었다. 그러자 "지금은 아니에요. 진행 중인 일이 많아서요. 그냥 슈퍼비전 서류는 교내 우편함에 넣어 두세요. 제가 서명해 드릴게요."라고 말했다.

***

5.01 슈퍼바이저로서의 역량

행동분석가는 소정의 역량 범위 내에서 슈퍼비전해야 한다.

이 요소의 핵심 용어는 '소정의 역량'인데, 아직 이에 대한 조작적 정의는 내려져 있지 않다. 역량 있는 행동분석가란 우리 분야의 일반 영역에서 일상적인 직무를 수행하는 데 필요한 지식, 기술, 능력을 갖고 있는 사람으로, 그 직무에는 개별시도훈련(DTT), 학급 관리, 가정에 발달장애가 있는 고객과의 상담, 병원이나 학교나 집에서 실시하는 표준화된 자폐 훈련 서비스(접수, 초기의 비공식 관찰, 목적 설정, 필요한 허가 얻기 등)가 포함된다. 이런 기술은 대부분 대학원 프로그램에서 가르치며, 이런 경험과 배경을 갖고 있는 사람은 누구나 이들 영역에서 일상적인 슈퍼비전 직무를 취급할 수 있어야 한다. 그러나 슈퍼비전 피제공자 중 한 명이 생명을 위협할 정도의 섭식장애나 위험한 자해행동을 가진 고객을 배정받았을 때, 치료사가 사례를 맡을 역량이 없을 뿐만 아니라 슈퍼바이저 역시 자격이 미달일 수도 있다. 행동분석에서 역량이라 함은 대학원 또는 그 이후에 전문가로서 경험한 특정한 형태의 훈련과 슈퍼비전에 따라 정의될 수 있다. 여기에는 전문가 워크숍에 참석하는 일, 치료 및 연구를 위한 전문 센터에서 실습 경험을 하는 일이 포함될 수 있다. 이런 정규 프로그램으로부터 훈련 이수 자격증을 받음으로써 이 규정 조항에서 요구하는 필요한 '소정의 역량'을 얻을 수 있을 것이다.

5.02 슈퍼바이저로서의 분량(새로운 조항)

행동분석가는 자신의 효과적인 능력에 상응하는 슈퍼비전 활동의 분량을 담당해야 한다.

이 새 규정에서 관심을 두는 것은 슈퍼비전의 과정이 아닌 슈퍼비전의 결과물이다. 우리는 '효과적'이란 말을 슈퍼바이저가 각각의 슈퍼비전 피제공자로부터 '향상된 수행 능력을 보이도록 하는 것'이라고 해석한다. 단순히 슈퍼비전 피제공자와 만나서 토의하는 것만으로는 충분치 못하다. 슈퍼바이저는 자신의 시간을 잘 관리하고, 자신의 행동형성 기술을 활용하여 슈퍼비전 피제공자가 기술적 부분에서 현저한 향상을 보이도록 해야 한다.

한 슈퍼바이저가 책임질 수 있는 슈퍼비전 피제공자의 명확한 숫자를 명시하는 것은 어렵다. 슈퍼바이저 역시 행정 업무나 자신이 관리해야 하는 사례 건수가 있기 때문이다. 예를 들어, 어떤 단체에서는 한 명의 슈퍼바이저를 상근직으로 지정하지만 어떤 단체에서는 여러 명의 상급직원들이 파트타임으로 슈퍼비전을 한다. 우리 생각에는 슈퍼바이저가 주당 15시간 정도의 슈퍼비전 분량을 갖는 것이 평균치로 적당할 것 같다. 기준 일정이라면 각 슈퍼비전 피제공자를 주당 최소 한 시간만 개별적으로 관찰하고 만나고, 모든 슈퍼바이저와의 그룹 모임을 한 시간만 갖는다. 한 명의 슈퍼바이저가 관리하는 슈퍼바이저의 수가 10명이라면 주간 총 11시간에 이를 것이며, 남는 시간은 이동, 일정 잡기 같은 사무처리, 메모와 보고서 쓰기, 자료 분석, 영상테이프 검토, 훈련과 역할극 회기 준비, 긴급 상황 대처, 분쟁 해결에 사용할 것이다.

효과적인 슈퍼바이저의 능력에는 다음과 같은 내용이 포함된다. 모든 슈퍼바이저가 정기적으로 일대일 관찰과 피드백 회기를 갖고, 슈퍼비전 피제공자 중 아무도 이 피드백에 대해 불만이 없어야 하며, 슈퍼비전 피제공자와 고객의 만족도 조사에서 10점 만점 중 최소 8점을 얻어야 한다. 만약 효과성을 더욱 세밀하게 측정한다면, 여기에는 '기대' 또는 계획된 성공률 이상이었다는 고객의 평가 자료가 포함될 것이다.

이 같은 표준 측정체계에 영향을 주는 몇몇 변인으로는 슈퍼비전 피제공자의 상황이나 사례의 난이도와 같은 것들이다. 어려운 사례를 맞고 있는 슈퍼비전 피제공자라면, 상대적으로 쉬운 고객을 대상으로 몇 년의 경험을 쌓은 BCaBA보다는 당연히 훨씬 많은 시간이 필요할 것이다.

5.03 슈퍼바이저로서의 위임

(a) 행동분석가는 슈퍼비전 피제공자가 기대한 만큼 합리적으로 유능하고, 윤리적이며, 안전하게 수행할 정도의 책임만을 위임해야 한다.

(b) 만약 슈퍼비전 피제공자가 유능하고 윤리적이고 안전하게 수행하는

데 필요한 기술을 가지고 있지 않다면, 행동분석가는 해당 기술을 습득할 수 있는 조건을 제공해야 한다.

이 두 가지 요소는 상호 보완적이다. 즉, 슈퍼바이저는 슈퍼비전 피제공자가 성공할 수 있는 책무만 위임해야 한다. 만약 그 슈퍼비전 피제공자가 행동 프로그램에 관련된 특정 업무를 독립적으로 수행할 준비가 되어 있지 않으면, 그에 필요한 훈련을 제공하는 것이 슈퍼바이저의 업무다. 여기에는 슈퍼바이저가 슈퍼비전 피제공자의 장단점을 이해하고 필요한 조정을 하기 위해 슈퍼비전 피제공자를—영상 테이프나 역할놀이를 통해—충분히 관찰했다는 추정을 전제로 한다. 최고의 규칙은 아무것도 추정하지 않는 것이다.

***

사례 5.03 혼란

Annie는 2명의 국제행동분석가(BCBA)와 여러 명의 국제보조행동분석가(BCaBA), 30명의 아동, 최신 시설을 자랑하는 새 센터에서 일하는 국제행동분석가(BCBA)다. 고객 중 한 명인 Gloria는 여러 달 동안 센터에 있었다. 그녀는 진전이 있었으나 여전히 말을 못한다. 그녀는 음성으로 몇 가지를 요구할 수 있지만 전자 그림교환 의사소통 체계(Picture Exchange Communication System: PECS)도 함께 사용한다. 부모는 국제행동분석가(BCBA)에게 Gloria가 귀에 매우 거슬리는 음성을 내는데, 이를 어찌할 방법이 없는지 알고 싶어 했다. Annie는 전에 사용해 본 적이 없지만 연구에서 인기가 있었던 방법인 반응 차단과 재지시(Response Interruption and Redirection: RIRD)를 추천했다. 그녀는 이 문제에 답을 얻게 되어 기뻤고, 치료사 팀과 바로 RIRD를 실시했다.

그녀는 센터 내에서 다른 국제행동분석가(BCBA)가 RIRD를 실행하는 것을 관찰하고는 직원들이 서로 다르게 절차를 적용하고 있음을 알게 되었다. 어떤 사람은 올바른 발성에도 이를 적용하고 있었고, 어떤 사람은 반복적이고 비기능적인 소리에만 적용하고 있었다. 이 국제행동분석가(BCBA)가 서비스 담당 직원에게 프로그램에 대해 물었을 때, Gloria 팀에 속한 네 명의 교사 중 두 명이 이를 '음성 모방' 프로그램이라고 불렀다. 그들은 프로그램의 목적을 이해하지 못하는 것 같았다. 마침내 자료는 Gloria의 모든 음성 요구와 기타 언어적/비언어적 행동이 RIRD를 실시한 이후에 감소한 것으로 나타냈다. 다른 국제행동분석가(BCBA)가 Annie에게 RIRD를 초기 음성학습자에게 사용한 연구결과에 대해 묻자 Annie는 "글쎄요. 난 잘 몰라요. 아직 읽어보지 않았어요."라고 대답했다.

***

5.04 효과적인 슈퍼비전과 훈련을 계획하기

행동분석가는 슈퍼비전과 훈련이 내용적으로 행동분석적이고, 효과적이고 윤리적으로 계획되고 면허, 자격증, 혹은 다른 정해진 목표에 대한 필요 조건을 충족할 수 있도록 보장해야 한다.

> 우리는 행동분석가다. 이것이 우리가 가르치는 것이며, 우리가 행동분석을 가르치기 위해 사용하는 방법이다.

이 요구는 훈련과 슈퍼비전에 관해서라면 행동분석가가 행동 절차를 사용한다는 것을 명확히 한다. 우리는 행동분석가다. 이것이 우리가 가르치는 것이며, 우리가 행동분석을 가르치기 위해 사용하는 방법이다. 사례 1.03에서 지적한 바와 같이, 행동분석가인 슈퍼비전 피제공자가 마음챙김(mindfullness)과 같은 비행동분석적 방법을 슈퍼바이저에게 가르치는 것은 적절하지 못하다. 훈련 영역을 ABA로 한정함으로, 우리는 슈퍼비전 피제공자가 전적으로 증거 기반의 방법만을 읽고 배울 것임을 근본적으로 보장한다.

**

사례 5.04   계획에 없던 유관 마사지

　　Ryan은 고빈도로 머리를 잡아 뜯고 있다. 그는 자신과 타인의 머리를 뜯는다. Katie는 국제행동분석가(BCBA)로서 직원에게 우선 ABC 일화기록(선행 사건 – 행동 – 후속 결과)을 사용하라고 말했다. 몇 주 뒤, 직원에 속한 다른 그녀는 센터 내에서 다른 국제행동분석가(BCBA)가 RIRD를 실행하는 것을 관찰하고는 직원들이 서로 다르게 절차를 적용하고 있음을 알게 되었다. Ryan의 머리와 손을 마사지하고 있는 것을 발견했다. 국제행동분석가(BCBA)가 자료를 살펴본 결과, 행동 빈도가 감소하고 있지 않다. 그래프는 Ryan의 머리 뜯기 빈도가 오히려 증가하고 있음을 보여 주었다. 아무도 이것에 대해 우려하지 않는 것 같았다. 부모는 센터에 방문하여 Ryan의 머리 뜯기가 반일제로 다니고 있는 학교에서도 나타난다고 이야기해 주었다. 다른 학교의 선생님들은 특히 Ryan이 학급 아이들의 머리를 뜯고 있었기 때문에 불평스럽게 중얼거렸다. 다른 국제행동분석가(BCBA)가 이것에 대해 Katie에게 말을 꺼내자 Katie는 자신이 관찰하는 동안에는 머리 뜯기가 목격되지 않았으므로 중재가 효과를 보고 있다고 확신하였으며, 직원들 역시 별다른 불평이 없다고 대답했다.

**

5.05 슈퍼비전 조건에 대한 의사소통

　　행동분석가는 슈퍼비전 시작 전에 슈퍼비전의 목표, 요구사항, 평가 기준, 상황, 슈퍼비전의 조건 등을 명료하게 서술한 문서를 제공해야 한다.

　　행동분석가가 고객에게 서면 기술된 행동 프로그램을 건네는 것과 같은 방법으로, 행동분석가는 슈퍼비전 피제공자에게 기대하는 목표치를 기술한 슈퍼비전 계약서를 슈퍼비전 경험 전에 제공해야 한다.

***

사례 5.05 브리핑 없음

나는 전화로 새 사례를 맡았다. 나는 가야 할 학교, 도착할 교실과 시간에 대해 들었다. 슈퍼바이저는 "오늘 늦게 이메일 첨부로 행동 프로그램을 보내 드리겠습니다."라고 썼다. 내가 슈퍼바이저에게 음성 메시지와 2통의 문자 메시지를 남겼으나 이메일은 도착하지 않았다. 나는 지시 받은 대로 지정된 학교와 교실에 정시에 도착했고, 선생님께 다가가 내 신분을 밝힌 뒤에 내가 맡을 학생이 있는지 물었다. 선생님은 책상에 머리를 박고 소리 없이 울고 있는 한 소년을 가리켰다. 나는 정말 어떻게 해야 할지 몰라서 단지 그 아이 옆에 앉아 편안하게 해 주려고 노력했다.

***

5.06 슈퍼비전 피제공자에게 피드백 제공하기

(a) 행동분석가는 슈퍼비전 피제공자의 수행 능력을 개선할 수 있는 피드백과 강화 시스템을 계획해야 한다.

(b) 행동분석가는 슈퍼비전 피제공자의 수행 역량과 관련하여 시기적절한 피드백을 문서화하여 제공해야 한다(10.05 BACB 슈퍼비전과 교육과정 기준에 순응 참조).

> ABA에서 훈련과 슈퍼비전을 위한 최선의 연습은 행동 기술 훈련이다.

ABA에서 훈련과 슈퍼비전을 위한 최선의 연습은 행동 기술 훈련(Behavior Skills Training: BST)이다(24장, Bailey & Burch, 2010). 이것은 기본적으로 바람직한 행동을 설명하거나 시범을 보이고, 슈퍼비전 피제공자에게 그 기술을 시연할 기회를 주고, 이후에 수정 내지는 확실한 피드백을 준다.[1] '시기적절한 피드백'은 시연 후 몇 시간 이후에 하는 것보다는 몇 분 뒤에 실시하는 것으로 명시되어야 한다. 예를 들어, 슈퍼바이저는 슈퍼비전 피제공자를 오후 3시부터 3시 30분까지 관찰한 후 기록하거나 회기 모습을 비디오로 찍고, 그리고 나서 바로 오후 3시 30분부터 4시까지 모임을 가져 토의하고, 피드백을 주고, 질문시간을 주고, 역할극과 연습 등을 실시한다. 슈퍼비전 피제공자의 상황이나 사례의 특성에 따라 이는 매주 혹은 2주 단위로 실시할 수 있다.

***

사례 5.06 어색한 상황

수요일에 나는 슈퍼비전 피제공자를 받고 있는 사람을 만났다. 그녀는 2주 기간 동안 다양한 임상 활동을 자세히 적은 시간 기록을 제출했다. 활동 중 일부는 다양한 교재를 읽은 것이 포함되어 있었다. 그녀의 시간 기록에 들어 있던 특정 교재에 대해 질문을 던졌을 때, 그 교재에 대해 기록한 4.5시간 분량의 독서를 하지 않았음이 명백해졌다. 우리는 차분하고 전문가적인 방법으로 논의하였지만 그녀는 자신의 임상 활동을 위조한 것이 발각되었다는 사실에 확연히 '당황'하였다. 남은 시간 동안 이에 대해 곰곰이 생각한 이후에 그녀는 남은 슈퍼비전 시간을 제공할 다른 국제행동분석가 (BCBA)를 찾아볼 계획이라고 나에게 알려 왔다. 물론 나는 슈퍼비전 계약을 종결하게 되어 마음이 편하나 이 상황에서 나의 윤리적 의무가 무엇인지에 대해 몇 가지 염려가 된다. 나는 이 슈퍼비전 피제공자의 행동을 누군가에게 보고해야 한다고 느끼나 그것이 슈퍼바이저 역할에 적절한지 확신할 수가 없다. 나는 그녀가 다시는 어느 문서이든 거짓으로 만들지 않는 것이 중요하다고 믿는다. 하지만 그녀가 남은 현장연구를 윤리적인 방법으로 완수한다면 자격증 취득을 막아야 한다고는 생각하지 않는다.

***

5.07 슈퍼비전 효과에 대한 평가

행동분석가는 자신의 슈퍼비전 활동에 대한 지속적인 평가를 얻을 수 있는 시스템을 계획해야 한다.

이 신규 규정은 슈퍼바이저를 위한 새 기준을 설정한다. 세 가지 접근법이 적당할 것으로 보인다. 첫째, 슈퍼바이저가 규정 조항 5.05를 따랐다면 목표를 충족하기 위한 일종의 시간 순서를 포함하여 각 슈퍼비전 피제공자에게 기대하는 것을 명시하여 적을 것이다. 예를 들어, "3개월 말에 Jane은 어떤 일을 할 수 있을 것이다."는 식이다. 그리하여 개별적으로 슈퍼바이저는 3개월 초와 말에 슈퍼비전 피제공자의 능력 목록을 비교하여 얼마나 진전이 이루어졌는지 결정할 것이다. 그렇게 하면 예를 들어, "Jane은 DTT(개별시도학습) 영역에서 그녀에게 제시한 목표를 95% 충족시켰다."와 같은 최종적인 평가를 작성할 수 있다. 만약 슈퍼비전 피제공자가 목표를 충족시키지 못했다면, 슈퍼바이저는 책임을 져야 하며, 슈퍼바이저는 스스로에게 "나의 피드백이 충분히 빠르게 주어지고 있는가?" "피드백이 개인별로 맞게 제공되었는가?" "내가 역할극과 연습을 충분히 포함시키고 있는가?"와 같은 질문을 던져 슈퍼비전 방법을 재검토해야 한다. 효과적인 슈퍼비전에는 슈퍼비전 피제공자가 기술을 배우거나 목표를 성취하고 있지 않으면 슈퍼바이저가 슈퍼비전 행동을 조정하는 것을 포함한다.

둘째, 대부분의 슈퍼바이저는 자신을 관찰해 달라거나 자신의 슈퍼비전 회기를 담은 비디오를 검토해 달라고 다른 슈퍼바이저에게 요청함으로써 피드백을 받는 것이 매우 유용하다. 슈퍼바이저의 상사 또한 관찰하거나 피드백을 주기에 적합한 사람이다. 왜냐하면 이 사람이 슈퍼바이저에 대해 연간 업적 평가를 하기 때문이다.

셋째, 슈퍼바이저는 슈퍼비전 피제공자로부터 정기적인 평가를 받아야 하며, 이때 질문 내용은 "나의 관찰 빈도가 당신의 필요를 충족하기에 충분한 가?" "당신은 피드백 회기가 유용하다고 느끼는가?" "피드백 회기 동안 내가 얼마나 정적 강화를 사용했는지 1~5 척도에 점수를 매겨라." 등과 같으며, 이외에도 사회적 타당도를 묻는 적절한 질문을 할 수 있다. 이 평점 양식은 슈퍼바이저의 상사에게도 넘겨져 해당 슈퍼바이저에 대한 상사가 연간 평가 에 이 평점을 포함시켜야 한다.

'체계성'이라는 자격을 갖추기 위해서는 슈퍼바이저가 모든 방법이 체계적 으로 실시되고 있음을 확인해야 하고, 자료를 검색하고 분석해야 하며, 슈퍼 비전 실습의 변경이 그에 맞추어 수정되고 있다는 점을 확실히 해 두어야 할 필요가 있다.

사례에 대한 답변

사례 5.0 게으른 슈퍼바이저

이 슈퍼바이저의 행동은 비윤리적이라 할 만큼 무책임하다. 이것은 그 녀의 슈퍼바이저와 경우에 따라서는 BACB에도 보고할 필요가 있다. 이렇 게 바쁜 사람이 슈퍼바이저로 지명되어서는 안 된다. 이 슈퍼바이저가 해 야 할 옳은 행동은 자신에게 다른 활동과 책임이 너무 많아 지도와 지침이 필요한 젊은 행동분석가를 위해 적절한 역할 모형과 슈퍼바이저로서 일할 할 수 없다고 설명해 주는 것이다.

사례 5.03 혼란

행동분석가는 자신이 완벽하게 연구를 끝내지 않은 어떤 방법도 초심자 에게 적용시켜서는 안 된다. 새 기법은 실행에 제약과 제한이 있으며, 이 중 어떤 것은 부작용을 일으킬 수도 있다. Annie는 RIRD에 대해 어떠한 실 제 지식이 없었을 뿐만 아니라 직원을 훈련시키거나 직원의 RIRD 사용을 감시하지도 않았다. 이것은 완전히 무책임한 일이다. 이 예에서 이런 식의

무계획적인 실시로 인해 무슨 일이 벌어지는지 우리가 볼 수 있는데, 우리가 기대한 정반대의 일이 일어나기 마련이다. 심지어는 초기에 고객이 호전을 보였더라도 나중에는 악화될 수 있다.

사례5.04 계획에 없던 유관 마사지

Katie는 직원에게 ABC 일화기록을 시작하라고 요청하는 등 출발이 순조로웠다. 유감스럽게도 그녀는 Ryan의 상황을 전혀 슈퍼비전하지 않았고, 현장 직원은 Ryan을 안도감을 주는 방도로 Ryan에게 머리와 손 마사지를 해주기 시작했다. 이것은 그들이 강화적 후속자극이 무엇인지 주의 깊게 살펴보도록 훈련 받지 않았음을 시사한다. 자료상 머리 뜯기가 상승하는 추세이고 다른 현장에도 일반화되어 나타나고 있기에 Katie는 자료를 검토하지 않았다. 일련의 5.04 위반 사실을 기관이 인지하지 못해서는 안 되며, 이는 BACB에 보고할 수도 있다.

사례 5.05 브리핑 없음

슈퍼비전 피제공자가 전화로 지시를 받는 일은 결코 일어나서는 안 된다. 이것은 전문가답지 못하고 비윤리적이다. '목적, 요구사항, 평가 규준에 대한 명확한 서면 기술'은 슈퍼바이저가 새로운 사례를 배정하는 순간부터 신임 슈퍼비전 피제공자와 공유하게 될 서류(혹은 이와 유사한)에 포함되어 있어야 한다. 슈퍼바이저와 슈퍼비전 피제공자는 얼굴을 맞대고 맡은 일의 세부 사항과 슈퍼비전 조건을 논의해야 한다.

사례 5.06 어색한 상황

슈퍼비전 시간에 독서 과제물을 이용하는 것이 윤리적인가에는 약간의 의문이 있다. 많은 슈퍼바이저가 학생들에게 독서를 숙제로 내지만 독서 시간을 슈퍼비전 시간으로 하지는 않는다. 게다가, 슈퍼비전 피제공자가 숙제 완료에 대해 거짓말을 했기 때문에 현장에서 계약이 종결될 수도 있었던 일이다(1.04 성실 위반). 이런 상황에 대비해 슈퍼바이저는 자신이 책임있는 보고자임을 인식하고 그 사건에 대해 BACB에 알려야 하며, 이 시점에서 그 사람과의 관계가 종료되었음을 통지해야 한다.

제11장 행동분석의 전문성에 대한 행동분석가의 윤리적 책임 (규정 6.0)

직업으로서 행동분석이 급속히 성장하고 있지만 사회복지나 임상심리 같은 다른 관련 영역과 비교할 때 여전히 매우 좁은 분야다. 우리 일의 대부분은 여전히 사람들의 관심 밖에 있으며, 과거 우리의 경험에 비추

> 우리가 대중의 신임을 얻으려면 스스로 높은 기준의 도덕적·윤리적 행동 표준을 세워야 한다.

어 볼 때 소수의 비윤리적 행위가 우리 분야 전부를 나쁘게 비출 수 있다는 것을 잘 알고 있다. 우리가 대중의 신임을 얻으려면, 우리 스스로 높은 기준의 도덕적·윤리적 행동 표준을 세워야 한다. 윤리적인 행동분석가가 된다는 말은 우리 자신과 고객을 보호하기 위해 윤리 규정을 옹호하는 것뿐만 아니라 행동분석의 평판을 널리 보존하고 고양한다는 것을 의미하기도 한다. 행동분석의 전문성에 대한 행동분석가의 윤리적 책임을 논의함에 있어 규정 6.0은 우리 각자가 '행동 과학과 행동분석의 전문성에 대한 의무'를 지고 있다고 진술하고 있다. 의심할 여지없이 여기서는 2장에서 논의한 9개의 핵심 윤리 원리는 물론이고, 행동주의적 접근 방식에 내재되어 있는 원리의 가치가 포함되어 있다. 정직, 공정, 책임 의식, 자율성 고취 외에도 행동분석가

는 치료 효과를 결정하거나, 자료를 사용하여 의사를 결정하거나, 개인의 행동을 최우선적인 연구 목적으로 주력할 때 객관적이고 믿을 만한 자료의 중요성을 높여야 한다. 행동분석가가 가치를 두는 대상은 참신한 평가, 효과적이고 구속적이지 않은 중재, 개인과 사회 모두에 가치 있는 사회적 행동의 뚜렷한 변화의 창출이다. 우리는 각 개인의 가치, 존엄성, 독립성을 최적화할 수 있다고 믿으며, 이러한 목표를 달성하는 데 필요한 행동 역량들을 발전시킬 수 있다고 믿는다. 때로는 우리 동료들에게 이 기본 가치를 환기시켜 주는 것이 필요하며, 이 규정 요소들이 이런 기회를 제공한다.

> 우리는 각 개인의 가치, 존엄성, 독립성을 최적화할 수 있다고 믿으며, 이러한 목표를 달성하는 데 필요한 행동 역량들을 발전시킬 수도 있다고 믿는다.

추가적으로 규정 6.0은 모든 행동분석가가 우리의 방법론과 연구 결과를 대중에게 홍보(규정 8.01)하도록 하는 촉진제이자, 가끔 규정을 검토하여 이미 설정된 기준을 잘 숙지하고 있도록 일깨워 주는 도구다. 다소 어려운 일이기는 하지만, 우리 지역의 공동체 내에 타 전문가(또는 전문보조인)들이 자격도 없으면서 자격이 있는 척 광고하지 않는지 감독하는 일도 포함된다. 적절히 훈련 받지 않은 임상가로 인해 고객에게 가해지는 해악을 생각할 때 이러한 경계는 정당한 것이다. 고객에게 무슨 일이 벌어져 우리 분야의 명성에 또 다른 손해가 생길까 하는 것

> 국제행동분석가(BCBA)가 아닌데 국제행동분석가(BCBA)라고 주장하는 사람을 모르는 척하는 것은 기본적으로 비윤리적이다.

도 높은 기준을 유지하기 위해 열심히 일하는 사람에게는 끊임없는 고민거리이다. 국제행동분석가(BCBA)가 아닌데 국제행동분석가(BCBA)라고 주장하는 사람을 모르는 척하는 것은 기본적으로 비윤리적이다.

이러한 자격이 없는 사람들을 '단념시키는' 방법은 규정에 자세하게 명시되어 있지 않으나 아마도 조언과 도움을 받으려면 BACB에 연락하는 것이 첫 번째 단계이다. 다른 조치로는 ABAI 아니면 지역 주 연합회에 연락하는 것이다.

6.0 행동분석의 전문성에 대한 행동분석가의 윤리적 책임

행동분석가에게는 행동과학과 행동분석의 전문성에 대한 의무가 주어져 있다.

여기에 언급된 '의무'는 행동분석가가 다른 어떤 방법들보다 과학, 기술 그리고 우리의 전문성을 우선 강조한다는 것을 의미한다. 우리는 하나의 세계관과 하나의 시각을 갖는다. 즉, 우리는 과학과 과학의 실행을 지지한다. 행동분석은 복합적인 세계관, 또는 행동에 대한 다양한 설명을 허용하지 않는다. 이런 관점에서 행동에 대한 여타의 설명은 과학에 근거한 우리의 접근 방법과 상반된다. 행동분석에서 학사, 석사, 박사 학위를 받은 사람에게는 이러한 책임을 수용하는 것이 어렵지 않으나 처음부터 다른 분야, 특히 증거 기반이 아닌 분야에서 훈련 받은 사람에게는 딜레마가 될 수 있다.

***

[사례 6.0] 행동분석의 지지

나는 증거 기반이 아닌 중재를 사용하고 있는 가족을 도와 일하고 있다. 그 중재로는 배밀이, 기어가기, 마스킹(이산화탄소 흡입을 늘이기 위해 봉지에 숨을 불어넣는 것), 손 마사지, 누크(Nuk) 아동 칫솔로 구강 마사지하기, 다양한 냄새를 맡게 하기가 있다. 이러한 중재들이 하루 종일 수십 번씩 행해진다. 나는 학생의 어머니와 증거 기반의 실제에 대해 논의했다. 나는 그녀에게 자폐에 대한 국가 기준과 중재 방법에 대한 다른 연구 결과를 알려 주었다. 나는 그녀가 사용하는 중재를 지지할 수 없다고 했다. 우리는 현재 하루 3시간을 중재하고 있으며, 언어행동 프로그램을 실시하고 있다. 학생의 어머니는 회기 내내 대체 프로그램을 실행하고 싶어 하면서 우리가 그 기법을 지지하지 않는 것에 마음이 상해서 좌절감을 느끼고 있었다. 나는 대체 중재를 지지하지 않는다는 것을 분명히 밝혀 왔다. 나는 또한 내가 증거 기반의 중재만 실행해 왔다는 점을 어머니가 알도록 했다. 어머니가 계속 이렇게 하려고 하는 상황에서 내가 이 사례를 계속하는 것이 윤리적인지 잘 모르겠다. 나는 가족의 결정을 이해하고 존중하고 싶다. 내가 그들의 추가 프로그램 선택에 동의하지 않기 때문에 이 사례를 떠나는 것이 비윤리적인지 확신이 없다. 조언을 부탁한다!

***

6.01 원리를 단언함(RBT)

(a) 행동분석가는 다른 여타의 전문성 훈련보다도 특히 행동분석의 가치, 윤리, 전문성의 원리를 지지하고 발전시켜야 한다.

이 규정 조항은 6.0에서 취한 입장, 즉 행동분석가들이 다른 어떤 접근 방법보다 우리의 분야를 지지한다고 기대하는 입장을 강하게 보충해 준다. 행동분석의 가치 속에는 사회적으로 중요한 개별 인간 행동의 연구에 대한, 그리고 개인과 사회의 향상을 위해 그 행동을 변화하려는 방법론에 대한 바위처럼 견고한 책임이 포함되어 있다. 우리는 Baer 등(1968)의 지도 원리에서 밝힌 ABA의 7가지 차원, 즉 우리 분야는 응용적 · 행동적 · 분석적 · 기술적 · 개념적으로 체계적 · 효과적 시간이 지나고 다른 환경에서도 지속적으로 행동변화가 일어나는 일반성이다. 우리의 최우선적인 책무는 학습된 행동(조작적 조건화를 통해 획득한 행동)에 대한 연구이며, 정적 강화 전략을 사용한 변화의 효과다. 우리는 행동에 영향을 주었을지도 모르지만 경험적인 증거가 전혀 없는 가설적인 개념은 피해야 한다. 명확한 실험 통제가 된 단일대상 연구는 행동분석의 기초인 경험적 증거를 제공한다. 다음은 행동분석에 대한 개인의 책임감에 의문을 제기하는 몇 가지 행동표류의 사례다.

***

사례 6.01(A) 레이키 사용은 윤리적인가?

지난 8년 동안 부모 훈련 프로그램을 관리해 온 후, 나는 연구와 실습을 통해 나의 상담 기술을 두드러지게 넓혔다. 부모가 아이의 변화를 보고 극히 고무되어 있음을 알게 되었지만, 한편으로 그들에게는 치료 계획을 수행하는 데 방해가 되는 장벽들이 도사리고 있었다. 내가 부딪힌 가장 큰 장벽은 부모의 스트레스다. 금전으로 인한 스트레스, 부족한 서비스, 부족한 가족 지원, 그리고 낙담이다.

이 가족의 상담을 도우려는 노력에서 나는 마음챙김에 관심을 갖게 되었고, 응용 방법을 깊이 있게 연구하기 시작했다. 레이키(Reiki)라는 중재를 우연히 발견했을 때 나는 회의적이었으나 호기심이 끌렸다. 나는 새로운 중재 방법이면 모두 검증을 하려고 했다. 레이키를 연구한 후, 나는 이것이 스트레스 해소와 힐링을 촉진하는 기분전환을 위한 일본의 기법이라는 것을 알게 되었다. 레이키는 여러 모집단에서 스트레스, 걱정, 고통을 줄이는 데 사용되고 있었다.

행동분석가가 명백히 '비행동분석적'인 것에 흥미를 느끼는 것을 두고 내 친구와 동료들은 매우 흥미 있어 했다. 레이키에 관한 연구를 설명하고, 레이키가 어떻게 작용하는지를 보여 주자 그들은 특수교육 대상 아동 부모의 스트레스를 낮추는 데 응용할 방법을 생각해 보라고 내게 권했다.

이것으로 인해 나는 윤리적 질문이 생겼다. 국제행동분석가(BCBA)가 이런 유형의 서비스를 제공한다는 생각에 이 분야의 몇몇 행동분석가는 눈살을 찌푸렸다. 아직 이를 지지해 줄 연구도 충분치 않고 취약한 고객을 이용하므로 이런 서비스를 제공하는 것은 비윤리적이라고 말했다. 내 의도는 레이키를 자폐증 치료에 이용하는 것이 아니다. 내가 하고 싶었던 것은 그 부모들을 도와 일하는 것이었지만 부모가 그것을 아동에게 시도해 보라고 요청 받았을 때 나는 '싫어요.'라고 말하지 않았다.

사람들이 고정관념을 버릴 때 과학은 발전할 수 있다고 나는 강하게 느긴다. 그런 점에서 과학에서 자료의 중요성을 이해하며, 또한 아무런 해가 없는 중재를 진행해야 하는 것도 이해한다. 내가 치료한 각 사람으로부터 레이키를 적용한 자료를 수집해 왔다. 치료를 유지한 사람들에게서는 스트레스와 불안의 정보가 여러 차례 감소했다. 나는 부모 대상의 이 중재 사용에 대해 연구할 충분한 증거를 얻었다고 생각한다. 이것이 매혹적임을 알고 있지만, 나는 다른 무엇보다도 행동분석가다. 나는 국제행동분석가 (BCBA) 자격증이 ABAI에서 내 입지가 위험해지는 것을 바라지 않으며, 이 분야 전문가들이 받아들일 수 없는 서비스를 제공하는 사람들의 무리에 끼고 싶지도 않다.

나는 이 문제에 대한 지침을 찾고 있다. 내가 이렇게 한정적인 방법(즉, 부모를 위한 스트레스 해소법)으로 이런 서비스를 제공하는 것이 나의 자격증이나 면허증을 고려했을 때 수용할 수 없는 것인가? 국제행동분석가 (BCBA)로서 이런 일을 하는 것이 부적절하다고 한다면 나는 기꺼이 이 서비스 제공을 종결할 의향이 있다. 또는 반대로 명함에서 국제행동분석가 (BCBA) 글자를 지울 수도 있다.

***

(b) 행동분석가는 행동분석의 전문성 및 과학적 조직이나 활동에 참여하는 의무감을 가져야 한다.

이 규정 조항은 전문가로서 끊임없이 자기 발전을 해야 함을 강조하고 있다. 이것은 이전 지침의 '강력한 권장'이 아닌 '의무' 사항이 되었다. ABA 전문가는 자기 분야의 새로운 개발에 뒤처지지 않아야 한다는 것이 기본적인 생각이다. 정기 간행물을 읽고, 학술대회에 참석하고, 워크숍에 가는 것이 정보를 얻고 긴밀한 관계를 유지하는 최선의 방법이나 일부는 이것을 실행하기가 어렵다는 것을 알게 되었다.

***

사례 6.01(B) 고립

　우리나라에서는 행동분석가의 활동이 거의 제공되지 않아서 참석하기가 어렵다. 대부분의 전문가 모임과 학술대회는 청중에게 아무런 새로운 지식을 제공하지 않는다. 왜냐하면 여기서는 아무도 ABA에 대한 연구를 하지 않기 때문이다. 우리는 연구에 대한 제한된 자원을 갖고 있으며, 이동을 위한 자원도 훨씬 적다. 결과적으로 대부분의 제출자는 현재의 임상 업무만을 보고할 뿐이며, 그것도 수년에 걸쳐 별 진전이 없다.

***

6.02 행동분석을 전파함(RBT)

　행동분석가는 발표, 토의, 기타 미디어를 통한 정보 제공 등을 활용하여 행동분석을 장려해야 한다.

　이 규정 조항의 의도는 행동분석가가 자신의 일을 일반 대중이 쉽게 소화할 수 있는 유형으로 해석해 놓도록 격려하는 것이다. 우리의 원리와 절차를 조금만 더 알았더라도 혜택을 볼 수 있었을 고객, 후견인, 일반 시민들과 소통하는 데 있어 우리의 전문 용어는 그들과의 소통에 도움이 되지 않는다는 것을 지난 수년 동안 우리는 시인해 왔다. 그러나 다음의 사례에서 보듯이, 제공된 정보를 사용하는 사람과 그것을 사용하는 방법에 대해 조금은 고려할 필요가 있다.

***

사례 6.02 얕은 지식

　나는 응용행동분석 원리에 대해 우리 분야 밖에 있는 다른 전문가들을 훈련하는 데 많은 시간을 보낸다. 그 지식을 전파하는 일이 우리 분야에서는 멋진 일이지만, 한편으로는 충분한 훈련이 없다면 이들이 아동들에게 뿐만 아니라 행동분석 분야 전체에도 잠재적으로는 득보다 해를 입힐 수 있다는 공포에 가끔 사로잡히곤 한다. 자신이 훈련받은 기법을 올바르게 적용하지 않을 수도 있다는 맥락에서 어설픈 행동분석은 행동분석이 전무한 것보다 더 위험하다고 말하는 것이 옳다고 생각하는가? 혹은 어떤 비행동 전문가가 우리의 기법에 대해 약간의 정보를 얻고 나서 스스로 그 정보를 사용할 준비가 되어 있다고 생각하는 것이 옳다고 생각하는가?

***

사례에 대한 답변

사례 6.0 행동분석의 지지

행동분석가는 이런 정황 하에서 ABA 치료를 계속할 필요가 없다. 기본적으로, 이처럼 검사를 거치지 않고 증명도 되지 않은 일시적인 유행 치료 방법을 적용하여 치료 결과를 평가하는 것은 불가능할 것이다. 다중적 중재, 유반 치료를 진행할 경우, 어느 중재가 발전이나 실패의 결과를 가져오는지 결정할 방법이 없다. 사례에서는 행동분석가가 가족을 교육하기 위해 가능한 모든 일을 한 것으로 보인다. 행동분석가는 가족에게 알리고 치료를 제공할 다른 사람을 찾도록 도와주어야 한다. (또한 그럴 의무가 있다.) 상황에 따라 이것은 어려울 수 있다.

사례 6.01(A) 레이키 사용은 윤리적인가?

행동을 이해하기 위한 대안적인 접근 방법은 일반인에게는 널리 퍼져 있고 인기도 높다. 이런 치료 방법을 옹호하는 사람들은 평범하지 않고 때론 신비주의로 들리는 계략에 열광적인 환호성을 지르며 그들의 병이 무엇이었든지 간에 완치되었다고 선언한다. 이 사례에서 행동분석가는 부모의 스트레스 해결 방법을 찾고 있었고, '우연히' 레이키를 알게 되었다고 하였다. 레이키란 "스트레스 해소와 힐링을 촉진하는 기분 전환을 위한 일본의 기법으로, '손을 얹음'으로써 치료를 하는데, 보이지 않는 '생명의 에너지가 우리 몸에 흐르며 우리를 생기 있게 하는 것이라는 생각에 근거하고 있다".[1] (우리의 정의를 이용하면) 레이키는 명백히 증거 기반의 절차가 아니며, 개념적으로 ABA와 일치하지 않기 때문에 행동분석가가 ABA 실제의 일부로 사용하는 것은 적절하지 않다. 이 서비스는 종결되어야 하고, 이것에 대한 언급은 행동분석가의 명함과 웹사이트에서 삭제해야 한다.

사례 6.01(B) 고립

비록 당신이 행동분석 학술대회가 별로 없는 나라에 있다 하더라도, 정기 간행물 논문을 읽거나 인터넷을 통해 다른 행동분석가와 소통함으로써 최신 정보를 접할 수 있다. 우리 분야의 주제를 다루는 웨비나(webinar, 웹상의 세미나)가 꽤 많이 있다. 아마도 행동분석 모임이나 워크숍을 위한 미국 외 지역의 최고 자원은 유럽행동분석협회일 것이다(http://www.europeanaba.org). 이 웹사이트는 협회에 가입한 사람 누구나 볼 수 있는 최신의 학술대회 내용과 비디오를 포함하여 풍부한 자원을 보유하고 있다.

사례 6.02 얕은 지식

우리는 '이용 가능한 행동분석에 대한 정보를 알림'이라는 의미를 분명히 해야 한다. 이것은 잠재적인 고객, 정책 입안자, 여타 전문가들로 하여금 우리가 전형적으로 어떤 종류의 문제를 맡으며, 어떤 유형의 결과를 성취하는지를 알도록 한다는 뜻으로 해석되어야 한다. 그리고 나서 우리는 신속하게 이러한 결과가 모든 사례에 적용되지 않는다는 경고를 추가해야 한다. 대중 강의를 한다든지, 다른 전문 직업인을 훈련시킬 때, ABA의 한계가 논의되어야 한다. 특히, 발표자는 해결 방법을 제시할 만큼 충분한 연구가 이뤄지지 못한 분야를 언급해야 한다. 행동분석가가 밀접한 다른 전문 분야와 어떻게 협업하는가에 대해 대중을 교육시키는 것도 또한 유용할 것이다. 제기할 수 있는 또 다른 주장은 행동분석의 철학적 토대와 관련성이 있다. 우리는 대부분 인간 행동이 후속결과로 학습되고, 그 결과물을 변화시킴으로써 행동을 바꿀 수 있다고 믿는다.

행동분석에 대해 일반 대중에게 말할 때, 일반인이 이 절차를 혼자 힘으로 적용할 수 있다는 암시는 피하는 것이 중요하다. 우리는 청중들이 행동분석적 방법을 적절하고, 안전하고, 효과적으로 사용하기 위해서는 국제행동분석가(BCBA)의 도움을 구하도록 권해야 한다.

제12장 동료에 대한 행동분석가의 윤리적 책임(규정 7.0)

행동분석가가 수행할 광범위한 업무 목록 중에는 동료에 대한 명확한 책임 조항이 있다. 최신 규정에 추가된 새 책임(7.01)은 우리의 작업 환경에서 '윤리적 문화를 촉진'하고 주변인들에게 윤리 규정을 교육시킬 '의무'를 진다는 것이다(이를 실행하는 방법은 20장 참고).

만약 당신이 임상가이거나 치료사라면, 직·간접적인 윤리 위반 가능성에 대해 관심이 있을 수 있다. 이런 상황에 관여한다고 해서 당신이 '참견꾼(busybody)'이나 '밀고자'가

> 비윤리적인 동료가 본인의 명성뿐만 아니라 당신의 평판도 악화시킬 수 있다.

되는 것은 아니라는 걸 이해할 필요가 있다. 우리 대부분은 부모와 선생님으로부터 "자기 일에나 신경 쓰라."는 문화에 대해 배웠고, 사생활에서 이것은 따르기 좋은 법칙이다. 당신의 생활에 영향을 주지만 않는다면 타인이 사생활을 어떻게 영위하는가는 당연히 그들 자신만의 일이다. 그러나 같은 분야의 동료가 규정을 위반했다는 믿음이 생겼다면, 이 상황은 기본적으로 당신이 거론해야 할 상황이다. 비윤리적인 동료가 본인의 명성뿐만 아니라 당신의 평판도 악화시킬 수 있기 때문에 이것은 당신의 일이 된다. 이런 맥락에

> 만약 고객의 권리가 침해된 것을 보았다면, 고객의 권리를 보호할 수 있는 모든 필요한 조치를 취해야 한다.

서 규정 조항 7.02가 작성된 목적은 당신이 아무리 불편함을 느끼더라도, 문제가 되는 쟁점을 당사자에게 환기시키고 그 해결 방법을 찾도록 격려하는 데 있다. 이상적이라면, 당사자는 신속히 자기 방식의 오류를 알아보고 사과한 후 적절한 행동으로 상황을 바로잡으려 할 것이다. 당신이 할 일은 어떤 행동을 취해야 하는지 지시하는 것이 아니라, 업계를 대신하여 또는 관련되었을지 모르는 고객을 대신하여 그 당사자에게 '믿을 만한 동료'의 역할을 하는 것이다.[1] 이 역할에서 당신은 그 문제에 대한 윤리적 해결 방법을 찾고 나면 가능한 한 빨리 그 상황에서 벗어나야 한다. 대개는 이런 방식이 잘 작동된다. 그러나 동료가 문제 인식에 대해 완강하게 저항하거나, 그에 대한 어떠한 조치도 거부하는 경우가 있다.

만약 당신 고객의 권리가 침해되었거나 '손해를 입을 잠재성'이 있다고 판단되면, 당신은 고객의 보호를 위해 '관련 당국'에 연락하는 것을 포함한 모든 필요 조치를 취해야 한다. 어떤 경우에는 그 상황이 BACB에 '보고할 요건'을 충족하기도 하므로 당신이 정식으로 이의제기할 필요가 발생할 것이다.

7.0 동료에 대한 행동분석가의 윤리적 책임

행동분석가는 행동분석과 다른 직종의 동료들과 협력하면서 모든 상황에서 윤리적 의무를 인식하고 있어야 한다(10.0 행동분석가의 BACB에 대한 윤리적 책임 참조).

일반적으로 사람들은 충돌을 피하는 것을 선호하고, 행동분석가도 예외는 아니다. 이런 이유로 규정 7.0은 강인한 행동분석가조차도 다소 예민하게 만

든다. 대개의 경우, 명백한 비윤리적 행위에
대한 첫 번째 반응은 분노하는 것으로, 다른
전문가에 의한 비윤리적 행동이 고객의 치료
받을 권리, 비밀, 안전에 영향을 주었을 경우
에 특히 그렇다. 그러나 당신이 윤리 위반에

> 행동분석가가 윤리 위반을
> 알게 되었을 때, 문제를 수
> 정하려는 어떠한 조치도 취
> 하지 않는 것은 아무런 도
> 움이 되지 않는다.

직면했을 때에는 침착하고 주의 깊게 대처해야 한다. 첫째, 직접적인 증거를
다루고 있는지 확인해야 한다. 예를 들어, "그녀가 그에게 소리를 지르고 얼
굴에 침을 뱉었어요."와 같은 학대 의혹의 소문을 들은 것만으로 당신 혼자
어찌해 볼 수 있는 일은 없다. 만약 당신이 선생님으로부터 이 이야기를 들
었다면, 당신은 그 사건을 보고하는 것은 선생님의 의무이지 다른 사람이 할
수 없음을 말해 주어야 한다. 이것은 당신이 할 수 없는 일이다. 만약 학대를
목격한 것이 당신이라면, 그 사항을 보고해야 한다. 만약 동료가 고객에 대
해 이야기하면서 그의 실명을 거론한다면, 동료에게 다가가 이를 확인하고
무슨 일이 벌어진 것인지 이해하려는 것은 정당화될 수 있으나 그와 맞서거
나 고발하는 것은 옳지 않다. 만약 당신이 관찰했던 것이 맞고 당사자도 그
러한 행동을 인정한다면, 이제 당신에게는 관련 규정에 대해 그를 교육시키
려고 노력할 의무가 있다. 행동분석가가 윤리 위반을 알게 되었을 때, 문제
를 수정하려는 어떠한 조치도 취하지 않는 것은 아무런 도움이 되지 않는다.

7.01 윤리적 문화를 촉진함(RBT, 새로운 조항)

행동분석가는 직업 환경의 윤리적 문화를 촉진하고, 다른 사람들도 이 규
정을 인지하도록 만들어야 한다.

우리 전문직이 성숙함에 따라 더 많은 행동분석가가 회사의 피고용인 신
분으로부터 임상 디렉터, 사장 또는 CEO 자리로 이동하고 있다. 이러한 지

위 하에 그들은 윤리 기준과 윤리 규정을 참조한 회사 정책을 만들 수 있다. 더 나아가, 신규 규정 조항 7.02와 관련하여 이를 실행하는 지침도 생겼다. 다음은 한 행동분석 회사의 CEO가 직원에게 전달한 진술의 예다.[2]

***

사례 7.01(A) ABA 업계에 윤리 문화 조성

윤리적으로 행동한다는 것은 행동분석가로서 성공하는 데 절대적이지만, 타인에게 윤리적 행동을 유발하는 환경을 조성하는 것은 윤리 문화를 만들고 유지하는 데 매우 유용하다. 이는 행동분석가로서 당신이 자신의 윤리 행동에만 책임이 있는 것이 아니라 우리 분야의 다른 전문인을 격려하여 유사 상황에서 행동을 이끌어 내는 데에도 책임이 있음을 의미한다. 다른 사람들이 우리 직종의 기준을 준수하도록 고무함으로써 이러한 분위기를 조성할 수 있다. 행동분석적 기법을 활용하여 정직하고 원리적인 행동을 직장 내에서 강화하는 유관성을 만든다면, 이에 대한 동기가 형성될 수 있다. 행동분석가는 슈퍼비전 중 윤리에 대해 토의하는 것에서부터 윤리적 역량을 최우선시하는 평가 절차를 수립하는 방법에 이르기까지 다양한 방법을 통해 이러한 유관성을 만들 수 있다. 심지어는 단순히 사무실에서 직원들이 말하는 적절한 언어행동을 칭찬하는 것만으로도 큰 효과를 볼 수 있다. 문화적 확장을 촉진하는 일은 힘든 작업일 수 있다. 그러므로 행동분석가들에게 윤리 임원처럼 행동하도록 과제를 부여하고, 그들의 비전을 공유할 수 있도록 돕는 것이 기관에 이익이 될 수 있다. 전문가는 다른 사람들에게 복잡한 내용의 윤리 규정에 대해 동료와 관리자들을 훈련시키고, 독특하고도 까다로운 윤리적 딜레마를 활용하여 이들을 지도함으로써 도움을 줄 수 있다.

***

7.02 타인과 위험요소에 의한 윤리 위반(RBT)

(a) 행동분석가는 법 위반과 윤리적인 위반이 있을 수 있다고 판단될 경우, 우선 상해 가능성, 법 위반 가능성, 의무적 보고 조건, 위반 사항에 대해 조정할 수 있는 단체, 기관, 규정 요건의 유무를 확인해야 한다.

윤리 위반을 조치하는 과정은 우선 해당 상황이 실제로 법 또는 윤리를 위반했는지 여부를 결정하는 것으로부터 시작된다. 혹시 모를 법적 위반에 대해 행동분석가는 지역 법령과 주 법률을 참고할 필요가 있다. 윤리 위반이 있는지의 여부를 결정하기 위해서는 이 규정 또는 다른 관련 직업 규정을 검토하여 결정을 내려야 한다.

***

사례 7.02(A) 이중 위반

내가 슈퍼비전을 제공하는 한 치료사가 최근 다른 기관에 구직 면접을 갔었다고 나에게 알려 주었다. 그녀가 면접관에게 현재 근무 중인 기관에 대해 언급하자 해당 임원이 우리가 일하고 있는 단체장을 폄하하는 말을 했다. 면접관은 우리 단체장이 사기를 저질러 해고되었다고 말했다. 나는 그 주장의 진위를 알지 못한다. 또 면접 도중, 면접관은 지금 내가 담당하고 있는, 과거에 자신들이 서비스를 제공했던 다른 가족의 개인 정보를 치료사에게 언급하였다. 그 정보는 구체적이었고, 비밀 사항이었으며, 누군지 식별이 가능한 내용이었다. 이 두 가지 상황에 대해 어찌 대처해야 할지 알 수 없었다. 내가 할 수 있는 일이라면 (1) 해당 면접관에게 연락하는 것과 (2) 그 부모에게 비밀 위반에 대해 말해 주는 것이었다. 나는 이 모든 사실을 나에게 알려 준 치료사에게 여파가 미칠까 염려되었으며, 해당 면접관이 연약한 그 가족의 비밀 정보를 계속 퍼뜨리고 새로운 사업의 평판에 먹칠을 하는 것이 우려되었다.

***

(b) 만약 고객의 법적 권리가 위반되었거나 해를 입을 가능성이 있는 경우, 행동분석가는 고객을 보호하기 위한 필수적인 조치를 취해야 한다. 이런 필수 조치로는 적절한 해당 부서와의 접촉, 해당 기관의 정책 따르기, 적합한 전문가로부터 자문 받기, 해당 사건에 대한 조치 노력에 대한 문서화 등이 포함된다.

> 만약 당신이 고객의 권리가 침해되었거나 손해를 입을 잠재성이 있다고 판단되면 당신은 고객의 보호를 위해 관계 당국에 연락하는 것을 포함한 모든 필요 조치를 수행해야 한다.

(a) 조항을 근거로 행동분석가가 상해 위험성이 높고, 해당 규제 당국을 인지했다고 판단되면 이 조항은 행동분석가가 행동을 취하는 것이 의무적임을 구성하고 있다. 어떠한 행동을 취해야 할 것인지를 결정하는 데 고급 전문 기술이 필요한 때가 바로 이 시점이다. 만약 취약한 고객에게 상해가 발생한다면, 적절한 아동 및 성인 복지 기관에 의무적으로 보고·연락하는 것은 적법한 일이다. 여기서 그 상해의 정도가 얼마나 심한지, 또는 보고에 따른 후속 결과가 어떻게 되는지를 결정하는 것은 보고자의 몫이 아니다. 행동분석가는 그저 연락을 취하고 우선적으로 알고 있는 바를 모두 보고할 뿐이다. 만약 이것이 법적 침해일 경우, 행동분석가는 그 침해의 성격에 따라 경찰, 보안관, FBI 등 적절한 기관에 접촉할 필요가 있다. 다음 사례에서는 보다 직접적으로 행동을 취한 과정을 묘사하고 있다.

***

사례 7.02(B) 어처구니없이 그릇된 추정

나는 중복장애가 있는 9살 아동의 어머니로부터 학교에서 일어나는 행동을 개별평가해 달라는 요청을 받았다. 학교는 이를 승인했고, 담당 팀과의 첫 모임이 다가오자 어머니는 학생이 두통이 있는 것 같아 최근에 여러 의사와 신경과 의사를 면담했다고 보고했다. 이용 가능한 정보를 토대로 의사는 아동에게 편두통이 있는 것으로 믿었다. 최근 교사의 자료를 검토하고, 첫 관찰을 실시한 나는 경악했다. 아이가 시간당 300회 이상 머리를 때리고 있었다. 교사는 "아이가 그렇게 해야 스트레스가 풀리나 봅니다."라고 보고했다. 실시 중인 행동 계획의 내용은 필요에 따라 음식물을 제공하고 아동이 선호하지 않는 활동을 할 때에는 제외시켰다가 문제행동이 멈췄을 때에만 돌려보내는 방식이었다. 아동의 어머니는 집에서는 이런 행동을 보지 못했고, 사설 작업치료사 역시 자신의 회기 중에는 이러한 행동을 본 적이 없다고 했다. 적절한 치료가 이뤄지지 않았으므로 나는 뭔가 제대로 된 일을 하고 싶었으나, 개별평가를 통해 해당 사례를 이관 받았을 뿐이라서 나는 어떻게 해야 할지 잘 모르겠다.

***

(c) 비공식적인 해결 방법이 적절해 보이며, 비밀 유지 권리를 침해하지 않는 경우에 한하여 행동분석가는 쟁점을 해당 개인에게 알리고, 동시에 문제를 해결 조치하는 노력에 대해 문서화함으로써 문제 해결을 시도한다. 만약 문제가 해결되지 않으면, 행동분석가는 해당 권위자에게 문제를 보고해야 한다(예를 들어, 고용주, 슈퍼바이저, 조정 부서).

만약 고객에게 즉각적인 위해가 없고, 위반한 사람과 대면할 수 있다면 이 단계를 적용할 수 있다. 이런 만남은 명백히 어색할 것이므로 섬세한 손길과 상당한 수완이 필요하다. 이상적이라면, 피고발인의 혐의가 확실한지 확인하기 위해서는 만날 때 거슬리지 않는 질문을 하는 것이 좋다. 가장 바람직한 해결 방법은 피고발인이 혐의를 인정하고 윤리 규정 위반 사실을 확인한 후에 이에 대한 중지에 동의하는 것이다. 이런 절차는 보통 피고발인이 행동프로그램 혹은 유사 프로그램을 표절했을 때 적절하다. 또 다른 시나리오는 피고발인이 책임을 부인

> 동료와 문제가 있는 행동분석가는 일대일 대면으로 만나 문제를 해결하려고 시도할 의무가 있다.

하거나 "그건 큰 일이 아니에요!"라고 주장하는 경우, 규정 위반이 발생하였음을 인지하지 못하는 경우, 아무런 행동 변화의 계획도 없는 경우다. 이 때에는 해당 개인을 BACB 또는 다른 해당 권위자에게 보고할 필요가 있다.

**

사례 7.02(C) 익명의 증거 없는 주장

문제의 이메일이 내 전자 우편함에 도착했다. 회신 주소는 내가 모르는 것이었지만 나는 곧 그 이유를 알게 되었다. 이메일은 그 내용에서 쉽게 추측할 수 있는 어떤 동료에 대한 분노와 특정한 주장으로 가득했다. 이메일은 그 동료의 자녀와 그녀의 슈퍼바이저에 대해서도 언급하고 있었는데, 이 역시 쉽게 구분이 가능했다. 이 특정인은 또한 편파적인 과제 배정으로 인해 발생한 이해 관계의 이중 역할 충돌을 주장했다.

그 주장이 충격적이었기에 나는 곧바로 답신을 보내면서 "신원을 밝혀 주십시오."라고 썼다. 답신이 없었고, 나는 며칠 뒤 좀 더 강한 어조의 두 번째 이메일을 보냈다. 사흘을 더 기다린 후에 나는 이메일에 언급된 각 당사자들과 만남을 준비했고, 이메일을 공유했다. 모임에서 나는 이런 종류의 이메일은 비윤리적인 행위에 해당한다는 개인적인 의견을 밝혔다. 나는 특정 위반 사항이 무엇인지 개략적으로 설명하여 주었다. 이 설명의 요약은 다음과 같다.

자신의 신원을 숨기는 것은 기본적으로 부정직한 행위다. 기본적으로 그 의미는 "내가 너를 비난해서 상처 입고 아무 일도 할 수 없기를 바란다!"는 뜻이다. 만약 우리가 우리 분야에서 이러한 행위를 허용한다면, 아마 우리는 우리 공동체 내에서 곧바로 신뢰를 잃고 조그만 규칙 위반에도 복수에 열중하는 잔인한 경계병의 무리가 될 것이다. 신망이 두텁고 정직한 사람이라면 동료에 대한 불만이 있다 해도 그 사람을 찾아가 해당 쟁점에 대해 얼굴을 맞대고 논의할 것이다. 동료에 대한 불만을 은밀하고도 기만적인 방법으로 해결하려는 것은 명백히 가장 비윤리적인 방법이다.

익명의 이메일을 보내는 것이 불법은 아니지만 틀림없이 가장 비도덕적인 일이다. 이는 분명 평범한 전문가들의 양심에 반대되는 일이며, 우리가 서로를 존경으로 대하고 의견 불일치가 있을 경우에 공정하고 공평한 방법으로 처리한다는 근본적인 협정을 손상시키는 일이다. 익명의 이메일은 스스로를 방어할 줄 모르고 방어할 수도 없는, 아무 의심 없는 희생자에게 밤에 몰래 가하는 기습공격에 해당한다.

동료와 문제가 있는 행동분석가는 일대일 대면으로 만나 문제를 해결하려고 시도할 의무가 있다. 이 규정은 이 쟁점에 관해서 어떠한 해석의 여지도 없으며, 어려운 상황을 부정직하고 악의적인 방법으로 다루는 것에 어떠한 변명의 여지도 없다. 동료와 윤리 위반의 가능성에 대해 논의하는 것은 분명히 매우 불편한 일이다. 그러나 이 우려는 토의와 불평의 테이블에 올려 정중하고 차분한 방법으로 논의될 수 있게 해야 한다. 피고발인은 약간의 전자 탐지 작업을 통해 이메일 송신자를 추적할 수 있었고, 일대일 대면 만남과 익명에 기댄 그의 행동에 해명을 요구했다.

***

(d) 문제가 BACB의 보고 요건에 합당할 경우, 행동분석가는 BACB에 공식적인 민원을 제기해야 한다(10.02 BACB에 시기적절한 반응, 보고, 정보 갱신 제공 참조).

행동분석가가 윤리 위반으로 BACB에 동료를 보고할 필요가 있다고 생각할 정도가 되는 것은 예삿일이 아니며, 슈퍼바이저나 당신이 일하는 회사의 CEO를 보고하는 일은 훨씬 힘든 일이다. 많은 사람이 이 책임으로부터 몸을 움츠릴 것이나, 이것이야말로 고객을 손해로부터 보호하고 우리의 전문영역을 강하게 유지할 수 있게 하는 자정기능이다. 사례 7.02(c)의 희생자는 익명의 비난자를 BACB로 보고할 필요가 있다고 결정했다. 익명으로 공격을 당했던 희생자 중 한 명이 4쪽 분량의 편지를 BACB로 보냈다. 다음은 그 편지의 일부를 발췌한 것으로, 위반되었다고 믿고 있는 직업규율기준(규정 10.0)의 목록이다.

***

사례 7.02(D) 위원회에 보고된 익명의 편지

성실: 행동분석가는 진실하지 않았고 정직하지 않았다. 그녀는 사회적 · 직업적 공동체의 법적 · 도덕적 규정을 따르지 않았고, 이 갈등을 법률에 맞춰 책임성 있게 해결하는 것을 거부했다.

비밀 유지: 행동분석가는 비밀 유지에 실패했다. 그녀는 내 아이뿐만 아니라 나에 대한 정보를 공유했다.

기록 유지: 행동분석가는 비밀 정보 관리에 실패했다. 제삼자가 그녀의 컴퓨터를 사용할 수 있었고, 그 컴퓨터는 내 두 아이와 나에 대한 정보를 포함하여 많은 정보를 담고 있었다.

누설: 행동분석가는 내 동의 없이 비밀 정보를 노출시켰다.

행동분석가 동료와 타 분야 동료에 의한 윤리 위반: 행동분석가는 이메일에 언급한 모든 쟁점을 나에게 정면으로 제시하지 않았다. 우리와 함께 일하면서 한 쟁점에 대해 제시했고, 이것은 해결되었다. 그런데 나에 대한 고용이 끝나고 거의 5개월 뒤에 이메일은 내가 알지도 못하는 사이에 내 동의 없이 나의 전 대학 교수에게 기만적이고 불법적으로 보내졌다.

***

사례에 대한 답변

사례 7.01 ABA 업계에 윤리 문화 조성

이 사례에 등장한 행동분석가 신분의 ABA 회사 소유주의 진술은 윤리적 행동이 기대되고 존중되는 동시에, 모든 종업원이 이 규정을 준수해야

할 뿐만 아니라 이것을 격려하고 지원해야 한다는 점을 천명하려는 명시적 노력이다. 이 회사는 행동 관련 조직을 위한 윤리 규정(COEBO)을 지지하도록 격려하는 전국적인 운동에 돌입했다. 추가 정보는 20장 http://www.coebo.com/the-code/를 참조하라.

사례 7.02(A) 이중 위반

면접 중인 치료사에게 타 기관 단체장에 대해 논평을 하는 것은 명백히 비밀 누설(비윤리적)이며, 추가적으로 명예훼손(불법)도 가능하다. 고객에 대한 개인 정보를 권한 없는 개인에게 노출시키는 것은 윤리 침해이자 HIPAA 위반(즉, 「연방법」 위반)이며, 이것은 심각한 일이다. 그러나 당신이 면접 현장에 없었으므로 그 정보는 당신에게는 간접적(즉, 전해 들은)이다. 당신은 치료사에게 그녀가 취할 수 있는 몇 가지 행동을 제시할 수 있지만 당신이 이 사례에서 직접 어떤 행동을 취할 수 있는 지위를 갖고 있지 않다. 치료사는 고객의 부모에게 연락을 취할 수 있겠지만, 또 다른 아이디어는 치료사가 면접관이 근무하는 기관 단체장에게 연락하여 당신 기관 내에 비윤리적인 사람이 있다고 보고하도록 제안하는 것이다. 취약한 가족도 면접관에게 조치를 취하고 싶어 할지도 모르나, 마찬가지로 이 가족도 간접적인 정보를 가지는 셈이므로 그렇게 하기는 어렵다. 이런 종류의 험담이 얼마나 심각한지에 대해 어느 정도 안목을 갖추게 되면 "HIPAA에 대한 미준수 사항이 민사 및 형사적 형벌을 일으킬 수 있다."[3]는 사실을 알 수 있게 된다. 만약 HIPAA 위반이 고의적 태만으로 인한 것이고, 이것이 시정되지 않는다면 최소 벌금액은 위반 건당 최소 5만 달러, 연간 최대 150만 달러다.[4]

사례 7.02(B) 어처구니없이 그릇된 추정

이 사례에서 행동분석가는 학교 자료를 가져와 어머니에게 보여 주면서 딸을 학교로 돌려보내지 말라고 조언하였다. 왜냐하면 학교가 자해행동을 유발하고 유지하는 '유해한 행동 환경'으로 보였기 때문이다. 아동의 어머니는 이 조언을 받아들여 자신의 변호인이 참석한 IEP 회의를 요청했다.

행동분석가는 회의에서 학교에서의 자료를 제시했고, 그것을 집에서의 자료와 비교했다. 어머니는 아이를 자신이 선택한 다른 학교로 곧장 전학시켜 달라고 요청했다. 이 요청은 아무런 반발과 조건 없이 허가되었다.

사례 7.02(C) 익명의 증거 없는 주장

이 사례는 저자들이 지금껏 만나 본 것 중 한 행동분석가가 다른 행동분석가에게 저질렀던 가장 어처구니없는 행동 중 하나다. 피해자는 이메일 계정과 IP 주소를 추적하는 컴퓨터 프로그램을 발견했다. 그 IP 주소는 익명의 이메일을 보낸 IP 주소와 일치했다. 이메일은 사실상 '익명'의 작업 컴퓨터에서 보내진 것이었다.

사례 7.02(D) 위원회에 보고된 익명의 편지

우리는 BACB로 보낸 편지 결과물을 공개하는 데 자유롭지 못하다. 그러나 '익명인'은 그 보고가 보내진 후 곧바로 사임했고, 그 주를 완전히 떠난 것으로 보인다.

제13장 공적 진술(규정 8.0)

"우리가 ABA를 알릴 필요가 있다."는 것이 행동분석가들 사이에서 공통된 주제다. 최근 이런 일들이 더 자주 발생하는 것 같다. 구글 뉴스에는 전국에 걸쳐 문을 여는 새로운 행동분석 시설에 대한 기사들이 정기적으로 뜬다. 2012년 마이애미 연방소송에서 판사는

> 행동분석 치료를 지원하는 보험 규정에 대한 주 법이 같은 시기에 통과됨으로써 이 분야의 전문 직업인과 종사자에게 전에 갖지 못했던 '목소리'를 주었다.

한 영구적 금지 명령에서 다음과 같이 선고했다. "원고는 ABA가 장애를 예방하고 자폐증, 즉 ASD를 가진 아동에게 발달 기술을 회복시켜 주는 효과적이고 중요한 치료임을 입증하는 동료평가 기반의 메타 분석, 조사, 논문이 의료 및 과학 문헌에 넘쳐나게 존재한다는 사실을 전문가 증인을 통해 입증했다. 이에 따라 플로리다 주는 자폐증, 즉 ASD로 진단받은 플로리다에 거주하는 21세 이하의 모든 저소득층 의료보험(Medicaid) 수급자에게 ABA 치료를 제공하고, 자금을 주고, 승인하도록 명령했다."(Lenard, 2012) 이 명령에는 파급효과가 있었다. 행동분석 서비스가 미국 전역에 걸쳐 수많은 사람에게 이용 가능하게 된 것이다. 마지막으로, 법률적인 입장에서 ABA는 중요하

다. 행동분석 치료를 지원하는 보험 규정에 대한 주 법이 같은 시기에 통과됨으로써 이 분야의 전문 직업인과 종사자에게 전에 갖지 못했던 '발언권'을 주었다. 이 대중적 인지도(public visibility)는 과학에 근거한 우리의 치료 방법론에 걸맞게 절제되고 책임감이 있어야 한다. 규정의 최근 판은 이러한 관심과 의무를 반영한다.

8.0 공적 진술

행동분석가는 전문적 서비스, 제품, 출판물, 행동분석 전문 분야에 대한 공적 문서에 관해 이 규정을 준수해야 한다. 공적 문서는 다음의 내용을 포함하는데, 유료 및 무료 광고, 브로슈어, 인쇄물, 전화번호부 목록, 개인 이력서와 경력서, 언론 사용을 목적으로 한 인터뷰와 논평, 법적 절차를 통한 진술, 강의와 공개 발표, 소셜 미디어와 출판물 등이다.

이 윤리 규정은 당신이 상품, 서비스, 행동분석 분야에 관해 대중과 의사소통할 때마다 관계된다는 점을 반드시 기억해야 한다. 예를 들어, 당신은 전문직 행동의 높은 기준을 지지하고(1.04), 비밀을 유지하고(2.06), 효과를 과장하지 않고(8.02), 타인의 공헌을 인정해야 한다(8.03). 여기서 이해되는 공적 진술이란 법정이든, 대중 설명회이든 어떤 형태의 인쇄 출판물이나 소셜 미디어에 상관없이 모든 형태의 광고, 직업별 인명부 목록, 이력서, 모든 형태의 구두 발언을 포함한다.

다음은 소셜 미디어와 관련된 비윤리적 행동의 사례다.

***

사례 8.0 두 행동분석가가 한 웹사이트에 가다

두 행동분석가가 한 국제행동분석가(BCBA) 과정의 실습에 슈퍼비전을

제공했다. 두 사람은 인기 있는 소셜 미디어 사이트에서 프로그램 졸업을
축하하는 글에 답신으로 해당 프로그램과 강사진의 질에 대해 험담하는 논
평을 올렸다. 그들은 과정 명을 언급하지는 않았지만 글을 통해 프로그램
협회가 어디인지 알 수 있었다. 이 글은 해당 프로그램의 국제행동분석가
(BCBA) 교수진 중 한 명에 의해 발견되었다.

***

만약 두 행동분석가가 프로그램의 질에 관심이 있었다면, 관련된 교수진
과 이를 해결하려 했어야 했다. 자신의 관심을 공개하는 것은 방향이 잘못
되었고, 프로그램 이수자에게는 부당한 것이었다.

8.01 거짓 또는 허위 문서 방지(RBT)

(a) 행동분석가는 자신이 언급하고, 전달하고, 제안한 내용이라는 이유로,
또는 자신의 연구나 실습, 기타 업무 활동에 대한 누락을 이유로, 또는
다른 업무 활동 혹은 소속 기관이나 관계자들의 업무상 이유로 허위,
기만, 오해의 소지가 있거나 과장 또는 사기성의 공적 진술을 해선 안
된다. 행동분석가는 오로지 행동분석적 내용에 대해서만, 자신의 행동
분석 업무의 자격 조건하에서만 주장해야 한다.

이 규정 조항은 행동분석가는 자신의 배경과 훈련, 실행 방법과 결과물,
연구 결과를 항상 진실하게 진술해야 함을 우리 분야 사람들에게 주목시키
기 위해 고안되었다. 행동분석가는 관심을 끌기 위해, 명성을 얻기 위해, 사
업을 육성하기 위해 과장하거나 허위 진술을 하지 않아야 한다. 행동분석가
가 행동분석 학술이나 웹사이트에 자격을 게시할 때에는 ABA와 관련된 자
격만 포함시켜야 한다. 예를 들어, 처음에 작업치료사(OT)로 훈련받고, 나중

에 행동분석 박사학위를 취득한 사람은 행동분석에서 자신의 직무를 기술할 때 OT 자격증을 언급하지 않아야 한다.

다음 사례의 경우, 웹사이트에 자기소개서를 올린 사람은 다른 영역에서 받은 훈련에서 행동분석적 업무를 구분해 내기 어렵다.

***

사례 8.01(A) 다재다능한 Jill

Jill은 감각통합과 실용검사를 실행하고 해석하는 일과 듣기 치료 프로그램 영역에서 훈련을 받고 자격을 취득했다. 또 감각운동 통합훈련사(Interactive Metronome Provider)이고, 청각통합 훈련(Auditory Integration Training)을 수료했으며, 공인 얼렌 증후군 판별사(a certified Irlen Syndrome Screener)이고, ABA 자격을 수료하였다.

***

(b) 행동분석가는 비행동분석적 중재를 실행하지 않도록 한다. 비행동분석 서비스는 비행동분석적 교육 콘텐츠, 형식적인 훈련 또는 자격 심사 맥락 내에서 제공할 수 있다. 이러한 서비스는 그들의 행동분석 중재와 BACB 자격 요건과 다음의 제한 조항을 사용하여 구별시켜야 한다. "이 중재는 전혀 행동분석적이지 않으며, 나의 BACB 자격에 포함되지 않는다."를 명시한 제한 조항에는 모든 비행동분석적 중재의 이름과 서술을 함께 나열해야 한다.

이 규정 조항의 목적은 시중에서 이용할 수 있는 모든 다른 형태의 치료와 행동분석 간에 혼란을 피하는 것이다. 우리 기준에 따르면, 이 중 많은 것이 증거에 기초하지 않는다. 행동분석가는 ABA를 실험적 행동분석에 뿌리를 두고 인간에 확대ㆍ적용하여 놀랍고, 체계적이고, 반복 가능한 결과를 낳는 유일한 접근 방법으로 본다. 과학에 기초한 치료와 일시적 유행 치료 방법을 혼합하는 것은 우리 분야 대부분의 행동분석가에게는 받아들일 수 없는 일이다. 과학적 방법에 서툴고, 겉만 화려한 일화, 미사여구로 꾸며진 추천사, 회복과 치료에 대한 화려한 약속이 들어 있는 광고에 민감한 일반 대중들은 이러한 일시적인 유행의 절차를 활용하라고 행동분석가를 압박할 수도 있다(Foxx & Mulick, 2016). 그러나 압력에 굴하지 않고 오히려 점잖게 거절하고 교육하는 것이 올바른 반응이다. 단지 돈을 더 벌기 위해 Floortime 기법을 ABA에 혼합하는 것은 명백히 비윤리다. 어느 행동분석가의 웹페이지의 서술을 고려해 보자.

***

Noreen은 DIR/Floortime, 언어행동치료, 바르게 글씨 쓰기, 감각통합, 사회기술훈련, 보완대체 의사소통, 불안증 관리, 기타 다수에 경험이 있다.

***

Noreen이 이러한 유행 치료 방법을 행동분석 업무에 포함시키지 않는다는 것을 대중에게 교육시킬 수 있는 적절한 방법은 다음과 같다.

***

Noreen은 국제행동분석가(BCBA)로서, DIR/Floortime, 바르게 글씨 쓰기, 감각통합, 사회기술훈련, 보완대체 의사소통, 불안증 관리를 사용하는 동료와 함께 일해 왔으며, 그 효과에 대한 평가를 돕고 있다. 주의: 이러한 중재는 성질상 행동분석적이 아니며, 본인의 BACB 자격으로는 수행하지 않는다.

***

다음 사례는 BCBA-D가 DIR/Floortime 분야에서 먼저 훈련을 받고 오랫동안 전념하였으며, 비증거 기반의 절차를 ABA에 앞서 적극적으로 추천한 경우다.

***

사례 8.01(E) Floortime을 지지하는 BCBA-D

나는 한 BCBA-D가 쓴 보고서(우리가 행동 자문을 제공하는 아동을 대상으로 한 보고서)에서 ABA 기반 방법이 아닌 Floortime을 치료 모델로 제안한 것을 보았다. 심지어 한 보고서에서는 개별시도훈련(DTT)을 사용하면 안 되고, Floortime이 더 나은 선택이라고 언급했다. 이 사람은 수년 동안 Floortime 지지자였다. 그녀는 오랫동안 Floortime 서비스를 제공해 왔다. 그녀는 추천을 하면서도 아무런 자료도 참조하지 않았으며, 우리에게 자료를 요구하지도 않았다. 이 임상가가 여러 차례 ABA를 못하게 한 탓에 우리가 이 가족과 함께 일하며 ABA 방법을 받아들이게 하는 것이 꽤 어려웠다.

***

(c) 행동분석가는 비행동분석적 서비스를 행동분석적인 것처럼 광고하지 않도록 한다.

(d) 행동분석가는 비행동분석적 서비스를 청구서, 계산서, 또는 배상 요구상 행동분석적 서비스처럼 하지 않도록 한다.

(e) 행동분석가는 행동분석 서비스 권한 하에서는 비행동분석적 서비스를 구현하지 않도록 한다.

8.01은 행동분석가가 촉진된 의사소통(FC), Floortime, 감각통합, 글루텐-카세인 식이요법, 항진균성(antifungal) 중재, 자석 신발 삽입, 중량 조끼(weighted vest) 외에 더 많은 예를 포함하여 어떤 형태이든 행동분석과 비행동분석적 치료의 혼합을 피한다는 것을 분명히 한다.[1] 이 외에도 기적의 미네랄 용액법(MMS)(실제로는 표백제임), 화학적 거세(chemical castration), 킬레

이트(chelation), 고압산소치료, 양 줄기세포법(sheep stem cells)이 '오싹하게 하는' 치료법에 포함되어 있다.[2]

8.02 지적 재산권(RBT)

(a) 행동분석가는 법에 따라 상표 또는 저작권이 있는 자료(material)를 사용할 수 있는 동의를 얻을 수 있다. 이것은 타인의 지적 재산권을 인정하는 상표 또는 저작권 기호를 포함하여 인용을 하는 것을 포함한다.

(b) 행동분석가는 강의, 워크숍, 그 외 발표를 할 때 저자에게 적절한 가치 부여(credit)를 제공해야 한다.

행동분석가가 발표를 하거나, 글을 쓰거나, 인터뷰를 할 때 그 자료에 책임이 있는 저자나 연구자에게 적절하게 가치 부여를 인정하는 것은 중요하다.

발표, 워크숍, 강의와 관련하여 청중 앞에서 더 해박해 보이기 위해 '인용할' 때임에도 일인칭("내 생각에는…….")을 사용하는 자연스런 경향이 있다. 이런 경향은 연구를 실제로 수행한 사람이나 개념을 창안한 사람의 가치 부여를 인정하기 위하여 삼가야 한다.

신문, 잡지 취재 같은 인쇄 매체에서 편집자는 자주 글쓴이에게 원본을 요구하고 저작권과 상표권이 보호되고 있는지 확인해야 한다.

소셜 미디어는 완전히 또 다른 이야기다. 소셜 미디어를 통하면 보다 넓은 범위의 청중에게 빠르게 알릴 수 있다는 이점이 있는 것이 사실이다. 그러나 정보를 전달함에 있어 통제되지 않고, 슈퍼비전 되지 않고, 관리되지 않으므로 발생하는 문제점도 있다. 소셜 미디어 상 엄청난 양의 반쪽 진실과 왜곡 속에서 빼어나게 인정받는 것이 거의 불가능하지만 행동분석가는 다른 누군가에 의해 자료가 개발되었다면 그것이 자신의 것이라는 인상을 짓지 않도록 최선의 노력을 다해야 한다.

8.03 다른 사람에 의한 문서(RBT)

(a) 전문적 임상, 성과, 다양한 활동을 촉진하기 위해 공적 진술서를 작성하거나 발표하는 일로 여러 사람과 관계된 행동분석가는 그러한 공적 진술에 대한 전문적 책임을 지속적으로 견지해야 한다.

(b) 행동분석가는 행동분석가적 업무나 전문적·과학적 활동과 관련하여 감독 대상이 아닌 타인(예를 들어, 고용주, 출판사, 스폰서, 기관의 고객, 인쇄 매체 또는 방송매체의 대표자)이 허위 문서를 만들지 못하도록 합당한 노력을 해야 한다.

(c) 만약 행동분석가가 다른 사람에 의해 만들어진 그들의 성과에 관한 허위 문서를 접한다면, 행동분석가는 그것을 수정하도록 합리적인 노력을 해야 한다.

(d) 행동분석가 활동과 관련된 유료 광고가 문맥상 명백히 제시되지 않았다면, 반드시 유료 광고임을 확실히 해야 한다.

이 규정 조항은 원천적 책임이 있는 행동분석가의 손에 공적 진술에 대한 책임을 명확히 두고 있다. 행동분석가가 타인을 고용하여 보도 자료를 쓰게 하고, 웹페이지를 관리하고, Facebook, LinkedIn, Twitter, Instagram, Pinterest, 다른 소셜 네트워킹 사이트에 글을 쓸 때 행동분석가는 그 내용과 게시에 책임을 져야 한다.

8.04 미디어 발표와 미디어를 사용한 서비스

(a) 전자 매체(예를 들어, 비디오, 전자 학습, 소셜 미디어, 정보의 전자 전송)를 사용하는 행동분석가는 이 규정을 준수하기 위해 보안 및 전자 매체의 제한 사항에 대한 지식을 습득하고 지켜야 한다.

우리는 마치 해커 시대에 살고 있는 것 같아서 행동분석은 전자 매체를 통해 얻은 자료를 불법적, 파괴적으로 사용하는 것에 면역되어 있지 않다. 영업을 촉진하고, 고객을 훈련시키고, 학생을 교육하기 위해 디지털 미디어, 전자 상거래, 원거리상담(teleconsulting), 온라인 교육의 최첨단을 걷고 있는 사람은 자신이 만들고, 수신하고, 수정하고, 송신한 자료를 통제할 책임이 있음을 알고 있어야 한다. 우리는 행동분석과 연관된 다음과 같은 제목의 신문기사는 보고 싶지 않다. "미국 건강보험사 Premera Blue Cross 사의 IT 시스템에 구멍이 뚫려 천백만 고객의 자금 기록, 의료 기록이 노출되었다고 밝혔다."[3]

(b) 행동분석가는 동의서를 얻지 않은 한 고객, 슈퍼비전 피제공자, 학생, 연구 대상자, 다른 서비스 수신자와 관련된 개인 정보를 공개하지 않으며, 공적 진술을 만들거나 전자적 미디어를 사용한 발표를 공개하지 못한다.

(c) 전자 매체를 사용하여 발표하는 행동분석가는 가능하면 참여자에 관련된 비밀 정보를 은폐하여 다른 사람이 개별적으로 식별할 수 없게 하며, 토의 과정에서도 식별 가능한 참여자에게 해를 끼치지 않도록 가능한 한 변조하도록 한다.

많은 행동분석가는 고객의 인간적인 면을 보여 주기 위해 웹 페이지나 발표에서 그들의 사진을 이용하려 한다. 그러나 이로 인해 고객(그리고 그의 가족)을 노출시키고, 그들이 자폐스펙트럼장애이거나 발달장애이고, 또는 다른 행동 서비스를 받고 있다는 것을 세상에 드러내기 때문에 이는 비윤리적이다. 우리는 모든 이에게 웹페이지, 소셜 미디어 페이지, 슬라이드 덱(deck)을 점검하여 이러한 상황을 시정하도록 촉구한다. 만약 당신이 웹을 서핑하거나 토론회에 참석하던 중 이러한 상황을 목격한다면, 우선 이 페이지 작성자나 소유자, 또는 대변인에게 이런 감시에 대해 환기를 시켜 이들이 필요한 정정을 하도록 요청하는 것이 제대로 된 절차다. "우리의 고객은 사생활과 비밀에 권리를 갖고 있다."라는 요청의 정당성을 제공해야 한다. 만약 이것이 적절한 기간에 시정되지 않으면, 이를 BACB에 보고해야 한다.

(d) 행동분석가는 공개 강의, 시연, 라디오나 TV프로그램, 전자 매체, 기사, 우편발송자료 혹은 기타 매체를 통해 공적 진술 또는 조언이나 의견을 제공할 때, 다음과 같은 조건을 보장하도록 적절한 예방 조치를 취해야 한다. (1) 적절한 행동분석적 문헌과 중재를 기반으로 작성하며, (2) 기타의 경우라도 본 규정과 일치해야 하고, (3) 조언이나 의견을 제시하면서 이를 제시 받은 사람과 서비스에 대한 계약을 맺지 않도록 한다.

행동분석에 기초한 양질의 공적인 발표를 제공한 좋은 예는 BCBA인 Conny Raaymakers의 팟 캐스트를 통한 면담이다.[4]

8.05 추천서와 광고(RBT)

행동분석가는 자신의 웹 페이지, 기타 전자 자료나 인쇄 자료에 게시하기 위해 현재 고객의 행동분석 서비스에 대한 평가를 사용하지 못한다. 이전 고객의 증언 자료는 요청 여부를 확실히 해야 하고, 행동분석가와 증언 작성자 간의 관계를 정확하게 진술하며, 증명서 청구에 대한 모든 관련 법률을 준수해야 한다. 행동분석가는 제공하는 증거 기반 서비스 유형과 종류를 설명하고, 직원의 자격, 객관적인 결과 자료를 해당 법에 따라 발표해야 한다.

추천서는 단지 광고와 다른 형태이며, 근본적으로 행동분석과 어울리지 않는다는 것을 처음부터 명심하는 것이 중요하다. 행동분석은 자료에 근거한 분야이지만, 추천서는 기껏해야 일화일 뿐이다. 더구나 우리의 핵심 원리 중 하나는 고객마다 특별한 장·단점, 동기, 알려진 강화제, 강화 이력에 근거하여 개별화된 치료를 제공한다는 점이다. 우리는 각각의 고객으로부터 동일한 결과물을 기대하지 않는다. "ABA가 어떻게 자기 아이를 치료했는가?"에 대한 부모로부터의 애달픈 추천서는 틀림없이 그 회사를 대단하게 느끼게 하겠지만, 그것을 읽고 심각하게 받아들이는 누군가에게는 헛된 희망을 안겨 줄 수 있다.

이 규정은 현재 고객과 '이전의 고객'을 구분 짓는 합당한 이유가 있다. 일단 고객은 치료가 성공적으로 끝났다면, 이중 역할의 이해 충돌이 일어나지 않을 것이다. 그러나 지금의 고객에게는 완전히 다른 상황이다. 현재의 고객에게 추천서를 제공하라고 요청하는 것은 명백히 고객을 어색한 지위에 놓이게 하여 고객이 치료사나 단체장을 감동시키기 위해 자신의 비평을 좋게 장식할 필요를 느낄 것이다. 추천서를 달라고 요청 받은 부모는 열심히 작성하지 않으면 아이가 받는 서비스 질이 위협받을지도 모른다고 걱정할 것이다. 현재의 고객은 화려한 칭찬이 특별한 서비스, 특권 또는 자기 아이에 대한 특별한 배려를 불러온다고 생각할 수 있다. 마땅히 그럴 만하다.

지금은 이전 고객의 추천서를 사용할 때 광고자(대개는 ABA 회사의 웹사이트 형태)가 엄격한 투명성 지침에 맞추어 유의 사항을 고지하도록 하고 있다.[5] 다음의 추천서는 윤리 규정 8.06에서는 허용이 불가능하다. 왜냐하면 아동이 여전히 그 시설의 고객이기 때문이다.

***

　　잠시 쉬기도 했지만 Brian이 일 년 이상을 여러분과 함께하고 있군요. 아이는 더 이상 처음의 그 아이가 아니에요. 지금까지 여러분의 도움이 있었고, 저도 Rocky Ridge 프로그램과 직원들 덕분에 행복했습니다. 언어, 행동, 사회적 기술, 학업 및 일반 태도 모두 엄청나게 발전했네요. Rocky Ridge는 우리 가족의 삶에 중요한 부분이 되었습니다. 여러분 모두에게 추천합니다! – Brian 엄마로부터

***

　　치료가 완료되어 Brian이 정규 학교에 다니게 된다면, 다음과 같은 추천서는 허용될 것이다.

***

　　잠시 쉬기도 했지만 Brian이 3년(약간의 공백이 있었지만)을 여러분과 함께했군요. 아이는 더 이상 처음의 그 아이가 아니에요. Brian은 지금 정규 유치원에 입학했고, 저도 Rocky Ridge 프로그램과 직원들 덕분에 행복했습니다. 언어, 행동, 사회적 기술, 학업 및 일반 태도 모두 엄청나게 발전했네요. Rocky Ridge는 우리 가족의 삶에 중요한 부분이 되었습니다. 여러분 모두에게 추천합니다! – Brian 엄마로부터

***

　　가끔 추천서에 대한 제한 조항 고지(disclaimer)가 윤리적인 경우가 있다. Brian 어머니의 추천서에서 다음과 같은 고지 사항은 허용 가능하다.

***

　　이 추천서는 Rocky Ridge에서 3년간 집중 치료 후 퇴원한 Brian의 어머니에게 요청하여 얻은 것입니다. 그녀는 이 추천서를 제공한 것에 대해 대가를 받지 않았으나 수료자를 위한 특별한 저녁 식사 초대에 응했습니

다. 이 추천서는 한 가족의 경험에 근거하며, 이런 극적인 결과는 일반적인 것이 아닙니다.

***

Brian이 이제는 더 이상 고객이 아님을 나타내는 과거 시제를 주목해야 한다. 그리고 추천서는 부탁하여 얻은 것이며, Brian의 어머니는 저녁 식사로 보상의 형태를 받았다는 것을 주목하라. 또한 제한 조항이 연방통상위원회(The Federal Trade Commission: FTC)에 의해 요구된다는 것에 주목해야 한다.

여전히 추천서 사용을 고려하고 있는 사람을 위해서 FTC가 이런 형태의 광고에 대해 엄격한 지침을 명시해 왔다는 것을 주목하라.[6]

***

행동분석가는 해당 법률에 따라 자신이 제공하는 증거 기반 서비스의 종류와 형태, 직원의 자격 기준, 그리고 자신이 누적 또는 발행해 온 객관적인 결과 자료를 기술함으로써 광고할 수 있다.

***

추천서를 사용하지 않고 광고하는 좋은 예로 통합행동치료 웹사이트(https://ibs.cc)가 있다.

***

"치료 프로그램은 다양한 현장에서 타깃 기술들에 대한 정밀교수법을 사용하도록 고안되어 있습니다. IBS 치료사는 가정에서, 학교에서, 그리고 지역사회에서 아동을 직접 치료합니다."

"자폐증 아동을 위한 최선의 치료 프로그램을 BCBA가 지원하고 있으며, 발전 상황을 점검하면서 필요시 전략을 조정합니다."

"적절한 서비스를 받으면 자폐증을 가진 사람이 각 영역에서 상당한 진전을 보일 수 있다는 것이 연구 문헌에 매우 잘 나타나 있습니다. 특히, 아동의 경우 치료 프로그램의 조기 투입, 집중적인 교육 프로그램(예를 들어, 주당 25시간 이상. 연간 12개월), 1:1과 소그룹 교육의 기회, 부모교육, 지속적인 프로그램 평가와 조정 시스템이 포함되어야 합니다."

"IBS는 서로 다른 다양한 현장에서 다양한 개인(18개월 아이부터 성인에 이르기까지)에게 이러한 해결 방법을 제공하며, 여기에는 집중적인 가정 프로그램(intensive in-home programs), 공립학교 ABA 학급, 지역공동체 기반의 배치 및 편의시설이 포함되어 있습니다. 우리의 전문 영역은 자폐스펙트럼장애이지만 IBS는 기타 행동장애 및 발달장애를 가진 아동과 성인을 대상에게도 서비스를 제공합니다."[7]

8.06 개인적 청탁(RBT)

행동분석가는 직접 또는 대리인을 통해 실질적 · 잠재적 서비스 이용자에게 업무에 관한 바람직하지 않은 대인 청탁을 하지 않아야 한다. 서비스 이용자는 그들의 특정한 환경 때문에 부당 압박에 취약하다. 그러나 업무적 재무상 직위와 무관하게 기업과 단체에 대해서 기관 행동 관리 또는 성과 관리 서비스 내용으로 상업 활동을 할 수 있다.

***

사례 8.06 **논란이 된 자선 경매**

나는 자선 경매(silent auction)에서 임상 경험을 기부해 달라는 요청을 받아 왔다. 특히, 일차 평가(즉, VB-MAPPs)와 그 평가 결과를 제공하는 서비스를 경매에 기부하도록 요청받았다. 나는 윤리 기준을 늘 염두에 두고 있었다. 그리고 내가 겪을 수 있는 대부분의 쟁점은 서명 날인된 계약서를 사용하는 방법으로 명확하게 할 수 있다. 이 경우에는 여전히 한 가지 쟁점이 남는다. 바로 8.07의 '개인적 청탁'에 대한 나의 견해가 모호해졌다. 새로 진단받은 아동의 가정이 얼마나 취약한지 잘 알고 있기 때문에 그 집을 방문하여 평가하는 작업을 명쾌하게 구분할 수 있을지 염려스럽다. 이러한 상황에서 당신이 얼마나 전문가답게 처리할 수 있느냐가 쟁점이다. 어떤 사람은 그 경계가 아주 명확해서 계약한 대로 가정을 방문하여 일을 처리해도 가족에게는 BCBA에게 '신세졌다.'는 느낌을 주지 않을 수 있지만, 다른 전문가는 그런 경계를 명쾌하게 짓지 못할 수도 있다. 나는 이런 애매한 상황에 대해 이분법적인 반응보다 어떠한 피드백이라도 받고 싶다.

***

사례에 대한 답변

사례 8.0 두 행동분석가가 한 웹사이트에 가다

두 명의 BCBA가 규정 7.02(C)를 명백히 어긴 사례다. 비공식적인 해결 방법이 적절하게 보이고 비밀 보장의 권리를 위반한 것이 아니라면, 행동 분석가는 그 개인의 관심을 야기하는 쟁점을 해결하기 위한 시도를 하고 그러한 노력에 대해 기록할 것이다. 포스팅을 통해 '고등교육 기관'임을 유추할 수 있기 때문에 이는 사회적 매체에 대한 규정 8.0을 어긴 셈이다.

미디어 사이트에 남긴 댓글의 성격에 따라 대학원에서는 비방이나 고발이 소송의 근거가 되는지를 알아보기 위해 법률가의 조언을 받을 필요가 있다. 위반이 발생했기 때문에 그 포스트를 발견한 BCBA는 두 명의 BCBA와 대면하여 그들의 행동에 대한 설명을 요구할 필요가 있다. 만약 답변이 만족스럽지 못하면 그 상황을 BACB에 보고해야 한다.

사례 8.01(A) 다재다능한 Jill

Jill은 ABA를 여러 수단 중 하나일 뿐이라고 생각하는 전형적인 사람이다. 그녀의 포스팅에 ABA는 그녀가 받아 온 다른 훈련과 유사하다고 올려 소비자가 오해할 수 있다.

사례 8.01(E) Floortime을 지지하는 BCBA-D

질문자는 직접 BCBA-D를 만나서 규정에 대해 토의할 것을 충고 받았다. 몇 달 후에 그녀는 "그 사람은 더 이상 BCBA가 아니고 우리와 만난 이후에 자격증을 갱신하지도 않았다."고 적었다.

사례 8.06 논란이 된 자선 경매

이는 매우 드문 경우다. 그 가족은 무료로 평가를 받았다. 그러나 그 후에 행동 서비스를 받기 위해 계약하려고 한다. 이것은 간접 형태의 청탁이지만, 그럼에도 불구하고 청탁 행위다. 가장 좋은 방법은 평가해 달라는 요청을 거절하고, 이것이 적절하지 않은 형태의 청탁이라고 설명한다.

몇 달 후 행동분석가의 후기: 나는 요청 받은 평가 패키지에 응하지 않았다. 나는 새로운 진단에 매우 취약한 가족에게 제공하기를 원하지 않았다. 그러한 기부의 결과 때문에 상황이 다소 강요적으로 될 수 있었다. 그러나 나는 학교에서 구매할 수 있는 특정 주제(학습에 대한 협력 관계 수립, 동기 부여 등)에 관한 훈련 워크숍을 경매를 통해 제안하기로 결정했다. 나는 그러한 기부가 갖는 잠재적인 위해성을 알지 못했다.

제14장 행동분석가와 연구(규정 9.0)

　BACB 윤리 규정의 대부분은 고객에 대한 직접서비스를 제공하는 것과 관련되어 있다. 그러나 윤리 규정에 추가적인 주제가 몇 개 있는데 그 중 하나가 '행동분석가와 연구'이다.

　행동분석가들은 주로 자문가나 행동분석 보조자로 일하지만 때로는 연구 계획을 설계하고 수행하는 대학원 프로그램 과정에서 일할 때도 많다. 연구를 수행할 때 윤리적 고려가 가장 중요하며, 대부분의 사례에서 윤리적 쟁점은 연구를 승인, 감시, 검토하는 연구심의위원회(Institutional Review Boards: IRBs)가 감독한다. IRBs의 근본적인 역할은 연구 참여자의 복지를 보호하는 것이며, BACB 윤리 규정은 윤리와 관련한 추가적 수준의 특수성을 제시한다.

　행동분석 연구 수행은 윤리 규정에 명시된 복잡한 단계의 필요조건과 관련되어 있다. 몇몇 필요조건은 광범위한데 연구 수행이 지방과 주의 법 및 규제를 준수하고 보고해야 한다는 경고와 더불어 규정 9.01 연구의 설계 및 보고를 포함한다. 윤리 규정의 세부적인 사항에 윤리적이고 책임 있는 연구의 특징이 설명되어 있다. 여기에는 공식적인 심의위원회로부터 승인 받는 것부터 규정 9.02(a) 실험 참여자를 관심사 충돌의 갈등을 피하고 '품위와 복지'를 보호하는 것까지 포함되어 있다. 규정 9.03은 보호자나 실험 참여자로부터 '고지'에 입각한 동의서를 받는 필수적 절차를 포함하며, 규정 9.04는 교육이나 다른 형태의 설명에서 얻은 비밀 정보 사용에 대한 내용이다. 다년간 행동분석가의 좋은 본보기는 마무리될 때 연구 관련자에게 보고했던 것인데 이 내용이 9.05에 언급되어 있다. 새로운 윤리 규정은 다음과 같은 연구 직후 활동에 관한 토픽을 다루고 있는데 연구 지원과 저널 리뷰 과정(9.06), 표절 금지(9.07), 타 연구 참여자의 기여 사항에 대한 공지 등과 같은 윤리 조항이 여기에 속한다. 강력한 결론 부분인 규정 9.09에는 행동분석가가 자료를 위조하지 말 것[9.09(a)], 결과물의 해석을 변화시킬 수 있는 결론 부분을 삭제하지 말 것[9.09(b)], 이전에 발표된 자료를 재출판하지 말 것[9.09(c)]과 행동분석 영역의 발전을 위해 자신의 원 자료를 다른 전문가와 공유할 것[9.09(d)] 등을 분명히 하고 있다.

다른 심리학 연구와 마찬가지로 행동분석연구는 1974년에 제정된 「국가연구법(National Research Act)」에 규정된 규칙에 따른다.[1] 이 법에 근거하여 연구가 수행되고 있는 각 대학에 거의 대부분 연구심의위원회(IRB)가 설립되었다. IRB의 설립 목표는 사람을 대상으로 하는 행동연구의 검토, 승인 및 연구 참여자에게 가해질 수 있는 피해를 방지하기 위한 감시 체계를 제공하기 위함이다. 연구 제안서를 검토하는 과정에서 IRB 위원들은 해당 연구가 반드시 수행되어야 하는지 여부를 결정하기 위해 위험-효율성 분석(용어 사전의 위험-효율성 분석 참조)을 실시할 수도 있다. 만약 연구에서 얻을 성과보다 위험이 크다고 IRB가 판단할 경우, 연구 제안서가 거절되거나 재검토를 위해 돌려보내질 수 있다. 연구에 대한 엄격한 통제 때문에 윤리 위반 불만으로 행동분석가자격증위원회(BACB)의 주목을 받는 경우는 극히 드물다. 연구와 관련한 주요 쟁점은 IRB로 이첩되고, 이곳에서 감시 책임을 진다.

9.0 행동분석 및 연구

행동분석가는 과학적 적절성과 윤리적 연구에 대한 기준에 의거하여 연구를 계획하고, 진행하고, 보고해야 한다.

9.01 법과 규정 준수(RBT)

행동분석가는 계획 및 연구의 실행에 적용되는 모든 법률 및 규정뿐 아니라, 전문적 기준과 일치하는 방식으로 연구를 계획하고 실행해야 한다. 또한 행동분석가는 필수-보고 요건과 관련된 법률과 규정도 준수해야 한다.

이 조항은 연구자가 자신의 연구에 참여한 모든 사람과 관련하여 '적용되는' 정부 법을 숙지하고 준수해야 함을 분명히 한다. '적용되는'은 동의할 수 없기에 계약의 의미를 숙지하지 못한 사람들도 대상으로 한다(위험과 시간에 대한 책무 포함).

9.02 책임 있는 연구의 특징

(a) 행동분석가는 독립적이고 공식적인 연구심의위원회의 승인 후에 연구를 시작할 수 있다.

처음 연구를 실시하는 대학원생은 IRB의 엄격한 심사를 통과하는 데 필요한 여러 가지 과정을 뛰어넘지 못할 수도 있다. 대개 연구자들은 IRB의 높은 기준을 충족시키기 위해 여러 번 수정본을 제출해야 할 수도 있다. 이런 엄격함의 목적은 연구 참여자가 어떤 식으로든 피해를 입지 않도록 하기 위함이다. 연구는 대학의 승인과 대학의 책임, 대학 교수의 슈퍼비전 하에 이루어지기 때문에 연구 제안서를 집중적으로 검토하는 또 다른 목적은 대학이 소송을 피하기 위함이다.

IRB의 승인 절차를 보다 효과적으로 수립하기 위해서 대부분의 IRB는 대학 웹사이트를 운영하며, 여기서 모든 필요조건을 안내하고 필요한 서류를 제공하고 있다. 기초선 자료 수집은 연구의 한 부분이므로 초기 자료를 수집하기 전에 IRB 승인을 받아야 함을 기억해야 한다. IRB 심의의 상당 부분은 동의서를 자세히 검토한다. 이는 개인의 동의 없이 자료를 수집하는 것은 비윤리적이라고 생각하기 때문이다.

> (b) 임상 또는 인간 서비스를 제공하는 사람들과 공동으로 응용연구를 실행하는 행동분석가는 중재와 고객-참여자가 포함된 연구에서의 요구사항을 준수해야 한다. 연구와 임상 필요가 서로 상충되면, 행동분석가는 고객의 복지를 우선순위로 해야 한다.

많은 응용행동 연구는 임상 또는 교육 현장에서 진행된다. 이 경우 행동분석가는 그 현장의 요구와 고객의 권리를 존중해야 함을 상기해야 한다. 예를 들어, 아동에게 효율성이 있는지 불확실한 상태에서 실험을 위해 별도의 시간에 아동을 교실에서 데리고 나오는 것은 부적절하다.

> (c) 행동분석가는 참여자의 존엄과 복지를 위하여 적절한 관심을 갖고 역량 있게 연구를 수행해야 한다.

어린 학생들의 체육 활동이 학습 행동과 수행에 미치는 효과를 검증하는 연구에서 연구 참여자들에게 30분간 야외에서 달리기를 하도록 하였다. 비가 오면 학교 복도로 장소를 옮겨 달리도록 하고, 연구자 한 명이 참여 학생들과 동행하였다. 연구자가 동행했다는 사실 때문에 참여 학생들이 특정한 이유로 선택되었고, 이는 다른 친구들의 의문이나 놀림감이 될 가능성이 있었다. 이 경우 참여 학생들의 품위에 해를 끼쳤고, 연구에서 이런 선택을 해서는 안 된다.

(d) 행동분석가는 연구 결과에 대해 오해의 소지를 최소화할 수 있도록 계획한다.

'창의성(연구 참여자들이 실제로 하는 것이라곤 볼트와 너트를 조립하는 것뿐인)'과 같이 모호하지만 중요한 것 같아 보이는 행동의 정의를 사용하는 것부터 점수를 실제보다 높이기 위해 관찰자 간 신뢰도를 산출하는 특정 공식을 사용하는 것까지 연구 결과는 호도될 가능성이 매우 다양하다. 연구자는 청중에게 어떤 식으로든 정보가 잘못 전달될 가능성이 있는 전문 용어, 연구 방법, 주제 선택의 절차를 피해야 할 윤리적 책임이 있다.

(e) 연구자와 조력자는 그들이 충분히 훈련되고 준비된 영역 내의 과제들만 수행하도록 허락되어 있다. 행동분석가는 자신의 조력자에 의해 또는 자신의 슈퍼비전/감시 하에 다른 사람에 의해 수행된 연구의 윤리적 행위에 대한 책임을 가진다.

제대로 훈련 받지 못한 연구조력자는 자료 수집(예, 행동표류로 인해)의 심각한, 때로는 치명적인 오류를 범할 뿐만 아니라, 어떤 조건에서는 실험 참여자를 위험에 빠트릴 수도 있다. 연구자는 조력자를 철두철미하게 훈련시킬 의무가 있다. 이 훈련에는 직접 관찰뿐만 아니라 조력자의 연구 방법에 대한 준수를 정기적으로 점검하는 것도 포함된다. 이런 절차는 연구 진행 중에 연구 참여자에게 가해질 위해를 방지할 수 있다. 이것은 특히 지역사회에서 실시한 응용연구의 사례다. 최근 사례에서는 자기 아이가 낯선 사람의 차로 유인되는지 알고 싶은 엄마가 있었다. 치료사는 이를 위해 실험 상황을 설계하도록 허락하였다. 그 '실험'은 잘 알려진 한 상점의 주차장에서 실시되었다. 행동분석가는 필요한 안전 예방 조치를 마련하지 않았고, 가능한 결과도 생각하지 않았다. 아동이 연구자의 차로 따라가면 엄마는 주차장을 가로지르며 소리를 지르고, 그 후에 경찰을 불러 아동에게 경고를 주도록 하였다. 이 상황이 제안서 형태로 IRB에 제출되었다면, 승인되었을 것인지 의심스러운 일이다.

> (f) 윤리적 쟁점이 불분명한 경우, 행동분석가는 독립적이고 공식적인 연구심의위원회, 동료 상담, 또는 다른 적절한 메커니즘과의 협의를 통해 쟁점을 해결하기 위해 노력해야 한다.

일단 연구 프로젝트가 승인되고 진행되면서 윤리적 쟁점이 발생한 경우, 행동분석가는 문제 해결 능력이 있는 IRB를 이용할 것이다. 이것이 온라인 국제행동분석학회(Association for Behavior Analysis International: ABAI) Hotline 바탕화면에 윤리적 연구의 질문이 거의 없는 하나의 이유다.

> (g) 행동분석가는 그들과 소정의 관계(예를 들어, 석사학위 논문, 박사학위 논문, 특정 연구 프로젝트)를 맺은 슈퍼바이저 밑에서 성공적으로 연구를 실행한 후에야 독립적으로 연구를 진행할 수 있다.

"나는 연구하고 싶다."는 ABA 학부생이나 심리학의 다른 영역에서 흔히 하는 말이다. 그들은 지나치게 간단해 보이는(최근의 한 연구는 자신의 아동을 대상으로 부모가 연구를 진행하기도 하였다.) 출판된 연구를 보고 적어도 그 정도는 할 수 있다고 생각한다. 대부분의 출판된 연구는 대학 IRB의 지도하에서 연구가 실행되었음을 강조하지 않는다. 이는 거의 모든 학술지가 이를 이해하기 때문이다. 게다가 행동분석 임상과 응용연구 사이에는 다소 차이를 나타내는 관계가 있다. 양측 모두 자료를 수집하고, 그래프화하며, 타인에게 발표하고, 주로 학회에서 결과를 발표한다. 이 규정 조항은 임상과 연구를 분리하는 미세한 경계선을 긋고 있다.

  ⒣ 연구를 진행하는 행동분석가는 효율성을 극대화하고, 의뢰인, 슈퍼비 전 피제공자, 연구 참여자, 학생, 그들과 일하는 다른 사람들에게 위험 을 최소화할 수 있도록 필요한 조치를 취해야 한다.

  역사적으로, 이론이 검증되고 반복되는 실험실에서 진행되는 '연구 대상 을 사용하는' 심리학적 연구에서는 심리학 과정의 입문을 위해 대학교 2학 년 학생들의 실험 참여가 필수였다. 그곳에서는 실험 과제가 사소하고 통제 되었기 때문에 실험 참여의 결과로 인한 효율성에 대한 언급도 없었고, 위험 도 적었다. 응용행동분석(ABA)이 시작되면서(Baer, Wolf, & Risley, 1968) 새로 운 기준이 자리 잡았다. 응용행동 연구는 개인과 문화의 공통적 문제를 다루 면서 시작되었고, 이웃, 학교, 쇼핑몰, 길거리 등 일상의 현장에서 실행되었 다. 지역사회에서 연구하는 것은 어떤 식으로든 위험이 따르며, 연구자는 일 반적으로 사고나 부상을 예방할 준비가 된 조력자를 포함하는 절차로 위험 을 완화해야 한다. 합승 통근 수의 증가, 지역사회의 재활용, 총기 안전과 같 은 응용연구를 하는 것은 흥미로운 일이지만 미리 고려해야 할 위험이 존재 한다. IRB는 향후 연구 참여자의 안전을 위해서 모든 가능한 위험에 대해 가 능한 모든 방어책을 강구할 것이고, 신규 응용 연구자는 연구계획서에 그런 문제들에 대한 답변을 준비해야 한다.

  ⒤ 행동분석가는 연구의 오용으로 이어질 수 있는 개인의 영향, 재정, 사 회, 기관 또는 정치적 요인을 최소화해야 한다.

  연구 결과가 다른 속셈이 있거나, 압박을 가할 정치적 지위에 있는 다른 사람에 의해 사용되거나 해석될 여지가 있음을 아는 것은 거의 불가능하기 때문에 연구자들이 지켜야 할 이러한 윤리적 필요조건은 미리 예측하거나 감독하기가 가장 어려운 내용 중 하나다. 그렇더라도 자신의 연구가 잘못 사용되는 것에 대해 경계하는 것은 연구자의 의무다. 출판된 연구논문에서 이런 내용을 언급할 수 있는 곳은 논문의 토의 부분이다. 여기서 저자는 연구 방법이 적용될 수도 있는 상황에 대해 약간의 경고뿐만 아니라 결과를 일반화하고 추후 연구에 대한 제언을 한다. 우리는 모든 초보 연구자가 이 기회를 활용하기를 권장한다.

(j) 행동분석가는 개별적 문서 결과물에 대한 오용과 허위 진술을 인지하게 되면, 이러한 오용 또는 허위 진술을 해결하기 위한 적절한 단계를 밟아야 한다.

제1 저자는 수년 전에 우연히 자신의 타임아웃에 관한 연구 결과물이 초등학교 교실에서 벌제로 큰 보드 상자의 사용을 지원하는 데 쓰이고 있다는 것을 알게 되었다. 다행히 교장과의 인연으로 일이 크게 벌어지는 것을 막기는 하였으나, 이런 유형의 정보 오용은 쉽게 퍼져 나가 자칫하면 해롭고 부정적인 관심을 불러일으킬 수 있었다.

(k) 연구를 수행할 때 행동분석가는 이해 관계의 충돌을 피해야 한다.

규정 1.06(다중 관계와 관심사 충돌)에서 서술한 바와 같이, 임상의 모든 영역에 걸쳐 관심사 충돌을 피해야 하며, 이런 경고는 연구에서도 마찬가지로 적용된다. 연구자가 연구 결과에 기득권이 있는 경우 충돌이 발생할 수 있다. 예를 들어, 아동의 과잉행동에 대한 특정 약물의 효과를 검증하는 연구에 행동분석가가 그 약물을 제조하는 제약회사의 주식을 보유하고 있는 경우다. 또는 치료사/연구자는 어떤 특수 치료가 자신의 임상센터의 체인 상호로 사용되기 때문에 다른 진료보다 우월하다는 것을 증명하기 위해 특별한 관심을 가질 수 있다. 아마도 연구 결과에 대한 편견의 형태로 가장 흔한 충돌은 연구비를 지원하고 자신의 이력을 쌓는 것과 관련이 있을 것이다. 연구비는 보통 특정 이론을 실험하고, 그 이론이 미래에 재투자가 될 가능성이 있는 연구에 지원된다.

가장 유명한 연구 사례는 Stephen E. Breuning 박사[2]가 출판한 『고의적인 사기성 과학 논문(deliberately deceptive scientific papers)』(NY Times, 1987)이다. 이는 동료인 일리노이대학교의 Robert L. Sprague 박사에 의해 폭로되었다(Sprague, 1998). Breuning은 항정신성 치료제가 지연성운동장애(Tardive Dyskinesia)를 유발할 수 있음을 증명하기 위해 자료를 조작했다. Breuning의 관심과 동기는 연구원으로서의 명성을 얻었고, 결과적으로 승진할 수 있게 되었다(그는 콜드워터 발달장애인 지역센터에서 피츠버그대학교의 서부소아연구소 교수로 승진하였고, 이곳에서 보다 많은 정부 지원을 받았을 가능성이 높다). Breuning은 국립정신건강연구원(National Institute for Mental Health: NIMH)에서 16만 달러의 연구비를 지원 받아 Ritalin과 Dexadrine의 과잉행동 통제에 대한 효과를 연구하였다. 그는 나중에 '연구비를 지원 받기 위해 정부 기관에 거짓 진술한' 자신의 과오를 인정했다(Scott, 1988). 확실히 재정적인 인센티브를 넘어선 과도한 이해 추구는 진실의 추구와 상충할 수 있다.

⑴ 행동분석가는 참여자 또는 연구가 진행되는 환경에 대한 간섭을 최소화해야 한다.

행동연구는 연구 참여자의 일상 규칙을 방해하지 않는 선에서 실시되는 것이 이상적이다(바람직한 행동을 증가시키거나 위험한 행동을 감소시키는 경우에는 제외). 행동분석가는 일정이나 일상 규칙을 변화시켜 현상을 보다 가까이에서 관찰하거나 정밀한 정보를 수집할 수 있다. 그러나 일반적으로 IRB가 이와 같은 침범을 허락하지 않는다면, 연구 수행의 규칙은 개인의 환경을 침해하지 말아야 한다. 방해를 정당화하는 간섭에는 위험한 공격행동, 빈번한 파괴행동, 자해행동, 또는 치료, 훈련, 유관의 변화를 통해 건강이나 교육 연계행동에서 명백한 개선이 보이는 경우가 포함된다. 제한되는 경우는 음식, 휴식, 친구의 박탈 그리고 사생활, 이동, 선택 등에 대한 연구 참여자의 권리를 침해하는 경우다(지적 및 발달장애협회, 2000).[3]

9.03 고지된 동의

행동분석가는 연구의 본질에 대하여 이해할 수 있는 언어로 참여자, 그들의 보호자나 대리인에게 공지해야 한다. 그들은 연구에 자유롭게 참여할 수 있고, 참여를 거부할 수 있으며, 불이익 없이 언제든지 연구에서 철수할 수 있다는 사실과 더불어 참여 의지에 영향을 미칠 수 있는 중대한 요인에 대하여 공지하며, 본 연구에 대하여 참여자가 제시하는 질문에 답을 해야 한다.

이 규정 조항은 실험 참여자에게 참여의 본질을 알리고 위험이 있으면 언제든지 실험을 철회하는 것이 행동분석 연구자들의 의무임을 분명히 밝히고 있다. IRB는 연구 참여자들이 물리적 또는 정서적 스트레스에서 안전한지 살피기 위해 동의서에 허점이 있는지 면밀히 조사해야 한다. 고지에 입각한 동의서를 받는 과정은 연구자에게도 이점이 있다. 만약 연구 참여자가 어떤 쟁점을 일으키면, 실험 진행 절차를 알리고 연구 참여자의 동의서가 증거 서류가 될 것이다.

9.04 교훈 또는 교육 목적으로 비밀 정보 사용

(a) 행동분석가는 개인이나 기관 또는 법적 대리인이 서면으로 승인한 경우를 제외하고, 개인 혹은 기관의 고객, 학생, 연구 참여자, 기타 서비스 수혜자에 대한 업무상에서 얻은 비밀이나 사적인 정보를 공개하지 않아야 한다.

(b) 행동분석가는 가능한 한 연구 참여자의 비밀 정보를 위장함으로써 다른 사람들이 개인적으로 알지 못하게 하고 논의 부분에서 연구 참여자의 정보가 유출되어 해를 끼치지 않도록 해야 한다.

이 조항의 목적은 응용행동 연구와 관련하여 공적인 노출로부터 연구 참여자를 보호하려는 것이다. 예를 들어, 부모는 자신의 아이가 학회의 강연이나 발표에서 'Cindy의 방해행동' 또는 'Charles의 자해행동'이라는 그래프 제목으로 사용되는 것을 보고 싶지 않을 것이다. 보통의 연구 방법으로는 예를 들어 연구 참여자에게 번호를 매겨서 간략하게 '연구 참여자 14'로 명명한다. 심지어는 모두가 알고 있는 그룹의 특정 현장에서는 연구 참여자의 이름 앞 자리만으로도 신원이 파악될 수 있기 때문에 이런 연구 방법도 금지한다. 진부하지 않는 한 가명을 사용하는 것이 바람직하다.

9.05 보고 사항 청취

행동분석가는 연구에 대한 참여자의 역할이 종료될 때, 연구 발표를 청취(debriefing)할 기회가 있다는 것을 통지해야 한다.

심리학 연구의 많은 경우에서 연구의 참된 목적은 연구 참여자의 반응에 편견이 생기지 않도록 비밀로 한다. 행동분석가는 허위 연구를 거의 하지 않지만 실험의 결론에서 보고가 있을 것이라고 서두에 밝혀야 한다. 연구 참여자들은 실험의 모든 양상을 파악하게 되며, 그들이 좋아하는 질문을 할 수도 있다.

9.06 연구 지원과 저널 리뷰

연구 지원 심사 위원으로 활동하거나 원고 심의자 역할을 하는 행동분석가는 이전 연구자들에게 이미 가치 부여를 종료한 반복 연구를 제외하고, 그들이 심의한 원고에 기술된 같은 내용의 연구를 수행하지 않아야 한다.

연구비 지원 수여기관은 서로를 위해 동료 연구자 풀(Pool)에서 검토위원을 구성한다. 이들은 일주일 이상 소요되는 검토 회기가 시작할 때 서류에 서명을 한다. 이 서류에는 검토 중 얻은 어떤 정보도 노출하지 않으며, 과정에서 얻은 아이디어나 연구 방법에 대해 어떤 행동도 하지 않는다는 것이 명시되어 있다. 또한 그들이 제출한 연구비 분석이 완전하게 목적에 부합해야 한다는 것을 이해해야 한다. 대부분의 학술지는 매우 유사한 체계로 운영된다. 편집자는 제출된 각 보고서에 대해 동료평가를 진행하고, 검토자는 모든 정보를 비밀로 하며 자신의 연구에 아이디어를 도용하지 않는다는 서약을 한다. 이런 가치에 반하는 행동은 비윤리적 행위로 간주한다.

9.07 표절

(a) 행동분석가는 적절한 경우에 다른 사람의 내용을 충분히 인용할 수 있다.

(b) 행동분석가는 다른 사람의 일이나 자료의 일부 및 요소를 자신의 것처럼 제시하지 않도록 한다.

표절은 아이디어, 자료, 실제 작성된 논문을 사용해서 가치부여를 받는 학술적 절도의 한 형태다. 이는 행동분석 연구가가 논문을 읽고 아이디어나 책의 문단을 찾은 뒤 이를 도용하고 원본의 저자를 밝히지 않고 사용하는 경우에 발생할 수 있다. 이런 행위는 학계에서 심각하게 눈살을 찌푸리는 행위이며, 대학에서 퇴학 당하거나 대학원에서 퇴출 당하는 결과를 초래한다.

9.08 기여 사항에 대한 공지

행동분석가는 연구에 기여한 사람들을 공동 저자에 포함시키거나 각주에 그들의 공헌을 표기해야 한다. 수석 저자와 기타 발행에 있어 기여 사항은 참여한 사람의 상대적이고 과학적인 혹은 전문적인 공헌도를 정확히 반영해야 한다. 연구 혹은 발행 저작 활동에 일부 공헌한 사람들도 각주 혹은 머리말에 기여내용을 적절히 공지해야 한다.

최근에 행동분석 연구에서 지식과 기술에 기여한 10명의 저자들이 집단 사건에 연루되었다. 저자의 순서는 어떻게 하고, 보조 또는 사소한 공헌을 어떻게 인정할지를 결정해야 하는 시도(1~2년이 걸릴지 모를)에서 전문가들의 협력의 정도를 정하는 것이 표준화된 절차다. 마지막까지 수개월 동안 부지런히 연구한 사람을 제외시키는 것은 상식 밖의 일로 간주된다. 본 규정 조항은 이런 식으로 제외하는 것은 비윤리적 행위로 언급하는 공헌에 대해 인정하지 않으면 모든 참여자의 이익을 급속하게 저하하기 때문이다.

9.09 정확도 및 자료의 사용(RBT)

(a) 행동분석가는 출판물에 결과를 위조하거나 조작하지 않아야 한다. 만약 출판된 자료에서 중요한 오류를 발견했다면, 수정, 철회, 정오표 제시, 혹은 다른 적절한 수단을 통해 교정을 위한 합리적 조치를 취해야 한다.

우리는 이미 9.02(k)에서 자료를 오용한 Breuning의 사례를 논의했다. 이 사건의 영웅은 Robert L. Sprague 교수였다. Sprague 교수는 Breuning의 초기 동료이자 후원자 중 한 명이었다. 이들은 가까운 관계임에도 불구하고, 이러한 비양심적인 행위를 은폐하도록 용인했다면 과학(즉, 비윤리적)에 좋지 않을 것이라고 판단했기 때문이다. 과학적 방법론의 적절성에 관한 훈련은 학부 실험실에서 시작하여 대학원 논문과 학위 논문 연구에서도 계속되었다. 진실과 정직에 가치를 두는 무엇보다도, 심지어 자신의 승진보다도 진실과 정식성을 가장 존중하는 연구자들을 배출하는데 멘토의 역할은 가장 중요하다. 멘토의 역할은 과소평가될 수 없다. 학계에서 자료 조작은 범죄 행동과 비슷한 수준으로 간주한다. 자료 조작의 징후가 자신들의 명예를 실추시키고 고용 가능성이 위태로울 수 있기 때문에 실험실이나 연구 집단에 있는 모든 사람은 신뢰성을 최고의 기준으로 삼아야 한다. 실험 설계를 하는 연구자들은 정확한 자료를 위해 자료를 수집하는 학생과 기술자를 훈련시키는 데 각별히 주의를 기울여야 한다. 학생 연구자와 자료 수집가는 어떤 실수라도 즉시 실험실 관리자에게 알려서 잘못된 자료가 출판되는 일이 없도록 해야 한다. 만약 실수가 발견되면 연구자들은 즉시 수정할 의무가 있으며, 모든 학술지는 그러한 것을 정확하게 실시하는 방법을 가지고 있다.

(b) 행동분석가는 연구에 대한 해석을 바꿀 만한 결과물을 생략하지 않아

야 한다.

통제가 잘 된 경우를 포함하여 거의 모든 연구에서 일부 자료가 나머지와 다르게 나타난다. 이는 '이탈 값'이라 불리며, 이러한 발견은 출판을 위해 결과를 왜곡할 수 있다. 이러한 자료를 버리려는 유혹이 있지만 통상적이지 않고 일관적이지 않은 의외의 결과가 연구 현상의 진실이기 때문에 유혹을 물리쳐야 한다. 이러한 자료를 삭제하는 것은 그 결과를 인용할지도 모를 동료를 속이는 일이다. 연구자가 이러한 속임수를 시도하고, Sprague 교수의 경우와 같이 누군가에 의해 기만이 발견되면 학계에서의 분노는 원래의 연구자에게 쏟아질 것이다. 그렇기 때문에, 간단히 말해서, 윤리적인 행동분석 연구는 어떤 이유로든 자료를 누락해서는 안 된다.

　(c) 행동분석가들은 이전에 출판되었던 원본 자료를 그대로 출판하지 않아야 한다. 단, 적절한 승인을 받고 재출판하는 경우는 예외다.

이 신성시되는 학문적 규칙의 전형적인 위반이 Bailey와 Burch(2002, p. 203)의 저서에 Chhokar와 Wallin(1984a, 1984b)의 사례로 언급되어 있다. 연구자들은 동일한 연구에 동일한 그래프를 사용하여 단지 제목만 다르게 하여 같은 해에『응용심리학 저널(Journal of Applied Psychology)』과『안전 연구 저널(Journal of Safety Research)』에 동시에 게재하였다.

　(d) 논문 결과를 발표하고 나면, 행동분석가는 재분석을 통해 실질적인 주장을 도출해 내려고 수고한 다른 유능한 전문가의 결론에 근거한 자료를 제외하지 않아야 한다. 또한 오직 그 목적으로만 이러한 자료를 사용하며, 그 자료와 관련된 합법적 권한이 출판을 제재하지 않는 한 참여자의 비밀 보호를 유지해야 한다.

행동분석가는 자신의 결과물을 반복 실험하려는 동료들과 자료를 공유하는 것이 중요하다. 이는 과학적 절차의 중요한 요소다. 이것은 연구 현장이 발전하는 방식이며, 신뢰성을 얻고 궁극적으로 공적 지원과 장기적으로 인정받는 학문 분야로 확립되는 것이다. 자료의 비밀스런 축적은 연구 방법의 신뢰성과 결과 해석에서 동료의 의심을 받고, 이런 이유로 인해 비윤리적 행위로 간주된다.

다음에 윤리 규정 9.0에 대한 당신의 이해를 검사할 만한 일련의 시나리오가 있다.[4]

***

PART I

John은 지역 대학의 대학원에 입학하여 발달장애 아동을 위한 사립학교에서 일하고 있다. 수업시간에 과제로 읽어 둔 몇 개의 논문을 근거로 연구제안서를 작성했다. 그는 무해한 상동행동에 대한 감각통합의 효과를 실험함으로써 Mason과 Iwata(1990)의 결과를 확장해 보려고 했다. 그는 상동행동에 대한 치료의 즉각적이고 지연적인 효과를 검사하려고 계획했다. 그는 아동들을 매일 60분씩 치료 받도록 했다. 60분의 회기 동안과 치료 후 60분 동안의 상동행동의 정도를 측정하려고 하였다. 감각통합은 학교에서는 통상적으로 사용하지 않기 때문에 John은 교장에게 연구에 대해 말했다. 아동들의 일정은 60분의 감각통합과 60분의 치료 후 조건(다른 사람들과 상호작용하지 않음)을 포함하는 일정으로 변경될 계획이었다. 교장은 그 아이디어에 고무되었고, John에게 추가 설명을 들은 뒤 연구를 수행하도록 승인하였다(그 학교에는 인간 연구 위원회가 없다). John은 자문교수를 여러 번 만나 보다 자세한 실험설계에 대해 논의하였다. 그 후 그는 학교의 모든 아동을 대상으로 상동행동에 대한 기초선 자료를 수집하기 시작하였다.

1) 이 지점에서 John이 잘한 점과 잘못한 점은 무엇인가?

PART II

John은 자료 수집 업무가 너무 많아서 자신의 연구를 도와줄 학부생 몇 명을 선발하였다. John이 감각통합 조건을 실행할 때, 학부생 일부를 회기를 관찰하게 했는데, 이는 그들도 일부 아동들에게 치료를 제공할 수 있게 한 것이다. 치료가 시작된 후 아동들의 치료와 치료 후 조건에 너무 많은 시간을 보낸다는 일부 교사의 불평이 있었다. 교사들은 이런저런 핑계를 대면서 몇몇 아동의 치료를 취소하기 위한 조정을 시작했다.

1) 이 지점에서 John이 잘한 점과 잘못한 점은 무엇인가?
2) 이제 John은 어떤 조치를 취해야 하는가?

PART III

John은 당황하였고, 치료 회기도 30분으로 줄이고 모든 치료 후 회기를 없애기로 결정했다. 아동들이 정기적으로 치료에 참여하기 시작했기 때문에 교사들은 이 조정에 대해 만족하는 것 같았다. 마침내 John은 자료 수집을 마치고, 이를 분석하기 시작했다. 자료를 자세히 살펴보는 동안, 매 치료 회기의 처음 15분 동안 상동행동이 지속적으로 감소하는 것을 알았다. 하지만 이 감소는 전체 30분 동안 지속되지는 않았다. John은 이것이 중요한 발견이라고 믿었다. 그래서 John은 기초선과 치료 회기의 처음 15분 동안 발생한 상동행동만을 그래프에 포함시키기 위해 자료를 재분석하였다. 교장은 John의 그래프를 보고 기뻐하였고, 새로운 치료에 대해 과장하여 선전하기 시작하였다. John은 교장이 입학 예정 학부모들에게 상동행동 감소에 효과적인 치료에 대해 이야기하는 것을 우연히 듣게 되었다. John은 이 점이 다소 불편하였으나 자신의 노력에 교장이 고무되었다는 사실에 기뻤다. 교장은 연구 책임자로서의 새로운 직책을 포함하여 John이 졸업

후 학교에서 근무할 기회에 대해 이야기하기 시작하였다. 교장은 연구 출판물에서 그녀의 이름을 보지 못하였다고 말하며 감각통합에 대한 자료를 보고 싶다고 하였다. 교장은 John이 원고 작업을 시작하도록 격려하였고, 심지어 학교에서 일할 수 있도록 허락하였다.

3) 이 지점에서 John이 잘한 점과 잘못한 점은 무엇인가?

4) 이제 John은 어떤 조치를 취해야 하는가?

***

제15장 BACB에 대한 행동분석가의 윤리적 책임(규정 10.0)

『행동분석가 윤리(Ethics for Behavior Analysts)』 3판에 처음 소개된 이 장은 이전의 BACB의 '전문가 행동 강령 및 윤리 기준'과 '행동분석가를 위한 책임 있는 행동을 위한 지침'을 통합한 것이다. 이 통합으로 BACB의

> 만일 BACB 법률부에서 불평에 대해 조치가 취해져야 한다는 판단이 내려지면 규정이행위원회나 수련심의위원회로 배정된다.

새로운 행동분석가의 전문성과 윤리 이행 관련 규정(Professional and Ethical Compliance Code for Behavior Analysis)이 발행되었다. 이 노력의 첫 번째 목표는 '(a) BACB의 윤리 규정을 보다 명확하게 제시하고, (b) 대응조치를 취할 수 있는 전문가의 행동 범위를 훨씬 확장한 규제 강제력이 있는 문서를 만들기 위함이다. 두 번째 목표는 시기적절함, 사례의 양, 시정 조치와 관련한 BACB 징계 시스템의 역량을 강화하기 위함이다'. 새로운 '규정은 자체적으로 완전한 형태로 시행될 것이다.' '규정의 사소한 위반사항들은 관련 자격자와의 민원이 처음으로 제기되면서 해결될 것으로 기대된다(BACB 뉴스레터, 2014c, p. 2).'

BACB는 두 개의 '특별위원회'를 구성하여 윤리적 불만 사항들을 관리해

왔다. 만약 BACB 법무팀에서 불평에 대해 조치가 취해져야 한다는 판단이 내려지면 규정이행위원회(The Code Compliance Committee)나 징계심의위원회(The Disciplinary Review Committee)로 배정된다. 규정이행위원회는 '덜 심각한' 불평을 관리하며, 피드백과 개선책에 집중한다. 위반 사항이 보다 심각할 경우에는 징계심의위원회로 넘겨져 '징계 조치'를 받게 된다(BACB 뉴스레터, 2014c).

새로운 규정 10.0에는 보다 구체적으로 설명된 필요조건 몇 가지가 있다. 행동분석가들은 반드시 '진실하고 정확한 정보'를 BACB에 제공해야 하는데, 마감일을 준수해야 하며, 새로운 정보 갱신은 30일 내에 BACB에 보고해야 한다. 자격증 취득자는 BACB의 '지적 재산권'을 침해해서는 안 되며, 시험 시행과 관련된 모든 규칙을 준수해야 한다. 마지막으로, 행동분석가는 BACB 슈퍼비전과 교과과정을 준수해야 하며 규정을 숙지하고 '무자격 종사자'를 관련위원회에 보고해야 한다.

10.0 행동분석가의 BACB에 대한 윤리적 책임

행동분석가는 반드시 BACB의 규정, 규칙, 기준에 부합해야 한다.

10.01 BACB에 진실하고 정확한 정보 제공(RBT)

(a) 행동분석가는 지원서와 서류를 통해 신뢰할 수 있는 정확한 정보를 BACB에 제공해야 한다.

자격증 취득자, 지원자, 자격증 신청 학생은 BACB에 제출하는 서류 준비에 매우 신중해야 한다. BACB 직원들은 서류를 꼼꼼히 살펴보고, 지원서의 정보가 유효한지를 확인하기 위한 근거를 찾는다. 인증된 교육기관이나 대학의 등록기관은 취득 학위를 증명할 수 있다. 학생들이 석사과정을 찾고 있을 때, 석사과정이 자격 기준에 맞는지를 확인하기 위해서 신중하게 검토할 책임은 전적으로 학생에게 있다. 불행히도 인터넷 상에 진짜인 것처럼 보이는 학위 위조가 있다. 이런 사업체는 돈을 받고 진짜처럼 보이는 졸업장을 발급해 준다. 이런 '학위'로는 자격증을 얻을 수 없다.

> 자격증을 취득한 후, 행동분석가는 원본 서류에서 변경된 정보를 즉시 갱신하기 위해 BACB에 지속적으로 연락을 해야 한다.

(b) 행동분석가는 BACB에 제출된 부정확한 정보는 즉시 수정해야 한다.

자격증을 취득한 후, 행동분석가는 원본 서류에서 변경된 정보를 즉시 갱신하기 위해 BACB에 지속적으로 연락을 해야 한다. 여기에는 인증된 대학에서 학위를 받았다고 보고하였으나 후에 그 대학이 인증 받지 않은 곳임을 알게 되었을 경우를 포함하여 잘못된 정보를 수정하는 경우가 해당된다. 유사한 경우로, 자격증 취득자가 슈퍼비전 확인서에 서명하였는데 후에 기록 시간이 잘못되었음을 알게 되었다면 수정 내용을 보고해야 한다.

10.02 BACB에 시기적절한 반응, 보고, 정보 갱신 제공(RBT)

행동분석가는 다음에 제시한 상황에 대해 BACB에 30일 안에 보고해야 하고, 이를 위반할 경우 제재 조치가 가능한 BACB의 최종 기한을 준수해야 한다.

(a) 본 규정의 위반, 또는 징계 조사, 제재 및 실행 조치, 벌금 부과, 정부기관, 건강관리 기관, 자금 제공 제삼자, 또는 교육기관에 의한 유죄 판

정, 무죄와 변론불항쟁의 답변

절차 과정: 행동분석 실행과 공중보건 및 안전 영역과 관련된 중범죄로 유죄 판결된 행동분석가는 상소 상실, 집행 유예, 혹은 징계 종료, 석방 종료로부터 3년의 기간 동안 BCBA 등록, 인증, 또는 재인증을 신청할 자격이 없다 (1.04 진실성 참조).

> 행동분석가가 이 규정을 위반하거나 어떤 종류이건 징계조사에 회부된다면 이를 30일 이내에 BACB에 보고하거나 BACB로부터 잠재적인 제재를 받아야 한다.

행동분석가가 이 규정을 위반하거나 어떤 종류이든 징계 조사에 회부된다면, 이를 30일 이내에 BACB에 보고하거나 BACB로부터 잠재적인 제재를 받아야 한다. 여기에는 대학위원회, 주 정부기관, 자격증 협회나 기타 징계 조치가 포함된다. 게다가 행동분석 또는 공중보건, 안전과 관련한 중범죄로 유죄를 받은 행동분석가는 법원의 선고가 완료된 후 3년간 자격증 취득이 불가능하다.

(b) 행동분석가의 이름이 명시된 공중보건과 안전 관련 과태료 또는 벌금 부과

여기에는 과속 벌금 용지, 음주운전, 난폭운전, 이름이 명시된 다른 형태의 벌금 용지가 포함된다. 그러나 차량번호 판이 찍혔으나 벌금 용지에 이름이 명시되지 않은 과속단속 카메라는 포함되지 않는다.

(c) 유능하게 수행할 수 있는 행동분석가의 능력을 훼손할 수 있는 신체적 또는 정신적 상태

서비스 제공 중에 손상을 입은 자격 취득자는 모든 고객에 대한 서비스 제

공을 조정하고, 즉시 변동 상황을 BACB에 보고할 의무가 있다. 행동분석가가 약물이나 알코올 재활을 마치게 되면, 그는 직무 분석에 명시된 업무를 수행할 수 있으며, 온전한 기능적 능력으로 복귀할 수 있음을 증명해 줄 심리학자 또는 정신과 의사가 작성한 완치증명서를 BACB가 요구할 수도 있다.

(d) 이름, 주소 또는 이메일 연락처의 변경

이 규정은 사소해 보일지 모르나 이것이 시사하는 바는 크다. 당신이 결혼해서 이름을 바꾸게 되면(또는 다른 이유로 인한 이름 변경) 즉시 BACB에 연락해야 한다. 이메일이 변경되면 BACB에 알려야 한다. 이메일은 BACB가 당신과 소통할 수 있는 주된 수단이다. 이사로 인해 주소가 변경되면 즉시 BACB에 알려야 한다. 어떠한 이유로 단체에서 BACB 회원인 당신의 정보가 필요할 경우 사소해 보이는 서류상의 일이 중요한 쟁점이 될 수 있다. 만약 새 직장이나 자격증 협회에서 당신의 배경 정보를 점검하기 위해 BACB를 검색해 보았으나(당신의 이름을 찾을 수 없어서) 자격증이 없다고 나온다면, 당신은 운이 없는 것이다. 비슷한 경우로, 당신이 새 이름을 갖게 되었는데 BACB에 이를 알리지 않았다면, 당신은 BACB로부터 자격 중지와 탈퇴 통보를 받을 수도 있다.

10.03 비밀 보장과 BACB 지적 소유물(RBT)

행동분석가는 다음에 열거한 것을 위시하여 기타 해당 사항에 대해 BACB가 가진 지적재산권을 침해하지 않는다.

(a) BACB 로고, ACS 로고, ACE 로고, 인증서, 인증, 지정 등을 포함한 내

용을 위시하여 다음의 기타 사항들, 즉 BACB가 소유권을 주장하는 다양한 상표, 서비스 마크, 등록 마크 및 인증 마크(이것은 BACB의 제휴, 인증, 등록, 또는 교육적 ABA 인증 지위가 국가 인증으로 와전시키는 의도를 보이는 분간하기 어려울 정도로 유사 표기를 포함한다.)

BACB와 관련된 다양한 로고, 마크, 서비스 표시 등은 BACB의 지적 재산권이며, 어떤 이유에서이든 BACB의 승인 없이 사용될 수 없다. 이에 대해 의문 사항이 있으면, 당신의 BACB 자격증에 기록된 주의 사항이나 BACB 웹페이지의 이용 약관을 읽으면 된다. BACB 웹페이지에서 로고를 따와서 당신의 웹페이지에 삽입하면 이는 지적 소유물에 대한 절도로 간주되며, 결과가 뒤따를 것이다. 축하 케이크에 맛 좋은 장식을 올리는 것처럼, BACB 로고가 좋은 의도로 사용되었다고 해도 허락되지 않는다. 로고를 티셔츠나 머그컵에 인쇄하는 것도 윤리 규정 위반에 해당한다. BACB는 로고가 새겨진 티셔츠를 입거나 머그컵을 사용하는 것을 고객 보호 목적으로 금지한다. 이 마크의 소유자인 BACB는 마크가 붙은 제품의 판매로 인한 모든 수익을 정당히 받을 권리가 있다.

(b) BACB 저작권은 원본, 그리고 2차 저작물을 포함한다. 아울러 BACB의 저작권은 기준, 절차, 지침, 윤리, 직무 분석, 작업 그룹 보고서, 설문 조사도 효력이 있다.

지적 재산권과 관련한 이 규정 조항은 BACB가 제작한 시험, 기준과 다양한 BACB 작업 그룹 보고로부터 파생된 결과물에도 확대 적용된다. 이들 자료는 BACB 외에서 사용될 수 없으며, 만약 이러한 사용이 발견되면 즉시 BACB에 보고해야 한다.

(c) BACB는 개발한 시험문제, 문제은행, 시험규격, 시험양식, 시험채점표

등 모든 영업 비밀에 대해 저작권을 갖고 있다. 행동분석가는 BACB 시험 내용이 어떻게 그에게 알려지게 되었는지에 관계없이 시험 자료의 내용을 유

> 행동분석가는 BACB 시험 자료의 내용을 유출하는 것이 분명하게 금지되어 있다.

출하는 것이 분명하게 금지되어 있다. 행동분석가가 시험내용 또는 BACB 지적재산권에 대한 침해와 위반을 발견했다면, BACB에 위반을 보고해야 한다. 조항 7.02(c)에 나타난 비공식적인 해결을 위한 노력은 이 조항에 대해서 즉각 보고 의무로 인하여 이 부분에 적용되지 않는다.

행동분석가를 포함한 개인은 시험 문제를 기억해서 공유를 위해 문제를 재출제하거나 복제 시험을 제작하는 회사에 정보를 판매하는 행위를 해서는 안 된다. 바람직한 시민/자격 취득자가 되려고 노력하라. 그리고 이와 같은 위법을 BACB에 보고하라(주의: BACB 시험 문제를 사용한 회사에는 이를 보고하지 않아도 된다. 이 필요조건은 적용되지 않는다). 시험 중 부정 행위를 보게 되면 역시 시험 감독관과 BACB에 즉시 보고해야 한다.

10.04 진실성과 규정 위반 조사(RBT)

행동분석가는 BACB 시험 센터, 시험 관리자와 감독관의 규칙과 절차를 포함하여 BACB의 모든 규칙을 준수해야 한다. 행동분석가는 부정 행위가 의심되는 사람과 BACB 시험 행정에 관한 기타 부정 행위를 BACB에 즉시 보고해야 한다. 이러한 부정 행위는 BACB 시험 또는 답안지에 대한 무단 접속, 답변 복사하기, 다른 답에 대한 복사 허용, 시험 방해, 정보와 교육과 증명서 날조, 시험 중 혹은 전후에 BACB 시험 내용에 관련된 불법적인 조언을 제공하거나 받는 것을 포함한다. 이 금지 조항은 BACB 시험 문제에 대한 무

단 접속을 제공하는 '시험 덤프' 준비 사이트 또는 블로그의 사용 또는 참여에만 한정되지 않는다. 신청자 또는 자격증 수여자가 시험 덤프 기관에 참여 혹은 활용한 사실이 발견될 경우, 즉각적으로 시험 자격을 박탈하거나 시험 점수를 취소하고, 부적절하게 취득한 시험 내용을 통해서 자격증을 이미 받은 사람의 경우에는 자격을 취소하는 즉각적인 조치를 취할 수 있다.

이 규정 조항의 길이와 상세 사항에서 추측할 수 있듯이, BACB는 시험의 진실성을 타협하는 어떠한 행위에 대해서 지극히 심각한 사안으로 대처한다. 모든 행동분석가는 시험을 관리하는데 어느 부분의 노출도 일어나지 않게 감시하고 금지조항을 실천하도록 도움을 주어야 한다. 들리는 바에 의하면, 대행사가 시험장 밖 주차장에서 대기하며 시험 정보에 대해 묻는다고 한다. 이러한 사람들은 즉시 신고해야 한다. 어떤 사람이 접근하거나 혹은 시험 준비에 대한 내부 평가를 요청하는 정보를 들으면 즉시 BACB에 보고해야 한다.

10.05 BACB 슈퍼비전과 교육과정 기준에 순응(RBT)

다음의 활동이 BACB의 기준을 따를 필요가 있다면, 행동분석가는 교육과정(계속교육 이벤트 포함), 실습 슈퍼비전, RBT 훈련과 평가, BCaBA의 슈퍼비전이 BACB 기준에 의거하여 수행되도록 해야 한다(5.0 슈퍼바이저로서의 행동분석가 참조).

슈퍼비전과 적정한 교육과정은 BACB가 매우 중요하게 고려하고 있는 추가적 쟁점이다. 또한, 제대로 훈련받지도 슈퍼비전 받지 않은 지원자가 실습하는 것이 허용된다면, 인증절차의 충실도가 저하되며 소비자에게 해를 끼칠 위험이 있다. 이들이 심한 행동문제를 보이는 취약한 고객과 만나면 위해의 원인이 될 수 있다. 예를 들어, 우리는 슈퍼비전 양식을 소급하여 작성한 슈퍼바이저들과 위조된 확인증을 제출하거나 실습 시간을 '잘못 계산'한 슈퍼비전 피제공자에 대해

> "무지가 너희를 자유롭게 하지 않을 것이다."가 삶의 모토가 되어야 한다.

서 들은 적이 있다. 양 측 모두 이 규정 조항을 위반하였다. 모든 슈퍼바이저는 실습 시간을 완료하기 전에 반드시 서명이 있고 문서화된 계약서가 있어야 한다. 마찬가지로, 피드백 양식에도 슈퍼비전 기간 안에 반드시 서명해야 한다. 재량에 따라서 BACB에서 이 양식을 각각 지원자와 슈퍼바이저에게 요구하고 날짜와 모든 정보가 서로 일치하는지를 비교할 수 있다. 날짜나 기타 서류를 소급하여 작성한 것이 발견될 경우, 슈퍼바이저가 제재를 받을 수도 있다. 유사하게, 슈퍼비전 피제공자는 실습 시간으로 인정 받지 못할 수도 있다. 이 규정 조항에 포함된 다른 영역에는 온라인이나 학회에서 취득한 계속교육시간(Continuing education units: CEUs)이 있다. 자격 취득자는 정확하고 정직하게 CEUs를 보고해야 한다. CEUs의 보고가 잘못되었다면, 윤리 규정을 위반한 것으로 간주한다. 자격 취득자가 BACB의 인증을 받지 못한 윤리 세미나나 워크숍에서 취득한 CEUs는 윤리 학점에 포함되지 않을 수 있다.

10.06 본 규정 익숙해지기

행동분석가는 윤리적 행위에 대한 자격증의 필요 요건을 준수하고, 이런 필요 요건을 행동분석가의 업무에 적용하는 것을 위시하여 본 규정을 포함해서 현재 적용할 수 있는 기타 윤리 규정에도 익숙해져야 할 의무가 있다. 윤리적 행위 기준에 대한 인식이나 이해의 부족은 비윤리적 행위 조치에 대한 면죄 조항이 될 수 없다.

윤리 규정에 익숙하기는 모든 지원자와 자격증 취득자에게 필수적으로 요구된다. "무지가 너희를 자유롭게 하지 않을 것이다."가 삶의 모토가 되어야 한다. 일상적인 전문적 업무 수행에서 판단의 실수를 면하기 위해 윤리 규정을 몰랐다고 하는 행동분석가는 용납이 되지 않음을 상기해야 한다. 행동분석가 면허를 제공한 주에서 거주하는 자격소지자는 그들의 임상에 영향을 미치는 윤리 규정에 대해 인지하도록 의무화하고 있다.

10.07 무자격자인 개인의 허위 진술 예방(RBT)

행동분석가는 자격 없는 사람이 BACB 자격 또는 등록 상태를 허위 진술한다면, 해당 지방 면허담당 관청 또는 BACB에 무자격 실무자를 보고해야 한다.

우리의 전문적 직업을 위반하는 사람들은 BACB에 신고하는 데 있어 당신의 도움이 필요하다.

'위반자'는 면허를 법으로 정한 국가에서 면허 없이 행동분석을 실천하는 개인이다. 또한 '위반자'는 BACB 자격이나 인증을 받지 않은 채로 BACB 인증 마크와 자격증을 사용하는 개인이다. 그 예로, 'ABA 위원회 인증' '국가 인증 행동분석가' 'ABA 인증 행동주의자' 등 혼란스럽게 유사한 마크나 명칭을 사용하는 경우다. 불법 BACB 인증을 사용하기 위해 인증 단어나 글자를 한두 개 바꾸는 것은 적절하지 않다. 우리의 전문적 직업을 위반하는 사람들을 BACB에 신고하는 데 있어 당신의 도움이 필요하다. 다른 자격 전문가들(행동분석에서의 인증이 아닌)은 그들의 자격증이 행동분석을 실천하거나 행동분석에 대해 인증하는 것이라고 주장할지도 모른다. 주 위원회에서 행동분석을 실천 범위에 포함하고 있는지에 대한 여부를 당신이 거주하고 있는 주의 다른 자격증 위원회에서 점검해 볼 필요가 있다. 실습 범위에

포함되어 있지 않고 그 사람이 행동분석을 실시하는 것 같으면 해당 주의 행
동분석가 자격증 위원회를 비롯하여 자격증 위원회에 보고해야 한다. 또한
개인이 BACB 자격증이나 인증서, 유사한 명칭을 사용하고 있다면 이 또한
BACB에 보고해야 한다.

제3부

윤리적 행동분석을 위한 전문적 기술

　　제3부에서는 16장부터 20장에 걸쳐 윤리적 쟁점을 다루는 데 있어 효과성을 증대시키고자 행동분석가를 위한 세 가지 핵심적인 기술에 대해 소개한다. 16장에서는 전문적 임상에 통합되어야 하는 위험-효율성 분석을 실행하는 모델을 소개한다. 17장에서는 요구가 발생했을 때 윤리적 메시지를 효과적으로 전달하기 위한 몇 가지 제언을 정리하였다. 18장에서는 국제행동

분석가(BCBA)를 위한 중요한 도구인 '행동분석가를 위한 전문적 서비스 선언문'을 소개한다. 이 선언문은 행동분석 서비스 전달에 대한 오해를 피할 수 있으며, 이를 통해 윤리적 쟁점에 대해 고객과 시간을 허비하는 것을 방지할 수 있다. 19장에서는 첫 직장에서의 실천적인 팁 12개를 소개하고 있으며, 새롭게 구성된 20장에서는 개별 행동분석가와 회사, 학교, 센터, 또는 행동분석 단체 간의 윤리적 관계를 강화하기 위한 새로운 전략인 행동관리 기관을 위한 윤리 규정을 설명한다.

제16장 위험-효율성 분석의 실행

　'행동분석가가 고객 학대로 기소되었다.'라는 말은 모든 ABA 교수와 전문가에게 최악의 악몽이다. 이 충격적인 가상의 머리기사는 우리가 훈련시킨 누군가가 통제할 수 없는 상황이거나, 치명적인 실수를 범했거나, 고객이 심각하게 다쳐서 지금 우리 중 한 명이 재판에 회부되어 유죄 선고를 받고 형무소에 가는 끔찍한 환경에 처했다는 것을 의미한다. 이 악몽 같은 시나리오는 이미 고객이 당한 말할 수조차 없는 피해에 더해 명성과 행동분석가로서의 삶에 대한 손상, 그리고 우리의 분야가 척박해지는 결과까지 따른다. 그 파급효과는 고객의 가족에게는 평생토록 갈 것이고, 지역사회는 행동치료의 이름으로 장애아동이 상처 받았음을 절대 잊지 못할 것이다.

　솔직히 말해서, 윤리적인 행동분석가로서 우리는 무슨 수를 써서라도 이 비극을 방지하기를 원한다. 그러나 어떻게 해야 하나? 가장 간단한 방법은 치료를 시작하기 전에 신중하고 철저한 위험-효율성 분석을 실시하는 것이다. 위험-효율성 분석은 위험한 상황과 이와 관련한 효율성을 비교하는 것이다. 규정(4.05)에서 "가능한 한 목표 달성을 위해 실행되는 절차에 대하여 위험-효율성 분석을 실시해야 한다."고 명시하고 있다.

　　현재 출간된 ABA 원리에 입각한 출판물 중에 위험-효율성 분석에 관한 정보를 전하는 문건은 거의 없다. 유일하게 Van Houten과 Axelrod(1993)의 저서에 위험-효율성 분석을 상세하게 설명해 놓은 역사적으로 중요한 장이 포함되어 있다. 8장의 '최적의 치료 절차를 선택하기 위한 의사결정 모델'(Axelrod, Spreat, Berry, & Moyer, 1993)에서 저자들은 이에 대해(ABA에 대한) 모호한 절차 대신 간단하면서도 명쾌한 모델을 제시했다. 제2 저자인 Spreat는 원래 자신의 공식에 다양한 요인을 계산한 치료 선택의 수학적 모델을 설명했다(Spreat, 1982). Spreat는 다음의 4가지 고려 사항을 제안하였다.

- 치료 성공의 가능성
- 행동 소거에 소요되는 시간
- 절차상 야기되는 어려움
- 행동으로 야기되는 어려움

무엇이 위험한가?

　　월스트리트의 은행가들이 우리의 돈을 가지고 위험을 무릅쓰고 신용 부도 스와프를 이용하여 수백만 달러를 벌어들였다는 것을 알게 된 2008년 이래로, 위험은 미국인들 사이에 새로운 중요한 용어가 되었다.

> 우리는 스스로를 치료 과정에서 '변동성'의 원인이 되는 요인을 알아내는 위기분석가로 생각할 필요가 있다.

금융위기관리 영역에서 행동분석 영역을 직접 일반화하는 것은 어렵겠지만(Crouhy, Galai, & Mark, 2006), 우리의 전문성과 분명하게 일부에서 평행논리를 공요한다. 이 장의 전반부에 언급한 가상의 헤드라인과 같은 재앙을 방지하기 위해서 우리는 스스로를 치료 과정에서 '변동성(volatility)'의 원인이 되는 요인을 알아내는 위기분석가 또는 위기관리자로 생각할 필요가 있다. 위험이란 부상, 손실, 위험에 노출되는 것을 의미한다. 우리가 행동현장에서 위험에 대해 논할 때에는 주로 고객이 해를 입을 수 있는 사실을 언급하지만 행동분석가에게 위험이나 손실은 한 사람의 명성이나 영역에 대한 피해와 관련되기도 한다. BCBA에게는 변동성이란 치료 계획을 예측할 수 없는 결과를 뜻한다. 변동성의 예로 행동 계획에서 손 뒤집기와 같은 자기자극 행동의 두드러진 감소 대신 목표행동이 더 악화되어 뺨 때리기와 소리를 지르는 등 분노발작 행동으로 변질되기도 한다. 이와 같은 상황에서 단서를 제공할 수 있는 '위험 요인'을 찾는다면 예측할 수 없는 결과를 방지할 수 있다.

위험-효율성 분석

공중보건 영역에서 위험-효율성 분석은 사망의 위험을 밝혀내기도 한다. 흡연으로 인한 폐암의 위험, 농민의 트랙터 사고로 인한 사망, 경찰의 업무 중 사망, 비행기 조종사의 빈번한 운행(Wilson & Crouch, 2001)은 모두 공중보건 기관이 평가하는 건강 관련 상황의 예다. 보험회사들은 스카이다이빙이나 등산과 같은 특정한 취미와 관련된 위험을 계산한다.

> 행동분석가는 어떤 절차는 의도하지 않은 행동의 가능성을 증가시킬 수 있음을 밝혀야 한다.

특정 업종이나 활동과 관련된 사망 위험을 계산하기 위해서는 장기간에 걸쳐 검증된 기록을 보관해야 한다. 응용행동분석은 높은 사망률과는 관련 없는 활동이기 때문에 공중보건이나 보험회사가 사용하는 계산법은 맞지 않다. 일반적 환경에서 사용하는 위험-효율성 분석을 실시하는 것이 이치에 맞는다. 목표는 행동 변화에 대한 효과적인 기법에 놀라는 것이 아니라 솔직해지기 위함이다. 우리는 어떤 절차는 의도하지 않은 행동의 가능성을 증가시킬 수 있음을 밝혀야 한다. 예를 들어, 타임아웃은 '울음, 공격성, 위축'과 같은 '감정적 반응'을 야기할 수 있다(Cooper, Heron, & Heward, 2007, p. 363). 아무 조치를 취하지 않는 것 역시 위험이며, 선택 사항이 고객에게 제시되었을 때 이 선택과 가능한 결과에 대해 알아야 할 필요가 있다.

위험 요인과 연구의 부재

많은 위험이 따르는 연구나 치료는 실패를 의미하고, 출판되지 않기 때문에 연구 문헌에 기초해서 위험 요인을 밝히기가 어렵다. 행동 프로그램의 실패를 예측할 수 있는 요인은 실습을 통해 위험 요인을 배운 행동분석가들의 기억에 남아 있다. 위험 요인에 대한 몇몇 단서는 연구자가 치료 프로토콜을 증명하기 위해 추가로 노력한 것을 문서로 남겨놓은 출판된 학술지 논문에서 수집할 수 있다. 게다가 수년간의 훈련과 경험을 가진 석사 또는 박사 수준의 치료사가 연구 현장에서 중재를 실시하고 있다. 행동분석의 실험이 주로 엄격하게 통제된 실험실에서 진행된다고 하더라도 결과적으로 시골에서 저소득 고객을 상대하는 행동분석가에게는 완전히 다른 이야기가 될 수 있다. 순회교사로부터 간헐적으로 지도 받는 치료를 평가하기 위해 고졸 이하의 부모들이 다소 정교한 절차를 실시하려고 짧은 시간의 교육을 받을 수도 있다.

이 장에서는 추천받은 각 행동 절차에 대한 연구와 위험 및 효율성(문헌과 전문적 경험에서 비롯한)의 결정과 관련된 전략을 소개한다. 솔직하고 진실한 토의 방법을 통해 소비자에게 위험과 효율성을 소개하면 회기 동안에 일어나는 예상하지 못한 치료의 부작용이 있더라도 아무도 놀라지 않게 된다. Spreat(1982)의 모델은 중요한 선구적인 노력이었다. 행동분석과 위험분석의 행동분석과 위험분석의 임상적 발전상을 토대로 위험과 효율성을 정의하는 새로운 4단계의 절차를 개발했다.

위험과 효율성 평가의 4단계

1. 행동치료에 대한 일반적인 위험 요인을 평가한다.
2. 행동치료의 효율성을 평가한다.
3. 각 행동 절차에 대한 위험 요인을 평가한다.
4. 관련된 주요 당사자와 위험과 효율성을 조화시킨다.

일반적 위험 요인

위험 요인이 치료 계획의 결과에 어떤 영향을 미치는가를 이해하기 위한 시도에서 매우 흔한 8가지의 위험 요인을 발견했다([그림 16-1] 참조). 모든 위험 요인은 누군가에게 해를 끼칠 가능성이 있다. 이들은 고객, 중재인, 관찰자, BCBA, 보다 넓은 의미에서의 행동분석가다.

치료받고 있는 행동의 성격

일반적으로 심한 문제행동일수록 계획의 실패 위험이 더 높다. 심한 행동은 하룻밤 사이에 나아지지 않는다. 심한 행동문제는 항상 긴 잠복기를 갖고 있으며, 이 기간 동안 보다 약한 행동 형태에서 행동분석가에게 의뢰될 정도의 위험한 행동 형태로 발전하게 된다. 2년 과정의 대학원 학생들은 이런 위험한 행동을 다루는 방법에 대해 전문가로부터 배울 기회가 없을 것이다. 수십 편의 논문을 읽고 기본 원리를 이해했을지라도, 이와 같은 치료의 세부 사항과 미묘함은 전문가들도 이해하기 어렵다. 적당히 경험을 쌓은 행동분석가는 그들과 고객, 응급실에 있는 다른 보호자를 곤란한 상황에 빠뜨릴 수 있는 심각한 공격행동

> 일반적으로 심한 문제행동일수록 계획의 실패 위험이 더 높다.

을 위한 프로그램을 설계하는 데 실수를 저지르기 쉽다.

[행동치료를 위한 일반적인 위험 요인들]

지시 사항: 각 제안 절차에 대해 위험-효율성 평가지를 작성한 후, 관계 당사자들과 이 평가지를 검토하시오.

위험 요인	내용
1. 다루어야 할 행동의 본질－자해행동인가, 아니면 다른 사람에게 위험한 행동인가?	목표행동은 불순응, 도망치는 행동, 형제에게 위협적인 공격행동이다.
2. 치료를 관리할 충분한 인력이나 중재자가 있는가?	어머니가 주요 중재자다.
3. 이를 정확하게 관리할 수 있는 기술이 있는가?	체계적인 행동 프로그램을 시도한 것이 처음이다.
4. 현장이 치료에 적절한가? 안전, 조명, 위생, 온도가 잘 통제되는가?	가정은 깨끗하고 안전하나 문제가 될 소지가 있는 두 명의 형제자매가 있다. 그들은 어리고, 취약하며, 관찰에 의하면 그들도 일부 부적절한 행동이 강화되어 있다.
5. BA가 이러한 유형의 사례에 치료 경험이 있는가?	예, 3년의 가정방문 자문 경험이 있다.
6. 현장이 다른 사람에게 위험을 줄 수 있나?	예, 공격성이 더 증가되면 어린 형제자매가 위험해진다.
7. 이 사례에 관련된 주요 인물의 지원이 있는가?	어머니는 신중하지만 할머니와 시어머니가 프로그램의 일관성을 손상시킬 수 있다.
8. BA에게 어떠한 책임이 있는가?	BA는 유경험자이고, 프로그램은 기준에 따르고, 정도를 벗어난 강화는 없고, 제한된 절차도 없다. 슈퍼비전도 양호하다.

일반적인 위험의 요약: 이 프로젝트가 시작되기 전에 사료되어야 할 몇 가지 위험 요인이 있다. 안전을 위해서 이 중재 프로젝트에 어머니를 도울 가정 내 보조자에 대한 계획이 있어야 하고, BA는 원만한 진행을 위해 처음 며칠간은 상주할 필요가 있다.

| 그림 16-1 | 행동치료를 위한 일반적인 위험 요인 모델 평가지
이 8가지 요인이 대부분의 행동 적용에 포함되지만 필요할 경우 다른 요인들을 추가한다.

프로그램 관리를 위한 충분한 인력

행동분석가는 고객의 자연적 환경 내 치료에서 중요한 역할을 담당하는 중재자를 신뢰해야 한다. 국제행동분석가(BCBA)의 역할은 기능평가를 하고, 기능을 정확하게 파악한 후, 프레더-윌리 증후군, 안젤만 증후군, 뇌성마비와 같은 특정 고객을 위한 정확한 프로그램을 고안하는 것이다. 흔히 프로그램이 효과를 거두기 위해서는 고객의 하루 중 가장 좋은 시간에 실시해야 한다. 생활 거주 시설에서는 하루 최소 2교대 해야 함을 의미한다. 국제행동분석가(BCBA)의 행동치료가 일부 시간에만 제공된다면, 하루 종일 진행하는 경우보다 덜 효과적이다.

중재자는 잘 훈련받았는가?

프로그램에 적절하고 높은 수준의 직원 훈련이 제공되지 않으면, 직원의 수가 많다고 해도 성공을 보장하는 것이 아니다. 중재자가 간혹 실수를 저지르고 부적절한 행동에 강화를 제공한다면, 정적 강화 프로그램

> 프로그램에 적절하고 높은 수준의 직원 훈련이 제공되지 않으면, 직원의 수가 많다고 해도 성공을 보장하는 것이 아니다.

도 실패할 수 있다. 한 시설에서 체구가 크고 변덕스러운 사춘기의 프레더-윌리 증후군 학생을 무서워하는 야간 교대조 직원들이 있었다. 그들은 처방된 중재안을 따르는 대신 고객이 난동을 부리지 않도록 과자와 군것질 거리를 주었다. 야간 교대조의 한 보조원과 고객(도망친 이력이 있는)은 과자를 사기 위해 몇 블록 떨어진 편의점까지 걸어 갔다. 보조원이 여자 친구와 전화를 걸며 한눈을 파는 동안, 아무런 감시를 받지 않은 그 청소년은 고속도로를 무단 횡단해서 트럭이 달려오는 차로로 갔다. 그는 심한 머리 부상을 입고 몇 시간 후에 사망했다. 그 후 이런 저녁 외출은 허용되지 않았으며, 그 어떤 위험-효율성 분석도 실시하지 않았다는 것이 밝혀졌다. 가족은 이러한

비극이 일어난 데 대해 충격을 받았고, 그 직원을 고소했다.

제안된 치료를 위해 현장은 적합한가?

불만족스러운 현장에서는 절차가 실패할 위험이 높기 때문에 행동 절차가 효과적으로 실행될 수 있는 현장에서만 일한다는 내용이 윤리 규정에 명시되어 있다(4.06, 4.07). 게다가 현장이 행동분석가를 위험에 빠뜨려서는 안 된다.

한 사례에서, 동물을 무척 좋아하는 엄마가 있는 가족이 행동분석가에게 가정 내 행동 서비스를 부탁하였다. 애완동물은 문제없었으나 그 엄마는 부엌을 포함해서 집안 곳곳에 큰 거북이들이 들어있는 거대한 수조들을 두었다. 그 수조 안을 더러운 거품이 잔뜩 낀 녹조로 가득 차 있었다. 예전에 한 아동이 그 수조로 인해 살모넬라 식중독 판정을 받았다. 행동분석가는 전염병에 걸릴 위험이 있음을 알았다. 그리고 슈퍼바이저는 행동분석가를 그 집에서 내보냈다. 가정 내 치료가 제공되던 또 다른 사례에서 행동분석가는 한부모 가정인 엄마의 남자 친구가 집에서 마약을 복용하는 것을 발견하였다. 상담가는 그 가정으로부터 아동을 보호하기 위해서 행동분석가가 그 가정에서 지켜봐야 한다고 생각하여 서비스 종결을 주저하였다. 우리의 조언은 관계 당국에 연락하고 가능한 한 빨리 그 가정에서 나와야 한다.

행동분석가가 이 사례와 같은 유형의 치료를 경험했는가?

자신들이 이해하지 못한다는 점을 인정하고 싶지 않기 때문에 특히 초보 BCBA나 BCaBA에게는 이 질문이 어려울 수 있다. 우리의 규정은 BCBA가 자신들의 전문성을 발휘할 수 있는 영역 안에서 운영할 것을 요구한다(1.02). 그러나 한 사람의 전문성을 뛰어넘는 임상이 적절한 절차의 중재와 고객의 안전을 위협한다는 의미는 아니다.

현장 내 다른 사람에게 가해지는 위험이 있는가?

보호 작업 현장에서 일하는 것만큼 집에서와 학교에서 일하는 것도 행동 프로그램이 성공하는데 위험요소들이 도사리고 있다. 이러한 현장에서는 절차를 실시할 때 고객과 직원에게도 잠재적인 위험을 줄 수 있다. 예를 들어, 타임아웃을 사용할 때 '유의 사항' 중 하나는 감정적 반응과 예상하지 못한 결과를 초래한다는 점이다. 타임아웃을 싫어하는 고객이 그 공간에 있는 다른 사람을 대상으로 때리기, 발로 차기, 뺨 때리기, 침 뱉기를 시도할 수 있다. 절차의 승인을 얻기 위해 행동 절차의 위험을 무시해서는 안 된다. 그 대신, 관계자 모두와 솔직하게 논의하여 모든 사람이 위험을 인지하도록 해야한다. 위험을 줄이는 계획은 위험을 인식하는 것부터 시작되며, 모든 사람의 안전을 확보하기 위해 치료 개시 며칠 이내에 추가 인원들도 참석시켜 공지할 필요가 있다.

이 사례와 관련한 주요 인물들의 지원이 있는가?

지원(buy-in)이란 당신의 프로그램 제안에 동의하는 사람뿐만 아니라 계획에 따라 시행되도록 가능한 모든 것을 하는 것을 의미한다. 지원은 현장에 따라 달라질 수 있다.

당신이 학교에서 실시하고 있다면, 학부모, 교사, 교장의 지원이 있어야 하고, 보조교사의 도움도 잊어서는 안 된다. 이 지점에 있는 사람들은 열정적으로 참여하거나 '나와는 상관없다' 태도를 보이면서 절차를 수립하거나 깨뜨릴 수 있다. 지원은 프로그램의 성공을 담보하는 학교 심리학자, 학교 상담가, 복지사와 같은 전문가들로부터 얻어야 한다. 이들 중에는 루머를 퍼뜨리거나 프로그램의 효과를 약화시키는 경쟁적 활동을 이용함으로써 치료를 고의적으로 방해하거나

> 절차의 승인을 얻기 위해 행동 절차의 위험을 무시해서는 안 된다.

망칠 수 있다. 만약 그 기관에 'ABA를 싫어하는' 사람이 있다면, 행동분석가
는 치료를 시작하기 전에 그들을 설득하는 작업을 해야 한다.

개인적 책임: BCBA에 대한 위험

이 위험 요인은 규정 1.02와 1.03과 관련이 있고, 이러한 사례를 다루는
BACB의 능숙함에 대한 질문이다. 행동분석가가 직접 책임져야 할 것이 있
는가? 만약 타임아웃을 실시하기로 하고 BCBA가 절차를 시연했는데, 어린
고객은 뜻하지 않게 상처받았을 가능성이 있다. 부모들은 과연 BCBA에게
책임을 물을까? 그 전날에 교사와 보조교사와 같이 시연하면서 직접적인 신
체적 접촉이 없게 했다면 이 사건을 다소 완화할 방법이 되지 않을까? 만약
그렇다면, 이것이 더 바람직하며 책임을 덜 수 있는 방법이다.

행동치료의 효율성

위험-효율성 분석을 형평성에 맞게 시행하려면 위험뿐만 아니라 치료의
효율성을 검토할 필요가 있다. 모든 관계 당사자가 서면으로 효율성을 토의
할 수 있는 [그림 16-2]와 같은 양식 개발을 추천한다.

[행동치료의 효율성]

지시 사항: 각 제안 절차에 대해 위험-효율성 평가지를 작성한 후, 관계 당사자들과
이 평가지를 검토하시오.

효율성	내용
1. 고객의 행동이 크게 개선되어 많은 새로운 강화제를 제공하고, 많은 선택을 한다.	고객이 요구에 순응하고, 도망치는 행동이 없어졌으며, 공격적인 협박이 없어졌다.

2. 행동 변화로 인해 고객의 환경이 크게 개선되어 보호자와 동료의 스트레스가 감소한다.	아동을 위해 보다 편안한 환경이 조성되었고, 모두의 스트레스가 감소했다.
3. 보호자는 더 많은 책임감을 느끼고, 사기가 개선되고, 고객과 열정을 가지고 발전 의지를 보인다.	엄마가 자녀를 사랑하고, 양육하고, 인도하는 보다 선호적인 역할로 돌아왔다.
4. 사회적 강화제를 얻어 더 많은 기회를 제공하면서 현장 내 동료들이 고객을 대하는 태도가 변화한다.	동료들이 더 이상 고객을 두려워하지 않으며, 이제는 고객과 함께 기꺼이 놀이 시간을 보낸다.
5. 현장에 대한 의존성이 현저하게 감소한다.	엄마가 책임을 느끼고 역할을 담당한다.

효율성의 요약: 이 현장에서 고객에게 효율성이 크고, 만약 효과적이라면 이 절차는 고객을 변화시키고 삶의 질을 향상시킬 수 있다.

| 그림 16-2 | 행동치료의 효율성
이 5가지 요인은 많은 행동 상황을 포함하지만 필요할 경우 다른 요인들을 추가한다.

고객의 직접적인 효율성

전문 행동분석가는 제안된 중재가 고객에게 직접적인 효율성을 주는지를 먼저 고려해야 한다. 그러나 많은 사례에서 무슨 일이 벌어질지 예상하기 어렵다. 성공을 위한 행동 비율과 시간의 변화를 간결하게 설명하는 것이 중요하다. 여기서는 기입한 내용에 나타나 있는 각각의 목표행동을 논의해야 한다.

현장에 대한 간접적 효율성

흔히 효율성을 평가하는 데 있어 간과되는 것이 치료 현장의 '분위기'와 관련되어 있다. 이전에는 불순응적이고 공격적인 아동이 지금은 요구를 듣고 웃는 얼굴로 수용할 수 있게 된다면, 가정과 교실 분위기를 통째로 바꿀 수 있다. 이러한 것이 간접적 효율성으로 간주된다.

중재자와 보호자에 대한 효율성

> 당신이 중재를 위해 중재자와 간병인을 적절히 준비시켜서 그들이 성공적으로 수행한다면, 이는 그들의 성취에 자신감과 긍지를 가지게 한다.

행동치료의 효율성 가운데 쉽게 간과되는 것이 성공적 치료를 제공한 중재자와 환경 내 다른 보호자에 대한 효율성이다. 당신이 중재를 위해 중재자와 간병인을 적절히 준비시켜서 그들이 성공적으로 수행한다면, 이는 그들의 성취에 자신감과 긍지를 가지게 한다.

현장 내 동료에 대한 효율성

우리가 대부분의 시간을 고객에게 초점을 맞추는 동안에도 현장 내에 있는 다른 사람들을 성공적 치료의 간접적 수혜자로 간과해서는 안 된다. 고객의 동료 사례에서, 특히 그들이 공격행동의 표적이 되거나 무시된다면 그들의 두려움과 불안은 감소하고, 게다가 부모와 교사에게 추가적인 관심을 받게 될 수도 있다.

현장에 대한 일반적 의존성의 감소

재활 또는 교육 현장에서 고객이 위험한 행동을 보인다면 감독기관 조직에도 어느 정도의 책임이 있다. 학생이나 다른 고객의 부모나 대리인은 피해에 대한 소송을 제기할 수 있으며, 가족 구성원에게 발생할 수 있는 손해에 대해 소유자 또는 관리자에게 책임을 물을 수 있다. 도망치는 행동, 협박, 다른 고객이나 직원에게 해를 끼치는 행동을 중단한 고객은 관리자의 골칫거리가 줄고, 소송을 준비해야 하는 변호사의 요청 건수가 줄어든 것을 의미한다.

각 행동 절차에 대한 위험-효율성

정적 강화와 같이 유순한 방법을 포함한 모든 행동 절차는 그와 관련한 위험 요인을 내포하고 있다. 어떤 글에서는 이를 '고려 사항'이라고 언급한다 (Cooper et al., 2007, p. 370). 물론 이 역시 효율성이 있다. 행동분석가가 특정한 행동 절차에 대해 위험과 효율성을 모두 살펴볼 수 있는 평가지를 개발하였다. [그림 16-3]에서 보는 바와 같이, 타임아웃에 대한 견본 평가지, 고려 사항(예를 들어, 위험성)에는 공격성의 증가, 회피, 바람직한 행동의 감소가 포함되어 있다. 평가지에서 보는 바와 같이, 타임아웃에 대한 효율성에는 중간 속도에서 빠른 속도로의 행동 감소, 편의성, 타임아웃을 다른 행동 절차와 결합할 수 있다는 사실이 포함되어 있다. 책임감 있는 BCBA는 제시된 각행동 절차에 대해 연구하고, 절차 평가지를 준비하고 싶을 것이다. 평가지 하단의 요약이 반드시 균형 있고 객관적이 되도록 주의해야 한다.

[위험-효율성 평가지]

ABA 절차: 타임아웃

특별한 방법: 1) 비배제 타임아웃(무시하기, 정적 강화 철회, 유관 관찰, 타임아웃 리본) 2) 배제 타임아웃(타임아웃 방, 파티션 타임아웃, 복도 타임아웃)

위험 요인	내용
1. 예상하지 못한 결과가 나올 수 있다.	이것이 문제가 될 수 있으나 BA가 처음 며칠간 교실에 머무를 수 있다.
2. 감정적 반응을 초래할 수 있다.	어머니는 이것에 대해 걱정한다.
3. 절차가 적용된 환경 내에서 고객이 낙인 찍힐 수 있다.	이것은 예전 교사에게 문제가 되었다.

4. 타임아웃을 사용한 중재자는 다른 사람에게도 시도할 것이다.	BA가 보조교사를 관찰할 필요가 있고, 교사 역시 무의미한 사용에 신중할 것이다.
효율성	내용
1. 적용의 용이성	이것은 보조교사와 협력하기 때문에 증가한다.
2. 타임아웃을 적절한 치료로 광범위하게 받아들인다.	학교행정가는 부모가 승인하면 타임아웃을 받아들이고, 안전하다고 승인 받은 타임아웃 방을 갖고 있다.
3. 행동의 신속한 감소	교사는 빠르고 적절하게 목표행동을 감소시킬 것이다.
4. 다른 절차와 결합할 수 있다.	교사는 적절한 행동을 위해 토큰경제를 적용할 것이다.

위험 대 효율성 요약: 종합적으로 이 현장에서는 타임아웃과 관련하여 효율성이 위험보다 더 크다. 모든 일이 잘 되게 하기 위해 첫 주에 BA가 함께 있는 것이 필요하다. 어머니는 전개를 살펴보기 위해 최소한 한 달간 타임아웃 사용을 승인하였다.

| 그림 16-3 | 특정 절차인 타임아웃에 대한 위험-효율성 모델 평가지

위험과 효율성을 검토한 뒤 각각의 ABA 절차마다 개별 평가지를 작성한다. 하단부의 요약은 위험과 효율성을 비교하여 고객에게 균형 있고 솔직하게 설명해야 한다.

주요 관계 당사자들과 함께 위험과 효율성 조정

표준 운영 절차에 위험-효율성 분석을 포함시키는 것은 윤리적 치료를 제공하는 절차에 또 하나의 중요한 단계를 추가하는 것이다. 입학 후에 기능평가를 실시한다. 그런 다음에 문헌을 검토해 보면 가장 많은 제한부터 최소 제한하는 치료 목록의 순서가 나타난다.

이 시점에서 앞에서 본 것과 유사한 양식을 작성하고, 그 기록을 검토하기 위해 고객(또는 대리인)과 만난다. 그리고 제안된 절차의 위험-효율성 분석을 실시한다([그림 16-4] 참조). 특정한 부작용 또는 예측하지 못한 행동적 효

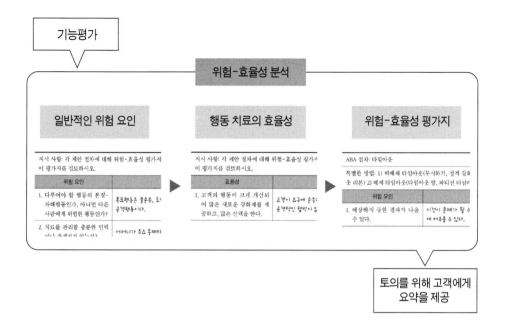

| 그림 16-4 | **주요 관계 당사자들과 함께 위험과 효율성 조정**
절차는 기능분석으로 시작하고, 위험과 효율성을 고려한 다음에 토의를 위해 고객에게 요약을 제공한다.

율성에 대한 질문이 있다면, 고객(또는 대리인)와과 주고받을 수 있다. 필요할 경우, 기록으로 남기고 정정해야 한다. 만약 토의가 끝난 뒤 소비자가 절차에 대해 꺼려하면 다른 사람이 지지하는 한 방법을 철회할 수도 있다. 주의할 점은 사전에 이런 논의를 하는 것이 치료 과정에서 감정적 폭발을 하는 것보다 훨씬 낫다. 회의 결론에서 모든 관계자가 취할 행위에 대해 합의에 도달해야 한다. 필요한 서류에 서명하고 서류를 보관한다. 그리고 모든 사람이 만족할 수 있게 위험을 규정하고 최소화하여 치료를 시작한다.

BCBA와 전문성의 세 가지 추가적 효율성

이것은 아마도 위험-효율성 양식에 없었거나 고객과의 논의에서 다루어지지 않았을 것이다. 그러나 세 가지 추가적인 효율성을 고려해야 한다. 첫째, BCBA 또는 BCaBA는 고객과 타인의 삶의 질을 향상시킨다. 게다가 목표행동의 중요한 개선을 가져오는 데 계획한 대로 모든 것이 진행된다는 안도감을 갖게 됨은 물론이고, 후에 유사한 사례를 접했을 때 자신의 능력에 대한 자신감이 증진될 것이다. 긍정적 효율성을 보일 수 있다는 것은 자신감을 키우고, 사기를 증진시키고, 직업에 대한 미래의 참여를 권장하는 것이다. 두 번째 효율성은 행동 계획의 설계자에 대한 의존을 감소하는 것이다. 하나의 사례를 성공적으로 완수했다는 것은 적어도 현재에 대한 불확실성의 먹구름이 사라지는 것을 의미한다.

마지막 효율성은 현장에서의 ABA에 대한 지식과 훌륭한 홍보에 기여할 수 있는 가능성이다. 우리는 고객으로부터 경험담을 요구할 수 없지만 고객은 자신들의 삶을 향상시켰던 행동분석 서비스에 만족했거나 매우 기뻤던 일에 대해 다른 사람들에게 이야기한다.

제17장 효과적인 윤리 메시지 전달

행동분석가는 전문성과 윤리 이행 관련 규정의 내용을 알고 이해할 때 점점 더 세련되어 간다. 전국에 걸친 현직 서비스 교육, 서면 자료, 평생교육 기회, 학회가 행동분석가에게 규정과 관련된 양질의 전문적인 훈련을 제공하고 있다.

> 행동분석가가 어렵게 생각하는 것은 다른 사람들에게 무언가 말을 해야 할 때 또는 윤리적으로 문제가 발견되었을 때 상황에 알맞게 처리해야 할 때이다.

그러나 그들이 규정 조항을 알고 있을지라도 많은 행동분석가는 윤리적 문제에 부딪혔을 때 다른 사람에게 무엇이라고 말하고, 어떻게 상황에 대처해야 하는지를 아는 데 고민의 시간을 보낸다. 행동분석가를 포함한 많은 사람은 다른 사람들에게 "아니요." 또는 그들이 하고 있는 것이 적절하지 않더라도 정직한 피드백을 직접적으로 주는 데 어색해 하거나 불편해 한다. 윤리 쟁점에 직면했을 때 정확하게 말하고 행동하는 방법을 아는 것은 실천 쟁점과 특정 규정 조항을 이해하는 것보다 더 어려운 일이다.

의사소통 기술의 중요성

탁월하기를 원하는 행동분석가를 위한 기술 목록을 작성하는 것은 좋은 의사소통 전달자가 할 수 있는 능력이다. 전문적인 행동분석가를 위한 25가지 필수적인 기술과 전략: 자문의 효과를 극대화하기 위한 전문가 팁(Bailey & Burch, 2010)에서 우리는 동료, 슈퍼바이저, 부하 직원과의 대인 간 의사소통을 다루는 3개의 장을 제시하였다. 또한 효과적인 의사소통과 의사소통 기술의 부족이 다른 사람을 설득하고 자신의 능력에 어떤 영향을 미치는지를 설명하였다. 윤리 메시지를 제공할 때, 당신은 행동분석가로서 의사소통 전달자가 되어야 한다.

윤리 질문을 바로 해결해야 할 때가 있을 수 있다. 이것은 바로 대응하는 것과 윤리 규정을 아는 것을 의미한다. 규정의 정확한 조항의 번호와 설명을 언급할 필요가 있을 것이다. 규정과 관련된 내용을 알고 이해하는 것이 모든 행동분석가의 책무다.

윤리 규정을 알라

신속한 대응이 필요

행동분석가(BCBA)는 부모가 이혼한 5세 여아인 Ami를 교육시키고 있었다. Ami의 아버지는 전국적으로 알려진 전자제품 체인점을 소유한 부유한 사업가였다. 그는 자주 여행을 했기 때문에 주기적으로만 Ami를 보았다. Ami는 원래 말을 하지 못했지만 행동분석가는 짧은 기간 동안에 Ami가 단어나 짧은 문장을 말할 수 있게 훈련시켰다. 얼마 지나지 않아 Ami는 세 단어의 문장으로 이야기를 하기 시작했다. 집에 자주 들르지 못하는 Ami의 아버지는 회기를 관찰하고는 눈물을 흘렸다. 그는 떠날 때 "당신은 Ami에게 놀라운 변화를 주었네요. 당신은 이제 막 사회생활을 시작했고, 금전적 여유가 없다는 것을 알고 있어요. 당신에게 감사의 표현으로 당신과 당신의 룸메이트를 위해 새로운 평면 TV와 플레이어를 사 드리고 싶은데 괜찮은가요?" 행동분석가는 즉시 대답해야 한다. 그렇지 않으면 배달 트럭이 2,000달러의 고해상도 TV를 그녀의 아파트에 배달할 것이기 때문이다. 그녀는 주 학회에서 개최하는 윤리 워크숍에 참가했기 때문에 행동분석가는 선물을 받을 수 없다는 것을 알고 있었다. 그녀는 규정 조항의 번호를 인용할 수는 없었지만 즉시 완벽하게 응답했다. "나는 Ami와 함께 작업할 수 있는 기회에 감사하고 있어요. 행동분석가들에게는 윤리 규정이 있고, 이 규정에 의하면 선물을 받을 수 없습니다. 당신이 Ami의 발전에 매우 만족하고 있는 것에 기쁘게 생각해요."

시간을 가지라

즉시 대응해야 하는 상황과 다르게 윤리적인 쟁점에 직면했을 때에는 "추후에 알려 드리겠습니다. 이따 오후쯤에 전화 드리겠습니다." 또는 "이를 확인해야 합니다. 화요일 회의 때 답을 드리겠습니다."라고 말함으로써 시간을 벌 수 있다. 윤리적인 쟁점이 애매한 부분이거나, 윤리 규정을 확인해야 할 필요를 느끼거나, 슈퍼바이저에게 이야기해야 하거나, 혹은 신뢰하는 동료와 상담이 필요할 때, 시간을 버는 것이 좋은 전략이다.

석사 과정에 재학 중인 행동분석가가 몇 곳의 어린이집에 자문을 했다. 그 중 한 어머니가 "선생님도 알겠지만 우리가 주일에 바쁘기 때문에 치료 회기를 받기가 어려워요. 선생님은 주말에 수업이 없으니 수업을 토요일 오전으로 옮기는 게 어떨까요?"라고 말했다. 이것은 젊은 행동분석가에게는 애매한 부분이다. 그녀는 주말에 쉬거나, 연구 그룹 사람들을 만나거나, 시험 준비를 한다. 이 요청에 대해 무엇인가 꺼림직했다. 행동분석가가 규정을 잘 숙지하고 있으며 규정에 "주말을 포기하는 것은 비윤리적입니다."라는 조항이 없다는 것을 확실히 알고 있다. 또는 "제가 슈퍼바이저에게 확인하고 연락드리겠습니다."라고 말하는 것이 완벽한 대답이다. 그날 이후 슈퍼바이저는 그녀의 전화를 받고 이 같은 요구는 전문적이고 윤리적인 쟁점이 혼합된 문제라고 말했다. 기관의 방침

> 윤리적인 쟁점이 애매한 부분이라면 시간을 버는 것은 좋은 전략이다.

상 슈퍼바이저가 비상 사태에 대처할 수 있을 때에만 치료 회기를 실시해야 한다고 되어 있다(즉, 주말은 휴업).

윤리적인 측면에서 부모는 치료를 시작할 때 치료의 특정 조건에 동의했다(즉, 주중에만 가능). 부모가 심경 변화나 사회적 기회에 따라 회기를 옮기겠다고 한다면 아동의 언어 행동 훈련은 우선순위가 높지 않았을 가능성이 충분히 있다. 어머니에 대한 피드백은 간단했다. "제가 회기를 토요일로 변경하는 것에 대해 슈퍼바이저에게 확인했습니다. 슈퍼바이저는 회기를 토요일로 변경하는 것은 슈퍼바이저가 비상 사태 때 대처할 수 있는 시간에만 수업하기로 되어 있는 저희 기관의 정책을 어기는 것이라고 말했습니다. 죄송하지만 저희는 정규 근무시간인 평일에만 회기를 한다는 규정을 따라야 합니다. 하지만 어머니가 정말로 다른 날로 바꾸길 원한다면, 제 슈퍼바이저가 자신과 통화하자고 했습니다. 전화번호를 알려 드릴까요?"

고객, 부모, 가족 구성원, 다른 행동분석가, 행동 분야 외의 전문가, 슈퍼바이저, 또는 슈퍼비전 피제공자에게 윤리적인 쟁점에 대한 피드백이 필요할 때가 있다. 각각의 사례에서 행동분석가는 메시지를 충분히 전달했는지를 생각해야 한다. 슈퍼바이저에게 연락해야 하나? 직원들은 고객이 한 일에 대해 알릴 필요가 있나? 기관이 목격한 일에 대해 통지해야 하나?

고객에게 윤리 메시지 전달

윤리 규정은 개인뿐만 아니라 가족과 기관도 고객으로 보고 있다(규정 2.01). 다음 사례에서 우리는 고객을 목표행동으로 하는 개인으로 언급하고 있다. 대부분의 사례에서 고객은 아동이며, 그들은 윤리적 부정 행위에 수반되지 않는다. 그러나 행동분석가가 고기능의 성인 고객과 작업하는 상황에서 몇 가지 윤리적인 도전이 발생할 수 있다.

Shari는 고기능 남자 고객의 그룹 홈에서 근무하는 국제보조행동분석가(BCaBA)다. 고객 중 한 명인 Dan은 Shari를 유혹하기 시작했고, Shari는 Dan의 부적절한 코멘트를 무시했다. 그러자 Dan은 Shari에게 "금요일 밤에 나와 데이트를 하는 게 어때요? 나와 영화도 보고 저녁도 먹을 수 있어요?"라고 물었다. 그룹 홈에서는 고객과의 지역 야유회 기회가 많이 있지만, 이것은 분명히 데이트 요구였다. Shari는 고객과 데이트하는 것이 윤리 규정 위반임을 알고 있다. Shari는 어떻게 말해야 할까?

여기에 Shari가 말하지 말아야 할 몇 가지가 있다.

"그래, Dan. 우리는 사회적 기술에 대해 익힐 거야. 그것에 대해 생각할 시간을 줘."
"금요일 밤에는 바쁘단다."
"음, 아니…… Dan, 나는 남자 친구가 있어."
"미안하지만, 나는 네게 관심이 없어."

이러한 핑계들은 그녀가 바쁘지 않거나 남자 친구가 없다면, Dan과 데이트 할 수 있는 가능성을 열어 둔 것이다. 사회적 기술 훈련 계획에 따라 초대에 응하는 것은 Dan에게 혼란스러운 메시지를 보내는 것이다. 그는 데이트 기회가 왔다고 생각할 것이다. 좋은 의사소통의 본질을 기억하라. 혼란스러운 메시지를 보내지 말고 거짓말을 하지 마라. Shari는 "Dan, 나는 너를 친구로서 좋아해. 나는 여기서 일을 해. 내가 고객과 데이트 하는 것은 올바르지 않아. 직원들은 훈련을 위해 고객과 나갈 수는 있지만 고객과 데이트 할 수는 없어. 나의 직업에는 윤리 규정이라는 것이 있어. 그것은 내가 고객과 데이트 할 수 없다는 규칙이야. 그래서 적절하지 못하단다."라고 말할 수 있다.

> 좋은 의사소통의 본질을 기억하라. 혼란스러운 메시지를 보내지 말고 거짓말을 하지 마라.

Shari가 자신의 이야기를 하기도 전에 우리는 그녀에게 무슨 일이 있었는지 알았다. 그녀는 이전에 했던 대로, 전에 Dan에게 메시지를 전달한 것은 잘한 일이다. 그러자 Dan은 "나는 몇 주 안으로 내 집을 얻을 거야. 이제 더 이상 고객이 아니야. 그리고 내 직장은 굿윌(상점 이름)이 될 거야. 그러면 그때 데이트 할 수 있어?"라고 말했다.

고객과 가족 구성원이 '더 이상 고객이 아닌' 상태로 바뀔 때, 특별한 윤리적 딜레마에 봉착한다. 그들이 시스템 안으로 다시 돌아올 가능성이 있는가? 당신의 회사에는 이전의 고객(또는 그들의 부모)과 데이트하는 것에 대한 정책이 있는가? Shari는 "Dan, 나는 너를 친구로서 좋아해. 미안하지만 나는 너에게 관심이 없단다."라고 대답했다. 〈표 17-1〉에는 누군가가 당신에게 비윤리적인 것을 요청할 때, 응답 시 알아야 할 몇 가지 지침을 제공한다.

〈표 17-1〉 데이트 요청에 대한 Shari의 초기 반응의 과제분석

해야 할 행동	해야 할 말
간접화법(오토클리닉)을 사용하라.	"Dan, 난 너를 친구로서 좋아해……."
사실/상황을 진술하라.	"난 여기서 일해. 여기서 일하는 직원이 고객과 나가는 것은 적절하지 않아……."
규정을 참조하라.	"윤리 규정이라 불리는 게 있어……."
규정 내용을 말하라.	"고객과 데이트 할 수 없다고 되어 있어……."
요약하라.	"그것은 적절하지 못해……."

부모와 가족 구성원에게 윤리 메시지 전달

부모가 자녀와 가족 구성원을 사랑하고 도와주기를 원하는 만큼 행동분석가가 많은 윤리적 도전에 직면한다는 것은 실로 놀랍다. 행동분석가에게 보

고된 쟁점은 자료를 기록하고, 이야기를 만들고, 프로그램 실행이 아니라 교육하면서 선을 넘는 남용이다.

Erica M은 자폐로 진단된 10세 남아인 Cooper의 엄마다. Cooper는 매우 기본적인 표현언어를 구사한다("우유 줘." "밖에 나가자."와 같은 1~2개의 단어로 이루어진 문장). 그는 빈번하게 성질을 부리고는 한다. 그는 소음과 자신이 원했던 것을 얻지 못할 때 성질을 부리곤 한다. 그는 또한 피부가 벗겨질 정도로 아랫입술을 핥는 자기자극 행동도 한다. 집에는 Cooper 외에 두 명의 아이가 있다. BCBA인 Melvin은 점점 짜증이 났다. 왜냐하면 Cooper의 행동은 학교와 집에서 점점 나빠졌고, Cooper의 엄마는 필요한 자료를 기록하지 않았으며, Cooper가 성질을 부릴 때 Cooper를 진정시키기 위해 다른 자녀에게 과자를 가져다 주라고 시켰다.

Melvin은 집에 가서 Cooper의 엄마를 만났다. 그는 자료가 얼마나 중요한지를 말했다. "그래야 우리가 Cooper의 행동이 나아질 수 있게 도울 수 있습니다." 진술한 대화에 마법이 일어난 것처럼, 몇 번의 방문이 있은 후에 Cooper의 엄마는 Melvin이 도착했을 때 자료 용지를 준비해 놓았다. 얼마 지나지 않아 Melvin은 자료가 이상하다는 것을 알았다. Melvin이 Cooper가 학교 방과 후 행사에 참석한 것을 알고 있던 날의 자료 기록이었다. 게다가 그 자료에는 Cooper가 입술을 핥는 자기자극 행동이 없다고 되어 있지만 그는 너무 흥분이 되어 있었고, 벗겨진 피부에서 피가 나고 있었다. 그가 차고 진입로에 들어섰을 때, Cooper의 어머니가 바빠서 적당히 지어냈다는 것을 알았다.

다음에 Melvin이 하지 말아야 할 것과 이야기해서는 안 되는 것이 여기에 있다.

집에 불쑥 찾아가서 "당신이 자료를 작성했지요? 저는 당신을 믿었는데… 제게 거짓말을 한다면 그만두겠습니다. 저는 이 자료가 조작된 것을 압니다."라고 말해서는 안 된다.

다음에 Melvin이 말해야 할 것이 있다(그는 이러한 상황을 다루는 더 나은 방법을 찾아 필요한 자료를 얻을 수 있다. 그는 다음 회기를 시작할 때 Cooper의 어머니에게 말했다).

"안녕하세요, Cooper 어머님! 저는 당신의 새로운 장미 덤불을 봤어요. 정말 예쁘더군요. 저희 어머니도 제가 어렸을 때 장미 정원을 가꾸셨죠." (Cooper의 어머니는 그녀의 장미 정원에 대해 말했다.) 자료 용지에 대해 묻지 않고, Melvin은 "Cooper에 대해 이야기해 보세요. Cooper가 요즘 어땠나요?"라고 말했다. (Cooper의 어머니는 간단하게 "좋아요."라고 답했다.) "Cooper가 성질을 부리는 게 심했나요? 적었나요? 아니면 비슷했나요?" (Cooper의 어머니는 어떤 날은 다른 날보다 심했다고 답했다.) Melvin은 "매우 힘들었죠? 어머니는 매우 바쁘잖아요, 그리고 저는 성질을 부리는 10살 아이가 정말 힘들다는 것을 알아요."라고 말했다. 이쯤해서 Cooper의 어머니는 얼마나 힘들었고, 어떤 날은 그 작업을 하지 못했다고 말했다. Melvin은 "당신은 훌륭한 어머니입니다."라고 말했다. "저는 당신이 자녀들을 얼마나 끔찍이 아끼는지 알고 있습니다. 지난 며칠간의 자료를 볼까요?" 그는 자료를 살펴본 후 물었다. "지금까지 당신이 기록한 자료에 대해 어떻게 생각하나요?" Cooper의 어머니는 "괜찮아요."라고 답했다. 그러자 Melvin은 그녀에게 "어머니는 이 자료가 맞지 않다는 것을 알고 있습니다. 어머니가 체크해 놓은 곳을 볼 때… 여기하고 여기를 보세요… Cooper가 성질을 부리거나 얼굴을 핥지 않았다고 되어 있네요. 그러나 Cooper의 입술이 말라서 텄어요. 제게 그것에 대해 이야기해 주겠어요?" Cooper의 어머니는 Cooper가 텔레비전을 볼 때와 밤에 컴퓨터를 할 때 그의 입술을 핥고, 이것은 Cooper가 강화제로서 얻는 '텔레비전을 보는 시간'이고, 자료를 수집하지 않았다고 말했다. Melvin은 이해가 되었고, 자료 수집 절차를 변경할 수 있었다. 그런 다음에 Melvin은 성질을 부리는 것에 관한 자료에 대해 물었고, Cooper의 어머니는 자료지를 기록하기에 너무 바빴다고 시인했다. 그녀는 Melvin이 도착하기 바로 전에 작성했고, 때로는 며칠 전에 일어난 일을 잊기도 했다. Melvin은 Cooper의 어머니가 자료를 거짓으로 작성한다는 것을 알았고, "어머니가 자료를 정확하게 수집해 주는 도움이 필요합니다. 제 분야에는 윤리 규정이 있고, 거기에는 Cooper의 행동 치료를 제공하기 위해 정확한 자료가 필요하다고 나와 있습니다. 제가 그 자료를 정확하지 않다고 믿게 되면 우리는 정확한 자료를 얻을 수 없고, Cooper는 행동 서비스를 받을 수 없게 됩니다. 저는 Cooper와 더 이상 회기를 할 수 없게 됩니다. 언제든지 질문이 있으면 제게 알려 주십시오."

〈표 17-2〉에는 Melvin이 이러한 상황에서 해야 할 행동과 말이 요약되어 있다.

〈표 17-2〉 Cooper의 어머니의 자료 조작에 대한 Melvin의 반응

해야 할 행동	해야 할 말
라포를 형성하라.	"안녕하세요. 당신의 장미가…… 알았습니다."
듣고/질문하라.	"……어떻게 지내셨죠?" "……자료 기록을 어떻게 생각하세요?"
다른 사람을 공경/이해하라.	"이것은 당신에게 어려울 거예요……."
사실/상황을 말하라.	"이 자료는 이해가 되지 않아요."
윤리 규정을 참조하라.	"제 분야에는 윤리 규정이 있습니다……."
요약하라. 윤리 규정을 따르지 않을 경우 발생할 수 있는 것을 설명하라.	"Cooper는 행동 서비스를 받지 못할 수도 있습니다."

기관, 슈퍼바이저, 관리자에게 윤리 메시지 전달

불행하게도 우리는 워크숍에서 관리자가 행동분석가에게 비윤리적인 일을 하도록 요구했다는 상황을 언급하는 많은 행동분석가를 보게 된다. 행동분석가에게 자료나 평가 결과를 거짓으로 만들어 내라거나, 필요 없는 고객에게 서비스를 받으라고 말하거나(또는 그 반대의 상황), 상담가에게 공식적인 고객이 아닌 친구의 아들과 회기를 하라고 요청하는 것은 워크숍 참여자들이 직면하는 관리자와 관련된 윤리적 쟁점의 일부다.

어떤 사례에서 행동분석가는 "그래서 더 이상 거기서 일하지 않습니다. 밤에 잠을 잘 수가 없었습니다. 다른 직장을 얻었습니다."라고 이야기를 마친다. 또 다른 사례에서 행동분석가는 "내가 무엇을 해야 할지 몰랐습니다. 고객을 좋아하고, 내 직업을 사랑합니다. 누군가에게 말하거나 요청한 것을 거절하면 해고당할까 봐 불안합니다. 가족의 생계를 책임져야 하기 때문에 직업이 필요합니다."라고 말했다.

Wendy는 거주 시설의 초임 BCBA다. 그녀는 좋아하는 도시에서 꿈꾸던 직업을 가졌다. 몇 개월 후, 관리자가 그녀를 사무실로 불렀다. "이번 주 말쯤에 검토 팀의 방문이 있을 거라는 소문이 있습니다. 행동 프로그램에 당신의 도움이 필요합니다." 관리자는 그녀에게 검토 팀이 지난 번 검토에서 몇몇 고객의 평가와 누락된 자료를 확인하기 위해서 방문한다고 설명했다. 그리고 나서 Wendy의 책상에 목록을 올려놓았다. 관리자는 Wendy에게 아직 행동 서비스를 받지 않은 4명의 고객 평가 결과를 거짓으로 작성하라고 요구했다.

다음은 Wendy가 말하지 말아야 할 것이다(우리는 항상 슈퍼바이저를 대할 때 자제력을 촉구한다. 말하기 전에 생각하라. 종종 위태로운 사항이 많다).

"너 지금 장난하니?" 또는 "너 정신이 나간 거 아니야? 너를 위해 거짓말하는 일은 없어." 또는 "위원회가 이것을 들을 때까지 기다려."라고 말하지 말라.

Wendy가 말해야 하는 것이 다음에 있다.

"그래서 내가 무엇을 하길 원합니까?" 관리자가 그녀에게 말했다. "그냥 양식을 채워." (즉, "필수적으로 평가 결과를 조작해."). Wendy는 공손한 어투로 관리자에게 말했다. "당신이 정말 시설 평가에 통과하기를 원한다는 것을 알고 있습니다. 그러나 나는 고객들을 만난 적이 없고, 이것은 옳지 않습니다." 관리자는 긴장이 높아 갔다. 그녀는 Wendy에게 시설이 어려워지거나 심지어 지원금이 끊길지도 모른다고 상기시켜 주었다. "Schultz 씨, 나는 여기서 일하는 것이 좋아요. 프로그램도 좋습니다. 그리고 당신이 고객들을 돌봐 주는 것에 감사하게 생각합니다. 그러나 나는 BCBA이고, 지켜야 할 윤리 규정이 있습니다. 당신도 내가 평가 결과를 조작할 수 없다는 것을 알고 있습니다. 자료를 가지고 있지 않은 것보다 조작한 것이 더 문제가 될 수 있습니다. 이 방법은 어떻습니까? 내가 고객들의 평가 일정과 서류 작성 일정을 잡겠습니다. 고객을 방문할 수도 있습니다. 평가 팀이 올 때 나는 방문 기록을 가지고 있을 겁니다. 당신은 이것에 대해 어떻게 생각합니까?

〈표 17-3〉은 Wendy의 반응에 대한 분석을 보여 준다.

〈표 17-3〉 관리자 요구에 대한 Wendy의 반응 결렬

해야 할 행동	해야 할 말
질문하라.	"그래서 내가 무엇을 하길 원합니까?"
다른 사람을 존중하고 이해하라.	"당신이 시설 평가에서 잘 되기를 원한다는 것을 압니다……."

당신의 관점을 제시하라.	"그러나 나는 고객을 평가하지 않았고, 이것은 옳지 않습니다."
	"여기서 일하는 것이 정말 좋고, 프로그램도 좋습니다……."
다른 사람이 바르게 한 것을 강화하라.	"고객들을 돌봐 주는 것에 감사하게 생각합니다."
윤리 규정을 참조하라.	"그러나 지켜야 할 윤리 규정이 있고, 평가 결과를 조작할 수 없습니다……."
해결 방법을 제시하라.	"이건 어떻습니까? 평가 일정을 잡을 수 있습니다……."

비행동전문가들에게 메시지 전달

가장 흔히 받는 윤리 질문 중 하나다. 다른 전문가가 윤리 규정을 따르지 않을 때 어떻게 해야 하나요? 문제는 다른 전문가들이 우리의 규정을 지킬 필요가 없다는 것이다. 그들은 과학적으로 타당하지 않고 유행하는 대체 치료로 시간을 보낼 수 있다. 문제는 행동분석가와 이러한 전문가들이 한 사례에 중복되고, 같은 고객을 치료할 때 발생한다.

Ian은 자폐증을 가진 유치원 고객 Cassie의 치료 팀의 BCaBA다. 그 아동은 걸어 다녔지만 특이한 걸음걸이로 쉽게 넘어지거나 물건을 떨어뜨리는 운동 문제를 가지고 있었다. Cassie는 6살에 가까웠지만 그의 표현언어는 사물을 식별하는 정도의 몇 단어로 매우 제한되어 있었다. Cassie는 화가 나면 소리를 지르며 바닥에 엎드려서 몸을 웅크리고는 일어나기를 거부했다. 작업치료사(OT) Debbie는 감각통합 치료가 최선의 치료라고 생각했다. "Cassie는 감각 활동이 하루 종일 필요하니 교육할 수 있도록 환경을 만들어야 합니다." 작업치료사는 치료 팀 회의 때 말했다. "Cassie에게 적절한 감각 자극을 제시하지 않았기 때문에 Cassie가 태아 자세로 바닥에 있는 겁니다. 공을 굴리고, 장

난감을 가지고 놀고, 트램펄린에서 점프하는 것은 모두 Cassie의 뇌 발달을 돕고 행동을 개선시키는 운동입니다."

다음에 Ian이 치료 팀 회의에서 해서는 안 되는 말이 있다(회의에서, 우리는 또한 자제를 촉구하고 "당신이 말하기 전에 생각하라."라는 조언이 여기에도 적용된다고 굳게 믿는다).

"그래서 정확하게 그것이 Cassie의 뇌 개선에 어떻게 도움이 됩니까?" 또는 "당신이 지금 뇌 기능 분야의 유명한 전문가입니까?" 또는 "악의는 없습니다만 당신의 분야는 과학적으로 타당하지 않습니다."라고 말해서는 안 된다.

다음에 비행동전문가에게 해야 할 말이 있다. Ian은 아동의 평가를 마치고 행동분석가로서 Cassie의 성질을 부리는 증상과 작업 거부에 대해 설명이 필요하다는 것을 느꼈다. 또한 Cassie가 언어에 익숙해지기를 원했다. 따라서 그의 계획은 Cassie의 언어치료사에게 개별시도훈련을 소개하는 것이다. Ian은 동료들 앞에서 다른 전문가들을 당황스럽게 만드는 것이 친구들을 이기는 좋은 방법이 아니라는 것을 이해하였다. 이상적으로, Ian은 무슨 일이 발생할 줄 알고 있었고, 회의 전에 작업치료사와 만날 수 있었다. 그는 그렇게 하지 않았기에 치료 팀의 대화는 다음과 같이 되었다.

작업치료사 Debbie가 과장해서 말한 후, Ian은 차분하고 친절한 목소리로 말했다. "나도 Cassie에게 운동 문제가 있다는 것을 동의합니다. 그녀는 넘어지고, Debbie의 말이 맞습니다. Cassie는 몸을 잘 통제하지 못하는 것처럼 보입니다. 나는 Cassie의 핵심을 강화하고 균형을 개선시키는 운동이 도움이 된다는 데 동의합니다. 그러나 나는 행동 쟁점에 대해 이야기하고 싶습니다. Cassie는 소리 치고 바닥을 구르며 성질을 부리는 증상이 있습니다. 나도 아직 어떻게 할지 모르겠지만 이것을 목표행동으로 계획에 넣고 싶습니다."

작업치료사는 "Cassie가 대학에서 운동과 필요한 놀이를 하는 것처럼 책상에만 앉아 있지 않아도 괜찮을 겁니다."라고 말했다. 차분하고 친절한 태도를 유지하면서 Ian은 팀에게 말했다. "성질을 부리는 것은 행동 쟁점입니다. Cassie의 사례에서 성질 부리는 것을 촉발시키는 것이 무엇인지 모릅니다. 행동분석가로서 나는 다음 단계로 기능분석을 실시하라는 윤리 규정을 따라야 합니다. 이것은 학교에서의 자료 기록을 포함합니다. 내가 Cassie와 작업을 한다면, 그녀의 계획에 기능분석과 자료 수집을 포함한 행동 프로그램이 필요합니다."

〈표 17-4〉 비행동전문가에 대한 Ian의 반응의 결렬

해야 할 행동	해야 할 말
다른 사람들의 말을 경청하라.	Ian은 Debbie(OT)가 보고 하는 동안 겸손했다.
다른 사람들을 존중하라.	"Cassie가 운동 문제를 가지고 있다는 것에 동의 합니다……." 등
당신의 관점을 제시하라.	"행동 쟁점에 관해 이야기하고 싶습니다……."
당신이 하고 싶은 것을 진술하라.	"계획에 목표행동을 성질을 부리는 것으로 하고 싶습니다……."
윤리 규정을 참조하라.	"다음 단계로 기능분석을 실시하라는 윤리 규정을 따라야 합니다."
해결책을 제시하라.	"계획에 기능분석과 자료 수집을 포함한 행동 프로그램이 필요합니다."

〈표 17-4〉는 비행동전문가에 대한 Ian의 언어적 반응의 분석을 보여 준다.

다른 행동분석가에게 메시지 전달

어떤 면에서 행동분석가는 규정을 알고 있기 때문에 윤리 규정을 위반하는 다른 행동분석가를 다루는 것이 다른 사람들을 다루는 것보다 쉽다. 다른 면에서 행동분석가 동료에게 피드백을 제시하는 것이 어렵고 어색할 수도 있다. 특히, 그 동료가 경쟁 프로그램이나 자문 업체에서 근무하면 더하다.

Matt는 국제행동분석가(BCBA)다. 그의 학생들(BCaBA)은 전혀 알지도 못하는 고객의 청구서를 발부한 다른 행동분석가(Dr. X)에 대해 이야기했다. 행동분석가는 직원에게 이야기하고는 프로그램을 작성하거나 자료 용지를 보내고, 서비스 비용을 청구하는 것 같았다. Matt는 이것이 쉽지 않다고 느꼈지만 개입을 해야 한다고 결정했다. 그는 X 박사에게 전화를 걸어 잠시 통화해도 되냐고 요청했다. Matt는 다음과 같이 대화를 시작했다. "우리는 오랫동안 알고 지냈고, 우리 둘 다 행동분석가입니다. 내가 당신에게 묻는 상황에 대해 다른 사람들이 말하는 것을 들어 왔습니다. 당신은 전화로 상담한 적이 있습니까? 고객을 본 적이 없습니까?"

⟨표 17-5⟩는 Matt의 반응 분석을 보여 준다.

X 박사가 아니라고 대답한다면, 이것은 오해다. 그녀가 아팠을 때 단지 한 번 이렇게 했으나 회복되고 나서 즉시 고객을 보러 갔다면 그 대화는 끝날 수 있었다.

불행하게도 X 박사는 사업이 성장하였고, 기반을 다지려고 노력한다고 말했다. 그녀는 직원을 믿을 수 있을 때, 전화와 이메일로 상담했다. 그녀는 더 많은 고객을 돕고, 수요를 충족하고, 현금 흐름을 향상시킬 수 있다. "당신도 알다시피 나는 보트 값도 지불해야 합니다."가 그녀의 한마디였다. Matt의 반응은 "나는 당신이 사람들을 돌보고 책임 있는 전문가라는 것을 압니다. 당신이 어려움에 처하거나 평판이 나빠지는 것을 보고 싶지 않습니다. 최근에 규정을 본 적이 있습니까? 당신은 국제행동분석가(BCBA)을 직원으로 고용할 수 있습니다. 그러고 나면 그들이 평가에 서명하고 책임질 겁니다. 내가 읽은 규정에는 한 번도 본 적이 없는 고객의 평가에 서명할 수 없습니다. 나는 동료 전문가로서 나의 걱정을 당신이 알기를 원합니다."

〈표 17-5〉 거짓 행동전문가에 대한 Matt의 반응의 결렬

해야 할 행동	해야 할 말
다른 사람을 존중하고 이해하라.	"당신이 사람에게 관심이 있다는 것을 알고 있습니다……."
질문하라.	"전화로 상담한 적이 있습니까?"
당신의 관점을 제시하라.	"당신이 어려움에 처하는 것을 바라지 않습니다……."
윤리 규정을 참조하라.	"최근에 윤리 규정을 본 적이 있습니까?
해결책을 제시하라.	"당신은 국제행동분석가(BCBA)를 직원으로 고용할 수 있습니다."

요약

> 윤리 규정을 안다고 해서 다른 사람에게 효과적으로 윤리 규정을 이해시킨다고 보증하지 않는다.

윤리 규정을 안다고 해서 다른 사람에게 효과적으로 윤리 규정을 이해시킨다고 보증하지 않는다. 누군가에게 윤리 규정을 교육하기 위해서, 효과적인 치료를 위해 노력하는 것처럼 윤리 규정이 왜 중요한지를 알리기 위해서 당신은 매주 몇 차례 기회를 가질 수 있다.

> 윤리적으로 되는 것이 쉽다면 모든 사람이 윤리적으로 될 것이다.

효과적인 것의 첫 번째 부분은 정당하지 않은 것을 아는 것이다. 두 번째 부분은 말해야 할 것과 어떻게 말하는지를 아는 것이다. 이것은 특히 후배 국제행동분석가(BCBA)가 많은 경험을 가진 선배 국제행동분석가(BCBA)에게 윤리 메시지를 제공해야 할 때 어려울 수 있다. 알고 있어야 하고, 윤리 규정을 준수해야 하지만 나쁜 습관에 빠지기 쉽다. 매일 윤리적으로 되는 것은 어려운 일이다. 그리고 심지어 선량한 사람들조차 때때로 비윤리적 반응으로 대가를 치룰 수 있다. 아무도 말하지 않거나 나쁜 일이 일어나지 않는다면, 행동은 다시 일어날 것이다. 슈퍼바이저는 책임감에 압도 당할 수 있다. 부모는 모든 시도의 목표에 소모하고, 주장을 뒷받침할 연구가 있는지 여부를 물어볼 시간을 갖지 못한다. 윤리적으로 되는 것은 큰 책임이다. 어렵겠지만 윤리적으로 되는 것이 쉽다면 모든 사람이 윤리적으로 될 것이다. 강해져라. 당신에게 기회가 주어질 때마다 윤리 메시지를 전달하라.

제18장 전문적 서비스 선언 사용

윤리 문제가 발생했을 때, 어색하거나 어려운 문제를 해결하는 것보다 예방이 더 좋은 전략이다. 왜냐하면 옳고 그름의 차이를 잘 모르기 때문이다. BCBA는 거의 매일 윤리적 도전에 직면한다. 대부분은 우주 공간

> 의사결정의 레이더에 작은 '핑'하는 소리는 옳은 일을 하려는 행동분석가를 거슬리게 하거나, 혼동시키거나, 당황하게 한다.

에서 지구에 매일 발생하는 유성우의 위기보다 크기가 작다. 의사결정의 레이더에 작은 '핑'하는 소리는 옳은 일을 하려는 행동분석가를 거슬리게 하거나, 혼동시키거나, 당혹하게 한다. 당신이 예상하지 못할 때 이러한 작은 도전이 몰래 다가올 수 있다. 그것은 일상 대화에서 하찮은 추문이나 작은 호의를 요청하는 형태로 위장된다. 모든 사람이 규칙을 따르면 좋지 않은가? 또는 왜 이렇게 악화된 상황에 자극통제를 할 수 없는가? 자, 좋은 소식이 있다. 비디오 게이머의 디플렉터 실드(deflector shield)와 유사한 무언가를 세우는 것이 가능하다. 첫 번째 장소에서 발생하는 많은 윤리 문제를 예방하기 위해 우리가 제안하는 해결 방법은 '행동분석가를 위한 전문적 실천과 전문적 서비스 선언문'을 사용하는 것이다. 윤리 워크숍에서 루이지애나의 Kathy

> 국제행동분석가(BCBA)는 거의 매일 윤리적 도전에 직면한다.

Chovanec이 처음 제안한 이 문서는 윤리적 쟁점의 유성우가 내리기 전, 즉 서비스를 시작할 때 고객과의 경계와 규칙을 명확하게 하기 위해 널리 사용되고 있다.

[그림 18-1]은 당신의 특정 상황에 맞게 적용할 수 있는 전체 문서다. 당신은 고객의 유형에 맞는 여러 버전을 가지기를 원할 것이다. 예를 들어, 재택 서비스를 위한 선언문에서는 거주 시설 그룹 홈 상담 절차를 다양하게 고려할 것이다.

행동분석가를 위한 전문적 서비스 선언[1]

[이름, 학위]
BCBA(또는 다른 자격)

[주소, 전화번호, 이메일]

나의 미래의 고객/고객의 가족에게

본 서류는 귀하에게 저의 배경을 공지하여 귀하가 업무적 관계를 잘 이해할 수 있도록 만든 것입니다.

1. 전문적 영역

[기본적으로, 여기서는 당신의 전문영역을 설명합니다. 고객이 당신의 전문영역에 대한 정보를 충분히 전달하였다면 원하는 길이로 작성하면 됩니다.]

저는 ____년간 행동분석가로 종사해 왔습니다. 저는 (   )년 (전공)으로 학위를 받았습니다. 저의 전공 분야는 _____입니다(예를 들어, 유아교육, 부모훈련 등).

2. 업무적 관계, 제한점, 그리고 우려점

수행할 업무

행동분석은 가장 중요한 인간 행동은 시간이 흐르면서 학습되는 것이고, 환경의 결과에 의해서 유지된다는 관점에 기초한 독특한 치료 방법입니다. 행동분석가로서 저의 업무는 귀하가 변화시키고 싶은 행동에 초점을 맞추어 일하는 것입니다. 저는 귀하의 무엇이 행동을 유지하고 있는지 발견하게 하고, 더 적절한 대체 행동을 찾아서,

그리고 그런 행동을 학습할 수 있도록 계획을 세우는 것을 도와드릴 수 있습니다. 저는 귀하가 새로운 행동을 습득하고, 기술 수준을 향상시킬 수 있도록 돕는 계획을 수립할 수도 있습니다. 어떤 시간에는 제가 귀하를 직접 훈련시킬 수 있으며, 다른 시간에는 중요한 조력자를 훈련시키는 업무를 수행합니다.

업무 수행 방법

행동분석가로서 저는 행동에 대해서 판단하지는 않습니다. 저는 행동을 적절한 반응(극복 방법)이라고 이해하려고 노력할 것이며, 고통이나 고충을 줄이고 개인적인 행복감과 효율성을 향상시키도록 행동을 조절하고 수정할 수 있는 방법들을 제안합니다.

귀하는 진행 과정 중 모든 단계에서 자문을 받습니다. 제가 귀하의 목표에 대해서 질문을 하기도 하고, 제가 진행할 평가와 평가 결과에 대해서 전문용어 사용 없이 평이한 용어로 설명할 것입니다. 저는 중재 혹은 치료 계획에 대해서 서술할 것이며, 그 계획에 대해서 귀하의 승인을 요청할 것입니다. 귀하가 언제든지 우리의 업무적 관계의 종결을 원하면 저는 충실히 협력할 것입니다.

귀하의 목표에 관해 특정한 결과를 보장하는 것은 불가능하다는 점을 이해하기 바랍니다. 그러나 함께 협력하여 가능한 최선의 결과를 이루도록 노력할 것입니다. 저의 자문을 통해서 별로 유익함을 얻지 못한다고 판단되면, 저는 치료의 종료에 대해서 제안을 드림과 동시에 무리 없이 다른 치료로 전환되도록 의뢰 정보를 제공해줄 것입니다.

3. 고객의 책임

저는 고객이 제공해 준 일부 혹은 모든 관심사의 범위 안에서 업무를 수행합니다. 제가 귀하의 다양한 문제적 행동을 이해하려고 노력할 때, 귀하의 충분한 협력이 필요합니다. 저는 많은 질문과 몇 가지 제안 사항을 드릴 것인데, 매순간 고객의 진실한 답변이 필요합니다. 저는 치료가 진행되는 과정에서 실시한 평가의 일부로서 귀하에게 자료를 제시할 것이며, 귀하는 자료에 주의하며 귀하의 현재 상태를 정확히 검토해 주어야 합니다.

하나의 치료 유형으로서 행동분석의 가장 독특한 특성 중 하나는 정기적으로 수집한 객관적인 자료에 기초하여 결정을 내리는 것입니다. 우리가 조치할 행동문제의 성격과 정도를 판단하기 위해서는 기초선 자료를 수집할 필요가 있습니다. 그리고 나서 저는 중재 및 치료 방안을 고안하고 효과적인지를 판단하기 위해서 지속적으로 자료를 수집할 것입니다. 제가 귀하에게 이러한 자료를 제시할 것이며, 자료에 근거해서 치료 방법을 수정할 것입니다.

윤리적 행위의 규정 하에 저는 귀하의 행동치료사와 자문 이외의 다른 영역에서 업무를 수행하지 못하게 되어 있습니다. 만약 제가 귀하의 아동을 위해서 귀하의 가정에서 업무를 수행한다면, 귀하가 현장을 떠난다거나 저에게 귀하의 자녀를 저의 중재 서비스와 직접적으로 무관한 여타 다른 장소로 이동해 줄 것을 요청하는 것은 적절하지 못합니다.

저에게는 처방 혹은 비처방된 약물이나 대체식품, 의료적이거나 정신건강적 상태에 대한 목록이 필요합니다. 이러한 정보의 비밀은 유지됨을 보장합니다.

행동분석 치료는 비근거 기반 치료와 혼합되어 제공되지 않습니다. 귀하가 현재 다른 치료와도 연관되어 있다면 지금 알려 주기 바랍니다. 치료 과정에서 다른 치료의 시작을 고려한다면 그 영향에 대해서 논의할 수 있도록 이 점도 알려 주기 바랍니다.

약속을 취소하거나 재조정이 필요하다면, 이러한 수정을 인지하자마자 연락을 주기 바랍니다. 취소 전 24시간 내에 통보하지 못했거나 약속 시간에 취소될 경우에는 비용이 청구됩니다.

4. 행동 규정

저의 중재서비스는 소정의 윤리 기준에 부합한 전문적이고 윤리적인 방식으로 제공될 것을 보장합니다. 저는 BACB에서 제정한 '행동분석가의 전문성과 윤리 이행 관련 규정'을 준수할 필요가 있습니다. 본 규정은 요청하면 언제든지 제공 받을 수 있습니다.

저의 업무적 관계가 개인적인 상호작용과 토의 과정에 개입된다 할지라도, 저는 우리가 사회적 관계라기보다는 업무적 관계임을 기억할 필요가 있습니다. 저의 전문적인 윤리 규정에 따라 선물이나 식사를 제공받는 것은 적절하지 않으며, 생일 파티나 가족 나들이(필요에 따라 이 상황은 수정 가능)와 같은 귀하의 개인적인 활동에 개입하는 것도 적절하지 않습니다.

언제든지, 어떤 이유에서이든지 귀하가 저와의 업무적 관계에 만족하지 못한다면 알려 주기 바랍니다. 제가 귀하의 우려하는 점을 해결하지 못한다면, 이 사실을 다음 주소로 보고해도 좋습니다. BACB. 8051 Shaffer Parkway, Littleton, CO 80127, USA 1-720-438-4321, info@bacb.com, http://bacb.com

5. 비밀 보장

귀하의 (소재지)에서 고객과 치료사는 비밀 보장과 특혜 관계를 맺습니다. 저는 고객과 관련되어 목격하고, 논의했던 모든 내용을 공개하지 않을 것입니다. 게다가, 당신의 비밀을 보호하기 위해서 귀하의 파일 내에 기록된 정보에 한정할 것입니다. 저는 비밀 보장에도 다음과 같은 경우를 포함하여 법이 규정하는 경우, 한계가 있음을 알려 드립니다.

• 정보 공개에 귀하의 서면 동의가 있을 때
• 다른 사람에게 특별한 상황에 대해서 이야기하도록 귀하에게 구두지시를 받았을 때
• 귀하가 자신과 타인에게 위험하다고 판단되었을 때
• 아동, 장애인, 노인에 대해서 학대와 방치에 대해 합리적 의심을 갖게 되었을 때
• 정보를 공개하라는 판사의 명령이 있을 때

6. 예약, 비용 그리고 긴급 연락처

여기서는 예약을 어떻게 잡을 것인지, 비용은 어떻게 청구할 것인지를 기술합니다. 응급상황 시 누구에게 연락할 것인지를 제시할 필요가 있습니다.

저의 서비스의 현재 비용은 _____입니다. 청구는 다음과 같이 처리됩니다. _____ (상황에 따라 수정할 수 있습니다.)

7. 본 서류는 기록을 위한 것입니다. 귀하는 이 부분의 정보를 읽고 이해했다는 의미로 부착된 선언문에 서명하기 바랍니다.

증인 _____ 고객 _____

행동분석가 _____ 날짜 _____

| 그림 18-1 | 행동분석가를 위한 전문적 서비스 선언

---

1. 작성된 본 서류를 읽는 데 어려움이 있는 고객/가족 구성원을 위해서 당신이 각 조항을 이해하기 쉬운 평이한 용어로 설명할 필요가 있다.

전문 분야

당신이 훈련 경험과 전문 지식을 바탕으로 실천하고 있다는 것을 고객이 미리 알 권리가 있다.

선언문은 고객 또는 미래의 고객에게 당신이 누구이며, 자격증에 대해 알림으로써 시작한다. 고객은 당신이 학위를 어디에서 받았고, 어떤 학문 분야이고, 특정 학위(예를 들어, 학사, 석사, 박사)에 대한 기본적인 학업 정보를 알아야 한다. 일부 상담가는 이러한 정보 제공이 불편할지도 모른다. 특히, 학위가 실험심리학이나 목회상담학이거나 비인가 대학에서 온라인 과정을 통해 학위를 받은 경우에는 더하다. 어쨌든, 고객은 상담자의 교육 및 훈련에 대해 알 권리를 가지고 있다. 그들은 또한 당신의 현장 경험과 가장 중요한 당신의 전문성에 대해 알아야 한다. 특히, 당신의 전문 분야를 공개하는 것은 매우 중요하다. 왜냐하면 당신이 훈련 경험과 전문 지식을 바탕으로 실천하고 있다는 것을 고객이 미리 알 권리가 있기 때문이다. 예를 들어, 최근의 한 사례에서 자폐 및 발달장애 분야에서 2년 경력을 가진 국제행동분석가(BCBA)에게 자살과 살인 가능성이 있는 10대 자폐스펙트럼장애 아동의 부모가 도와달라고 요청을 했다. 그녀가 이성을 잃은 어머니에게 이것은 나의 전문 영역이 아니라고 말했을 때, 어머니의 요구에 부응하지 못한 것에 대해 비난을 받았다. "나는 지금 너무 절실합니다. 당신은 그게 보이지 않나요? 아이가 자해를 할지, 다른 사람을 다치게 할지 걱정입니다. 누구에게 의지해야 할지 모르겠습니다. 당신이 나를 도와주어야 합니다." 국제행동분석가(BCBA)가 자살 상담가에게 의뢰하는 것이 필요하다고 어머니에게 말하자 어머니가 대답했다. "나는 어느 누구도 이것에 대해 아는 것을 원하지 않습니다. 그것이 문제인 것처럼 나에게도 큰 골칫거리입니다. 제발 아무에게도 말하지 마십시오. 그냥 내가 해야 할 것을 말해 주세요."

행동분석가는 새로운 개정판을 반영할 의무가 있기 때문에 당신의 선언문 규정은 매년 갱신되어야 한다. 고객들이 당신의 전문 지식에 의문을 갖고 떠난다면 전화위복으로 생각하라. 분명히 당신은 치료 과정에서 밝혀지는 것을 원하지 않고 큰 잘못을 범한다. 그러고 나서 사례를 맡을 자격이 없다는 것이 드러난다.

전문적 관계, 한계, 위험

내가 해야 할 일

이 규정에서는 행동분석 서비스의 기초를 설명하는 대화로 시작한다. 이것을 쉬운 말로 설명하는 것이 도전일 수 있지만, 여기서는 인간 행동의 이해로 표현한다. 선언문(조항 2)에서 행동분석은 "가장 중요한 인간 행동은 시간이 지남에 따라 학습되고, 환경 안에서 후속결과에 의해 유지된다"는 생각에 기초한다고 설명하고 있다. 고객에게 당신의 입장을 확실히 이해시키기 위해서는 이러한 철학을 정직하게 말하는 것이 중요하다. 우리는 행동분석가로서 고객으로부터 의견을 듣고 새로운 행동을 가르칠 계획을 세운다는 생각을 강조한다. 당신이 중요한 사람들과 함께 일하고 있다는 것을 고객에게 알리는 것도 중요하다. 이것이 치료 설계의 일부라면 가족 구성원이 치료에서 중요한 역할을 할 것이다.

내가 수행하는 방법

우리가 행동을 판단하지 않고, 현재의 환경에 잘 적응하지 못하는 행동에서 발생하는 '심리적' 아픔과 고통이 우리의 신념 체계의 일부임을 고객에게 분명히 설명하는 것이 중요하다. 우리는 고객의 삶에 중요한 역할을 하는 부모, 교사, 다른 개인들(허락을 받고)과 상담한다. 선언문에서 제시하고 있는 첫 만남에서 이것을 분명히 설명해야 한다. 그렇지 않으면 부모나 가족 구성원을 이해할 수 없게 된다. 대부분의 사람은 정신과 의사의 개별 회기처럼, 당신이 방문해서 아동이나 성인과 수업하는 것을 기대한다.

> 행동분석가는 고객의 중요한 인생 목표를 달성시키기 위해 일한다.

오직 행동 자체를 변화시키는 데에만 관심이 있는 것이 아니라, 고객의 중요한 인생 목표를 달성시키기 위해 노력한다는 것이 행동분석의 강한 장점이다. 이것을 '개인의 행복과 효율성 증가'라고 말하는데, 당신이 개발한 선언문에서 자신의 말로 이것을 설명할 수 있다.

마지막으로, 이 규정의 마지막 부분에서는 BCBA는 '치료'를 하지 않고 결과를 보증하는 않는다는 것을 고객에게 명확히 하도록 권고하고 있다. 고객이 처음부터 결과가 보장되지 않는다는 것을 이해하지 못하면, 예상한 결과가 나오지 않을 경우에 실망하게 된다.

고객의 책임

지금까지 선언문은 당신의 자격과 운영 방식에 대한 설명이었다. 선언문의 이 부분에서는 당신의 기대가 고객을 위한 것이라는 가능하고 민감한 주제를 다룬다. 우리는 고객의 충분한 협조와 우리를 대하는 그들의 전적인 정직을 기대한다. 최근 사례에서, 시어머니가 아동의 응용행동분석 서비스를 승인하지 않았다. 대부분의 경우에 이것이 문제가 되지 않을지 모르나 이 모계 가족에서는 중요했다. 그녀의 입장은 7세 고객의 성질을 부리는 행위, 공격성, 불순응은 어설픈 훈육의 결과였고, 그녀는 아들이 벨트를 사용하지 않는다고 비난했다. "아이를 잘못 길렀어요. 일평생 심리학자를 찾아다닐 필요가 없어요. 7살짜리 아이를 아기처럼 다룬 데 책임이 있어요." 표준 프로토콜과 필요한 추천에 따라 사례를 종료하는 데 시어머니 때문에 많은 어려움이 있었다.

당신이 행동분석 접근법을 택했다면, 부모나 가족 구성원에게 자료를 모으라고 요청할 것이다. 치료의 성공 여부는 자료를 정직하

성인 미국인의 40%가 점성술이 과학적이라고 생각하고, 대학원생의 92%가 대체의학을 수용한다.

게 수집하는 사람에 달려 있다. 문제가 해결되었음을 보여 주는 자료가 행동분석가를 행복하게 만든다는 압박감이 있을 수 있다. 조작된 자료는 행동분석가의 최악의 악몽이다. 본질적으로 중개자—부모, 교사, 야간 근무 슈퍼바이저—는 자료 수집에 가치를 두지 않는다고 말한다. 자료는 그들에게 아무런 의미가 없다. 서비스가 시작되기 전뿐만 아니라 전체 치료 과정에서 정확한 자료의 중요성이 제기되어야 한다.

행동분석가는 목표행동과 관련된 자료가 보여 주는 것보다 고객을 더 많이 알아야 한다. 많은 사람은 우리가 고객이 복용하고 있는 약물에 관심이 있다는 사실에 놀란다. 물론 마약과 약물에 대해 아는 것은 중요하다. 왜냐하면 마약과 약물이 고객의 행동에 영향을 줄 수 있기 때문이다. 최근 특별한 관심사는 우리의 증거-기반 방법론이 대중적이면서도 혼란스럽고 잠재적으로 위험한 치료, 또는 그들이 때때로 부르는 '치료'로 오염되는 것이다. 이상한 비타민 또는 외국산 비타민, 식이요법, 심지어는 치료로서 꿀벌 꽃가루와 같은 '천연' 제품을 사용한 절차나 물질이 있다면 서비스를 시작할 때를 발견하는 것이 좋다. 국립과학재단이 2년마다 실시하는 보고서(Shermer, 2002)의 자료는 비과학자를 상대할 때 무슨 문제에 봉착하는지를 보여 준다. Shermer의 보고서에 따르면, "미국인의 성인 30%는 UFO가 다른 문명의 우주선이라고 믿고, 60%가 ESP를 믿고, 40%가 점성술이 과학적이라고 생각하고, 70%가 자기장 치료를 과학적으로 받아들이고, 대학원생의 92%가 대체의학을 수용한다."고 했다. 더 큰 의미에서 근본적인 문제는 "미국인의 70%가 아직도 과학적 과정을 이해하지 못하고, 연구에서의 확률, 실험 방법, 가설 검증을 이해하지 못한다."는 것이다(Shermer, 2002, p. 1).

마지막으로, 막판에 일정 변경의 성가신 요청을 방지하기 위해서는 개인

이나 회사의 공식 정책을 약속에 포함시키는 것이 좋다. 우리가 24시간 알림 정책을 공지하지만 당신의 회사는 다른 시간대를 선호한다는 점을 강조하라. 당신의 정책이 평일에 놓친 약속을 주말로 바꿀 수 없다면, 이것도 선언문에 명시해야 한다.

윤리 규정

행동분석가는 엄격한 전문 및 윤리 이행 규정을 자랑스럽게 생각하고, 모든 고객이 이 기준을 알고 있는지 확인해야 한다. 가능하면 주요 규정은 강조 표시를 해서 규정의 사본을 작성하고, 그것을 새로운 고객에게 제시할 것을 권장한다. 고객이 당신의 행위에 질문이 있으면 BACB에 직접 연락할 수 있다는 것을 알려야 한다.

우리가 항상 선언문에 포함시킬 것을 권장하는 매우 중요한 요소 중 하나는 저녁 식사, 파티, 축하에 대한 선물과 초대에 대해 명확하게 진술하는 것이다. 이러한 작은 감사 표시가 행동분석가의 전문적 판단을 손상시키고 이중 관계를 만들 수 있다.

비밀 유지

비밀 유지 위반은 BCBA들에게 가장 자주 발생하는 문제 중 하나다. 상담자는 종종 비밀 정보를 알려 달라는 요청을 받는다. 잘 알고 있는 전문가들도 종종 비밀 정보를 공개한다. 우리는 어떠한 정보도 비밀로 유지하고, 고객의 정보를 누설할 수 없다는 점을 직접 알리기를 추천한다. 비밀 유지의 한계를 고객에게 알리는 것도 현명한 일이다. 즉, 개인이 자신이나 타인에게 위험하다고 생각되면 당신은 이 정보를 공유할 수 있다(Koocher & Keith-Spiegel, 1998, p. 121).

학대나 태만의 신고에 관한 현재 법률을 확인하고 이러한 정보를 선언문에 포함하라. 윤리 워크숍에서 국제행동분석가(BCBA)가 학대의 증거를 발견해서 보고한 다음 가족에 의해 해고된 사례가 지난해에 2건 이상 있었다. 학대 신고는 비밀로 되어 있지만 종종 누설되거나 누가 사건을 신고했는지 알 수 있다. 학대와 태만이 있을 때 사례 탈락으로 인한 수입 손실을 피하는 것은 다른 시각으로 보아야 할 이유가 없다. 그렇게 하는 것은 비윤리적일 뿐만 아니라 법 위반이다.

약속, 수수료, 비상 상황

선언문의 마지막 부분에서 약속을 어떻게 정했는지, 수수료, 청구서 발부 방법, 비상 상황 대처 방법에 대해 자세히 설명할 필요가 있다. 발달장애 (DD) 고객의 집에서 일하는 순회교사의 윤리에 관하여 최근에 열린 학회에서 치료사들의 휴대 전화번호를 고객에게 알려 주어야 하는지의 주제로 토의가 있었다. 휴대 전화번호를 알려 준 대부분의 교사는 그 결정에 후회하였다. 그러나 특정 상황에서의 함의에 대해 생각한 후에 고객과 전화 통화 규칙을 분명하게 해야 한다. 이 규정의 마지막 조항인 요금 청구는 대부분의 행동분석가가 고객과 논의하고 싶지 않을 주제다. 최소한 당신은 이것을 어떻게 마치고, 분규가 있을 경우에 누구와 연락할 것인지 설명해야 한다. 정상적인 정황에서 시간 외 근무에 대해 국제행동분석가(BCBA)들은 요금 청구에 관여하지 않고, 회계사나 고객 사례 관리자에게 문제를 언급해야 한다.

논의, 계약, 서명, 날짜, 배포

30분 정도 걸리는 선언문 정보 회기가 끝나면 고객과 행동분석가는 선언문에 서명해야 한다. 또한 서명이 공식적인지 확인하기 위해 증인이 있어야 한다. 문서에 날짜를 적고, 가족에게 사본을 제공하고, 파일을 보관해야 한다.

제19장 첫 직장에서의 윤리적 행위에 대한 실천적인 12가지 팁

학생일 때에는 자신이 선택한 직업에서 벌어지는 윤리적 문제가 아주 멀리 있는 것처럼 보인다. 그때는 실질적이기보다는 이론적인 것으로 보인다. 그러나 멀지 않은 미래, 아마도 앞으로 몇 달 후에 당신은 첫 직장을 갖게 될 것이고, 매우 현실적인 윤리적 딜레마에 직면하게 될 것이다. 그 중 일부는 당신의 직장 생활 내내 영향을 미칠 수 있다. 이 장의 목적은 초기에 발생할 수 있는 몇 가지 일반적인 쟁점을 소개하고, 이러한 쟁점을 어떻게 다룰지에 대해 몇 가지 실질적인 팁을 제공하는 것이다.

환경 또는 회사 선택하기

당신의 첫 번째 큰 결정은 첫 직장을 선택하는 것이다. 일치적인 고려 사항으로 연봉, 직장의 위치, 승진 가능성, 직업적 흥미, 행동 기술이 부합한가를 생각할 수 있다. 이 모든 고려 사항이 분명히 중요한 요인이지만, 한 가지 추가하자면 회사 혹은 기관 자체의 윤리와 가치관에 대해서도 고려해야 한다. 현재 행동분석가는 전국 여러 도시에서 인기가 있고, 높은 수요가 있는 직업이다. 일부 단체에서는 국제행동분석가(BCBA)를 고용하는 것이 자금 지원이나 연방 소송에서 구제를 받는 데 필수적이라고 생각한다. 이런 경우, 단체에서는 당신을 채용하기 위해 매우 높은 초임 연봉과 여러 가지의 추가 효율성을 제공할지도 모른다. 이렇게 한없이 좋아 보이기만 하는 직장일지라도 항시 주의하고 질문해 보아야 한다. 당신이 작성하지도 않은 프로그램에 서명하기를 요청하고, 익숙하지도 않은 절차를 승인하고, 행동 방법보다 홍보 연막 작전과 같은 단체의 전략을 지지해야 할 때도 있을 것이다. 그러면 단체, 회사, 또는 기관의 연혁을 물어 보는 것이 좋다. '누가 이 회사를 설립했는가?' '회사의 전반적인 목적이나 사명은 무엇인가?' '행동분석이 이 사명에 어떻게 들어맞는가?' '이 단체와 관련된 정치적 쟁점이 있는가?' 등을 물어야 한다. 예를 들어, '이 회사가 현재 소송의 대상인가?' '최근 주 또는 연방 조사에서 소환이 있었는가?' '현재 다른 행동분석가가 고용되어 있는가?' '행동분석에서 매출은 어떻게 생겼나?' '자금 조달 흐름은 어떠한가?' '고객은 누구인가?' '누가 슈퍼바이저를 하는가?' '그들은 국제보조행동분석가(BCaBA)인가?' '국제행동분석가(BCBA)를 유치하고 고용하는가?'

이러한 질문들에 대한 답과 면접자가 질문을 받아들이는 방식, 회사 운영 방식의 윤리적 문제를 구분할 줄 알아야 한다. 최근의 사례에서 예를 들면, 학부모들이 설립하고 초기에 BCBA-D가 이끌었던 자폐 아동을 위한 작은 사립학교가 학부모와 이전 고용인들로 인해 조사를 받게 되었다. BCBA-D가 그만두고 다른 국제행동분석가(BCBA)로 대체되지 않았다는 사실이 밝혀졌기 때문이다. 게다가 두 국제보조행동분석가(BCaBA) 또한 학교를 그만두고 다른 자질 있는 전문가로 대체되지 않았다. 이 학교는 원래 공인된 전문가가 주도하는 행동접근법으로 학부모를 유치했고, 당시까지도 '행동적 기반'을 둔 학교라고 광고하면서 비싼 등록금을 받았다. 행동분석 없이 2년 이상 운영된 이 학교에서 일하게 되면, 난감한 상황이 생길 수 있고 윤리적인 문제에 주의를 기울여야 한다. 또 다른 사례에서는 정부기관 부설의 한 재활시설이 행동적 기관이라고 홍보해 왔음에도 불구하고, 행동 전문가가 아닌 사람을 관리자로 고용했다. 흔하다고는 하지만, 이 사례는 관리자가 국제행동분석가(BCBA)들을 다루는 방식과 운영 방식이 교묘히 비행동적이었다. 국제행동분석가(BCBA)들은 어떤 사례는 문제가 무엇인지 명확하기 때문에 모든 고객에게 기능평가를 할 필요가 없고, 시간이 많이 걸리므로 자료를 수집할 필요가 없다는 말을 들었다. 또한 관리자는 고객의 진보가 '믿을 만한 직원의 인상'에 있다고 했다. 이 사례에서 해당 국제행동분석가(BCBA)는 첫 면접에서 충분히 질문을 하지 않았고, 실제로 이러한 관점을 지닌 관리자를 만나지도 않았으며, 그저 돈을 버는 데에만 급급했다고 할 수 있다.

슈퍼바이저와 함께 일하기

회사나 단체와의 면접에서 슈퍼바이저를 만나게 해 달라고 요청하는 것도 좋은 생각이다(거의 요청되지 않는 사항이기는 하지만 윤리적인 기관이라면 요청을 수락해 줄 것이다). 일반적으로 관리자를 만나 짧게 사무실을 돌아보고 몇몇 직원과 점심을 함께한 후, 인력관리 부서 직원과 함께 연봉과 복지 효율성을 협상한다. 하지만 당신이 강한 윤리적 기반 위에서 첫 직장을 시작하기를 원한다면, 슈퍼비전을 받고 보고해야 할 실질적인 사람을 만나는 것이 필수적이다. 앞으로 당신의 슈퍼바이저가 될 사람의 스타일을 포함하여 알고 싶은 것들이 많을 것이다. 강화하는 사람인가, 아니면 다소 부정적이거나 내성적인 사람인가? 당신과 함께 일하는 것에 관심이 있는가, 아니면 당신이 일하기를 원하는가? 당신을 질투할 가능성이 있는가? (당신은 명문 대학원에서 학위를 취득했을지도 모른다). 그리고 다소 위협적일 수 있는가? 당신은 비윤리적인 일을 하도록 요구 받지 않을 것이라고 확신해야 한다. (1) 책임감 있게 일할 수 있다. (2) 윤리적인 업무를 수행하는 데 필요한 시간과 자원이 있어야 한다. (3) 경우에 따라 어려운 일이 발생하면 슈퍼바이저가 안내할

> 어떤 직업이든 간에 첫 3개월은 유예기간을 두고 질문을 아무리 해도 바보 취급을 받지 않는다.

것이다. 슈퍼바이저가 당신의 업무 분위기를 조성한다. "마치세요. 어떻게 하든 상관없습니다."는 "철저히, 올바르게 하세요. 고객에게 최선을 다하세요."와는 완전히 다르다. 따라서 새로운 슈퍼바이저와의 만남에서 슈퍼바이저만의 경영 철학이나 슈퍼바이저 본인이 작년 한 해 동안에 직면한 가장 어려운 윤리적 쟁점과 이를 어떻게 해결했는지를 질문할 수 있다. 또는 당신의 직장생활 중 직면할 윤리적 쟁점에 대하여 물어볼 수도 있다. 개방형 질문을 통해 대화를 시작한 후에 이와 관련된 여러 질문을 하면서 이끌어 나갈 수 있다. 면접이 끝나고 나서는 이 슈퍼바이저를 위해 일하는 것 자체에 대한 안정적이고 낙관적인 느낌을 가질 수 있어야 한다. 별로 확신이 들지 않는다면, 첫 직장에서 돈을 얼마를 받게 되든지 이 회사에서 일하는 것을 다시 생각해 봐야 한다.

직업 현장에서의 기대치에 대해 미리 알아두기

여기까지 읽은 독자라면, 돈을 많이 벌고 사람들을 돕는 행동분석가로서의 새로운 직업에 대해 만족하고 흥분될 것이다. 너무 감정에 휩쓸리기 전에 매일매일 정확히 어떤 일을 하게 되는지 분명히 해 두는 것이 좋다. 어떤 직업이든 간에 첫 3개월은 유예 기간을 두고 질문을 아무리 해도 바보 취급을 하지 않는다. 행동을 분석하고, 기능평가를 수행하고, 프로그램을 작성하고, 직원 교육을 담당하려면, 대학원 시절부터 충분히 준비가 되어 있어야 한다. 그러나 매 기관과 단체마다 업무 처리를 하는 방식이 있다. 당신의 첫 과제는 관리자들이 업무를 어떻게 처리하는지 파악하는 것이다. 따라서 '모범적인' 채용 면접, 사례 정밀 검사, 기능평가, 행동 프로그램의 사본을 요청하라. 당신의 새로운 자문 회사가 정기적으로 고객 불만이나 심의위원회의 쟁점과 정부기관의 사안을 어떻게 처리하는지를 알게 되면 당황스럽거나 윤리적으로 난감한 상황을 피할 수 있다. 교육 팀 회의를 몇 분 지켜보면서 이전의 행동분석가들이 작성한 행동 프로그램을 살펴보면 당신의 윤리적 기준을 다른 전문가들과 비교할 수 있다. 또한 주간 사례 심의회를 주최하거나 참석해야 하는지, 혹은 이러한 회의에서 윤리적 쟁점을 터놓고 토의할 수 있는지 여부에 대하여 미리 알아 두어야 한다. 업무 관련 윤리 쟁점 중 가장 중요한 점은 당신의 역량 수준 내에서 업무를 진행하고 있는지, 혹은 능력이 되지 않는 사례나 과제를 맡도록 요청 받을지 여부와 관련이 있다.

새로 부임한 BCBA의 자질이 충분하여 발달장애 프로그램을 맡아 정신건강 기관 내 다른 전문가들과 협업하게 되었다. 몇 주 후, 그는 정신건강 환자 몇 명에게 지능검사를 진행하라는 통보를 기일이 얼마 남지 않은 상태에서 급하게 받았다.

많은 사람이 처음 일을 시작하면 자신이 수년 간 꿈꿔 왔던 일을 한다는 생각에 흥분을 감추지 못한다. 전문인으로서 행동분석을 실시하고, 사람들의 삶을 바꾸어 놓는다.

그런데 그는 대학원에서 지능검사 관련 수업을 듣지 않아 기술이 부족하여 이를 슈퍼바이저에게 보고하면서, 왜 이러한 필요조건이 면접 때 거론되지 않았는지 따져 물었다. 동시에 그는 어떤 BCBA 규정이 행동분석가들을 자신의 영역 밖에서 일하는 것을 방해하는지 지적했다. 이러한 사례에서 그 사람은 "팀 플레이어가 아니다."라고 하겠지만, 사실은 윤리적인 쟁점에 가깝다. 만약 그가 검사를 강행했다면, (자질이 충분하지 않았으므로) 검사가 유효하지 않았을 것이고, 이러한 검사 결과에 따라 누군가가 어떤 결정을 내리면 어떻게 되겠는가? 이는 분명 비윤리적이다. 따라서 이러한 상황을 피하기 위해 취업 면접에서, 초기에 질문을 많이 해야 한다. 일단 업무가 시작되고 나면 해야 할 일과 비윤리적인 행동에 관여되지 않도록 윤리적 경계를 확실하게 해야 한다.

자만하지 말기

많은 사람이 처음 일을 시작하면 자신이 수년 간 꿈꿔 왔던 일을 한다는 생각에 흥분을 감추지 못한다. 전문인으로서 행동분석을 실시하고, 사람들의 삶을 바꾸어 놓는다. 처음에는 직업을 갖게 된 것 자체가 감사해서 슈퍼바이저와 고위 경영진에게 아부하기도 할 것이다. 그러나 이러한 열성적인 태도는 사실 당신에게 해를 끼칠 수도 있다. 즉, 어떤 일의 난이도를 알지도 못한 채 자신이 할 수 있는 수준보다 더 높은 일을 맡게 될 수 있다. 당신의 가장 중요한 목표는 맡은 사례마다 최고의 성과를 내는 것이다. 자신의 업무에 최선을 다하고, 관심사 충돌에 유의하면서 '피해가 가지 않도록' 일하는 것이 좋다. 그런데 너무 많은 사례를 맡으면 다음에 일어날 일은 무언가 균열을 통해 추락하고, 고객은 불만을 호소하고, 슈퍼바이저는 당신의 보고서가 수준 이하라는 것을 알고, 동료심의위원회에서 당신의 프로그램에 대해 좋지 않은 평가를 내릴 것이다. 행동분석에서는 업무의 양이 항상 좋은 성과와 연관되지는 않는다. 질이 우선시된다. 특히, 맡게 된 사례가 그 사람의 인생에 영향을 준다면 더욱 그러하다. 자기 자신뿐만 아니라 고객을 위해서라도 잘할 수 있는 만큼만 맡아야 한다.

이러한 원칙은 전문성 없이 사례를 맡을 때에도 적용된다. 훈련 과정에서 성범죄자, 정신질환 환자, 신체적으로 매우 불편한 고객을 다루지 않았을 수도 있다. 본인을 위해서, 그리고 고객을 위해서도 이러한 사례는 맡지 말아야 한다. 부모, 교사, 프로그램 관리자가 이러한 업무를 맡으라고 압박할 수 있겠지만, 만약 본인이 이 업무를 잘못 다루어 다른 사람에게 해를 끼칠 수 있다고 생각한다면 맡지 않는 편이 낫다. 가장 쉽고 가장 윤리적인 입장은 항상 자신의 역량 안에서 업무를 맡는 것이다. 당신이 업무 범위를 확대하고 싶다면, 할 수 있는 적절한 일은 당신에게 적절한 훈련을 제공할 수 있는 멘토로 봉사할 또 다른 전문가를 찾는 것이다. 또한 특정 분야의 대학원 과정을 추가로 밟거나 이 분야의 전문가에게 슈퍼비전을 받으면서 실습하는 것을 고려할 수 있다.

의사결정에 자료 사용하기

행동분석 직업의 특징 중 하나는 자료 수집과 분석의 의존성이다. 우리에게 자료는 중요하다. 플로리다 행동분석학회(The Florida Association for Behavior Analysis)에서는 '자료 있어?'라는 새 로고를 새긴 티셔츠, 커피 머그잔, 열쇠고리를 배포하였는데, 이는 우유 생산업체의 '우유 있어?' 캠페인의 패러디라 할 수 있다. 우리 행동분석가를 다른 인간 서비스 전문가들과 구분 짓는 특징이 있다면, 바로 개인 행동에 대한 객관적인 자료(일화, 자기보고, 조사, 설문이 아닌)를 선호하는 강한 윤리의식이 있고, 우리가 구상하고 실행하는 치료 효과를 평가하는 데 이 자료를 사용한다는 점이다. 보다 전문적으로 말하면, 기초선 자료와 기능분석(FA) 없이 중재를 시작하는 것은 비윤리적이다. 그리고 그것이 효과적인지 검증하기 위해 추가 자료를 수집하지 않고 치료를 계속하는 것은 비윤리적이다. 대부분의 행동분석가가 이에 동의하며, 절차적이기는 하지만 이를 윤리 규정(규정 3.01)에 포함시키기도 한다. 자료를 수집하고 이 규정을 참고해서 어떤 절차를 평가한다면 윤리적인 확신이 들지 않겠는가? 그런데 꼭 그렇지만은 않다. 사실 보기보다 실제는 더 복잡하다. 우선, 자료 뒤에 또 자료가 있다. 후자는 신뢰성 있는 자료(2차적, 독립적, 목격자, 기준에 맞는 특정 조건 하에서 실시하는 신뢰도 검사를 의미)와 사회적으로 타당한(특정 조건 하에 사회적 타당도 기준에 부합하는 의미) 자료를 뜻한다. 실무 행동분석가는 자료를 윤리적이라고 여길 뿐만 아니라, 이 자료가 신뢰성 있고 타당해야 한다고 주장할 수 있다. 결국 치료 결정, 약물 투여 결정, 유지 또는 폐기 여부 결정이 자료에 달려 있다. 윤리적인 행동분석가로서 관찰자의 편견으로 오염되었거나, 예를 들어 신뢰도가 50%인 자료는 사용하지 말아야 한다. 게다가, 자료의 사회적 타당도가 낮다면 이 자료로 치료 결정을 내리지 말아야 한다. 그러면 윤리적인 행동분석가로서 무엇을 해야 하는가? 의사결정 시 자료에 기반을 두어야 할 뿐만 아니라 질적인 자료 (자기 보고, 일화, 설문이 아닌)를 가지고 있다고 고객, 고객의 대리인, 동료에게 확인시켜야 한다.

의사결정 시 자료 사용에 대한 마지막 쟁점은 당신의 치료가 실제로 행동 변화에 어느 정도 책임을 지는지 여부다. 윤리적이기 위해 기능적인 면에서 치료가 외부변인 또는 우발적 변인에 의한 것이 아니라 실제로 효과가 있음을 밝히는 것도 당신의 책임이다. 이것은 실질적이고, 윤리적인 문제로서 반전설계, 다요인설계, 중다기초선설계와 같은 실험적인 통제 방법을 찾아야 함을 의미한다. 만약 당신이 어떤 치료 방법을 적용해서 행동에 변화가 나타난다면, 솔직히 당신의 중재 때문에 이런 변화가 나타났다고 확신할 수는 없다. 본인의 치료 계획을 적용한 순간, 의사가 약물 투여에 변화를 주었다든지, 고객이 병을 갖게 되었다든지, 좋지 않은 소식을 들었다든지, 또는 다른 사람이 당신에게 알리지 않고 같은 시간에 중재를 적용했을 수도 있기 때문이다(예를 들어, 영양사가 환자의 열량을 조절했다든지, 고객과 같은 병실을 쓰는 환자가 고객을 밤새 깨웠다든지). 요약하면, 윤리적인 행동분석가로서 의사결정 시 자료에 기반을 두되, 질적으로 우수한 자료 수집 시스템을 개발하여 실험통제의 신뢰도, 타당도, 입증의 쟁점들을 설명할 수 있어야 한다. 다른 분야의 전문가들은 이러한 쟁점들을 고려하지 않지만, 당신은 자료를 신중히 다루는 전문가임을 자랑스러워해야 한다.

다른 사람들을 훈련하고 슈퍼비전 제공하기

행동분석가로서 당신은 다른 사람들이―보통은 당신이 훈련시킨 준전문가―실제 행동치료를 하고 있음을 알고 있다. 행동분석가로의 업무는 추천서를 보고, 행동문제 영역에 부합하는지 자격 심사를 하고(예를 들어, 간호 문제나 교육 쟁점과는 반대로), 적절한 기능평가를 실시하여 특정 행동의 가능성 있는 원인을 결정하는 것이다. 이렇게 결정하고 나면, 실험으로 검증되고 출판된 중재에 기반한 행동 프로그램을 작성하여 이 중재를 다른 사람에게 훈련시킨다. 여기서 윤리적인 부담은 수용된 프로토콜에 따라 기능평가를 실시해야 할 뿐만 아니라 부모, 교사, 거주 직원, 보조자, 다른 사람들을 적절하게 훈련시켜야 한다는 점이다. 궁극적으로, 해당 프로그램의 효과에 책임을 져야 한다. 이는 그 프로그램이 당신의 구체적인 지시에 따라 실행됨을 의미한다. 연구에 따르면, 어떤 훈련 작업은 효과가 있는 반면 어떤 방법은 효과가 없다고 한다. 가장 신뢰성 있는 훈련 방법을 프로그램으로 작성해서 부모에게 주고 "질문 있습니까?"라고 묻는다. 프로그램을 설명하고 사본만 주는 것은 용인되지 않는다. 절차를 설명하고, 부모에게 실제로 해 보게 하고, 피드백을 제공하고, 다시 해 보라고 권유해서 올바르게 할 때까지 진행하는 것이 보다 효과적이고 윤리적인 방법이다. 서면 사본이나 혹시나 해서 만든 비디오테이프만 주고 갈 수도 있지만, 며칠 후에 잘하고 있는지 현장을 확인하는 것이 필요하다. 그렇지 않으면 수정해서 역할놀이나 피드백을 좀 더 제공하고, 며칠 후에 다시 방문해야 한다. 이것이 윤리적인 훈련이다. 이보다 못하면 비윤리적이다.

아마 처음 업무를 맡고 6개월 내로 다른 사람을 슈퍼비전하게 될 것이다(어떤 직장에서는 바로 슈퍼비전에 들어갈 수도 있다). 행동분석가로서 질적으로 높은 수준의 슈퍼비전을 할 수 있어야 한다. 직장 내 행동을 변화시키는 방법에 관한 광범위한 연구가 있기 때문에(사실 성과 관리라는 하위 전문 분야가 있기는 하다; 자세한 것은 Daniels & Baily, 2014를 보라.) 당신은 이제 효과적인 슈퍼바이저가 되기 위해 윤리적인 의무를 져야 한다. 기본적인 행동분석 절차에 있는 전문가라면 그다지 어려운 일도 아니다.

첫째, 가장 효과적인 선행사건을 사용하라. 강의를 하지 마라. 시연하라. 시연하고 나서 배운 것을 슈퍼비전 피제공자들에게 해 보라고 한다. 그리고 바로 긍정적인 피드백을 주라. 예를 들어, 행동 프로그램 작성에 대한 교재로 훈련한다면 교육 대상자에게 가장 적합한 프로그램 샘플을 보여 준다. 필요하다면, 작업을 보다 작은 '단위'로 나눌 수도 있다. 후진연쇄(backward chaining)를 사용할 수도 있다. 매일 진행되는 교육 대상자의 업무에 대하여 하루에 몇 번이고 그들에게 긍정적 강화를 주도록 한다. 그러면 곧 슈퍼비전 피제공자와 훈련생이 당신에게 충고와 도움을 구하러 올 것이다. 그들은 당신에게 자신이 한 작업 결과를 보여 주고 승인을 받으려고 할 것이다. 만약 당신이 큰 기관에서 근무하고 있다면, 별다른 노력을 하지 않아도 다른 사람에게 가장 강화를 잘 주는 사람이 될 수 있다.

부정적인 피드백이나 반감을 주어야 할 때도 있을 것이다. 만약 유관강화를 주려고 한다면, 이러한 벌제를 받은 사람은 처음에는 충격을 받을 수도 있다. 당신에 대한 첫인상이 '도덕군자인 척하는 사람(goody-two-shoes)'이었다면 더 그럴 것이다. 이 교정의 목적은 행동을 바꾸기 위한 것이지 벌을 주려는 것이 아님을 기억하고, 적절한 행동을 계속 강화해야 한다. 또한 자동 조절 장치(Skinner, 1957, 『언어 행동』 12장 참조)를 잊지 말아야 한다. 부정적인 피드백일 경우 사소한 말이라도 그 파장이 클 수 있다. "나는 여러분의 작업이 가치가 있고, 일을 훌륭하게 처리했다는 것을 압니다. 이제 이 프로그램에서 올바르지 않은 점을 지적하려고 합니다." 사업과 전문 기술을 위한 기본적인 입문서로 사용되는 최고의 서적 중 하나가 Dale Carnegie(1981)의 『친구를 얻고 사람들에게 영향을 줄 수 있는 방법(How to Win Friends and Influence People)』이다. 행동 슈퍼비전의 보충 자료로 이 작은 보석을 검토해야 한다.

요금 청구를 위한 시간 관리하기

직업윤리의 필수적인 요소는 책무성이다. 책무성의 가장 중요한 측면 중

하나는 어떻게 시간을 보낼 것인가다. 시간은 당신의 주요 필수품이다. 처음 직업을 갖게 되면, '요금 청구 가능 시간'이라는 보상 모델에 근거해서 근무하게 될 것이다. 이 시스템에 의하면, 당신이 근무하는 단체나 자문 회사에서는 시간당 효율을 따져 당신의 업무에 대해 계약을 맺고, 기록된 매 작업 시간마다 인건비를 책정한다. 그리하여 요금 청구 가능 시간을 합친 총 시간에 따라 격 주급이나 월급을 받게 된다. 사소한 문제 같지만, 항상 일정하게 매 시간마다 요금 청구 가능 단위— 보통 25분 — 를 정확하게 기록해야 한다. 하루가 끝난 후 기억에 의존해 그 날 무엇을 했는지를 기억하려 하거나, 한 주 동안 평균을 내서 계산하지 말아야 한다. 휴대 전화용 앱을 사용하면 날짜, 시간, 계약 기간은 물론, 무엇을 했는지 간단한 메모를 기록할 수도 있다. 요금 청구 가능 시점이 끝날 즈음, 간단하게 계산해서 해당 단체나 자문 회사에 얼마만큼 일했는지를 보고하면 된다. 이런 계산을 할 때 중요한 점은 회사와 실제로 근무한 시간과 계약상 시간을 맞춰 보는 것이다. 근무하는 단체나 자문 회사가 다른 단체와 계약을 맺어 당신이 시설에서 매주 20시간 근무하기로 했으나 16시간만 일하는 것은 부적절하다. 먼저, 해당 시설이나 자문 회사에서 20시간 근무해야 한다는 결정 사항이 내려진다. 그 시설은 당신의 업무에 대한 일정한 금액을 정해 두고 20시간의 자문이나 치료가 필요하다고 상호 합의를 한다. 그러면 당신이 임의대로 하루 휴가를 내는 행위는 부적절하며, 규정 1.04(C)를 위반하는 것이다.

당연한 이야기이지만, 정확하고 정직한 시간 준수는 당신이 과하게 돈을 요구한다거나 고객 혹은 정부를 대상으로 사기 친다는 오해를 받지 않도록 해 준다. 이는 특히 높은 비용을 요구하는 의사들이 진찰하지도 않은 고객이나 하지도 않은 업무에 대하여 과하게 지불할 때 자주 기소되는 문제이기 때문에 매우 중요하다.

관심사 충돌 주의하기

어느 전문가에게서나 발생할 수 있는 가장 미묘한 비윤리적 문제가 바로 관심사 충돌 문제다. 심리치료사가 치료 도중이나 치료 후에 고객과 성관계를 맺는 임상학적 차원의 문제가 관심사 충돌 문제 중 대표적이라 할 수 있으며, 약한 사람(고객)이 보다 강한 사람(치료사)에게 이용당하는 문제도 있다. 또 다른 예로, 치료사가 고객이나 전 고객을 집안이나 정원 일을 시키려고 고용하는 사업적 또는 사회적 관계의 문제도 있다. 이와 같은 경우, 우리 분야에서는 이러한 관계가 '행동분석가의 객관성을 해치고' 자신의 의사 결정에 영향을 줄 수 있음을 쉽게 알 수 있다. 예를 들어, 친구, 이웃, 친척과 같이 아는 사람을 고객으로 선택하는 것은 좋지 않은 생각이다.

행동분석에 있어 우리 분야에서는 독특하지만 문제가 될 수 있는 다른 관계도 존재한다. 행동분석가들은 치료사 역할에 국한되지 않는다. 슈퍼바이저이기도 하고, 상담가이기도 하고, 교사이기도 하고, 연구자이기도 하다. 행동분석가들은 지역 또는 정부 차원의 인권위원회나 동료심의위원회에 참석할 수도 있다. 또는 자문 회사를 소유하거나 전문 학회의 선출 회원일 수도 있다. 행동분석가의 역할은 자폐아동 대상의 개별시도치료와 같은 일부 치료가 고객의 집에서 행해지기 때문에 더욱 복잡하다. 이와 같은 경우, 아동 고객의 가족은 보통 클리닉이나 학교에서 치료할 때보다 행동분석가와 돈독한 유대 관계를 형성할 수 있다. 이러한 상황에 놓인 부모의 경우, 치료사를 가족의 일원으로 보고 놀러 갈 때 함께 가자거나 생일파티나 다른 가족 행사에 초대하기도 한다. 분명 이런 행사에 참여하는 것은 '행동분석가의 객관성을 손상시키는' 것이다. 아동의 상태 추이를 객관적으로 판단하거나 사례를 종료해야 할 때 관심사 충돌이 발생할 수 있는 대표적인 예다. 동료심의위원회 회의에서 친구나 이전 학생이 검토했던 사례의 치료 프로그램을 객관적으로 평가해야 할 때 문제가 될 수 있다. 자문 회사 사장이 신규 고객을 평가할 때 관심사 충돌이 발생할 수 있다. 그 사례로부터 받을 수 있는 잠재 소득 때문에 고객에게 특정 행동문제에 대하여 전문적인 다른 행동분석가의 추천을 결정할 때 판단을 흐리게 할 수 있다. 물론 같은 문제가 개인 차원에서도 발생하는데, 개인 치료사 수준에서 추천받은 고객을 담당할지의 문제다. 이 모든 경우의 결정은 치료사, 자문 회사, 기관에게 이득이 되는 것보다는 고객의 최대 관심사에 대한 질문을 중심으로 내려져야 한다(규정 2.0: "행동분석가는 고객의 최대 수혜를 고려하며 일해야 하는 책임을 지닌다.").

'신뢰할 수 있는 동료'를 바로 발견하기

혼자서 윤리적 결정을 내리기는 어렵다. 결정을 위한 평가가 없다면, 쉬워 보이는 것도 실제로 꽤 복잡한 딜레마일 수 있다. 특정 중재로부터 어떠한 피해가 있을지 결정하는 것은 대부분 쉽지 않은 과정이다. 그 중재 효과가 지체되거나 미묘할 수도 있다. 당신보다 경험이 많은 사람이 결정을 내리는 데 도움이 될 수 있다. 시간이 지나면 자신의 행동 결정 사항에 자신감이 생기지만, 처음에는 자신감을 쌓기 위해 '신뢰할 수 있는 동료'를 가능한 한 빨리 찾는 것을 강력히 추천한다. 이상적으로, 슈퍼바이저나 고용주가 아닌 쉽게 접근할 수 있는 행동분석가가 될 수 있다. 정치적 또는 다른 이유로 동료가 당신의 지역에서 '경쟁'을 하며 일해서는 안 된다. 신뢰할 수 있는 동료라면 다음과 같이 당신의 생각을 함께 공유할 수 있어야 한다. (1) "내가 진짜 이 사례를 맡을 수 있을까?", (2) "슈퍼바이저가 ～를 하라는데 비윤리적인 것 같다. 내가 무엇을 해야 하지?", 또는 더 중요하게 (3) "나는 큰 실수를 저질렀다고 생각해. 나는 지금 무엇을 해야 하지?"가 있다. 행운이 따른다면, 첫 3개월 동안 이러한 딜레마가 발생하지 않을 것이다. 그러면 지식이 풍부하고 믿을 수 있는 동료를 찾기 위해 시간을 보낼 수 있다.

근무 외 시간에 직장에서 첫 3개월은 직장과 일반 현장에서 다른 전문가들과 교류하는 데 보내야 한다. 사회복지사, 간호사, 의사, 사례 관리자, 심리학자, 고객 변호사뿐만 아니라 같은 분야의 다른 행동분석가를 알아 두면 좋다. 이 네트워킹은 전문가를 소개하는 것과 같은 다른 목적으로 사용될 것이다. 동료를 알아가는 과정에서 보통의 비즈니스 관계 이상으로 친밀해지고, 친한 친구가 되어야 한다. 이 사람의 윤리적 접근 방식이 어떤지 눈여겨보고, 이 사람이 복잡한 쟁점을 다루는 방식이 언변이 없거나 무신경하지 않고, 건전하고, 성찰적이며, 침착한지를 봐 두어야 한다. 5년 이상의 경험이 있고, 신중하며, 주위 평가가 좋고, 친근하고, 성격이 좋아 보이는 국제행동분석가(BCBA)가 좋은 동료 후보감이다. '사태가 악화되기 전에' 신뢰할 수 있는 동료를 찾아 그 사람과 좋은 관계를 형성하고 중요한 윤리적 상황에 대해 믿고 논할 수 있는지 알아보아야 한다.

사람과 접촉하기

일반 회사의 심리치료와는 달리 행동분석은 고객과 개인적으로 친밀해야 할 때가 있다. 특히 발달장애, 신체장애, 행동장애 고객과 함께 일하는 행동분석가의 경우에는 그 사람을 만지거나 잡아 주어야 할 때가 있다. 점진적 안내와 같은 위험하지 않은 절차는 고객의 손 위에 손을 얹어 스스로 먹게 하거나 옷을 입게 하는 방법이다. 화장실 사용 방법을 가르칠 때에도 옷을 벗을 수 있도록 도와주고, 양치질하는 방법을 가르쳐 줄 때에도 그 사람의 뒤에 서서 어떻게 닦는지 보여 주어야 한다. 대부분의 행동분석가는 별 생각 없이 일상적으로 '안아 주거나' 가벼운 어깨 마사지를 해 준다. 이 모든 사례에서 심지어 선하고 좋은 의도에서 비롯된 행동조차도 '부적절한 접촉'으로 잘못 해석될 수 있다. 이러한 주장은 고객이나 고객의 부모, 보호자, 또는 이 장면을 목격한 방문객이 할 수도 있다. 또 다른 거슬리는 행동 절차는 더 큰 문제를 안고 있다. 타임아웃의 경우, 고객을 타임아웃 룸으로 데려다 줄 때

잡아 주어야 한다. 신체 구속이나 기계적 구속을 시도하는 것은 잠정적인 오해 혹은 오인을 불러올 수 있다("아프게 했다."에서 "일부러 다치게 했다."로, "지금 성추행 하는 거지? 내 생각에 네가 성추행 하는 것 같은데, 경찰을 부를 거야!").

윤리적인 행동분석가는 '해를 끼치지 않는다'는 격언을 반드시 따라야 하며, 어떠한 경우에도 고객을 신체적 또는 정서적으로 피해를 주어서는 안 된다. 신중하고 도덕적인 행동분석가는 고객에게 신체적으로 부적절한 행동을 하는 실수나 악의적인 비난의 대상이 되지 않을 수 있다. 끝까지 우리는 이를 위해 다음과 같은 조언을 하고자 한다.

(1) 부적절한 접촉에 대한 잘못된 고객의 주장을 피하고, 항상 다른 사람(종종 '증인'으로 불리는)을 대동하도록 한다.

(2) 그 증인으로 하여금 당신이 무엇을 하고, 왜 하는지를 알게 한다.

(3) 만약 당신이 신체적 구속을 사용하는 경우, 적절한 훈련을 받았고 공인된 전문가임을 밝힌다.

(4) 만약 당신이 잘못된 부적절한 접촉을 신고한 경험이 있는 고객을 안다면, (1)와 (2)를 하지 않은 한 그 고객과 가까이 접촉하지 않는다.

(5) 적절한 대안이 없다면, 치료사와 고객 간의 성이 다르지 않도록 한다(남자 치료사–여자 고객). 그러나 (1)과 (2)를 가급적 따르도록 한다.

이러한 조언을 제시한 이유는 고객을 대할 때 냉정해지라는 뜻이 아니라, 당신의 따뜻하고 애정 어린 행동이 때로는 부작용을 가져올 수도 있음을 유념해 두라는 의미다.

비행동 분야 동료 대하기

당신은 대부분의 직장생활을 행동분석가가 아닌 동료와 시간을 보내게 될 것이다. 기관이나 단체의 시설과 연혁에 따라 심각한 윤리적 딜레마가 발생할 수 있다. 예를 들어, 재활 팀의 일원으로서 그 팀의 고객이 '상담'을 받아야 한다고 결정을 내릴 경우, 행동 대안[규정 2.09(b)]을 제시하여 '상담' 치료 효과[규정 2.09(a)]에 대한 자료가 있는지 문제를 제기할 윤리적 의무가 있다. 이런 의무 때문에 팀에서 별로 호응을 받지 못할 수도 있다. 게다가, 이러한 치료가 실제로 실행되면 평가를 위해 자료를 요구할 의무가 있다[규정 2.09(d)].

설상가상으로, 이러한 윤리 규정을 준수하는 것이 윤리적인 경우에는 제안된 중재안을 평가할 때 모두가 당신을 주목하게 될 것이다. 당신은 연구 사본을 준비하여 당신의 치료에 대한 근거를 알려 주고, 객관적이며 정확한 자료를 가지고 그 치료가 고객에게 효과가 있는지 중재를 결정해야 한다.

당신이 상대하는 다른 전문가들이 그들 분야의 윤리 규정을 잘 알지 못하거나 별 관심이 없다는 것을 알게 될 것이다. 더 나쁜 것은 고객의 권리, 경험에 근거한 절차의 사용, 자료를 사용한 치료 평가와 관련하여 윤리 규정이 명확하지 않다는 사실을 발견할 수도 있다. 이 분야에서 처음 일하는 학생들은 회의가 진행되고 고객에 대한 결정 사항이 내려지는 과정이 종종 조심스럽지 않음을 알고 충격을 받는다. 최대한 빨리 끝내야 한다는 생각으로, 한 사람이 회의를 주도하는 것은 특이한 것도 아니다. 종종 특정 치료 접근 방법을 옹호하는 데 제시되는 자료가 너무 빈약하거나 근거가 없을 수 있다. 편의상 '그냥 따라가는' 태도, 그리고 일반적인 윤리에 대한 무시가 종종 회의 분위기다. 이런 회의는 기능보다는 보여 주기 위해 더 많이 개최되는 것처럼 비친다.

당신이 치료 팀의 초임자라면 조용히 앉아서 관찰하는 것이 좋다. 누가 결정하고, 의사결정을 어떻게 하는지를 관찰한다. 그리고 이 상황을 어떻게 다루어야 할지에 대해 슈퍼바이저와 상담하고, 몇 가지 기본적인 문제는 BACB 윤리 규정을 참고한다. 비윤리적 행위를 하는 사람을 공개적으로 비난하기 전에 슈퍼바이저와 확인한 다음, 회의 밖에서 문제가 있는 사람과 만나서 우려 사항을 논의하는 것이 좋다. 이때 신뢰할 수 있는 동료와 상담해 보는 것도 좋다. 극단적인 경우, 당신과 슈퍼바이저는 어떤 영향이 미칠 수 있는 모든 것을 했다고 생각했지만 성공적이지 못하다면 개입을 종결할 필요가 있다. 규정 2.15는 이러한 극적인 움직임에 대한 정황과 이것이 어떻게 진행되어야 하는지를 설명한다.

그래도 긍정적인 면을 보자면, 대다수의 비행동적 동료가 친절하고 의도가 나쁘지 않을 때, 당신이 그들을 수용한다면 그들도 당신을 받아들일 것이다. 대부분의 사람은 행동분석이란 말을 들어 보지도 못했기 때

> 좋은 청취자와 긍정적인 지지자가 되라. 그러면 전문가로서 빠르게 성장할 수 있다.

문에 당신은 현장의 대사가 되는 기회와 현재 발달 상황에 대해 그들을 교육할 수 있는 기회를 갖게 될 것이다. 그리고 어떻게 우리가 최대한 고객의 윤리적, 효과적, 인도적인 치료에 대해 관심을 갖고 있는지를 알려줄 수 있다. 인내심을 가지고 그들의 전문 분야에 대해 가르쳐 달라고 할 수도 있다. 좋은 청취자와 긍정적인 지지자가 되라. 그러면 전문가로서 빠르게 성장할 수 있다. 자신의 단점에 대해 솔직하라(예를 들어, 약물에 대해 잘 모르고, 어떤 약물이 특정 행동에 어떻게 작용하는지 거의 알지 못할 수 있다). 그리고 다른 관점에 대해 열린 마음을 가지라. 시간이 지나면 다른 사람들이 행동을 어떻게 생각하는지에 대한 나름의 관점도 발달할 것이고, 그들이 보다 행동적 관점으로 볼 수 있게 북돋아 줄 수도 있다.

성희롱

성희롱은 거론되어야 할 때조차도 대부분이 꺼리고 기피하는 주제 중 하나다. 수년 간의 교육, 법적 판결, 회사에 벌금을 시행해 왔어도 여전히 존재한다(U.S. EEOC, 2004). 행동분석가로서 다른 사람들로부터 이런 대우를 받

지 않을 것이라고 생각할 수도 있다. 다른 사람을 비하할 의도는 없지만 초임 행동분석가를 위해 몇 가지 성희롱의 행동적인 면을 논의해야 한다.

첫째, 원하지 않는 성적인 진전을 다룰 필요가 있다. 특수한 작업 정황일 때 이런 문제에 처하기 쉽다. 고객의 집에서 일하는 국제행동분석가(BCBA)의 경우, 이성의 독신 부모와 단 둘이 집에 있으면 이러한 상황에 놓일 수 있다. 이혼한 남성이나 미혼 남성이 집에 혼자 있다면 젊은 여성 치료사는 피해를 입기 쉽다. 문제는 당신의 일에 매우 관심이 있는 사람처럼, 순진하게 시작할 수 있다. 아마도 당신 가까이에 앉아 있거나, 친밀하게 눈을 맞추거나, 미소를 많이 짓는다. 당신은 이런 사람을 그저 당신의 일이 멋져 보여서 특별히 관심을 가진다고 여길 수도 있다. 지나치게 친절한 인사, 필요 이상의 포옹, 팔이나 어깨 접촉은 무언가 다른 일이 있을 수도 있다는 첫 번째 단서다. 행동분석가는 훌륭한 관찰자로 훈련 받았고, 이것은 현재 당신이 갖고 싶어 하는 기술이다. 행동분석가는 발생률을 감소시키기 위해서 타행동 차별강화(DRO)를 사용하거나, 행동을 벌하거나, 소거시키거나, 자극 통제를 사용하는 방법을 알고 있다. 따라서 지나치게 '친밀한' 행동을 하는 것을 조기에 발견하면 바로 행동에 들어가야 한다. 첫 번째 단계는 행동을 자세히 관찰하여 불필요한 접근을 유도할 만한 부적절한 신호를 보내는 것이 아닌지 확인해야 한다. 훈련 과정에서 주변 사람, 특히 고객에게 든든한 강화자가 되라고 배우기 때문에 이는 행동분석가로서는 어려울 수 있다. 이는 개인에게 다른 감정이 있다고 오해받을 수도 있다. 어떠한 경우에도 이 사람에게 불필요한 신호를 보내지 않았다고 생각하면, 부적절한 행동을 줄이는 방법을 실행해야 한다. 조금 더 멀리 떨어져 앉아서 그 사람을 강화함으로써 DRO를 사용할 수 있다. '로맨틱한' 눈 맞춤에 대한 반응으로 바닥이나 서류를 보거나, 다른 곳을 보거나, 갑자기 회의를 마친다. 부적절한 접촉에는 미소도 짓지 않고 말도 안 되는 말투로 '냉담하게' 쳐다본다. "Robinson 씨, 그것은 정말 적절치 못한 행동입니다." 초기 단계에서 성희롱을 발견하고 이러한 잠정적인 행동을 벌하면, 문제가 해결될 수 있다. 그 이상이고, 사람이 매우 부적절한 경우(예를 들어, 집으로 전화하거나, 개인적인 이메일을 보내거나, 만지려는 시도)에는 슈퍼바이저와 즉시 논의하여 당국에 알리는 것이 적절한지 판단해야 한다. 스토킹을 당했다고 생각되면 당국에 연락한다. 당신의 안전이 가장 중요하다.

성희롱과 관련된 두 번째 주요 관심사는 다른 사람이 이러한 행동에 대해 당신을 비난할 가능성이다. 행동분석가들은 효과적인 대인관계를 위해 훈련받았고, 여기에는 고개 끄덕이기, 미소, 따뜻한 악수, 강하고 효과적인 언어 강화제가 포함된다. 우리는 초임 자문가에게 유능한 자문가가 되고 싶으면 주변 사람에게 '강화제가 되라.'고 격려한다. 각기 다른 강화 행동은 각기 다른 현장에서 적절하다. 비즈니스 및 기관 현장에서는 웃기, 악수하기, 긍정적인 의견 모두가 적절하다. 매장에서는 등이나 어깨를 가볍게 두드릴 수 있다. 이때 당신이 '강화해 주는' 사람들이 당신의 행동을 잘못 받아들여 유혹한다는 생각이 들지 않게 주의해야 한다. 위축행동 성향의 아동을 맡았다면, 주어진 과제를 지속하고 완수할 수 있도록 도와주어야 한다. 처음 과제를 성공했을 때 웃어 주거나, '하이파이브'를 하거나, 안아 줄 수 있다. 시간이 지나면서 과제참여행동이 증가할 것이다. 당신은 더 많이 안아 주거나 보다 열정적인 표현을 할 수도 있다. 그러다 보면 원장실에 불려가 원장에게 "방금 Lucy 어머니와 통화했어요. 당신이 Lucy의 은밀한 곳을 만졌다고 항의하던데 사실입니까?"라는 소리를 들을 수 있다.

초임 행동분석가에게 가장 최고의 조언은 공손하고, 예의 바르고, 친근해야 하지만 모든 경우에 전문적이어야 한다. 고객의 진도에 대한 열정이 당신을 압도하지 못하게 하거나, 목표 달성에 대한 흥분이 당신을 지나

> 모든 사람이 행동분석가의 윤리 원리를 채택하여 실제로 매일 응용한다면 세상은 보다 살기 좋아질 것이다.

치게 감정적이게 하고 고객에게 '까다로운' 느낌을 주지 않도록 하라. 항상 신중하라. 당신의 성과를 점검할 때, "채널 6의 목격자 뉴스가 여기서 녹음하고 있다면 어떨까요? 이 행동을 계속할까요?"라고 자문하고, 대답이 "아

니오."라면, 오해나 잘못된 비난을 방지하기 위해 당신의 행동을 수정해야
한다.

마치면서

대부분의 행동분석가는 직업상 일 분 일 초를 다투기 때문에 잠시 숨을
돌리고 '윤리적인 문제가 있는가?'라고 자문하기 어렵다. 예를 들어, 식료품
가게에서 다른 고객에 대해 알고 싶어 하는 개인에 의해 허를 찔릴 수도 있
다. 순진하게 시작했지만 부적절한 질문이 튀어나올 수 있다. "나는 당신이
Marge의 아들 Jimmy와 함께 일하는 것을 보았어요. 왜 그와 함께 일하나
요?" 혹은 새로운 슈퍼바이저의 마음에 들려고 애를 쓰다가 "자, 하던 거 멈
추고 이것 좀 지금 해 줘."라고 부탁을 받으면 난감한 처지에 놓이게 된다.
시키는 대로 하고, 말을 잘 듣는 직원이 되고 싶을 것이다. 그러나 업무 자체
가 자신의 역량 밖이거나 비윤리적일 때가 있다("수정 펜을 가지고 와서 몇 가
지 기록을 수정하도록 해.[1] 검토 팀이 내일 올 거야.").

이 책이 이론적으로나 도덕적 의미가 아니라 올바른 일을 하는 실제적인
의미에서 윤리에 관해 사고하는 데 도움이 되기를 바란다. 해를 끼치지 않
고, 정직하거나, 공정하거나, 책임감 있고, 고객에게 존경을 표하고, 그들의
독립성을 촉구하고, 그리고 당신이 대우 받기 원하는 방식으로 다른 사람을
대우해야 한다. 모든 사람이 행동분석가의 윤리 원리를 채택하여 실제로 매
일 응용한다면 세상은 보다 살기 좋아질 것이다.

제20장 행동관리 기관을 위한 윤리 규정[1]

Adam Ventura(World Evolve, Inc)와 Jon S. Bailey
(플로리다 주립대학교)

행동관리 기관을 위한 윤리 규정의 기원

행동관리 기관을 위한 윤리 규정의 마련을 도모하는 최초의 조직체의 토대가 마련된 것은 2005년이었다. 당시 Jon Bailey 박사는 그의 제자들과 윤리 워크숍 참여자들은 물론이고, 국제행동분석협회의 핫라인을 통해 일반인들에게도 윤리와 관련된 질문을 받기 시작하였다. 그렇게 모인 사례를 살펴보니 책임 있는 행동을 위한 지침을 고수하려 했던 행동분석가의 경우 자신이 근무하는 회사로부터 끊임없이 방해를 받아 왔다는 것을 알 수 있었다. 행동분석가들의 앞에는 윤리적 행위에 방해가 되는 걸림돌이 도처에 깔려 있었다. 사전에 짜 맞춰 놓은 '잘라 붙이기 식'의 행동 프로그램과 같은 비용절감 절차, 치료 전 행동 프로그램의 기능분석 수행 제한, 심지어 실제 서비스 제공 시간보다 더 많은 비용 청구 압력 등 다루어야 할 사례들이 너무 많았다. 따라서 이런 정직하고 근면한 전문가가 근무 요건과 윤리 규정의 의무를 모두 충족시키는 것은 불가능해 보였다. 그러던 중 새로운 아이디어에 따른 해결 방법이 떠올랐다. 기관을 위한 윤리 규정(현재의 행동분석가를 위한 전문성과 윤리 이행 관련 규정)을 만들어 관리자, 대표, 이사진에게 BACB의 윤리 지침에 대한 지지 서약을 서면으로 작성하도록 만들면 되지 않을까? 2014년에 Jon Bailey는 Adam Ventura가 기관 차원의 윤리와 변화를 이루어 낼 능력에 지대한 관심을 가지고 있다는 것을 알고 그에게 접근하여 실제적인 작업 모델을 구현하기 위한 (비영리) 합작 투자 회사의 설립을 제안하였다.

COEBO

COEBO는 '행동관리 기관을 위한 윤리 규정(The Code of Ethics for Behavioral Organization)[2]'의 약자로, 7개 조항으로 시작되었으며, 행동분석적 서비스를 제공하는 기관은 각 회사 내에서 이를 준수하고 따르겠다는 서명, 동의를 하도록 하였다. 초기의 개념은 COEBO가 특별히 행동분석 서비스를 제공하는 기관의 윤리 기준에 맞춘 거래 개선국(Better Business Bureau®)과 유사했다. 윤리적 기관은 BACB의 윤리 코드를 보완하는 역할을 하게 될 것이며, 비윤리적 행동을 일으키는 미묘한 영향력을 제거하기 위하여 그 기관에서 일하는 행동분석가의 '방패막이'가 될 것이다.

이후 지역의 행동분석가와 지역 내의 서비스 제공자 간의 수많은 토의 끝에 규정의 확장에 대한 필요성이 대두되었다. 기업의 윤리를 강력하게 지지하는 전 세계 50개 이상의 대표 기관이 약 1년 간 심사한 결과, 10개의 범주로 구성된 포괄적인 윤리 규정이 마련되었다. COEBO는 기관이 더 바람직한 처신을 하도록 하려는 발상에서 시작되었으나, 행동분석적 서비스에 간단명료한 하나의 통일된 지침을 제공하게 될 기관의 윤리적 수행을 향상시킨다는 그들의 공통 목표를 달성하기 위해 행동분석가, 기관장, 학교, 그리고 행동분석 서비스의 고객이 상호 협력하는 과정 속에서 성장하게 되었다. 시간이 흐름에 따라 이 중요한 문제에 대해서 우리가 함께 이루어 낸 노력의 결실은 'COEBO 운동'이라는 애칭으로 불리게 되었다.

COEBO의 조작적 정의

기관을 위한 이런 윤리 규정을 마련하는 과정을 거치는 동안, 우리는 행동분석에 관심을 가진 단체들이 그들의 기관이 행동분석적인지 아닌지를 쉽게 구별할 수 있도록 하는 데 필요한 행동분석 서비스를 제공하는 기관의 조작적 정의의 중요성을 인식하게 되었다. 따라서 우리는 다음과 같이 행동분석 기관에 대한 정의를 규정하였다.

> 행동관리 기관이란 협동조합(C 또는 S 타입의)이나 유한회사(LLC)로 등록된 기업으로, 그 지역사회 내에서 BACB에 의해 규정된 응용행동분석 서비스를 실시하는, BACB에 등록된 또는 자격증을 소지한 전문가를 고용하거나 그들과 계약을 맺고 있는 회사를 지칭한다. 행동관리 기관은 BACB 기준에 맞는 현행 자격증 소지자를 최소한 한 명 이상 상근 치료사로 고용하며, BACB 기준에 맞는 현행 국제행동분석가(BCBA)를 최소 한 명 이상 고용하거나 계약을 맺는다.

(http://bacb.com/maintain)

누가 이 새로운 윤리 규정을 책임지고 시행할 것인지 또는 수행할 능력이 있는지에 대해 숙고하는 동안, 해당 기관 내의 직원의 유형을 구별하고 그들이 윤리 규정의 어떤 부분에 책임을 지게 될 것인지에 대해 명확히 할 필요가 있는 듯해 보였다.

따라서 다음과 같이 행동치료 직원에 대한 조작적 정의를 내리게 되었다.

> 직원이란 행동치료 기관과 현재 고용 계약을 맺은 모든 피고용인, 계약자, 학생 또는 인

서비스 제공자들이 공개적으로 그들이 속한 기관의 행동이 윤리적이라고 선언하는 이러한 운동으로부터 조직적으로 필요성이 일어나게 되었다.

턴으로서 행동분석 기관에 의해 응용행동분석 서비스를 고객이나 지역 내 다른 기관에 제공할 임무를 부여 받은 사람을 말한다.

COEBO의 자격 인정

검토 과정이 계속 진행되면서 윤리 지침은 조금 확장되었고, 서비스 제공자를 위한 윤리 규정을 개발하기로 하는 결의를 하게 되면서 공개적으로 그들의 기관은 윤리적 시행을 한다고 공표할 수 있게 되었다. 그 후 우리는 우리의 기준에 부합하는 관심이 있는 기업이나 기관을 확인하는 쪽으로 일을 진행하기 시작했다.

왜 우리는 COEBO를 만들게 되었는가

COEBO가 행동분석 작업 환경을 향상시키는 데 어떤 도움이 될 수 있을까에 대한 의문이 생기면서 여기에 참여했던 사람들은 COEBO가 가장 큰 효과를 낼 수 있을 법한 세 가지 영역을 정확히 짚어 내었다. 세 가지 영역은 (1) 새로운 피고용인의 선별과 고용, (2) 고객 보호, (3) COEBO 서비스 제공 기관의 관계 영역이다.

새로운 피고용인의 선별과 채용

매년 수백 명의 학생이 행동분석 석사와 박사 학위 프로그램을 마치고 그들의 동기와 믿고 따르던 멘토를 떠나 직업 현장으로 뛰어들게 된다. 2년 또는 그 이상의 기간 동안 행동분석 개념과 고된 자료 수집의 회기, 그리고 수백에 이르는 학술지의 기고문들을 상세히 분석하는 등 치열하고 가혹한 도전을 이겨 내고 나면, 이 학업의 승리자들은 의기양양하게 잘 연마되고 숙련된 자신의 기술을 사용하게 될 기관을 찾기 위한 여행을 시작하게 된다.

갓 졸업하여 반짝반짝 빛나는 눈빛을 하고 있는 초임 BCBA들에게 특별한 도움을 필요로 하는 아동을 돕고, 행동분석이라는 복음을 전파하는 매력 넘치는 일자리로 보이는 제안이 담긴 전 세계로부터 이메일이 폭주하게 된다. 이러한 허위 선전에는 고액의 보수(연봉 7~9만 달러), 여가 혜택('아침에는 스키를, 오후에는 서핑을'), 시간제로 근무하는 은퇴자도 부러워할 만한 유연한 일정까지 모두 갖추어져 있다. 면접에서는 그들의 예비 고용주와 그의 회사가 지역사회에 어떤 변화를 일으킬 수 있는지, 그리고 그 기관에 고용되어 매일 출근하는 것만으로 어떻게 경험도 없는 행동분석가가 세상에 변화를 만들어 낼 수 있는지 등에 관한 미사여구를 잔뜩 늘어놓는다. 하지만 채용 후 얼마 되지 않아, 이런 초임 행동분석가는 자신의 회사가 생각했던 것과는 다르다는 것을 회환과 함께 깨닫게 된다.

이전에 논의한 바와 같이, 고용이란 세일즈와 같아서 미끼를 던져 놓고, 직장을 구하는 행동분석가가 멋모르고 입사를 결정하고 나면 말을 바꾸어 버리기도 한다. 결국 심각한 도덕적 문제가 있는 이러한 현실로 인해 피고용인은 그 기관에 환멸을 느끼게 된다. 그러나 COEBO의 기관 인증 절차가 마련됨에 따라 구직자는 윤리적으로 서비스를 수행하는 기관과 자신이 추구하는 목표와 가치를 반영하는 사규와 기준을 마련해 놓은 기관을 빠르고 손쉽게 구별할 수 있게 되었다.

방금 기술한 것과 같은 유감스러운 시나리오는 윤리 규정의 유용성이 논쟁거리가 되고, 해당 프로젝트를 계속 진행시킬지 아닐지 결정할 때 주로 다루어지는 주제 중 하나였다. 비록 고용이라는 주제가 길게 다루어지기는 했지만

> 구직자는 윤리적으로 서비스를 수행하는 기관과 자신이 추구하는 목표와 가치를 반영하는 사규와 기준을 마련해 놓은 기관을 빠르고 손쉽게 구별할 수 있게 되었다.

다른 두 관심 영역, 고객과 다른 서비스 제공 기관에 대해서도 논의되었다.

고객 보호

피고용인 뿐 아니라 고객까지 보호하고자 하는 노력의 일환으로, COEBO 는 서비스 제공 기관이 위치한 지역사회 내에 고객의 복지와 ABA 서비스를 제공하는 것에 대해 고려하였다. 매일, 이제 막 발달장애로 진단 받은 아동 의 부모는 한 손에는 소견서, 다른 한 손에는 행동치료가 필요하다는 처방전 을 받아들고 결의에 찬 눈빛으로 사무실을 나선다. 나쁜 소식으로 무거운 짐 을 짊어진 채, 새롭게 각오를 다지며 집으로 돌아온 전사 같은 부모는 자신 의 아이를 돕겠다는 결심을 굳힌다. 그들은 ABA가 무엇인지 이해하기 위해, 그리고 이 난해한 치료 서비스를 그들에게 제공해 줄 누군가를 찾기 위해 미 친 듯이 인터넷을 뒤지며 조사를 시작하지만, 이 회사 또는 저 회사가 제공 하는 ABA 서비스는 자폐를 낫게 할 수 있다고 주장하는 광고가 넘쳐날 뿐이 다. 그들은 그 회사가 '업계 최고'이며 '기꺼이 추천할 곳'이라고 주장하며 고 객을 기만하려 하는 찍어 낸 듯한 천편일률적인 광고의 홍수를 맞이한다.

결국 이 가족은 서비스 제공자를 찾아내어 문의하는 데 성공한다. 하지만 상담에는 그리 긴 시간이 소요되지 않는다. 보호자가 ABA에 관해 질문을 던 지면, 그 즉시 보험이나 치료 비용과 관련해 반박을 당하기 일쑤이기 때문이 다. 그러고 난 후, 서비스의 첫째 날, 치료사가 이 가족의 집에 사전 방문 통 지도 없이 들이닥쳐 ABA 치료를 하러 왔다고 설명한다. 그럼에도 불구하고, 부모는 관대하게도 치료사를 집 안으로 맞아들여 그의 교육 수준과 ABA 경 력 등에 대해 묻는다. 그러자 치료사는 이번이 ABA로는 첫 업무라 무엇을 해야 하는지 잘 모르지만 그의 슈퍼바이저가 한 달에 한 번 한 시간씩 확인 하러 방문할 것이라 말했다.

이런 끔찍한 이야기는 COEBO가 탄생하게 된 원천이다. 아동의 건강과 복 지에 중대한 영향을 끼칠 수 있는 고객의 정보는 서비스에 관한 결정을 내리 는 데 무엇보다 중요한 역할을 한다. COEBO는 고객과 그 가족에게 이와 같 은 부적절한 기업의 행태에 대한 안전장치를 제공하면서 소비자들이 '겉만 그럴싸한 치료'를 고르게 될 걱정 없이 ABA 치료 시장을 조금 더 편안하게 면밀히 살펴볼 수 있도록 도와준다.

COEBO 서비스 제공 기관의 관계

ABA 서비스를 요구하는 고객의 수가 늘어남에 따라 서비스를 제공하는 기관의 수도 늘어나게 되었고, 따라서 서비스 제공 기관의 커뮤니티 규모 역시 확장되었다. 이러한 기관들의 커뮤니티 안에서 중소 규모의 사업체들이 생겨나기 시작하였고, 행동분석과 기업주의가 결합하기 시작했다. 이와 같은 과학과 사업의 혼합물이 생성되면서 이 두 가지의 서로 다른 이질적인 분야는 의도치 않게 서로를 반목하게 되었다. 그러나 그 과정에서 반작용이 서서히 일어나 점차 강한 세력의 영향력에 의해 두 세력 중 더 약한 쪽이 희석되어 갔다.

경제적인 관점에서는 수요와 공급의 문제가 존재한다. 그 필요성이 대두되어 서비스에 대한 요구는 높지만 이런 고객에게 서비스를 제공할 수 있는 훈련 받은 전문가들의 공급에 공백이 생겼기 때문이다. COEBO는 공급의 문제뿐 아니라, 어떤 면에서는 모든 행동관리 기관이 치료 시장에서 서로를 윤리적으로 대하는 방법에 대해 기술해 놓은 하나의 통일된 규칙 아래서 경쟁할 수 있도록 공평한 사업의 장을 설립하는 데 도움을 주고자 고안된 것이기도 하다.

COEBO 기관의 설립

사명 기반의 기관 COEBO의 발전 과정을 통해 우리는 행동분석 원리와 기법을 이용하는 법칙에 대해 이해하게 되었다. 따라서 COEBO 서비스 커뮤니티 내의 품질 행동을 불러일으키기 위해 우리는 COEBO의 발전에 행동분석적 기법을 포함시키기로 결정했다. 본질적으로 우리는 행동관리 기관은 그 목표를 달성하는 데 있어서 실질적으로 행동분석을 사용해야만 한다고 생각했다. 이와 같은 절차를 시작하기에 앞서, 우리는 먼저 COEBO의 존재 이유를 행동분석 커뮤니티에 설명하는 것이 중요하다고 생각했다. 그래서 그러한 생각을 간결하게 요약해서 쉽게 알아들을 수 있는 문장으로 명시하고 난 후, 그 목적을 달성하는 데 도움이 될 유관조건을 만들어 내는 것이 중요하다고 생각했다. 간단히 말해, 우리는 사명 기반의 기관을 창설하기로 결정한 것이다.

우리의 사명과 비전   우리가 바라는 것은 언젠가 전 세계 행동관리 기관의 대부분이 COEBO 기관으로부터 자격증을 습득하고, 그것을 유지하기 위해 고군분투하는 날이 오는 것이다. 간결하면서도 강렬한 이 두 문장은 우리의 사명이자 비전이 되었으며, 결국 우리 기관의 토대가 될 이후의 조치들과 구체안을 발전시키는 데 기여하였다.

기관의 체계   COEBO의 실효라는 목적을 달성하기 위해 행동분석가들의 네트워크가 형성되었다. 이 네트워크에서 직업 윤리에 대한 성명이 제정되었으며, 윤리적으로 행동하는 서비스 제공 기관의 커뮤니티를 만들어 내기 위한 교리가 세워지게 되었다.

처음에는 윤리 규정을 업데이트하기 위한 의견을 수렴하는 데 도움을 주기 위해 모인 국내 행동분석가의 그룹 이메일 자동 발송 시스템을 구축하는 것으로 시작되었다. 이후 이 시스템은 커뮤니티가 동의하지 않을지도 모르는 쟁점에 대한 결정을 내리고자 할 때, 행동분석 커뮤니티 내의 전문가에게 조언가가 되어 주기를 청원할 때 사용되곤 하였다. 일단 위원회가 구성되고 나자, 이 단체의 내부적 활동을 재가하고 작업 기관을 설립하는 데 도움이 될 헌법이 필요하게 되었다.

상명하달 식의 체계가 되지 않도록 커뮤니티와 협의를 강조하기 위해서는 힘의 분산이 가장 좋은 방법이라는 결론이 내려졌다. 그리하여 이 새로운 기관 내에는 업무의 흐름을 관리하는 데 도움을 주기 위해 두 개의 분리

된, 그러나 대등한 부서가 구성되었다. 첫 번째 부서는 윤리 규정을 만들고, 갱신하고, 해석하는 운영위원회다. 운영위원회는 COEBO 위원회와 COEBO 커뮤니티를 구성하였으며, 양원제의 구조로 되어 있어서 규

> 독립운영 기관들의 연맹이 후에 COEBO 커뮤니티로서 용인된 서비스 제공기관들의 커뮤니티에서 세워진 중앙 기관에 의해서 구안된 윤리 코드를 따르도록 모두 합의하였을 때 재단이 구성되는 것이다.

정에 어떤 조항이 더해지고, 바뀌고, 삭제되었는지에 대해 누구든 의견을 낼 수 있게 되어 있다. 두 번째 부서는 행정위원회로, 이 기관의 복잡한 활동을 다루기 위해 마련되었다. 이 지점이 조직이 되고, 이러한 분과들이 자리를 잡음에 따라 남은 일은 행동치료 서비스를 제공할 사람에게 개방하는 것이었다. 따라서 기관의 연합에 의해 만들어진 협회인 COEBO 커뮤니티는 중앙 기관에 의해 설계된 윤리 규정에 따라 행동할 것에 모두 동의하였다.

행동관리 기관을 위한 윤리 규정

2015년 9월 1일자의 COEBO의 실행 버전은 다음과 같다. 최근 업데이트된 버전을 검색하고자 한다면 COEBO.com[3]을 방문하기 바란다.

1. COEBO 준수 사항
a. 행동분석 기관은 COEBO에 첨부하는 서류에 신뢰성 있고 정확한 정보만을 제공해야 하며, 부정확한 정보는 즉시 수정한다.
b. 행동관리 기관의 모든 직원은 COEBO에 대해 설명을 할 수 있어야 하며, 연례 후속 훈련(annual follow-up traings)뿐 아니라 역량 기반 시험(competency-based exam)을 통과해야 한다.

2. BACB 준수 사항

a. COEBO에 속한 행동관리 기관은 BACB 행동분석가의 전문성과 윤리 이행 관련 규정을 따를 의무가 있다.

b. COEBO에 속한 기관의 경우, 윤리 규정은 기관 내 모든 부서에서 일하는 행동분석, 비행동분석 직원 모두에게 적용된다.

3. 행동관리 기관의 책임 있는 행위

a. 진실성: 행동관리 기관은 그들이 전문가로서의 의무, 서약, 계약 사항을 지키며, 자신이 제공하는 서비스와 관련하여 피고용인과 고객에게 전문가로서 지킬 수 없는 약속이나 계약을 삼간다.

b. 강제력을 지닌 유관조건: 행동관리 기관은 자신의 기관에서 근무하는 자격인증 전문가에게 BACB의 지침을 위반하는 행위를 하게끔 지나친 영향력을 행사하는 어떠한 사회적 또는 경제적 유관조건(예를 들어, 보너스, 월급 인상, 진급)을 제공할 수 없다.

c. 선물 받기: 행동관리 기관에서 근무하는 모든 직원은 행동치료직이든 아니든, 현금 혹은 그에 상응하는 서비스 또는 그들의 서비스 계약서에 처음부터 명시되어 있는 금액 또는 가치 이상의 물품을 받지 않는다.

d. 보고하기: 행동관리 기관은 행동전문가와 비행동전문가 모두에게 시간표, 보고서, 또는 임상적 권고의 내용을 기관의 필요에 따라 수정할 것을 요구하지 않으며, 자금의 출처와 관련하여 적용가능한 모든 규칙과 지침을 따른다.

e. 내부 고발: 행동관리 기관은 BACB 행동분석가의 전문성과 윤리 이행 관련 규정 또는 COEBO를 위반할 것을 종용하는 부당한 압력이 존재하고, 그것이 어떤 것이든 간에 이를 고발하기 위해 나서는 직원이 있다면 누구든 지지하고 지원한다.

f. 윤리 담당관/위원회: 행동관리 기관은 기관 내에서 일어나는 윤리적 쟁점을 다룰 수 있는 자사 윤리 담당관을 임명하고/하거나 윤리 위원회를 결

성한다.

4. 소비자에 대한 행동관리 기관의 책임

a. **고객의 권리**: 행동관리 기관은 서비스 제공 개시 이전에 고객에게서 서비스 제공과 관련된 사항에 대한 동의를 받고, 고객은 자신의 기관에 의해 제공되는 어떤 서비스에 대해서든 이의 제기가 가능하다는 것을 통지한다.

b. **계약 조건과 재정적 합의**: 서비스를 시행하기 이전에 행동관리 기관은 상담 조건과 서비스 제공과 관련된 요구사항, 재정적인 부분에 대한 동의, 그리고 관련된 모든 관계자가 지게 될 책임 등을 서면으로 작성하여 제공해야 한다. 만약 계약 조건이 변경될 시에는 이를 고객에게 알려야 한다.

5. 행동관리 기관의 직원에 대한 책임

a. **계속적인 교육**: 행동관리 기관은 자격증을 소지한 직원이 계속교육 필수 요건을 충족시킬 수 있도록 지원한다. 기관은 고객의 윤리적인 치료에 방해가 되거나 기관이 과도한 부담을 지게 되는 경우가 아니라면 직원이 일정을 유연하게 활용할 수 있도록 한다.

b. **치료 자료**: 행동관리 기관은 행동분석 직원이 윤리에 어긋나지 않는 치료를 제공하기 위해 타당한 수준의 요청에 한해, 그리고 기관에게 과도한 부담을 주지 않는 선에서 필요한 치료 자료를 제공한다.

c. **슈퍼비전**: 행동관리 기관은 슈퍼비전을 필요로 하는 모든 행동분석 직원에게 자격을 갖춘 슈퍼바이저에 의한 적절한 슈퍼비전을 제공한다. 그리고 슈퍼바이저에게 슈퍼바이저 1명이 완벽하게 관리할 수 있는 것보다 더 많은 수의 사람을 슈퍼비전하라고 요구하지 않는다.

6. 응용행동분석에 대한 행동관리 기관의 책임

a. 행동관리 기관은 직원이 행동분석적인 사건에 참여하도록, 그리고 대중에게 응용행동분석을 널리 알리도록 모든 노력을 기울인다.

b. 행동관리 기관은 직원이 행동분석적인 사건에 참여하도록, 그리고 대중에게 COEBO를 널리 알리도록 모든 노력을 기울인다.

7. 다른 행동관리 기관에 대한 행동관리 기관의 책임

a. 고용과 채용: 행동관리 기관은 행동분석가나 다른 직원 모두에게 다른 행동분석 기관의 직원에게 그들의 기관을 떠나라고 하거나 다른 기관을 폄하하는 발언을 하라고 간청하는 것과 같이 과도한 영향을 미칠 수 있는 사회적인 또는 경제적인 유관조건(예를 들어, 보너스, 월급 인상, 진급)을 주지 않는다.

b. 공동 연구와 협업: 행동관리 기관은 다른 행동관리 기관과 협력하여 일하기 위해 모든 가능한 노력을 기울인다.

8. 행동관리 기관과 서비스 실행

a. 보조인력 훈련: 행동관리 기관은 그들의 서비스를 이용하는 고객을 위해 서비스와 관련된 인력에게 훈련을 제공한다.

b. 증거 기반 서비스: 행동관리 기관은 증거 기반의 서비스만을 제공하며, BACB 업무 목록, 그리고/또는 응용행동관리의 7가지 특성에 해당하는 행동관리 서비스만을 제공한다. 또한 증거에 기반하지 않은 '대체 치료'를 권하거나 홍보하는 것을 삼간다.

c. 역량: 행동관리 기관은 행동분석 직원에게 그들의 역량을 벗어난 업무의 수행을 요청하지 않는다.

d. 서비스의 이전: 행동관리 기관은 고객의 특별한 요청이 없는 한, 그 고객의 거주지 부근에 있는 적당한 서비스 제공자를 찾아내어 연락을 취하기 위한 합당한 노력을 기울인다. 또한 치료의 지속을 위해 필요한 고

객의 모든 파일, 자료, 또는 정보를 새로운 제공자에게 적정한 기간 내에 반드시 전달되도록 한다.

9. 행동관리 기관과 미디어

a. 마케팅: 행동관리 기관은 그들이 제공하는 서비스에 대한 정보를 정확하게 제시하여야 하며, 고객을 호도하거나 거짓 또는 기만하는 진술을 하지 않는다. 행동분석 기관은 마케팅을 목적으로 그들의 서비스를 이용하는 고객을 이용하거나 어떤 형태로든 추천(지난 서비스에 대한 추천의 경우도)을 청탁하지 않는다.

10. 행동관리 기관과 법의 준수

a. 법과 규정: 행동관리 기관은 그 기관이 속한 사회적인 전문가 커뮤니티의 법과 도덕 규정을 따른다.
b. 비밀 유지: 행동관리 기관은 그들이 서비스를 제공하고, 상담한 모든 사람의 개인 정보의 비밀을 유지하기 위해 가능한 한 모든 적절한 대비책을 취한다.

요약

처음 윤리 규정을 제정할 당시, 규정의 유용성 뿐 아니라 이런 형태의 기관의 윤리적 행동에 대한 선언이 어떻게 행동분석 분야에 도움이 될 것인지가 아주 세세하게 논의되었다.

만약 기관 스스로 그들이 평판 좋고 윤리적인 기업이라고 자신 할 수 있다면, 그들이 기울인 노력의 대가를 얻게 될 것이다. 새로운 학생을 모집하고, 피고용인을 고용하는 것, 고객의 정보, 그리고 서비스 제공자 간의 관계 모두에 있어서 혜택을 누리게 될 것이다. 같은 윤리 규정을 지키는 데 동참하는 서비스 제공 기관들의 커뮤니티가 생성될 것이다. 윤리적으로 행동한다고 자신하는 ABA 치료 제공 기관은 공평한 경쟁의 장에서 겨룰 수 있게 될 것이다. 그러므로 윤리 규정의 채택은 각 기관의 활동이 윤리적이라는 것뿐 아니라 ABA 커뮤니티 전체가 윤리적으로 행동한다는 것을 증명하는 것이다.

제4부

BACB 윤리 규정, 용어, 시나리오 그리고 추가 읽을거리

제4부에서는 행동분석가의 전문성과 윤리 이행 관련 규정(8-11-15)을 부록 A에 수록하였으며, 이어서 부록 B에 행동분석가자격증위원회(BACB)에서 개발한 용어 목록을 수록하였다. 부록 C에는 50가지의 가상 윤리 시나리오를 윤리적 딜레마에 대한 해결방법에 접근할 수 있도록 힌트를 함께 수록하였다. 부록 D에는 윤리에 관련하여 추가적으로 읽을거리 목록을 포함하였다. 아울러 참고문헌과 주제 색인을 수록하였다.

부록 A 행동분석가의 전문성과 윤리 이행 관련 규정

2015년에 행동분석가자격증위원회(BACB)에서는 저작권을 갖고 있는 본 규정을 승인 없이 복사할 수 없음을 발표했다. 본 규정의 최신 버전은 www. BACB.com에서 다운로드 받을 수 있으며, 재발행을 위한 본 위원회의 승인을 원하면 ip@bacb.com으로 연락하기 바란다.

■ 차례

2.09 치료/중재 효율성

2.10 직업적 일과 연구를 서류화함 ^{RBT}

2.11 기록과 자료 ^{RBT}

2.12 계약, 수수료, 재정적 협정

2.13 청구서 보고의 정확성

2.14 의뢰와 수수료

2.15 서비스에 대한 방해와 중단

3.0 행동 평가

3.01 행동분석적 평가 ^{RBT}

3.02 의학적 자문

3.03 행동분석적 평가 동의

3.04 평가 결과 설명

3.05 고객 기록에 대한 동의

4.0 행동분석가와 행동-변화 프로그램

4.01 개념적 일관성

4.02 계획과 동의에 고객을 참여시킴

4.03 개별화된 행동-변화 프로그램

4.04 행동-변화 프로그램 승인

4.05 행동-변화 프로그램의 목표에 대한 언급

4.06 성공적인 행동-변화 프로그램을 위한 조건에 대한 언급

4.07 실행을 방해하는 환경적 조건

4.08 벌 절차에 관한 고려 사항

4.09 최소한의 제한절차

4.10 해로운 강화제 피하기 ^{RBT}

4.11 행동-변화 프로그램과 행동분석 서비스의 중단

5.0 슈퍼바이저로서의 행동분석가

5.01 슈퍼바이저로서의 역량

5.02 슈퍼바이저의 분량

5.03 슈퍼바이저로서의 위임

5.04 효과적인 슈퍼비전과 훈련을 계획하기

5.05 슈퍼비전 조건에 대한 의사소통

5.06 슈퍼비전 피제공자에게 피드백 제공하기

5.07 슈퍼비전 효과에 대한 평가

6.0 행동분석 종사자에 대한 행동분석가의 윤리적 책임

6.01 원리를 단언함 [RBT]

6.02 행동분석을 전파함 [RBT]

7.0 동료에 대한 행동분석가의 윤리적 책임

7.01 윤리적 문화를 촉진함 [RBT]

7.02 타인과 위험요소에 의한 윤리 위반 [RBT]

8.0 공적 진술

8.01 거짓 또는 허위 문서 방지 [RBT]

8.02 지적 재산권 [RBT]

8.03 다른 사람에 의한 문서 [RBT]

8.04 미디어 발표와 미디어를 사용한 서비스

8.05 추천서와 광고 [RBT]

8.06 개인적 청탁 [RBT]

9.0 행동분석 및 연구

9.01 법과 규정 준수 [RBT]

9.02 책임 있는 연구의 특징

9.03 고지된 동의

9.04 교훈의 또는 교육 목적으로 비밀 정보를 사용

9.05 보고 사항 청취

9.06 연구 지원과 저널 리뷰

9.07 표절

9.08 기여 사항에 대한 공지

9.09 정확도 및 자료의 사용 [RBT]

10.0 행동분석가의 BACB에 대한 윤리적 책임

10.01 BACB에 진실하고 정확한 정보 제공 [RBT]

10.02 BACB에 시기적절한 반응, 보고, 정보 갱신 제공 [RBT]

10.03 비밀 보장과 BACB 지적 소유물 [RBT]

10.04 진실성과 규정 위반 조사 [RBT]

10.05 BACB 슈퍼비전과 교육 과정 기준에 순응 [RBT]

10.06 본 규정 익숙해지기

10.07 무자격인 개인의 허위 진술 예방 [RBT]

행동분석가의 전문성과 윤리 이행

규정 조항으로 표기된 RBT는 등록된 행동실무사(Registered Behavior Technicians)에게 적용되는 것을 의미한다.

2015년 행동분석가자격증위원회(BACB)에서는 저작권을 갖고 있는 본 규정을 승인 없이 복사할 수 없음을 고지했다. 본 규정의 내용은 www.BACB. com에서 내려받을 수 있으며 재발행을 위한 본 위원회의 승인을 원하면 ip@bacb.com으로 연락하기 바란다.

1.0 행동분석가로서의 책임 있는 행위

행동분석가는 직업 행동에 높은 기준을 유지한다.

1.01 과학적 지식에 근거함 ^{RBT}

행동분석가는 인적 서비스 제공에 있어 과학적 판단 또는 전문가적 판단을 내리고, 학문적인 노력과 전문가적인 노력을 할 때 과학과 행동분석에 기반을 둔 전문적인 지식을 신뢰해야 한다.

1.02 역량의 범위 ^{RBT}

(a) 모든 행동분석가는 자신이 받은 교육, 훈련, 슈퍼비전 경험에 기반을 둔 능력 범위 내에서 서비스를 제공하고 교육하며, 연구를 수행해야 한다.

(b) 행동분석가는 자신에게 새로운 영역 분야의 서비스와 교육을 제공하거나 연구(예를 들어, 대상자들, 기법, 행동)를 수행하기 전에 해당 분야의 전문가로부터 적절한 연구, 훈련, 슈퍼비전, 그리고/또는 자문을 받아야 한다.

1.03 전문성 개발을 통한 역량 유지 ^{RBT}

행동분석가는 자신의 수행 영역과 관련된 최근의 과학적 정보와 전문 정보에 대한 지식을 유지해야 한다. 적절한 문헌을 읽고, 학회, 학술대회, 워크숍에 참여하고, 추가적인 교육과정을 이수하고, 직업적 자격증을 적절하게 유지함으로써 자신의 전문적 역량을 유지하는 데 계속적인 노력을 취한다.

1.04 진실성 ^{RBT}

(a) 행동분석가는 진실하고 정직하며, 또한 다른 사람의 정직하고 솔직한 행동을 향상시킬 수 있도록 환경을 조성한다.

(b) 행동분석가는 다른 사람이 사기, 불법 또는 비윤리적 사태에 관여하게 하는 유관적인 일을 수행하지 않는다.

(c) 행동분석가는 양질의 서비스를 제공하는 것과 관련된 의무, 계약 사항, 직업적 약속을 따르며, 지킬 수 없는 직업적 약속은 피해야 한다.

(d) 행동분석가는 자신이 속한 사회적 · 직업적 공동체의 법적 · 윤리적 규정을 따라야 한다.

(e) 행동분석가의 윤리적 책임이 자신이 속한 기관의 법 또는 정책과 충돌할 경우, 본 규정 준수에 대한 자신의 책임성을 알리고, 법과 조화를 이루는 방향으로 갈등을 해결해 나가야 한다.

1.05 전문적이고 과학적인 관계 ^{RBT}

(a) 행동분석가는 행동분석적 서비스를 정해진 전문적 · 과학적 관계와 역할의 맥락 내에서만 제공해야 한다.

(b) 행동분석 서비스 제공 시 행동분석가는 행동분석의 전문성을 유지하되, 서비스를 제공 받는 이가 충분히 이해할 수 있는 언어를 사용해야 한다. 서비스를 제공하기 전에 이러한 서비스의 특성과 이후의 결과와 결론에 대해 적절한 정보를 제공해야 한다.

(c) 특정 개인 또는 단체를 대상으로 행동분석가가 수행하는 일에 연령, 성

별, 인종, 문화, 민족성, 국적, 종교, 성적 지향, 장애, 언어, 사회경제적 지위의 차이가 심각한 영향을 미칠 경우, 양질의 서비스 제공을 위해 필요한 훈련, 경험, 자문, 슈퍼비전을 받거나 다른 적합한 전문가에게 넘겨야 한다.

(d) 직업 활동 시 개인 또는 단체를 연령, 성별, 인종, 문화, 민족성, 국적, 종교, 성적 지향, 장애, 언어, 사회경제적 지위, 법에서 규정하는 근거에 기초하여 차별하지 않아야 한다.

(e) 행동분석가는 법에서 규정하는 바와 같이, 일과 관련하여 상호작용 하는 사람의 인종, 문화, 민족성, 국적, 종교, 성적 지향, 장애, 언어, 사회경제적 지위에 근거하여 이들을 괴롭히거나 위신을 떨어뜨리는 행동에 의도적으로 참여하지 못한다.

(f) 행동분석가는 자신의 개인적 문제와 갈등으로 인하여 효율성이 떨어질 수 있음을 인식해야 한다. 자신의 개인적 상황으로 인해 최상의 능력으로 서비스를 제공하는 것이 어렵다고 판단될 때, 서비스 제공을 하지 않는다.

1.06 다중 관계와 관심사 충돌 ^{RBT}

(a) 행동분석가는 잠재적인 위험 효과를 지니므로 다중 관계를 맺는 것을 피해야 한다.

(b) 행동분석가는 다중 관계가 지니는 잠재적인 해로운 영향에 대하여 항상 민감해야 한다. 예측하지 못한 요인에 의해서 다중 관계가 형성되었을 때, 이에 대한 해결을 모색해야 한다.

(c) 행동분석가는 다중 관계의 잠재적인 해로운 영향에 대하여 인지하며 이를 고객과 슈퍼비전 피제공자에게 알려야 한다.

(d) 행동분석가는 고객으로부터 어떠한 선물도 주거나 받지 않는다. 왜냐하면 이것이 다중 관계를 형성시키기 때문이다.

1.07 착취적 관계 ^{RBT}

(a) 행동분석가는 자신이 지도하고 감독하며 평가하는 학생, 슈퍼비전 피
제공자, 고용인, 연구 참여자, 고객과 같은 대상자에게 착취적이지 않
도록 해야 한다.

(b) 행동분석가는 고객, 학생, 슈퍼비전 피제공자와 성적 관계를 맺지 않
아야 한다. 이러한 관계로 인해 판단력이 흐려지거나 착취하는 관계가
될 수 있기 때문이다.

(c) 행동분석가는 직업적 관계가 공식적으로 끝난 2년 후까지 고객, 학생,
슈퍼비전 피제공자와 성적인 관계를 맺지 않아야 한다.

(d) 행동분석가는 서비스에 대한 물물교환이나 흥정을 하지 않는다. 단,
(1) 고객 또는 슈퍼비전 피제공자가 요구하거나, (2) 서비스가 제공되
는 지역의 관습, (3) 제공하는 행동분석 서비스의 가치에 부합하고 적
합할 경우, 서류 상 동의가 이루어진 경우에 한해 협상이 허용된다.

2.0 고객에 대한 행동분석가의 책임

행동분석가는 고객의 최대 수혜를 고려하며 일해야 하는 책임을 지닌다.
여기서 고객이라는 용어는 행동분석가가 서비스를 제공한 모든 사람에게 적
용되는 것으로, 개인, 서비스를 받는 대상자의 부모 또는 대리인, 기관의 대
표, 공공 또는 사설 기관, 회사 또는 기업 모두가 해당된다.

2.01 고객 수용

행동분석가는 서비스를 요청한 개인 혹은 각 기관의 요건이 행동분석가가
받은 교육, 훈련, 경험, 가능한 자원, 그리고 기관의 정책에 적합할 경우에만
고객으로 수용한다. 행동분석가의 경험 및 훈련의 범주 밖에 있는 고객을 받
아들였을 경우에는 고객이 요청한 서비스 수행과 관련한 자격증이 있는 다
른 행동분석가의 슈퍼비전 또는 자문을 통하여 서비스를 제공해야 한다.

2.02 책임감 ^{RBT}

행동분석가의 책임은 행동분석적 서비스를 통하여 모든 관계자에게 영향을 미친다. 고객으로 정의되는 다수의 관계자가 연관되어 있을 때, 이 관계자들에 대한 위계(hierarchy of parties)를 명백히 세우고, 이렇게 정의된 관계가 시작하는 시점부터 위계에 대한 의사소통을 해야 한다. 행동분석가는 어떤 주어진 상황에서 서비스를 통한 우선적이고 궁극적인 수혜자가 누구인지 인지하고 의사소통하며 그 수혜자의 관심사를 최대한 지지해야 한다.

2.03 자문

(a) 행동분석가는 주로 고객의 최고 관심사에 근거하여 적절한 자문과 의뢰를 요청해야 한다. 이에 대한 고객의 동의가 있어야 하며, 또한 관련 법과 계약상 의무에 위배되지 않아야 한다.

(b) 행동분석가는 효과적이고 적절한 서비스 제공을 위하여 행동분석의 원리와 철학적 가정에서 벗어나지 않는 범위 내에서 다른 전문가와 협력해야 한다.

2.04 서비스에 대한 제삼자의 개입

(a) 행동분석가가 제삼자의 요청으로 인하여 특정 개인에게 서비스를 제공하기로 동의했을 때, 서비스의 실현 가능한 범위에 맞게 그리고 시작하는 시점에서 각 당사자와 맺는 관계의 본질, 그리고 잠재적인 충돌에 대하여 명확히 해야 한다. 명확하게 해야 하는 사항으로는 행동분석가의 역할(예를 들어, 치료사, 기관의 자문, 또는 숙련된 목격자), 제공된 서비스의 사용, 획득한 정보, 그리고 비밀 유지에 대한 한계 등이 포함된다.

(b) 만약 제삼자의 개입으로 인하여 행동분석가가 상충되는 역할을 수행하면서 위험이 예견될 경우, 행동분석가는 자신이 책임져야 할 것에 대한 성격과 방향성을 명확히 하고 문제의 발생에 대하여 모든 관계자

에게 적절하게 알리며 윤리 규정에 따라 상황을 해결해야 한다.

(c) 제삼자의 요청으로 인해 요보호 집단의 구성원 또는 미성년자를 대상으로 서비스를 제공할 경우, 서비스를 받는 대상자의 부모나 대리인에게 제공하는 서비스의 특성과 서비스의 적용 범위에 대해서 알려야 하고, 모든 서비스의 기록과 자료에 대한 그들의 권리도 알려야 한다.

(d) 행동분석가는 무엇보다 고객에 대한 관심을 가장 우선시하며, 제삼자가 행동분석가의 권고에 반하는 서비스를 요구했을 경우, 고객의 관심사를 최대한 존중하여 충돌을 해결해야 할 의무가 있다. 만약 충돌을 해결하지 못할 경우, 알맞은 전환 시점에 맞추어 서비스 제공을 중단할 수 있다.

2.05 고객의 권리와 특권 RBT

(a) 고객의 권리는 무엇보다 중요하며, 행동분석가는 고객의 법적 권리와 특권을 지지해야 한다.

(b) 고객과 슈퍼비전 피제공자는 행동분석가의 자격에 관한 정확한 최근의 내용을 받아 볼 수 있다.

(c) 면담과 서비스 제공 회기 동안, 전자 기록에 대한 허가를 고객과 모든 관련 상황에 연관된 직원에게 받아야 한다. 기록을 다른 명목으로 사용하는 것에 대한 동의는 별도로 받아야 한다.

(d) 고객과 슈퍼비전 피제공자에게 그들의 권리와 행동분석가의 직업적 수행에 대한 불만 사항 발생 시 이를 고용인, 적합한 권위자와 BACB에 제기할 수 있는 권리와 절차에 대해서 알려 줘야 한다.

(e) 행동분석가는 범죄 경력 조회 관련 의무 사항에 대해서 순응해야 한다.

2.06 비밀 보장 유지 RBT

(a) 행동분석가는 법, 기관의 규정 또는 전문적이고 과학적인 관계 속에서 이러한 비밀 유지가 확립되어야 한다는 사실을 인식하면서 그들이 일

하거나 자문하는 대상자들에 대한 비밀을 유지하기 위한 기본적 의무를 다하고 합리적 예방 조치를 취해야 한다.

(b) 행동분석가는 업무 관계를 시작하는 시점에서, 그리고 그 후에 새롭게 나타날 수 있는 상황에서 비밀보장 유지에 대해 논의해야 한다.

(c) 고객의 사생활 침해를 최소화하기 위하여 문서, 구두와 전자 보고서, 자문, 다른 형식을 통해 서로 의사소통 목적으로 거론된 정보를 포함해야 한다.

(d) 행동분석가는 임상 과정 또는 상담 관계에서 획득한 정보 또는 고객, 학생, 연구 대상자, 슈퍼비전 피제공자, 고용인에 관한 평가적인 자료를 과학적 또는 직업적 목적으로만 적절하게 사용하며, 이 자료를 관련 문제에 명백하게 연관된 사람에게만 한정지어 논의해야 한다.

(e) 행동분석가는 소셜 미디어 맥락 내에서 현재 고객이나 슈퍼비전 피제 공자의 신원을 알아볼 만한 정보(기록, 영상 혹은 동영상)에 대해 공유하거나 이러한 상황을 초래해서는 안 된다.

2.07 기록 보유 RBT

(a) 행동분석가는 자신의 통제 내에서 기록을 만들고, 분류하고, 접하고, 전송하고, 폐기하는 것에 있어서 적합한 비밀 보장을 유지해야 한다. 이러한 기록은 문서, 자동화, 전자화, 또는 다른 모든 매체 수단의 형식을 포함한다.

(b) 행동분석가는 적합한 법, 규율, 기업의 정책, 기관의 정책에 따라 기록을 유지 및 폐기해야 하며, 이 규정에 순응하는 태도를 유지해야 한다.

2.08 공개 RBT

행동분석가는 정당한 목적을 위해 법의 권한이나 법이 허용하는 다음의 상황을 제외하고서는 비밀 정보를 결코 누설하지 않아야 한다. 1) 고객에게 필요한 직업적 서비스를 제공하기 위해서, 2) 적절한 전문적 자문을 얻기 위해서, 3) 고객 또는 다른 사람을 위험에서 보호하기 위해서, 4) 서비스 지불금을 받기 위해서, 그리고 이러한 경우에 공개는 그 목적을 달성하는 데 필요한 최소한의 조건 하에서만 한정된다. 행동분석가는 이렇게 규정된 관계가 시작되는 시점에서 공개의 한도에 대하여 고객으로부터 동의를 확보해야 함을 인지하며, 이는 업무적 관계가 지속되는 동안 계속되는 과정이다.

2.09 치료/중재 효율성

(a) 고객은 효과적인 치료를 받을 권리가 있다(즉, 연구 문헌에 기초하고, 고객 개인에 맞춘). 행동분석가는 항상 고객에게 과학적으로 증명된 가장 효과적인 치료 절차를 옹호하며 교육해야 하는 의무를 지닌다. 효과적인 치료 절차는 고객과 사회를 대상으로 장기적이고 단기적인 유익함을 제공하는 것으로 입증된다.

(b) 행동분석가는 적합한 분량과 수준의 서비스 제공을 지원해야 하는 책임이 있으며, 정의된 행동-변화 프로그램의 목표를 충족할 수 있도록 필요한 관리 및 감시를 제공해야 한다.

(c) 과학적으로 증명된 치료법이 한 가지 이상일 경우, 중재를 선택하는 데 있어서 다음과 같은 추가적인 요소(효율성과 비용 대비 효과성, 위험 요소와 중재 부작용, 고객 선호도, 치료사의 경험과 받은 훈련)가 고려될 수 있다.

(d) 행동분석가는 행동-변화 프로그램의 목표에 영향을 미칠 수 있는 치료의 효과와 행동-변화 프로그램에 미치는 영향에 대해서 가능한 범위 내에서 검토하고 평가해야 한다.

2.10 직업적 일과 연구를 서류화함 RBT

(a) 행동분석가는 이후 자신 또는 다른 전문가가 서비스 제공할 때 이를 촉진하기 위해, 의무를 보장하기 위해, 기관 또는 법의 다른 필요 사항들을 충족하기 위하여, 자신의 직업적인 일과 관련하여 적합하게 서류작

성을 한다.

(b) 행동분석가에게는 최상의 실행과 법 규정에 부합하는 문서의 질적 수준과 세부 사항을 고려하여 서류를 작성하고 유지해야 하는 책임이 있다.

2.11 기록과 자료 ^{RBT}

(a) 행동분석가는 그들의 연구, 업무수행에 관련된 기록과 자료를 적용되는 법과 규정, 정책에 부합하도록 작성하고, 유지하고, 전파하고, 저장하고, 보유하고, 폐지하며, 본 윤리 규정의 필요 요건에 어긋나지 않는 방식, 그리고 어떠한 시점에서도 적합한 서비스 감시 전환이 이뤄지는 것이 가능한 방식으로 실행해야 한다.

(b) 행동분석가는 기록과 자료를 최소 7년 동안 아니면 법이 정한 기간 동안 보관해야 한다.

2.12 계약, 수수료, 재정적 협정

(a) 서비스 제공을 시작하기 직전에 행동분석가는 모든 이해관계자들의 책임 내용, 제공될 행동분석적 서비스에 대한 범위, 그리고 행동분석가가 규정을 준수해야 하는 의무 등을 기술한 계약서에 고객의 서명을 받는 것을 분명히 해야 한다.

(b) 업무적 또는 과학적 관계를 시작하는 초기에 빠른 시일 내에 행동분석가는 보상과 치료비 청구에 대해 구체적으로 언급하여 고객의 동의를 얻어야 한다.

(c) 행동분석가의 서비스 제공에 대한 지불 요금 내역은 법과 일치해야 하며 행동분석가는 허위로 수수료를 청구하지 않는다. 그러나 제한된 재정 지원에 의해 서비스가 제한될 것으로 예상될 경우, 가능한 한 빠른 시일 내에 고객과 이 문제에 대해서 논의해야 한다.

(d) 재정 지원 상황이 바뀔 경우, 재정적 책임 내용과 한계에 대해서 고객

과 반드시 재검토해야 한다.

2.13 청구서 보고의 정확성

행동분석가는 제공하는 서비스의 특성, 수수료 또는 요금, 제공자의 신원, 관련 결과, 그리고 다른 기술적 자료에 대해서 정확하게 진술해야 한다.

2.14 의뢰와 수수료

행동분석가는 어떠한 업무적인 의뢰와 관련하여 현금, 선물, 또는 다른 종류의 유혹을 받거나 제공하지 않는다. 의뢰는 고객의 요구사항을 객관적으로 결정하고, 아울러 의뢰된 전문가의 역량에 맞춘 다양한 선택 사항을 포함해야 한다. 의뢰를 받거나 제공할 때, 추천인과 의뢰 받은 전문가 간의 관계를 고객에게 공개해야 한다.

2.15 서비스에 대한 방해와 중단

(a) 행동분석가는 서비스 방해 또는 중단을 피하려 할 때, 고객과 슈퍼비전 피제공자의 관심사를 최우선으로 삼고 대응해야 한다.

(b) 행동분석가는 예상하지 못한 사건의 방해가 있는 경우, 행동분석적 서비스의 지속적인 제공을 촉진하기 위한 합리적이고 시기적절한 노력을 해야 한다(예를 들어, 질병, 손상, 불이용, 재배치, 재정적 방해, 재난).

(c) 고용 또는 계약관계에 들어간 기간 동안에 고용 또는 계약상 관계가 끝나는 상황이 발생할 때, 행동분석가는 서비스의 최종 수혜자의 이익을 전적으로 고려하면서 서비스 제공의 책임과 관련하여 순조롭고 적절한 해결 방법을 제공해야 한다.

(d) 서비스 중단은 전환(transistion)에 대한 노력을 하고 난 이후에 결정해야 한다. 행동분석가는 다음과 같을 때 시기적절하게 업무적 관계를 중단한다. 1) 더 이상 서비스의 필요성이 없어졌다거나, 2) 서비스를 받아도 그다지 효과가 없다거나, 3) 서비스가 계속될 때 훼손 및 상해

가능성이 있다거나, 4) 고객이 중단을 요청했을 경우다(4.11 행동-변화 프로그램의 중단과 행동분석적 서비스 참고).

(e) 행동분석가는 고객과 슈퍼비전 피제공자들을 포기해서는 안 된다. 중단이 일어나기 전, 어떤 이유를 막론하고 행동분석가는 서비스의 필요성에 대해서 논의하고, 적절한 사전 종료 서비스를 제공하며, 적절한 대안적인 서비스 제공자를 추천하고, 동의가 이루어지면 다른 서비스 제공자에게 시기적절하게 책임을 양도하는 합리적인 절차를 밟아야 한다.

3.0 행동 평가

행동분석적 평가 기법을 사용하는 행동분석가는 최근의 연구에 기초해서 설정한 목표에 따라 실행해야 한다.

3.01 행동분석적 평가 [RBT]

(a) 행동분석가는 권고 사항을 제시하거나 행동-변화 프로그램을 개발하기 직전에 최근의 평가를 수행한다. 사용하는 평가의 종류는 고객의 요구와 동의, 환경적 매개변인, 그리고 다른 맥락상 변인들을 고려하여 결정한다. 행동-감소 프로그램 개발 시, 반드시 기능평가를 실시해야 한다.

(b) 행동분석가는 행동분석적 관례 절차에 따라 자료를 수집하고, 시각적으로 제시할 의무가 있으며, 행동-변화 프로그램 발달 결정과 권고 사항이 이뤄질 수 있는 방식으로 이를 실행해야 한다.

3.02 의학적 자문

행동분석가는 의뢰 받은 행동이 의학적·생물학적 변인에 영향받을 타당한 가능성이 보일 경우에는 의학적 상담을 받을 것을 권고해야 한다.

3.03 행동분석적 평가 동의

(a) 평가를 시행하기에 앞서 행동분석가는 참여할 고객에게 적용될 과정
과 결과 관련 정보가 어떻게 사용될지에 대해서 설명해야 한다.

(b)행동분석가는 평가를 실행하기 전, 고객으로부터 평가 절차에 대한 문
서화된 동의를 확보해야 한다.

3.04 평가 결과 설명

행동분석가는 평가 결과를 고객이 이해할 수 있는 언어와 시각적인 자료
를 통해 설명해야 한다.

3.05 고객 기록에 대한 동의

행동분석가는 평가를 위하여 다른 곳 또는 다른 곳에서부터 고객의 기록
을 획득하거나 공개하기 전, 고객으로부터 문서를 통해 이에 대한 동의를 얻
어야 한다.

4.0 행동분석가와 행동-변화 프로그램

행동분석가는 행동-변화 프로그램의 개념화에서부터 실행, 그리고 궁극
적으로는 종료까지 모든 측면에 대하여 책임을 지닌다.

4.01 개념적 일관성

행동분석가는 행동분석적 원리와 개념적으로 일치하는 행동-변화 프로그
램을 개발해야 한다.

4.02 계획과 동의에 고객을 참여시킴

행동분석은 행동-변화 프로그램을 계획하고, 이에 대한 동의를 받는 일에
고객을 포함해야 한다.

4.03 개별화된 행동-변화 프로그램

(a) 행동분석가는 행동-변화 프로그램을 각 고객의 특정 행동, 환경적 변인, 평가 결과, 목표에 맞춰서 개발해야 한다.

(b) 행동분석가는 다른 전문가의 행동-변화 프로그램을 표절하지 않아야 한다.

4.04 행동-변화 프로그램 승인

행동분석가는 행동-변화 프로그램의 적용 전 또는 중대한 수정(예를 들어, 목표의 수정, 새로운 절차 도입)을 실행할 경우, 이에 대한 문서화된 동의를 고객으로부터 획득해야 한다.

4.05 행동-변화 프로그램의 목표에 대한 언급

행동분석가는 프로그램 실행을 시도하기 전에 행동-변화 프로그램의 목표에 대해서 문서를 통해 고객에게 설명해야 한다. 가능한 한 목표 달성을 위해 실행되는 절차에 대하여 위험-효율성 분석(risk-benefit analysis)을 실시해야 한다. 프로그램의 목표와 이를 성취하기 위한 필요한 방법에 대한 서술은 고객-치료사의 업무적 관계가 지속되는 기간 동안에 계속적으로 이뤄져야 한다.

4.06 성공적인 행동-변화 프로그램을 위한 조건에 대한 언급

행동분석가는 행동-변화 프로그램이 효과적이기 위한 환경적 조건에 대해서 고객에게 언급해야 한다.

4.07 실행을 방해하는 환경적 조건

(a) 환경적 조건이 행동-변화 프로그램의 실행에 방해가 될 때, 행동분석가는 다른 전문가의 도움(예를 들어, 다른 전문가에 의한 평가, 자문, 치료적 중재)을 구할 것을 권유해야 한다.

(b) 환경적 조건이 행동-변화 프로그램의 실행에 방해가 될 경우, 행동분석가는 이러한 환경적 제약을 제거하기 위해 노력하거나, 방해요소를 파악하고 문서화해야 한다.

4.08 벌 절차와 관한 고려 사항

(a) 행동분석가는 가능하다면 벌보다 강화를 추천한다.

(b) 만약에 벌 절차가 필요하다면, 행동분석가는 행동-변화프로그램 안에 대체 행동을 위한 강화 절차를 포함해야 한다.

(c) 행동분석가는 즉각적인 혐오 절차가 필요할 정도로 과격하거나 위험한 행동이 아닌 이상, 벌 기반의 절차를 시행하기 전에 강화 기반의 절차를 제공할 기회를 보장해야 한다.

(d) 행동분석가는 혐오 절차를 제공할 필요가 있다면, 이에 대한 훈련, 슈퍼비전, 감시 수준을 확대시켜 포함해야 한다. 행동분석가는 시시각각 혐오 절차의 효과성을 평가해야 하고, 효과적이지 않을 때에는 행동-변화 프로그램을 수정해야 한다. 행동분석가는 혐오 절차의 사용이 더 이상 필요하지 않을 때, 이에 대한 중단 계획을 항상 포함해야 한다.

4.09 최소 제한절차

행동분석가는 중재 절차의 제약성을 검토하고 살펴보면서 효과적일 것이라고 판단되는 최소한의 제한절차를 추천해야 한다.

4.10 해로운 강화제 피하기 [RBT]

행동분석가는 건강에 해롭고, 고객의 발전에 해로울 수 있거나 효과성을 추구하기 위해 과도한 동기 조작이 필요한 잠재적인 강화제 사용을 최소화해야 한다.

4.11 행동-변화 프로그램과 행동분석 서비스의 중단

(a) 행동분석가는 행동-변화 프로그램의 종료를 위한 이해가 쉽고 객관 적인(즉, 측정가능한) 기준을 세우고, 이를 고객에게 설명해야 한다 [2.15(d) 서비스에 대한 방해와 중단 참조].

(b) 행동분석가는 일련의 합의된 목표가 달성되었을 때와 같이 서비스 중 단에 합의한 기준에 도달했을 때, 고객에게 제공하는 서비스를 중단해 야 한다[2.15(d) 서비스에 대한 방해와 중단 참조].

5.0 슈퍼바이저로서의 행동분석가

행동분석가는 슈퍼바이저로서의 역할을 할 때, 이 일을 수행함에 있어서 모든 측면에 대한 책임을 반드시 가져야 한다(1.06 다중 관계와 관심사 충돌, 1.07 착취적 관계, 2.05 고객의 권리와 특권, 2.06 비밀 보장 유지, 2.15 서비스에 대 한 방해와 중단, 8.04 미디어 발표와 미디어를 사용한 서비스, 9.02 책임 있는 연구 의 특징, 10.05 BACB 슈퍼비전과 교육과정 기준에 순응 참조).

5.01 슈퍼바이저로서의 역량

행동분석가는 소정의 역량 범위 내에서 슈퍼비전해야 한다.

5.02 슈퍼바이저로서의 분량

행동분석가는 자신의 효과적인 능력에 상응하는 슈퍼비전 활동의 분량을 담당해야 한다.

5.03 슈퍼바이저로서의 위임

(a) 행동분석가는 슈퍼비전 피제공자가 기대한 만큼 합리적으로 유능하 고, 윤리적이며, 안전하게 수행할 정도의 책임만을 위임해야 한다.

(b) 만약 슈퍼비전 피제공자가 유능하고 윤리적이고 안전하게 수행하는데

필요한 기술을 가지고 있지 않다면, 행동분석가는 해당 기술을 습득할 수 있는 조건을 제공해야 한다.

5.04 효과적인 슈퍼비전과 훈련을 계획하기

행동분석가는 슈퍼비전과 훈련이 내용적으로 행동분석적이고, 효과적이고 윤리적으로 계획되고, 면허, 자격증, 혹은 다른 정해진 목표에 대한 필요 조건을 충족할 수 있도록 보장해야 한다.

5.05 슈퍼비전 조건에 대한 의사소통

행동분석가는 슈퍼비전 시작 전에 슈퍼비전의 목표, 요구사항, 평가 기준, 상황, 슈퍼비전의 조건 등을 명료하게 서술한 문서를 제공해야 한다.

5.06 슈퍼비전 피제공자에게 피드백 제공하기

(a) 행동분석가는 슈퍼비전 피제공자의 수행 능력을 개선할 수 있는 피드백과 강화 시스템을 계획해야 한다.

(b) 행동분석가는 슈퍼비전 피제공자의 수행 역량과 관련하여 시기적절한 피드백을 문서화하여 제공해야 한다(10.05 BACB 슈퍼비전과 교육과정 기준에 순응 참조).

5.07 슈퍼비전 효과에 대한 평가

행동분석가는 자신의 슈퍼비전 활동에 대한 지속적인 평가를 얻을 수 있는 시스템을 계획해야 한다.

6.0 행동분석의 전문성에 대한 행동분석가의 윤리적 책임

행동분석가에게는 행동과학과 행동분석의 전문성에 대한 의무가 주어져 있다.

6.01 원리를 단언함 ^{RBT}

(a) 행동분석가는 다른 여타의 전문성 훈련보다도 특히 행동분석의 가치, 윤리, 전문성의 원리를 지지하고 발전시켜야 한다.

(b) 행동분석가는 행동분석의 전문성 및 과학적 조직이나 활동에 참여하는 의무감을 가져야 한다.

6.02 행동분석을 전파함 ^{RBT}

행동분석가는 발표, 토의, 기타 미디어를 통한 정보 제공 등을 활용하여 행동분석을 장려해야 한다.

7.0 동료에 대한 행동분석가의 윤리적 책임

행동분석가는 행동분석과 다른 직종의 동료들과 협력하면서 모든 상황에서 윤리적 의무를 인식하고 있어야 한다(10.0 행동분석가의 BACB에 대한 윤리적 책임 참조).

7.01 윤리적 문화를 촉진함 ^{RBT}

행동분석가는 직업 환경의 윤리적 문화를 촉진하고, 다른 사람들도 이 규정을 인지하도록 만들어야 한다.

7.02 타인과 위험요소에 의한 윤리 위반 ^{RBT}

(a) 행동분석가는 법 위반과 윤리적인 위반이 있을 수 있다고 판단될 경우, 우선 상해 가능성, 법 위반 가능성, 의무적 보고 조건, 위반 사항에 대해 조정할 수 있는 단체, 기관 규정 요건의 유무를 확인해야 한다.

(b) 만약 고객의 법적 권리가 위반되었거나 해를 입을 가능성이 있을 경우, 행동분석가는 고객을 보호하기 위한 필수적인 조치를 취해야 한다. 이런 필수 조치로는 적절한 해당 부서와의 접촉, 해당 기관의 정책

따르기, 적합한 전문가로부터 자문 받기, 해당 사건에 대한 조치 노력에 대한 문서화 등이 포함된다.

(c) 비공식적인 해결 방법이 적절해 보이며, 비밀 유지 권리를 침해하지 않는 경우에 한하여 행동분석가는 쟁점을 해당 개인에게 알리고, 동시에 문제를 해결 조치하는 노력에 대해 문서화함으로써 문제 해결을 시도한다. 만약 문제가 해결되지 않으면, 행동분석가는 해당 권위자에게 문제를 보고해야 한다(예를 들어, 고용주, 슈퍼바이저, 조정 부서).

(d) 문제가 BACB의 보고 요건에 합당할 경우, 행동분석가는 BACB에 공식적인 민원을 제기해야 한다(10.02 BACB에 시기적절한 반응, 보고, 정보 갱신 제공 참조).

8.0 공적 진술

행동분석가는 전문적 서비스, 제품, 출판물, 행동분석 전문 분야에 대한 공적 문서에 관해 이 규정을 준수해야 한다. 공적 문서는 다음의 내용을 포함하는데, 유료 및 무료 광고, 브로슈어, 인쇄물, 전화번호부 목록, 개인 이력서와 경력서, 언론 사용을 목적으로 한 인터뷰와 논평, 법적 절차 상의 진술, 강의와 공개 발표, 소셜 미디어와 출판물 등이다.

8.01 거짓 또는 허위 문서 방지 [RBT]

(a) 행동분석가는 자신이 언급하고 전달하고, 제안한 내용이라는 이유로, 또는 자신의 연구나 실습, 기타 업무 활동에 대한 누락을 이유로, 또는 다른 업무 활동 혹은 소속 기관이나 관계자들의 업무상 이유로 허위, 기만, 오해의 소지가 있거나 과장 또는 사기성의 공적 진술을 해선 안 된다. 행동분석가는 오로지 행동분석적 내용에 대해서만, 자신의 행동분석 업무의 자격 조건 하에서만 주장해야 한다.

(b) 행동분석가는 비행동분석적 중재를 실행하지 않도록 한다. 비행동분

석 서비스는 비행동분석적 교육 콘텐츠, 형식적인 훈련 또는 자격 심사 맥락 내에서 제공할 수 있다. 이러한 서비스는 그들의 행동분석 중재와 BACB 자격 요건과 다음의 제한 조항을 사용하여 구별시켜야 한다. "이 중재는 전혀 행동분석적이지 않으며, 나의 BACB 자격요건에 포함되지 않는다."를 명시한 거부 조항에는 모든 비행동분석적 중재의 이름과 서술을 함께 나열해야 한다.

(c) 행동분석가는 비행동분석적 서비스를 행동분석적인 것처럼 광고하지 않도록 한다.

(d) 행동분석가는 비행동분석적 서비스를 청구서, 계산서, 또는 배상 요구 상 행동분석적 서비스처럼 하지 않도록 한다.

(e) 행동분석가는 행동분석 서비스 권한하에서는 비행동분석적 서비스를 구현하지 않도록 한다.

8.02 지적 재산권 ^{RBT}

(a) 행동분석가는 법에 따라 상표 또는 저작권이 있는 자료(material)를 사용할 수 있는 동의를 얻을 수 있다. 이것은 타인의 지적 재산권을 인정하는 상표 또는 저작권 기호를 포함하여 인용을 하는 것을 포함한다.

(b) 행동분석가는 강의, 워크숍, 그 외 발표를 할 때 저자에게 적절한 가치 부여(credit)를 제공해야 한다.

8.03 다른 사람에 의한 문서 ^{RBT}

(a) 전문적 임상, 성과, 다양한 활동을 촉진하기 위해 공적 진술서를 작성하거나 발표하는 일로 여러 사람과 관계된 행동분석가는 그러한 공적 진술에 대한 전문적 책임을 지속적으로 견지해야 한다.

(b) 행동분석가는 행동분석가적 업무나 전문적·과학적 활동과 관련하여 감독 대상이 아닌 타인(예를 들어, 고용주, 출판사, 스폰서, 기관의 고객, 인쇄 매체, 또는 방송 매체의 대표자)이 허위 문서를 만들지 못하도록 합당

한 노력을 해야 한다.

(c) 만약 행동분석가가 다른 사람에 의해 만들어진 그들의 성과에 관한 허위 문서를 접한다면, 행동분석가는 그것을 수정하도록 합리적인 노력을 해야 한다.

(d) 행동분석가 활동과 관련된 유료 광고가 문맥상 명백히 제시되지 않았다면, 반드시 유료 광고임을 확실히 해야 한다.

8.04 미디어 발표와 미디어를 사용한 서비스

(a) 전자 매체(예를 들어, 비디오, 전자 학습, 소셜 미디어, 정보의 전자 전송)를 사용하는 행동분석가는 이 규정을 준수하기 위해 보안 및 전자 매체의 제한 사항에 대한 지식을 습득하고 지켜야 한다.

(b) 행동분석가는 동의서를 얻지 않은 한 고객, 슈퍼비전 피제공자, 학생, 연구 대상자, 다른 서비스 수신자와 관련된 개인 정보를 공개하지 않으며, 공적 진술을 만들거나 전자적 미디어를 사용한 발표를 공개하지 못한다.

(c) 전자 매체를 사용하여 발표하는 행동분석가는 가능하면 참여자에 관련된 비밀 정보를 은폐하여 다른 사람이 개별적으로 식별 할 수 없게 하며, 토의 과정에서도 식별 가능한 참여자에게 해를 끼치지 않도록 가능한 한 변조하도록 한다.

(d) 행동분석가는 공개 강의, 시연, 라디오나 TV프로그램, 전자 매체, 기사 우편발송자료 혹은 기타매체를 통해 공적 진술 또는 조언이나 의견을 제공할 때, 다음과 같은 조건을 보장하도록 적절한 예방 조치를 취해야 한다. (1) 적절한 행동분석적 문헌과 중재를 기반으로 작성하며, (2) 기타의 경우라도 본 규정과 일치해야 하고, (3) 조언이나 의견을 제시하면서 이를 제시 받은 사람과 서비스에 대한 계약을 맺지 않도록 한다.

8.05 추천서와 광고 ^{RBT}

행동분석가는 자신의 웹 페이지, 기타 전자 자료나 인쇄 자료에 게시하기 위해 현재 고객의 행동분석 서비스에 대한 평가를 사용하지 못한다. 이전 고객의 증언 자료는 요청 여부를 확실히 해야 하고, 행동분석가와 증언 작성자 간의 관계를 정확하게 진술하며, 증명서 청구에 대한 모든 관련 법률을 준수해야 한다. 행동분석가는 제공하는 증거 기반 서비스 유형과 종류를 설명하고, 직원의 자격, 객관적인 결과 자료를 해당 법에 따라 발표해야 한다.

8.06 개인적 청탁 ^{RBT}

행동분석가는 직접 또는 대리인을 통해 실질적, 잠재적 서비스 이용자에게 업무에 관한 바람직하지 않은 대인 청탁을 하지 않아야 한다. 서비스 이용자는 그들의 특정한 환경 때문에 부당 압박에 취약하다. 그러나 업무적 재무상 직위와 무관하게 기업과 단체에 대해서 기관 행동 관리 또는 성과 관리 서비스 내용으로 상업 활동을 할 수 있다.

9.0 행동분석 및 연구

행동분석가는 과학적 적절성과 윤리적 연구에 대한 기준에 의거하여 연구를 계획하고, 진행하며, 보고해야 한다.

9.01 법과 규정 준수 ^{RBT}

행동분석가는 계획 및 연구의 실행에 적용되는 모든 법률 및 규정 뿐 아니라, 전문적 기준과 일치하는 방식으로 연구를 계획하고 실행해야 한다. 또한 행동분석가는 필수-보고 요건과 관련된 법률과 규정도 준수해야 한다.

9.02 책임 있는 연구의 특징

(a) 행동분석가는 독립적이고 공식적인 연구심의위원회의 승인 후에 연구

를 시작할 수 있다.

(b) 임상 서비스를 제공하는 사람들과 공동으로 응용 연구를 수행하는 행동분석가는 중재와 고객-참여자가 포함된 연구에서의 요구사항을 준수해야 한다. 연구와 임상 필요가 서로 상충되면, 행동분석가는 의뢰인의 복지를 우선순위로 해야 한다.

(c) 행동분석가는 참여자의 존엄과 복지를 위하여 적절한 관심을 갖고 역량 있게 연구를 수행해야 한다.

(d) 행동분석가는 연구 결과에 대해 오해의 소지를 최소화할 수 있도록 계획한다.

(e) 연구자와 조력자는 그들이 충분히 훈련되고 준비된 영역 내의 과제들만 수행하도록 허락되어 있다. 행동분석가들은 자신의 조력자에 의해 또는 자신의 관리/감독하에 다른 사람에 의해 수행되는 연구의 윤리적 행위에 대한 책임이 있다.

(f) 윤리적 쟁점이 불분명한 경우, 행동분석가는 독립적이고 공식적인 연구심의위원회, 동료 상담, 또는 다른 적절한 메커니즘과의 협의를 통해 쟁점을 해결하기 위해 노력해야 한다.

(g) 행동분석가는 그들과 소정의 관계(예를 들어, 석사학위 논문, 박사학위 논문, 특정 연구 프로젝트)를 맺은 슈퍼바이저 밑에서 성공적으로 연구를 실행한 후에야 독립적으로 연구를 진행할 수 있다.

(h) 연구를 진행하는 행동분석가는 효율성을 극대화하고, 고객, 슈퍼비전 피제공자, 연구 참여자, 학생, 그들과 일하는 다른 사람들에게 위험을 최소화할 수 있도록 필요한 조치를 취해야 한다.

(i) 행동분석가는 연구의 오용으로 이어질 수 있는 개인의 영향, 재정, 사회, 기관 또는 정치적 요인을 최소화해야 한다.

(j) 행동분석가는 개별적 문서 결과물에 대한 오용과 허위 진술을 인지하게 되면, 이러한 오용 또는 허위 진술을 해결하기 위한 적절한 단계를 밟아야 한다.

(k) 연구를 수행할 때 행동분석가는 이해관계의 충돌을 피해야 한다.

(l) 행동분석가는 참여자 또는 연구가 진행되는 환경에 대한 간섭을 최소화해야 한다.

9.03 고지된 동의

행동분석가는 연구의 본질에 대하여 이해할 수 있는 언어로 참여자, 그들의 보호자나 대리인에게 공지해야 한다. 그들은 연구에 자유롭게 참여할 수 있고, 참여를 거부할 수 있으며, 불이익 없이 언제든지 연구에서 철수할 수 있다는 사실과 더불어 참여 의지에 영향을 미칠 수 있는 중대한 요인에 대하여 공지하며, 본 연구에 대하여 참여자가 제시하는 질문에 답을 해야 한다.

9.04 교훈 또는 교육 목적으로 비밀 정보 사용

(a) 행동분석가는 개인이나 기관 또는 법적 대리인이 서면으로 승인한 경우를 제외하고, 개인 혹은 기관의 고객, 학생, 연구 참여자, 기타 서비스 수혜자에 대한 업무상에서 얻은 비밀이나 사적인 정보를 공개하지 않아야 한다.

(b) 행동분석가는 가능한 한 연구 참여자의 비밀 정보를 위장함으로써 다른 사람들이 개인적으로 알지 못하게 하고 논의 부분에서 연구 참여자의 정보가 유출되어 해를 끼치지 않도록 해야 한다.

9.05 보고 사항 청취

행동분석가는 연구에 대한 참여자의 역할이 종료될 때, 연구 발표를 청취 (Debriefing)할 기회가 있다는 것을 통지해야 한다.

9.06 연구 지원과 저널 리뷰

연구 지원 심사 위원으로 활동하거나 원고 심의자 역할을 하는 행동분석가는 이전 연구자들에게 이미 보상 조건을 완료한 반복 연구를 제외하고, 그들이 심의한 원고에 기술된 같은 내용의 연구를 수행하지 않아야 한다.

9.07 표절

(a) 행동분석가는 적절한 경우에 다른 사람의 내용을 충분히 인용할 수 있다.

(b) 행동분석가는 다른 사람의 일이나 자료의 일부 및 요소를 자신의 것처럼 제시하지 않도록 한다.

9.08 기여 사항에 대한 공지

행동분석가는 연구에 기여한 사람들을 공동 저자에 포함시키거나 각주에 그들의 공헌을 표기해야 한다. 수석 저자와 기타 발행에 있어 기여 사항은 참여한 사람의 상대적이고 과학적인 혹은 전문적인 공헌도를 정확히 반영해야 한다. 연구 혹은 발행 저작 활동에 일부 공헌한 사람들도 각주 혹은 머리말에 기여 내용을 적절히 공지해야 한다.

9.09 정확도 및 자료의 사용^{RBT}

(a) 행동분석가는 출판물에 결과를 위조하거나 조작하지 않아야 한다. 만약 출판된 자료에서 중요한 오류를 발견했다면, 수정, 철회, 정오표 제시, 혹은 다른 적절한 수단을 통해 교정을 위한 합리적 조치를 취해야 한다.

(b) 행동분석가는 연구에 대한 해석을 바꿀 만한 결과물을 생략하지 않아야 한다.

(c) 행동분석가들은 이전에 출판되었던 원본 자료를 그대로 출판하지 않아야 한다. 단, 적절한 승인을 받고 재출판 하는 경우는 예외다.

(d) 논문 결과를 발표하고 나면, 행동분석가는 재분석을 통해 실질적인 주장을 도출해 내려고 수고한 다른 유능한 전문가의 결론에 근거한 자료를 제외하지 않아야 한다. 또한 오직 그 목적으로만 이러한 자료를 사

용하며, 그 자료와 관련된 합법적 권한이 출판을 제재하지 않는 한 참여자의 비밀 보호를 유지해야 한다.

10.0 행동분석가의 BACB에 대한 윤리적 책임

행동분석가는 반드시 BACB의 규정, 규율, 기준에 부합해야 한다.

10.01 BACB에 진실하고 정확한 정보 제공 [RBT]

(a) 행동분석가는 지원서와 서류를 통해 신뢰할 수 있는 정확한 정보를 BACB에 제공해야 한다.

(b) 행동분석가는 BACB에 제출된 부정확한 정보는 즉시 수정해야 한다.

10.02 BACB에 시기적절한 반응, 보고, 정보 갱신 제공 [RBT]

행동분석가는 다음에 제시한 상황에 대해 BACB에 30일 안에 보고해야 하고, 이를 위반할 경우 제재 조치가 가능한 BACB의 최종 기한을 준수해야 한다.

(a) 본 규정의 위반, 징계 조사, 제재 및 실행 조치, 벌금 부과, 정부기관, 건강관리기관, 자금제공 제삼자, 또는 교육기관에 의한 유죄 판정, 무죄와 변론 불항쟁의 답변

절차 과정: 행동분석 실행과 공중보건 및 안전 영역과 관련된 중범죄로 유죄 판결된 행동분석가는 상소 상실, 집행 유예 혹은 징계 종료, 석방 종료로부터 3년의 기간 동안 BCBA 등록, 인증, 또는 재인증을 신청할 자격이 없다(1.04 진실성 참조).

(b) 행동분석가의 이름이 명시된 공중 보건과 안전 관련 과태료 또는 벌금 부과

(c) 유능하게 수행할 수 있는 행동분석가의 능력을 훼손할 수 있는 신체적 또는 정신적 상태

(d) 이름, 주소 또는 이메일 연락처의 변경

10.03 비밀 보장과 BACB 지적 소유물 ^{RBT}

행동분석가는 다음에 열거한 것을 위시하여 기타 해당 사항에 대해 BACB 가 갖는 지적 재산권을 침해하지 않는다.

(a) BACB 로고, ACS 로고, ACE 로고, 인증서, 인증, 지정 등을 포함한 내용을 위시하여 다음의 기타 사항들, 즉 BACB가 소유권을 주장하는 다양한 상표, 서비스 마크, 등록 마크 및 인증 마크(이것은 BACB의 제휴, 인증, 등록, 또는 교육적 ABA 인증 지위가 국가 인증으로 와전시키는 의도를 보이는 분간하기 어려울 정도로 유사 표기를 포함한다.)

(b) BACB 저작권은 원본, 그리고 2차 저작물을 포함한다. 아울러 BACB의 저작권은 기준, 절차, 지침, 윤리, 직무 분석, 작업 그룹 보고서, 설문 조사에도 효력이 있다.

(c) BACB는 개발한 시험문제, 문제은행, 시험규격, 시험양식, 시험채점표 등 모든 영업 비밀에 대해 저작권을 갖고 있다. 행동분석가는 BACB 시험 내용이 어떻게 그에게 알려지게 되었는지에 관계없이 시험 자료의 내용을 유출하는 것이 분명하게 금지되어 있다. 행동분석가가 시험 내용 또는 BACB 지적재산권에 대한 침해와 위반을 발견했다면, BACB에 위반을 보고해야 한다. 조항 7.02에 나타난 비공식적인 해결을 위한 노력은 이 조항의 요구 사항을 바로 보고함으로 인해 면책된다.

10.04 진실성과 규정 위반 조사 ^{RBT}

행동분석가는 BACB 시험 센터, 시험 관리자와 감독관의 규칙과 절차를 포함하여 BACB의 모든 규칙을 준수해야 한다. 행동분석가는 부정 행위가 의심되는 사람과 BACB 시험 행정에 관한 기타 부정 행위를 BACB에 즉시 보고해야 한다. 이러한 부정 행위는 BACB 시험 또는 답안지에 대한 무단 접속, 답변 복사하기, 다른 답에 대한 복사 허용, 시험 방해, 정보와 교육과 증명서 날조, 시험 중 혹은 전후에 BACB 시험 내용에 관련된 불법적인 조언을 제공하거나 받는 것을 포함한다. 이 금지 조항은 BACB 시험 문제에 대한 무단 접속을 제공하는 '시험 덤프' 준비 사이트 또는 블로그의 사용 또는 참여에만 한정되지 않는다. 신청자 또는 자격증 수여자가 시험 덤프 기관에 참여 혹은 활용한 사실이 발견 된 경우, 즉각적으로 시험 자격을 박탈하거나 시험 점수를 취소하고, 부적절하게 취득한 시험 내용을 통해서 자격증을 이미 받은 사람의 경우에는 자격을 취소하는 즉각적인 조치를 취할 수 있다.

10.05 BACB 슈퍼비전과 교육과정 기준에 순응 ^{RBT}

다음의 활동이 BACB의 기준을 따를 필요가 있다면, 행동분석가는 교육과정(지속교육 이벤트 포함), 실습 슈퍼비전, RBT 훈련과 평가, BCaBA의 슈퍼비전이 BACB 기준에 의거하여 수행되도록 해야 한다(5.0 슈퍼바이저로서의 행동분석가 참조).

10.06 본 규정 익숙해지기

행동분석가는 윤리적 행위에 대한 자격증의 필요 요건을 준수하고, 이런 필요요건을 행동분석가의 업무에 적용하는 것을 위시하여 본 규정을 포함해서 현재 적용할 수 있는 기타 윤리 규정에도 익숙해져야 할 의무가 있다. 윤리적 행위 기준에 대한 인식이나 이해 부족은 비윤리적 행위 조치에 대한 면죄 조항이 될 수 없다.

10.07 무자격자인 개인의 허위 진술 예방 ^{RBT}

행동분석가는 자격 없는 사람이 BACB 자격 또는 등록 상태를 허위 진술한다면 해당 지방면허 담당 관청 또는 BACB에 무자격 실무자를 보고해야 한다.

부록 B 용어 사전

-BACB 제공

행동분석가

행동분석가는 BCBA 또는 BCaBA 자격증을 보유하였거나, BACB에 의해 슈퍼비전 제공에 승인을 받았거나, BACB가 승인한 일련의 과정의 코디네이터를 말한다. RBT 실행과 관련된 것으로 간주되는 규정에서 '행동분석가'라는 용어는 'RBT'를 포함한다.

행동분석적 서비스

행동분석적 서비스는 행동분석의 원리와 절차(즉, 행동과학)에 명백히 근거하며, 사회적으로 중요한 방식으로 행동의 변화를 계획하는 서비스를 일컫는다. 이러한 서비스에는 다음의 내용(치료, 평가, 훈련, 자문, 관계자를 유지하고 관리하며, 계속적인 교육을 제공하는)을 포함하며, 여기에만 제한되는 것은 아니다.

행동-변화 프로그램

행동-변화 프로그램은 진술된 목표를 성취하는 데 필요한 모든 평가와 치료 업무에 대하여 기법적으로 자세하게 기록한 공식적인 문서다.

고객

고객이라는 용어는 행동분석가가 제공하는 전문적 서비스를 받는 자 또는 수혜자를 의미한다. 이 용어는 다음의 사항을 포함하며, 여기에만 한정되지 않는다.

(a) 서비스를 직접적으로 제공받는 자

(b) 서비스를 받는 자의 부모, 친척, 법적 대리인 또는 후견인

(c) 고용주, 단체장, 보호시설의 대표, 또는 행동분석가의 서비스에 대한 제삼자인 계약자

(d) 서비스의 수혜자로 알려진 다른 개인 또는 독립체, 또는 주로 '고객' 또는 는 '고객-대리인'으로 이해되는 자

이러한 정의의 목적에 따르면, 제삼자인 보험업자 또는 지불인이 직접적으로 행동분석가를 고용하지 않은 이상, 제삼자인 보험업자 또는 지불인은 고객에 포함되지 않는다.

기능평가

기능평가, 또는 기능행동평가는 문제행동의 환경적인 잠재적 원인에 대해서 공식적으로 평가하는 데 사용되는 일종의 절차를 의미한다. 이 절차 안에는 정보 평가(예를 들어, 면담, 평정척도), 자연스러운 환경에서의 직접 관찰(예를 들어, ABC 평가), 실험적 기능분석을 포함한다.

다중적 관계

다중적 관계란 행동분석가가 고객 또는 고객과 밀접한 관계가 있는, 또는 관련이 있는 사람을 대상으로 행동분석적 역할과 비행동분석적 역할이 동시에 중첩되는 것을 의미한다.

공적 진술

공적 진술은 유료 및 무료 광고, 브로슈어, 인쇄물, 전화번호부 목록, 개인 이력서 또는 이력서, 언론 사용을 목적으로 한 인터뷰와 논평, 법적 절차를 통한 진술, 강의와 공개 발표, 소셜 미디어와 출판물을 나타낸다.

연구

전문영역에 대하여 일반화할 수 있는 지식을 창출하기 위해 설계된 모든 자료-기반의 활동으로, 주로 전문 서적의 출판과 발표를 통해서 이루어진다. 실험 설계 자체가 연구로 간주되지는 않는다. 이미 수집한 자료를 기반으로 한 연구발표나 출판물은 심사 대상 연구 활동[예를 들어, 9.02(a)]와 관련하여 9.0(행동분석 및 연구)에서 언급한 요소에 저촉되지 않는다. 그러나 9.0의 나머지 관련 요소는 적용한다(예를 들어, 9.01 법과 규정 준수, 9.03 고지된 동의).

연구심의위원회

하나의 전문가 집단으로, 공식적인 목적은 연구 제안을 검토함으로써 인간 연구 참여자에 대한 윤리적 치료를 보장하는 것이다. 위원회는 정부나 대학의 공식적인 단체(예를 들어, 기관심의위원회, 인간연구위원회), 서비스 제공 단체 내의 위원회, 또는 이러한 목적으로 설립된 독립적 기관이 될 수 있다.

고객의 권리와 특권

고객의 권리와 특권이란 인간의 권리, 법적 권리, 행동분석에서 편성한 권리와 고객을 유익하게 하는 기관 및 관리상의 규칙과 규율을 의미한다.

위험-효율성 분석

위험-효율성 분석이란 제공하는 중재와 관련하여 잠재적 위험(예를 들어, 제한점, 부작용, 비용)의 효율성(예를 들어, 치료 결과, 혜택, 절약)에 대하여 신중하게 평가하는 것이다. 위험-효율성 분석은 위험에 비해 훨씬 더 많은 혜택과 결부된 조치로 마무리되어야 한다.

서비스 기록

서비스 기록은 문서화된 행동-변화 계획, 평가, 그래프, 원 자료, 전자 기록, 진척에 대한 요약, 기록한 문서를 포함하며, 이외에 이에 준하는 다양한 방식의 기록 체계가 포함될 수 있다.

학생

전문대학/대학교의 입학 허가를 받은 개인을 의미한다. 정규 행동분석 교육을 받는 기간에만 학생에게 규정을 적용한다.

슈퍼비전 피제공자(Supervisee)

슈퍼비전 피제공자는 자신의 행동분석적 서비스에 대해 행동분석가와 동의한 정의된 맥락 내에서 행동분석가로부터 지도를 받는 개인을 말한다.

슈퍼바이저(Supervisor)

슈퍼바이저는 슈퍼비전 피제공자가 이미 정해 놓은 관계의 맥락 속에서 실행한 행동분석 서비스를 감시하는 행동분석가를 말한다.

부록 C 행동분석가를 위한 50가지 가상 시나리오(힌트 제공)

서론

각 시나리오를 주의 깊게 읽어 보라. 각 시나리오는 행동분석가가 현장에서 마주하는 실제 사건을 바탕으로 하고 있다. 우선 시나리오의 핵심 단어나 구절을 형광펜으로 표시하면서 읽어 보기를 권한다. 그 다음, BACB 지침서의 색인에서 관련 사항을 찾아 형광펜으로 표시해 둔 핵심 단어마다 그에 해당하는 윤리 규정 번호를 적어 넣으라. 그리고 '원리'에 입각하여 윤리 원리가 그와 어떻게 관련되어 있는지 자신만의 표현으로 다시 기술해서 표현해 보라. 이때 각 시나리오마다 대략 3~4개의 윤리 원리가 동시에 적용됨을 기억하라. 그리고 마지막으로 관련된 모든 윤리 원리를 살펴본 후, BACB 지침을 따르기 위해 어떤 단계를 거쳐야 하는지 알아 두라. 각 시나리오마다 여러 개의 조항과 원리가 연관되어 있을 수도 있다. 각 시나리오마다 다음에 대한 해답을 찾아보라.

윤리 규정 번호
원리
당신이 취해야 할 행동은 무엇인가?

연습 시나리오

1. 저는 ABA 프로그램의 슈퍼바이저로서 아주 많은 중재가 필요한 미취학 아동을 맡고 있습니다. 그의 가족은 다양한 접근 방법을 함께 병행하기를 원하고 있습니다(예를 들어, 플로어 타임, 글루텐 프리 다이어트 또는 다른 식이요법, 감각통합). 이런 치료들 때문에 ABA 치료 가능 시간은

10시간으로 줄어들었습니다. 저는 그 정도로는 충분하지 않다는 생각에 지금까지 계속 부모님을 설득했지만 아직까지 성과가 없습니다. 이아동을 우리 ABA 프로그램에서 제외시켜야 할까요, 아니면 부족한 양이라 하더라도 치료를 제공하는 것이 나을까요?

힌트 그 10시간 안에 당신이 할 수 있는 것이 무엇인지에 대해 생각해 보세요.

2. 추천 정보를 사용하는 것은 항상 비윤리적인가요? 만약 어떤 부모가 이런 정보를 고객이 될지도 모르는 사람에게 당신도 모르게, 그리고 미리 양해를 구하지 않고 공유한다면 어떻게 하시겠습니까?

힌트 제1 수정 헌법을 생각해 보세요.

3. 뭔가 비윤리적 행위를 하고 있다고 여겨지는 다른 행동분석가에게 맞서려고 하는데, 만약 그 행동분석가가 당신의 말에 동의하지 않거나 발생한 사건을 부인한다면 어떻게 하겠습니까?

힌트 다른 전문가에게 '맞서지' 마세요. 조항 7.02를 보고 조항 10.0의 끝에 있는 윤리준수심의위원회의 기술 내용을 살펴보세요.

4. Kevin은 부모와 교사들의 관심을 얻고자 할 때 머리를 계속해서 때립니다. 따라서 지금까지 작업치료사로부터 추천 받은 감각통합 훈련, 강하게 압박하기, 관절 압박하기, 트램펄린에서 뛰기와 같은 접근 방법을 시행했습니다. 그러나 Kevin의 머리 때리기는 지속되었습니다. 언어치료사는 수화의 사용을 권유했지만, Kevin은 수화 간의 차이를 변별하지 못합니다. 그래서 Kevin의 머리 때리기는 지속됩니다. 물리치료사는 헬멧 사용을 권유했는데, Kevin은 헬멧을 쓰고도 계속해서 머리를 때렸고, 이제는 손가락까지 물어뜯기 시작했습니다. 행동치료사는 지금까지 적용된 모든 중재 방법과 약물 요법을 검토해 본 후, 충격 요법을 권유했습니다. 이 시점에서 혐오적인 전략을 사용하는 것은 윤리적인가요? 약물이나 충격 요법을 고려하기 전, 다른 중재 방법을 어느 기간 동안 시행해 보아야 하나요?

힌트 관심이 강화 요인이라는 것을 어떻게 알게 되었죠? "자료를 보여 주세요!"라고 말하는 것을 잊지 마세요.

5. 행동치료사는 과학적이고 효과적으로 증명된 최고의 치료만을 예외 없이 사용해야 할 의무가 있습니까? 만약 우리가 치료 팀의 일원인데 (예를 들어, IEP 팀), 당신의 충고에도 불구하고 팀 일원이 연구 결과로 뒷받침되지 않은 접근 방법을 사용하기로 결정을 한다면 어떻게 해야 할까요?

   힌트 7.01과 7.02(c)를 참조하세요.

6. 어떤 한 자폐 아동과 그의 가족을 위해 일해 온 ABA 컨설턴트가 있었습니다. 아동이 3살 가까이 되자, 조기 중재 프로그램 교사와 학교 당국 간에 과정 전환 회의가 열렸습니다. 회의의 처음에는 양측이 서로 정보를 공유하면서 기분 좋게 시작되었습니다. 그런데 어느 순간 ABA 컨설턴트와 가족이 적대적인 태도를 취하더니 학교 당국에서 파견된 사람들을 갑자기 언어적으로 공격하기 시작했습니다. 결국 그 ABA 컨설턴트는 회의를 진행하는 동안, 아동에게 가장 이익이 되는 것이 무엇인지에 대해 별 관심이 없는 학교 당국을 적으로 간주해 버린 것이 분명했습니다. 이번 회의는 학교 당국이 ABA 치료를 처음으로 접한 자리였기 때문에 ABA에 대한 그들의 첫인상이 가히 긍정적이지는 않았을 것입니다. 이런 행동은 ABA에 대한 학교의 인식과 (향후 20년 간 함께 협력해야 할) 학교 당국에 대한 학부모의 인식에 악영향을 끼치게 되겠죠? 그리고 아동에게 유익한 최선의 선택을 하는 데 방해가 되는 것은 아닐까요? 이렇게 학교 당국과 일하는 절차가 전형적인 것이 아닌가요?

   힌트 만약 당신이 그 회의에 참석했고, 그런 일이 일어났다면 어떻게 했습니까?

7. 교육 분야 전문가로서 우리는 때때로 우리가 다루는 아동들에게 사생활을 보호 받을 권리가 있으며, 그들의 기록물에 대한 비밀이 유지되

어야 한다는 사실을 잊어버리는 경우가 있습니다. 어떤 방법으로 당신은 다른 전문가에게 가족의 동의 없이 아동의 기록에 대해 논의하는 것은 적절하지 못한 행동이라는 것을 예의를 갖추어 말할 수 있을까요?

힌트 17장을 참조하세요.

8. 만약 당신의 행동 중재와 아동에게 제시해 준 모든 것의 긍정적인 영향을 끊임없이 '방해하는' 사람이 고객의 가족 중에 있다면 당신은 어떻게 하겠습니까? 특히, 부모 중 한 쪽이 자료 수집을 거부하거나 당신에게 제대로 된 피드백을 주지도 않으면서, 당신이 요청한 것을 시도해 보려는 다른 배우자를 응원하거나 지지하지도 않는 경우라면 말입니다. 비협조적인 배우자 측은 자기 아이는 아무 문제가 없다고 생각하고 이 중재를 시간 낭비라고 생각하고 있습니다. 당신은 윤리적으로 어느 선까지 이 가족의 문제에 관여해서 싸울 듯이 달려드는 부모와 설전을 벌여 당신과 협조적인 배우자 측이 그의 아이를 위해 달성하려 하는 것을 지지하게끔 설득할 수 있을까요? 치료 종결도 가능한 고려 사항에 해당될 수 있나요?

힌트 18장을 참조하세요. 이와 같은 문제는 '행동분석가를 위한 전문적 서비스 선언'(첫 장 하단 내용)을 이용해서 방지할 수 있습니다. 또한 규정 4.07도 확인하세요.

9. 가정 기반의 현장(Home-based environments)에서 활동하다 보면 학교나 사무실에서는 일어나지 않는 많은 윤리적인, 그리고 치료사로서 지켜야 할 경계와 관련된 쟁점이 발생하는 경우가 있습니다. 가정에서 일을 하게 되면서 당신은 그 가족의 '사적인 공간'에 발을 들여놓게 됩니다. 게다가 당신이 누군가의 아이를 담당하게 되면, 그 부모는 자신의 아이의 안위를 믿고 맡긴 치료사와 강한 유대감을 형성하게 됩니다. 저는 몇몇 동료가 고객의 어머니들과 '우정'을 키워 나가는 것을 본 적이 있습니다. 이러한 관계는 처음에는 순수하게 시작됩니다. 보통은

마트까지 차를 태워 준다든지, 치료사와 부모가 쇼핑에 대해 이야기를 나눈다든지, 치료가 몇 회기 진행된 시점에서 둘이 점심식사 약속이나 백화점에서 하루를 같이 보내는 식으로 시작합니다. 이러한 계획은 수시로 아동과 같이하기도 하고, 아동 없이도 이루어지기도 합니다. 가정 기반 치료는 매우 까다로워서 적절한 슈퍼비전을 받지 않거나, 제대로 훈련 받은 치료사가 아니라면 부적절한 관계로 발전되어 아동의 치료에 위협이 될 가능성이 높습니다. 저의 질문은 가정 기반 상황에서 치료사와 부모 간의 경계에 대한 정의를 내려 달라는 요청입니다. 가정 환경에서 아동에게 서비스를 제공하는 데 있어서 이중 관계와 관련된 규칙에 대한 좀 덜 경직된 기준이 있는지 궁금합니다.

힌트 마지막 질문에 대한 대답은 "아니요."입니다. 1.06과 17장, 18장을 주의 깊게 읽어 보세요.

10. 저에게 행동 자문 요청이 들어오는 경우는 대부분 단체와 학교가 가족과 악전고투를 하는 경우이거나, 아동의 문제행동을 해결하기 위해 어떻게 해야 할지 잘 몰라 우왕좌왕하는 경우입니다. 단체나 학교는 제가 제공하는 서비스에 지불할 요금을 댈 뿐 아니라 제가 일할 학생과 연결해 줍니다. 그런데 때로 제가 맡은 사례를 검토하고 모은 자료를 분석하다 보면, 이전 중재가 신중하게 계획되지 않았다거나 주로 행동에 대해서 후속적으로 제고한 중재 성향을 띠고 있다는 확신이 들 때가 있습니다. 사실 그 중재가 상황을 더 악화시킨 것인지도 모릅니다. 몇 차례 가족이 제게 단도직입적으로 학생의 행동 원인과 이러한 이전의 중재에 대하여 의견을 묻기도 했습니다. 만약 제가 신념대로 이야기하면 저와 단체, 학교와의 관계가 소원해질 위험이 있을 뿐 아니라, 그의 가족에게는 자녀와 관계된 사람들에게 지금보다 신뢰감을 훼손할 빌미만을 제공하게 될지도 모른다는 걸 아는데, 제가 어떻게 대답을 해야 윤리적으로 타당할까요?

힌트 윤리 조항 1.04를 참고하고, 가장 적극적인 방법을 선택하세요.

11. 고객은 경중 지적장애로 진단 받은 19살 고등학생 여아입니다. 그녀는 성적 학대를 받은 경험이 있으며, '코카인 중독자의 자녀'로 태어났습니다. 지난 달에는 그녀가 스쿨버스를 타지 않고 걸어서 학교에 간 사건이 있었습니다. 그녀가 도중에 한 남자를 만나 앞마당에서 성관계를 가지곤 한 것이 문제였습니다. 당시 그녀와 성인 여성으로서 안전한 성관계에 대해 이야기를 나누곤 했습니다. 저의 슈퍼바이저는 그녀에게 피임약을 제공했고, 앞마당 대신 모텔에 갈 수 있게 돈을 주는 방법을 제안했습니다. 그룹 홈의 관리자는 그녀의 침실에서 성관계를 갖는 것을 허락해 줄 수 있다고 했습니다. 하지만 현재 그곳에는 다른 위탁 아동들(foster kids)도 있기 때문에, 그럴 경우에 또 다른 쟁점을 야기할 수도 있습니다. 저는 대체 행동으로 모텔을 이용하도록 하는 방법에는 동의하지 않습니다. 그녀가 낯선 이들과 성관계를 갖도록 장려해서는 안 된다고 생각하기 때문입니다. 그녀는 과거에 낯선 남자를 집에까지 들이기도 했습니다. 저는 지금 그녀에게 적절한 대체 행동을 찾아내는 데 어려움을 겪고 있습니다. 그녀는 뛰어난 의사소통 기술을 가지고 있으며, 학교 성적도 괜찮은 편입니다.

힌트 고객의 안전과 만약 그녀에게 나쁜 일이 생겼을 때 발생할 부정적인 영향에 대해 생각해 보세요.

12. 3살 된 자폐 아동이 속한 ABA 교육프로그램을 6개월 동안 슈퍼비전해 온 한 국제행동분석가(BCBA)가 있습니다. 아동의 부모는 최근 길고 쓰라린 이혼 절차를 겪었습니다. 그 국제행동분석가(BCBA)는 법정에 소환되어 자녀 양육권과 아이가 받고 있는 치료에 대해 진술해 왔습니다. 국제행동분석가(BCBA)는 가정 방문 기간 동안에 어머니만을 상대했기 때문에 가정 상황에 대해서도 오로지 어머니의 관점에서만 파악하고 있는 터였습니다. 부모 교육을 받고 있음에도 불구하고, 그 어머니는 실제로 아이를 다루는 데 있어서 썩 좋은 기술을 발휘하지는 못하고 있습니다. 그 아동의 아버지와 새 여자 친구는 아동의 양

육권을 원하고 있으며, ABA 프로그램이나 치료사의 가정 방문은 원하지 않는다고 밝혔습니다. 그 국제행동분석가(BCBA)는 아동에게 ABA 프로그램이 꼭 필요하다고 생각하고는 있지만, 아동의 아버지를 단 한 번 밖에 만나본 적이 없는 상태에서 양육권과 관련한 발언을 하거나 어느 한 쪽의 손을 들어 주는 데 부담을 느끼고 있습니다. 그 국제행동분석가(BCBA)는 법정에서 부모 중 누가 아동에게 더 좋은 가정을 제공할 수 있을지에 대한 그녀의 의견을 묻는 질문을 받게 될 것이라고 합니다.

힌트 1.04를 읽고 또 읽어 보세요. '부모 중 누구⋯⋯?'라는 질문을 받게 될 수는 있겠지만, 편견 없이 단지 아는 것만을 말하고, 주어지는 질문에 진실하게 대답하기만 한다면 문제 없을 거예요.

13. 저의 지역에는 자신이 유명한 행동분석가에게서 '훈련을 받았다.'고 이야기하고 다니는 한 국제행동분석가(BCBA)가 있습니다. 저는 누군가에 의해 '훈련을 받았다.'고 이야기하려면 일정 기간 동안 그의 학생이었다거나, 혹은 그와 함께 밀접하게 일을 한 경우가 이에 해당한다고 생각합니다. 이 여성은 학회에 청중으로 참석하고도 유명한 행동분석가에게 "훈련을 받았다."고 떠벌립니다. 그녀는 어떤 연구 프로젝트에 관해 그 분야의 지도자로부터 이메일을 통해 조언을 받은 적이 있었는데, 이젠 그 사람이 그녀의 '멘토'였다고 주장하고 있습니다. 저는 정말로 그녀의 이러한 행동에 신물이 납니다. 또한 그녀는 대상자 가족과 다른 전문가들에게 자신을 왜곡하여 소개하고 있다고 생각합니다. 제가 만약 언급된 명사들 몇몇에게 이메일을 보내서 그녀가 어떤 이야기들을 하고 다니는지 전하고, 그들이 그녀에게 해 준 '훈련'이 무엇인지 물어본다면, 이것은 비윤리적인가요? 만약 이런 접근 방법에 동의하지 않는다면, 어떻게 처리하는 것이 좋을지 알려 주세요.

힌트 1.04를 읽어 보고, 그녀에게 자수 한 장을 선물로 보내세요(물론 이것은 농담이지 선물이 아닙니다. 위장한다 해도).

14. 우리 지역에는 자폐 아동에게 서비스를 제공하는 데 대한 대가로 많은 돈—정말 엄청난 금액—을 학교 당국과 단체에 부과하는 BCBA가 있습니다. 그는 사람들에게 자신은 그냥 평범한 BCBA가 아니며, 전국에 몇 안 되는 국가적으로 공인된 '언어 행동을 위한 행동분석가'라고 말하고 다닙니다. 이런 상황에서 저는 어떻게 해야 할까요? 그에게 접근하기는 싫고, 차라리 다른 누군가를 상대하고 싶습니다.

   힌트 7.02와 8.02를 읽어 보세요. 행동분석가는 이 같은 상황에서 목소리를 높이는 용기를 가져야만 합니다.

15. 자녀를 홈스쿨링 시키는 어머니를 고객으로 둔 BCBA가 있습니다. 그 아동은 자폐 장애를 가진 6세 남아입니다. BCBA는 기능평가를 실시하였으며, 아동의 목표 행동에 대한 통제변인을 파악했습니다. BCBA의 의견에 따르면, 기초선 자료를 수집하는 데 가장 좋은 자료 수집 시스템은 아동의 어머니가 매일 일지를 작성해 주는 것이었습니다. 자료 수집 시스템은 어머니가 쉽게 이해하고 점수를 매기도록 설계되었습니다. 하지만 BCBA가 어머니에게 촉구와 강화를 제공하면서 최선의 시도를 다했음에도 불구하고, 아동의 어머니는 여전히 자료를 내지 않고 있습니다. 그 아동은 반드시 도움이 필요한 상황이지만, 자료 없이는 치료를 제공하기가 어렵습니다. 이런 경우 BCBA는 치료를 종결해야 하나요?

   힌트 서비스를 시작할 때 아동의 어머니와 함께 '행동분석가를 위한 전문적 서비스 선언(Declaration of Professional Practice)'(18장)을 살펴보았나요? 4.05부터 4.07까지도 읽어 보도록 하세요.

16. 청구한 치료비를 몇 달 동안이나 받지 못해 행동치료 서비스를 종결하고자 하는 경우, 어떤 윤리 조항을 적용할 수 있을까요? 제가 근무하는 지역에서는 이런 경우가 자주 발생하고 있습니다. 저의 경우, 지난 10월에 한 고객을 맡게 되었습니다. 하지만 그때부터 3월 현재까지 치료 비용이 입금된 적이 없습니다. 업무 지원 담당자에게 연락을 취해 보

았지만, 그녀는 간혹 지불 체계가 늦어서 그런 것뿐이라 말하더군요. 우리 지역의 모든 행동분석가는 우리에게는 서비스를 제공할 윤리적 의무가 있기 때문에 치료비가 지불되지 않는다고 해서 치료를 종결할 수 없다고 생각하고 있습니다. 행동분석가의 치료비 청구서는 어딘가, 누군가의 책상 위에 그냥 쌓여 가고 있다고 짐작할 뿐입니다. 우리의 고객들에게는 '치료 받을 권리'가 있습니다. 그렇다면 우리의 '지불 받을 권리'는요?

힌트 2.12.를 읽어 보세요. 그리고 '60일 내의 납부 기한…… 조건 조항'이라고 기술된 부분과 연관지어 생각해 보세요.

17. 저는 64개의 병상을 갖춘 대형 시설에서 소규모 주거 시설로 옮긴 30세의 성인 남성 고객을 맡고 있는 BCBA입니다. 이 고객은 담배를 손에서 넣기 위해 위험할 정도로 공격행동을 보입니다. 저는 그의 행동프로그램의 일환으로, 그에게 주어진 담배의 일일 할당량을 매일 균등하게 짧은 간격으로 나누어 일정하게 배분하는 흡연 일정을 마련했습니다. 그러나 시설 직원들은 시설 행정관에게 그 고객의 흡연 일정을 관리할 시간을 내기가 힘들다고 보고했습니다. 그러자 시설 행정관은 매일 아침 언제 흡연을 할 수 있는지를 기록한 간단한 일정표와 함께 그의 하루 치 담배를 한꺼번에 주라고 지시했습니다. 새로운 계획은 공격행동만 증가하게 만들었는데, 그 이유는 남성 고객이 일정표를 무시하고는 담배를 받자마자 모두 피워 버렸기 때문입니다. 결국 그 고객은 하루 종일 성질을 부리면서 담배를 더 달라고 떼를 쓰게 되었습니다. 저는 여기서 계속 일을 하고 싶습니다. 따라서 시설 행정관에게 저는 그의 밑에서 시설의 예산으로 일을 하는 사람이 아니니 제가 제시한 행동치료 프로그램을 시설 행정관이 행정의 형편에 맞게 수정하려고 관여하지 말 것을 얘기할 각오가 되어 있습니다. 시설 행정관이 취한 행동이 비윤리적일 뿐만 아니라 심각한 행동문제를 증가시키는 결과를 초래했다는 것을 깨우쳐 주려면 그에게 뭐라고 말해야 할까요?

힌트 요즘 대부분의 시설은 금연 구역입니다. 그러니 이 문제는 아마도 해결되었을 것 같네요.

18. 제가 BCBA 서비스를 제공하는 학교 중 한 곳에서, 교실에서 복합적인 행동문제를 보이는 10살 소녀에게 서비스를 제공해 달라는 요청이 들어 왔습니다. 그녀는 불순응적이고(교사의 요구 거부하기), 자주 과제와 자리를 이탈하며, 운동장에서는 다른 학생들에게 욕을 하고, 교실에서는 주어진 과제를 끝내지 못하곤 합니다. 부모는 아이를 데리고 임상심리학자를 만나고 있습니다. 그 임상심리학자는 교실에서 아이를 관찰한 적은 없지만, 선생님이 사용할 수 있도록 '점수표'를 만들어 주었습니다. 저는 서비스 제공에 대해 동의를 얻은 후에야 X 박사가 아이를 많은 시간 동안 봐 왔고, 부모는 그녀를 신뢰하고 있고, 그녀가 치료의 중심에 있기를 원하기 때문에 X 박사가 설계한 '점수표'에 크게 벗어나지 않는 범위에서만 행동 계획을 설계해야 한다는 사실을 알게 되었습니다. 더구나 그녀는 지역 내에서 잘 알려진 명사이기도 합니다. 하지만 사실 그 '점수표'는 행동 중재에 그다지 효과적이지 않았기 때문에 아동의 행동은 점점 더 나빠지고 있습니다. 저는 새롭게 임무를 맡은 BCBA인지라 만능인 것처럼 처신하는 것이 싫습니다. 하지만 저만의 소신 있는 행동중재 계획을 세우고 시행할 수 있어야 한다고 생각합니다. 이에 대해 어떠한 충고를 해 주시겠어요?

힌트 당신이 처한 이러한 상황을 두고 우리는 보통 '승산 없는 게임'이라고 합니다. 당신이 수행할 수 있는 모든 선택 사항을 고려해 보세요.

19. 추측컨대, 윤리에 대해 질문하는 사람들은 대부분 BCBA이거나 BCaBA입니다. 하지만 고객을 위한 행동치료 서비스를 승인하는 임무를 맡고 있는 저의 상황은 그들과는 다소 차이가 있습니다. 저는 간혹 상당한 분량의 행동치료 서비스 승인 요청을 받을 때가 있습니다. 이런 경우, 상담사는 실제로 서비스가 그만큼 제공되지 않더라도 일정한

시수만큼의 선 결재를 요구하는 '사전 서비스 승인'을 요청받기도 합니다. 이것은 업계의 일반적인 관행입니다. 가장 최근의 사례에서 저는 한 고객에 대해서 익숙했습니다. 그 고객은 행동문제를 일으킨 전력이 있는 성인 남성이었습니다. 그런데 그 고객을 돌보았던 다른 전문가에 따르면, 행동문제가 이제는 잡혔다고 합니다. 그래서 저는 상담 시간의 승인을 요청한 행동분석가에게 이에 대한 추가 정보를 제공해 달라고 요청했습니다. 제가 가진 자료라고는 문제행동이 발생할 때 취할 지침에 대한 제안 사항을 적은 한 쪽짜리의 문서가 다였으니까요. 거기에는 어떤 자료도 포함되지 않았습니다. 그 행동분석가는 고객이 시설에서 상당 기간을 보낸 후 지역사회로 옮겨 왔기 때문에 이동 상황과 연관된 문제가 발생할 수 있기에 지속적인 행동치료 서비스가 시행되어야 한다는 노트를 소위 기존의 '지침'에 추가한 것입니다.

힌트 2.13을 읽어 보세요.

20. 제가 행동 서비스를 제공하고 있는 곳에서 미국 공공 의료보험 실행 단체가 고객에게 제공하지 않은 서비스에 대한 청구서를 발행하는 일이 발생하였습니다. 이번이 처음이 아니다 보니 단순한 실수라고 하기도 어려울 것 같다는 말과 함께 유감의 표시를 전했습니다. 단체는 가족에게 절실하게 필요했던 다른 서비스를 대신 제공했는데, 가족은 이것을 신고하지 않았기에 윤리적인 갈등이 생긴 것입니다. 가족의 입장에서는 지금까지 가장 훌륭했던 개별 간병인을 놓치고 싶지 않았기 때문이었습니다. 이 사실을 보고하지 않는다면 제가 곤란해질까요? 가족과 아동에게는 실제로 개별 간병인 서비스가 꼭 필요합니다. 사실 저는 이것을 누구에게 어떻게 보고해야 할지도 모르겠습니다.

힌트 2.12를 읽어 보세요. 특히, (d)항을 집중해서 읽어 보세요.

21. 때때로 우리는 뛰어들었다가 이내 실패로 끝날 것을 불 보듯 뻔할 때가 있습니다. 물론 그러고 싶지는 않지만, 옳은 일을 하고 싶을 때가 있습니다. 저는 완전 무발화인 중증 자폐 아동을 맡아 달라는 요청을

받게 되었습니다. 아동은 전혀 치료 경험이 없는 6세 여아로, 대소변을 가리지 못하고 성질을 부리곤 합니다. 음식이 마음에 들지 않으면 집어던지고, 취침 시간에 부모님이 잠자리에 눕히려 하면 소리를 지르고 울며 떼를 씁니다. 보험회사에서는 주당 2시간의 행동치료 서비스만 지원하겠다고 합니다. 하지만 내 생각에는 그 정도로는 어떤 변화도 기대하기 힘들 것 같습니다. 그 부모는 문자 그대로 어떤 서비스라도 좋으니 받을 수만 있게 해 달라고 매달려 애원하는 지경에 처해 있습니다. 최근 이 아동의 사례를 맡게 된 서비스 코디네이터는 부모님의 의견에 동의하며, "아무것도 하지 않는 것보다는 뭐라도 하는 게 낫죠."라고 말을 했다고 합니다.

힌트 앞과 같은 격언은 맞는 경우보다 틀리는 경우가 더 많습니다. 4장을 읽고 보험회사와의 협상에서 영향력을 행사할 수 있는 법적인 지원에 대해 생각해 보세요.

22. 제가 사는 곳에서는 자폐 영역을 다루는 적지 않은 수의 BCBA가 효과적이지도 않고 연구에 기반을 두지도 않은 중재 방법을 부추기고 있습니다. 비 카제인 다이어트, 필수 지방산 요법, 촉진된 의사소통(facillitated communication: FC), 청각통합 훈련, 감각통합 치료, 세크레틴 요법, 메가비타민 A, B6, C 요법, 킬레이트화 요법과 같은 것입니다. 그리고 이렇게 이야기합니다. "저는 부모들이 행동치료도 계속 받으면서 그런 치료를 해 보겠다고 하는데, 괜히 부모님들과 언쟁을 벌이고 싶지 않아요. 그로 인해 딱히 피해를 보는 것도 없고, 내 프로그램도 계속 유지된다면 그게 윤리적으로 쟁점이 된다고 생각하지 않습니다."

힌트 4.01을 참조하세요.

23. 우리 지역 내의 행동치료사들은 분기별로 비공식적이고 사교적인 식사 시간을 가진 후에 계속교육 발표를 위한 모임을 갖고 있습니다. 우리 그룹의 구성원 중 한 명은 큰 자문 회사의 사주입니다. 최근 식사 자리에서 그는 토요일 아침에 고객의 부모 중 몇 명이 사무실로 와서

그의 새로운 웹페이지에 사용할 사진을 찍었다고 말했습니다. "우리가 그들의 자녀를 위해 해 준 일이 얼마나 훌륭했는지 각 부모가 진술한 내용도 실을 거야."라고 말을 하더군요. 같은 테이블에 있던 사람 중 누군가가 그에게 행동치료사는 추천 내용을 청탁해서는 안 되는 것이 아니냐고 했습니다. 그러자 그는 의사, 치과 의사, 그리고 다른 전문직종의 사람도 모두 하는 일인데, 추천 여부를 부모가 참여하지 않을 것을 선택할 수 있게만 한다면 문제가 될 것은 없지 않느냐고 대답했습니다. 그의 생각이 틀린 것인가요? 어떤 상황에서 어느 범위의 추천이 허용 가능한가요? 그는 그가 한 행동이 윤리 규정의 추천에 대해 다른 부분에서 언급한 내용과는 다르다고 이야기합니다.

힌트 그 분에게 8.06에 중점을 두고 13장을 읽어 보도록 해 주세요.

24. 제가 새로운 BCBA로 근무하기 시작한 학교 중 한 학교에 있는 어떤 아동은 여러 가지 행동 쟁점을 가지고 있습니다. 저는 그의 행동통제를 위해서는 약물치료가 필요할지도 모른다고 생각하고 있습니다. 그래서 그 아동을 평가하기 위해 불러 왔습니다. 저는 교장에게 우선 아동이 기능분석을 시작하면서 약물치료를 받도록 하는 것이 좋을 것 같다고 말했습니다. 그런데 교장은 "우리는 그냥 그 아이를 여기서 내보낼 수 있으면 좋겠습니다. 당신은 그냥 이 아동은 우리 학교 환경에서는 관리할 수가 없으므로 특수교육 프로그램으로 옮길 필요가 있다고 보고서만 써 주면 됩니다."라고 말하더군요. 저는 교장이 이미 결론을 내린 상태에서, 만약 제가 그녀의 접근 방법에 대한 저의 진짜 생각을 말하게 되면 이 학교에서 더 이상 일하지 못하게 될까 봐 두렵습니다.

힌트 당신은 '진퇴양난'의 상황에 처해 있습니다. 4장을 읽어 보세요.

25. 우리 지역에는 위탁 가정에서 살고 있는 심각한 발달장애를 갖고 있는 12살 남아가 있습니다. 그 아동은 보행이 가능하므로 밤에는 집 안을 배회하고 다닙니다. 그 아동은 부엌으로 가서 간식을 만들기 위해

칼을 꺼내 들려고 시도하기도 했고, 몇 번은 밤중에 밖으로 나가 도로를 따라 걷기도 했습니다. 어느 날에는 새벽 3시에 이웃이 위탁모에게 전화를 걸어 아이가 속옷 차림으로 길거리를 걸어 다닌다고 알려 주기도 했습니다. 개 짖는 소리에 이웃이 잠에 깨어 밖을 내다보고 발견했다고 합니다. 그래서 지금은 그의 안전을 위해 '치료'의 일환으로 '철창' 안에서 잠을 자도록 하고 있습니다. 이는 흡사 과거에 시설에서 사용하던 아기 요람과 같은 것으로, 위에는 자물쇠 장치가 되어 있어 빠져나올 수 없게 되어 있습니다. 이 중재 방법에 BCBA가 관여했습니다. 고객의 안전을 확보하기 위해서라면 이런 방법을 사용해도 괜찮은가요?

힌트 4.0을 참조하십시오. ABA 치료의 제한적인 상황을 고려해 보십시오.

26. 새로운 윤리 규정은 고객으로부터 선물을 받거나 친분을 쌓는 것을 금지하고 있으며, 저 역시 그들에게 선물을 제공해서는 안 된다고(예를 들어, 식사) 알고 있습니다. 저도 이 점을 거시적인 관점에서는 이해하고 있지만, 이러한 행위는 심각한 상황을 야기할 수도 있기 때문입니다. 때로는 이 정도는 괜찮을 것 같다고 여겨지는 선이 있습니다. 윤리 규정은 여전히 '지침'일 뿐 규칙이 아니라는 게 사실인가요? 제가 맡은 사례 중에는 취학 전 아동의 가정 방문 치료 사례가 있었습니다. 그 가정은 형편이 어려운데다 어머니도 휠체어 신세를 지고 있었습니다. 간혹, 저녁 식사 시간 즈음에 그 가정을 방문하는 경우가 있는데, 그럴 때에는 제가 햄버거, 피자, 샌드위치 같은 것을 사가지고 갑니다. 어머님이 저녁 준비를 하실 필요가 없도록 말이죠. 저는 이런 저의 행동이 저와 그 어머니 간의 유대를 형성하는 데 도움이 된다고 생각합니다. 게다가 저녁 준비를 할 필요가 없어지면, 그녀는 아이와 저와 함께 치료 회기에 참여하는 시간이 그만큼 늘어나게 됩니다. 어떤 사람은 저에게 그렇게 해서는 안 되는 거라고 말리더군요. 하지만 저는 결과를 보

고 판단해야 한다고 생각합니다. 음식이나 선물이 비싸지 않고 서로에게 부담이 되는 것이 아니라면 허용될 수 있다고 생각합니다. 만약 그 어머니가 저에게 "다음엔 스테이크로 부탁드려요."라는 식으로 말하기 시작한다면, 제가 선을 넘었다는 것을 알게 되겠죠.

힌트 윤리 규정은 이 점에 있어서 엄격한 태도를 취하고 있으며, 이는 더 이상 '지침'이 아닙니다. 1.06을 참조하세요.

27. 저는 메디케이드(미국의 공공의료보험제도)의 수혜자인 고객의 상담 업무를 맡고 있는 행동분석가입니다. 최근, 서비스 승인 절차에 오류가 생기는 바람에 내가 앞으로 제공하게 될 서비스 시간을 서면으로 승인 받지 못하게 되었습니다. 서면으로 승인을 받지 못하더라도 행동치료 서비스를 계속해서 제공하고 고객을 관리해야 하나요? 상식적으로는 그렇게 하는 게 당연한 것 같지만, 법적으로 치료 시간을 미리 승인 받지 않을 경우 단체에서 나에게 비용을 지불하지 않아도 되는 것으로 알고 있거든요.

힌트 1.05(a)를 읽어 보세요.

28. 고객의 치료비를 지불하는 제삼자가 행동분석가가 제공한 행동치료 프로그램을 검토할 목적으로 다른 행동치료사를 고용하기 시작했습니다. 물론 행동치료 계획을 검토하는 데 심리학자나 회계 직원을 고용하는 것보다 낫기는 하지만, 다른 사람이 만든 행동치료 계획을 검토하기 위해 고용된 행동분석가는 고객을 직접 관찰하거나 자료를 검토하는 등의 과정 없이 제시된 서비스에 대해 결정을 내리게 될 것입니다. 이러한 행위는 비윤리적이지 않나요?

힌트 2.09(b)와 3.01(a)를 참조하세요.

29. 저는 가정과 학교에서 모두 발달적으로 장애를 보이는 고객을 맡고 있습니다. 우리 지역에는 고객을 직접 보지도 않고 벌 절차를 실시할 것을 자주 권유하는 행동상담사가 있습니다. 이 상담사는 기본적으로 BCaBA인 학교 직원으로부터 그 고객에게 행동문제가 있다는 사실만

전해 듣고 있을 뿐, 그 아동을 직접 관찰하거나 다루어 본 적은 없습니다. 이것이 비윤리적이라는 것을 잘 알고 있지만 제가 그의 슈퍼바이저도 아니고, 같은 자문 회사에서 근무를 하는 것도 아닙니다. 게다가 저는 겨우 BCaBA일 뿐입니다. 이 문제에 대해 제가 뭔가 조치를 취해야 할까요?

힌트 3.01과 4.08을 다시 확인하세요. 누군가를 BACB에 보고하기 위해서는 반드시 직접 습득한 정보에 바탕을 두어야 합니다. 만약 다른 사람들이 그런 행동을 보았다고 이야기한다면, 그 사람들이 직접 보고하도록 격려하십시오.

30. 한 BCBA가 다른 분야의 전문가와 함께 사업을 하고 있는데, 그가 주 연구자로 진행하고 있는 한 연구가 심각한 방법론적인 결함이 있다는 사실이 드러나 다른 연구자들은 그들의 연구 결과를 철회한 상태입니다. 게다가 주 연구자가 연구를 발표한 후 과학적 오류 조사가 진행되었고, 그로 인해 숨겨졌던 심각한 이해 상충이 발생했다는 사실이 발견되었습니다. 그럼에도 불구하고, 그 BCBA는 계속해서 동업자의 자폐증의 원인과 관련된 입증되지 않은 이론과 과학적으로 증명되지 않은 치료 방법을 홍보하고 있습니다.

힌트 1.0과 6.01(a)를 읽어 보세요.

31. 저는 주 정부의 지원을 받는 프로그램에 속해 있는 BCBA입니다. 저의 고민은 동료인 BCaBA와 장애인 보조인력으로 일하고 있는 고객과의 관계입니다. 둘은 연인 사이는 아니지만 절친한 친구 사이로 발전했습니다. BCaBA는 매주 고객의 집에서 만나고 있습니다. 저의 동료인 이 사람은 본인이 이 프로그램을 그만 둔 이후에도 그 고객과 지금처럼 개인적인 친분을 유지하는 것이 적절한지 여부를 제게 물어보더군요. 저는 그 동료에게 업무 계약이 종료되는 시점에서부터 예전 고객과의 친분 관계는 정리하고 이전 고객을 친구로 대하지 않는 것이 좋겠다고 말했습니다. 저는 해당 고객이 제 동료와의 관계로 인해 어떠한 부담

감을 느끼지 않도록 하고 싶었던 것입니다. 이 관계가 제대로 정리되었는지 추적 조사를 해야 하는 걸까요, 아니면 이 둘 사이에 더 이상 공적인 관계가 없는 한 친구 관계를 유지하는 것은 괜찮은 것이 아닌지요?

힌트 1.05(f)와 1.06, 1.07을 참조하십시오.

32. 저희 센터에는 주의력결핍장애로 진단 받은 8세의 고객이 있습니다. 그녀의 부모에 따르면, 이 어린 소녀는 '거짓말' 전력이 있다고 합니다. 하지만 우리 치료센터에서는 이러한 행동을 한 번도 관찰한 바가 없습니다. 어제, 이 아동이 저희 직원 두 명에게 말하기를 예전에 자신이 아빠 앞에서 난장판을 벌인 적이 있었다고 했습니다. 그런데 그때 아빠가 자신을 너무 세게 누르는 바람에 기절까지 했는데, 그날 저녁도 먹지 못한 채 자게 만들었다고 했습니다. 아동은 과거에도 멍 자국을 발견했던 적이 없었음에도, 아빠가 여러 번 자신의 팔목을 '아주 세게' 꽉 쥔 적이 있다고 진술했습니다. 지금까지 이 모든 진술 내용을 아동의 임상 파일에 문서로 기록해 두었습니다. 이 사건을 플로리다 학대 신고 센터에 신고하는 것이 좋을까요, 아니면 부모님께 먼저 알린 후 그분의 편에서 이야기를 들어 보는 것이 좋을까요? 혹시라도 저는 이 사례를 아이가 모두 꾸며 낸 이야기인데 섣불리 신고함으로써 센터에 불편을 끼치는 일은 하고 싶지 않습니다.

힌트 My FLFamilies.com에서 학대 신고의 정의를 살펴보세요.

33. 제가 학부생이었을 때, 저는 자폐 아동이 있는 교실에서 실습할 기회가 주어졌습니다. 기본적으로 저는 선생님을 보조하는 자원봉사자였지만 행동 프로그램에는 일체 관여할 수 없었습니다. 또한 치료 팀 회의의 참관만 허락되었습니다. 그때의 모든 경험은 제가 응용행동분석 석사 과정을 밟도록 자극이 되었습니다. 당시 심각한 과잉행동(hyperactive)을 보이는 한 아동이 있었는데, 그 아동은 정해진 목표 수행에 어려움을 겪고 있었습니다. 치료 팀 회의가 열리자 회의에 참석

한 다른 분야의 한 치료사가 아동에게 중량 조끼(weighted vest)를 입히는 방법을 제안했습니다. 그녀의 말은 아동이 조끼를 입으면 '집중력, 과제 습득 능력 향상에 도움이 되며, 행동문제가 줄어들어 결국 학습 속도도 더 빨라질 것'이라는 것입니다. 그녀는 말솜씨도 유창했고, 흥미를 유발하는 사람이라 모두가 그녀의 말에 호감을 가지게 되었습니다. 그날 그녀는 에스키모 인에게 눈덩이를 팔 수 있을 정도의 화려한 언변으로 자신의 생각을 저희 치료 팀원들 전체에게 팔았던 셈입니다. 저는 이러한 접근 방법에 대해 절대로 동의할 수 없었습니다. 그래서 나중에 담당 슈퍼바이저에게 제 생각을 이야기했지만, 그는 저에게 "입 다물고 가만히 있는 게 좋을 거야."라고 말하더군요. 결국 저는 이 회의에서 아무 말도 하지 않았고, 얼마 후 '치료 방법'으로 중량 조끼 입히기가 시행되었습니다. 그 이후로 저는 그 아동을 위한 효과적인 치료를 위해 용기를 내지 못한 것에 대해 죄책감을 느꼈습니다. 슈퍼바이저에게서 경고를 받기는 했지만, 그래도 제가 취할 수 있는 다른 방법은 없는 걸까요?

힌트 슈퍼바이저의 책임에 관한 5.0을 참조하세요. 그리고 이 규정은 BACB에서 자격증을 받은 사람들에게만 적용됨을 상기하세요.

34. 저의 새로운 업무 중 하나는 고객의 발달평가 기록을 작성하는 것입니다. 저는 이 발달평가 기록과 저의 자료를 바탕으로 고객이 현재 어느 수준에 도달해 있는지 지속적으로 파악하고 있습니다. 저의 슈퍼바이저도 제가 효과적이고 효율적으로 치료를 제공하고 있는지를 판단하는 데 이 발달평가 기록을 이용합니다. 고객이 목표를 달성하면, 본 기록에 작성해 넣습니다. 최근 들어 저는 이러한 발달평가 기록이 고객이 받는 지원금을 지속할 필요성에 대한 근거 서류를 만드는 데에도 사용되고 있다는 것을 알게 되었습니다. 저는 누군가에게 도움이 되고 있다는 생각에 흥분되었지만, 행정 팀은 제가 문서에 '목표 달성' 혹은 '사례 종결'이라고 표기하는 바람에 그 고객의 지원금이 줄어들게 될

것이라며 분통을 터트렸습니다. 최근 슈퍼바이저와의 대화도 좀 불편했습니다. 슈퍼바이저는 저에게 고객이 목표를 달성했다는 표현보다 좀 더 우회적인 표현을 사용할 것을 권유했습니다. 성취해야 할 다른 목표가 더 있기 때문에 추가적인 치료가 진행되어야 한다는 식으로 표현해야 한다고 말입니다. 다음 날, 저는 생각 끝에 제가 제대로 이해한 것이 맞는지 확인하고자(좀 더 우회적인 표현을 사용할 것에 대한 사실) 다시 슈퍼바이저를 찾아갔습니다만, 대답은 "여전히 같았습니다". 이후 지금까지 몇 달간 그 지침을 따라오고 있지만, 저는 여전히 그것이 옳지 않다는 느낌을 떨칠 수 없습니다. 만약 고객이 목표를 달성했다면, 그것은 축하해야 할 일이며, 동시에 도움이 필요한 새 고객을 맡게 될 기회가 되어야 한다고 생각합니다. 제가 무엇인가를 놓치고 있는 걸까요? 제가 고객의 치료를 종결하면 지원을 덜 받게 되어서 저희 시설에 피해를 주는 걸까요?

힌트 4.11을 참조하세요. 그리고 고객을 받아들이는(2.01) 것이 그룹의 결정인 것처럼, 서비스의 종결도 같은 방식으로 이루어져야 함을 기억하세요.

35. 저는 아동의 가정에서 행동치료 서비스를 제공하는 행동분석가들의 한 팀을 감독하는 슈퍼바이저입니다. 저는 조금 특이한 윤리적 문제에 당면하게 되었습니다. 최근 자격을 취득한 BCBA들 중 제가 감독하는 한 명이 얼마 전 우범지역에 살고 있는 취학 전 아동의 가정에 배정되었습니다. 두 번째 방문 후 그 BCBA가 제 사무실에 찾아와 그 집에서 마약이 사용되고 있는 것 같다는 이야기를 하였습니다. 아동의 어머니는 미혼으로, 보고에 의하면 그녀의 남자 친구와 그의 친구들이 자주 집에 온다고 합니다. 그 BCBA는 그 사람들이 마약을 하거나 거래하는 행위를 포함하여 마약 활동의 증거들을 직접 목격했다고 말하면서 그 집에 가는 것이 불편하다고 했습니다. 저는 어떻게 해야 할지 잘 모르겠습니다. BACB 지침서를 매우 신중하게 읽어 보았습니다. 제가 생

각하는 상식과 윤리 규정의 내용이 상충하고 있습니다. 예를 들어, 윤리 규정에는 고객은 효과적인 치료를 받을 권리가 있으며, 행동분석가는 고객에게 아무런 도움도 제공하지 않은 채 서비스를 종료해서는 안 된다고 명시되어 있습니다. 제가 어떻게 하면 좋을지 의견을 묻고 싶습니다.

힌트 윤리 규정에 없는 내용이지만 '해 끼치지 않기(Do not harm)'는 모든 서비스 종사자들이 지킬 표어입니다. 이것은 고전적인 9.01의 쟁점으로 보입니다.

36. 저는 BCBA 행동분석가로서 지역동료평가심의위원회(Local Peer Review Committee: LRC)의 회원입니다. LRC에서는 우리 지역의 고객들을 위해 구안된 행동 계획을 검토하는 일을 합니다. 저는 위원회의 모든 사람과 원만히 지내고 있습니다. 하지만 저에게 문제가 하나 있습니다. 위원회 의장은 행동분석학회 지역 책임자이기도 합니다. 제가 그의 프로그램을 검토하고, 의견을 제시하고, 리뷰를 작성해서 위원회가 정해 준 날짜까지 보고해야 한다는 것입니다. 그런데 가중된 업무 때문인지 뭔지 그 이유는 모르겠지만, 그녀의 행동 프로그램 내용은 무척이나 부실하였고, 심지어 그녀가 제시한 프로토콜은 행동분석적이지도 않았습니다. 저는 그녀가 조직적인 사람이므로 관리자의 업무에만 집중해야 한다고 생각합니다. 그런데 저는 지금 무척 곤혹스런 상황에 처해 있습니다. 왜냐하면 그녀가 바로 저에게 사례 아동을 배정해 주는, 근본적으로 저의 수입의 키를 쥐고 있는 사람이기 때문입니다. 로스쿨에 재학 중인 제 남자 친구는 그 행동 프로그램의 질적인 면에 대한 솔직한 의견을 피력하는 편지를 그녀에게 보내라고 합니다. 그러나 지금까지 위원회의 다른 사람들도 그녀에게 프로그램이 질적인 면에서 좀 개선되어야 한다고 넌지시 이야기해 왔지만, 그녀는 이러한 제안들을 무시해 버리고 있습니다. 사람들은 의장이라면 저희 중 가장 최고의 프로그램을 만들어 내는 사람이라고 생각하겠지만, 그녀

는 1980년대 초반에 훈련을 받았기에 최근 학계의 동향을 잘 모르고 있습니다. 윤리적이면서도 현실적인 절충안이 어디 없을까요?

힌트 규정 7.0을 참조하여 마음에 와 닿는 것이 있는지 살펴보십시오. 때로는 혼자 해결하려 하는 것보다 여럿이 함께 머리를 맞대는 것이 더 효과적입니다.

37. 저는 응용행동분석을 공부하고 있는 학생입니다. 아직 공인 자격증 하나 취득하지 못했지만 BCBA가 되는 것을 목표로 하고 있습니다. 몇몇 학회에도 참석하였고, 전문가 수준은 아니지만 윤리 규정에 대해서도 알고 있습니다. 임상 경험을 쌓기 위해 발달장애 아동이 있는 사설 통합보육 센터에서 근무하고 있습니다. 그 센터에는 심각한 과잉행동을 보이는 한 남자 아이가 있습니다. 이 아동은 언어를 구사하지 못하기에 다른 사람은 그의 뜻을 이해할 수 없습니다. 그 아동은 상황이 원하는 대로 이루어지지 않으면, 침을 뱉거나, 물거나, 발로 차기도 합니다. 때로는 직원들이 잘 대해 줄 때조차 그냥 '폭발해 버리는' 경우도 종종 있습니다. 현재 진행 중인 아동의 중재 프로그램에서 적절한 행동을 할 때 보상으로 과자를 주거나, 별 모양 스티커를 차트에 붙이거나, 타임아웃을 하는 방식을 사용하고 있습니다. 저의 고민은 이 부분입니다. 한 보조교사가 그 아동이 침을 뱉거나 자신을 물려고 할 때, 아동을 때리는 것을 본 적이 있습니다. 벌을 받고 난 아동은 다시 적절하게 행동을 하였고요. 저는 행동분석가라면 아동을 때려서는 안 된다는 것을 알고 있습니다. 그렇지만 이곳은 사설 기관이고, 부모들은 "필요하다면 매를 들어도 좋아요."라는 분위기입니다. 저는 그 보조교사를 신고하지는 않았습니다. 예전에 그 아이가 저에게 침을 뱉었을 때 제가 아동의 귀를 잡고 타임아웃 장소로 데려간 적이 있습니다. 그런데 그 보조교사는 그 장면을 보고도 미소만 지을 뿐 저를 신고하지 않았기 때문이죠. 저는 이제 이 모든 상황에 대해 조금씩 불안해지기 시작했습니다.

> **힌트** 이 경우에는 규정 9.01이 적용됩니다.

38. 저는 BCaBA로, 현재 심리학 전공으로 대학원에 다니고 있으며, 발달장애인을 위한 시설에서 시간제로 일하고 있습니다. 저와 동기들 중 몇몇은 같은 자문 회사를 다니게 되는 바람에 운 좋게도 같은 학교와 시설에서 함께 근무할 수 있게 되었습니다. 같이 일하는 친구 중에서는 학교 선배도 한 명 있습니다. 그 선배는 벌써 몇 달째 진행 중인 연구 과제에 대한 이야기만 하고 있습니다. 교수님도 연구가 제대로 진행되었고, 자료가 제대로 수집되면 손쉽게 출판할 수 있을 만한 종류의 연구물이라고 하셨습니다. 선배의 부탁으로 저와 제 친구들은 선배의 관찰자가 되어 주기로 했습니다. 연구가 끝나고 다들 함께 피자와 맥주를 마시는 자리에서 선배는 교수님이 자신의 논문 발행을 도와주기로 했다며 자랑스럽게 이야기했습니다. 선배는 교수님이 자신의 연구에 참여한 대상자 전원이 극적인 향상을 보인 것에 대해 감명 받았다고 했습니다. "그럼 3번 참여자는요?" 하고 제가 물었습니다. 우리 모두는 3번 참여자가 연구 진행 과정에서 점점 더 안 좋아졌다는 것을 알고 있었으니까요. 그리고 이러한 참여자가 또 한 명 더 있었고요. 선배는 절박한 표정을 지으며 성과 없는 두 명에 대한 자료를 연구 결과에 포함시키지 않았다고 솔직히 고백했습니다. 선배는 이렇게 이야기했습니다. "아마 다른 연구 결과들도 이렇게 했을 거야. 이번에는 꼭 연구논문을 발표하고 싶어. 그러니까 너희들이 좀 도와줘. 나 졸업해야 돼."

> **힌트** 9.02를 참조하세요.

39. 저는 현재 초등학교 특수교육 대상 아동을 위한 3학년 교실에서 수업을 받고 있는 8살 남학생 Jason의 사례를 맡고 있는 행동분석가입니다. 가족이 다른 주에서 이곳으로 이사를 오게 되면서 Jason은 올해부터 이 학교에 다니게 되었습니다. 1, 2학년 생활기록부에는 '과잉행동적'이라고 기록되어 있지만, 공식적으로 ADHD 진단을 받은 적은 없습

니다. 지난 6개월 간 교사들은 Jason이 자주 피곤해 하고 짜증을 부리는 것 같다고 계속 언급해 왔습니다. 체중이 조금 줄기는 했어도, 점심시간이 되면 아이들을 밀쳐 가며 줄의 맨 앞에 서려고 할 만큼 Jason은 식탐을 갖고 있었습니다. 학교에서는 매년 초에 건강검진 결과를 수합해 왔습니다. 따라서 학교 측에서는 Jason 어머니에게 제이슨의 검진 결과를 열람하거나 담당 의사와 이야기를 해도 되는지 여쭈어 보았지만 허락 받지 못했습니다. 어머니는 Jason에게 그저 행동에 약간의 문제가 있는 것뿐이므로 아이의 의료 기록을 제공할 수 없으며, 신체 검사 또한 불필요하다고 합니다. Jason의 과잉행동은 어떤 질병과 관련이 있을 것 같다는 강한 예감이 드는데도 그냥 이대로 진행하는 것이 윤리적일까요? "의료기록 없이는 다른 어떤 치료도 받으실 수 없으세요."라고 말씀 드려 보면 어떨까요? 아니면 제 판단으로는 Jason이 '행동적인' 문제를 보이고 있는 건 아니므로 이 사례 자체를 종결해야 하는 걸까요?

힌트 이것은 당신의 위치에서 결정할 사항이 아닙니다. 상급자에게 보고하세요.

40. 저는 성인 발달장애인 시설에서 시간제로 근무하고 있는 대학원생입니다. 이곳의 고객들은 심각한 행동문제를 보이는 경우, BCBA의 행동 프로그램 서비스를 제공 받게 됩니다. 하지만 행동치료 서비스를 받지 않는 고객들의 경우, 시설의 직원들이 자신의 행동 중재 방식으로 보충합니다. 직원들은 마치 자신들이 부모인 양, 고객들을 그들의 아이처럼 대합니다. 예를 들어, "(어떠한 부적절한 행동)을 했으니까, (예정되어 있는 특별 행사)에 못 간다."라고 말합니다. 많은 경우, 부적절한 행동의 정도에 비해 벌의 강도가 너무 가혹한 편이기도 합니다. 제가 불만 신고를 한다면 직원들로부터 왕따를 당할 가능성이 큽니다. 혹은 그로 인해 저는 직원들로부터 증오대상이 되어 함께 일할 수 없는 더 심각한 상황에 이를 수도 있겠죠. 다른 직원들은 이곳에서 20년 이상

일하신 분들이라 이미 저에 대해 위화감을 느껴 왔고, '변방 사람'으로 여겨 왔던 터입니다. 한번은 제가 직원들과는 조금 다른 방법을 시도했더니 한 직원이 다른 사람에게 저에 대해 이렇게 이야기했다고 합니다. "저 여자 애는 애를 키워 본 적이 없었나 봐. 5일 내내 저렇게 고객들을 다 관리하지 않아도 될 텐데 말이지. 졸업하기만 하면 아마 바로 떠날 거야."

힌트 7.02의 요구 조건을 참조하세요.

41. 행동치료 훈련을 받은 순회특수교사(special Education Itinerant Teacher: SEIT)[1]의 경험담입니다. 어느 날 저의 치료 시간이 끝날 즈음, 고객의 아버지가 은행에 가야 할 일이 생겼습니다. 아버지는 자신이 은행에 다녀올 동안, 제가 아이와 같이 집에 있어 주기를 바라더군요. 저는 "이런 경우는 금지되어 있어서 그렇게 할 수가 없어요."라고 이야기했지만, 그는 사정하면서 "저를 믿어 주세요. 진짜로 금방 돌아올게요."라면서 출발하려고 하는 거예요. 그래서 저는 다시 "이건 법률에 저촉되는 행위이기 때문에 그렇게 할 수 없어요, 아버님. 꼭 가셔야 한다면 오늘은 이만 회기를 끝내는 게 좋겠어요."라고 말했습니다. 아버지가 좋다고 해서, 저는 제 소지품을 챙기고 빠져나왔습니다. 다음날 저는 아버지와 지난 날의 상황에 대해 이야기를 나누었고, 그는 저에게 불편한 상황을 야기해서 미안하다고 사과하셨습니다.

힌트 잘 대처하셨군요!

42. 한 언어치료사의 경험담입니다. 많은 부모가 휴일이나 방학 때에도 비용을 지불할 테니 추가적으로 회기를 진행해 달라는 요청을 합니다. 지금 회기를 한 것처럼 비용을 청구하고, 휴일이나 방학 동안에 회기를 해 달라는 것이지요.

힌트 Nancy Reagan이 자주 하던 말을 인용해 보세요. 그냥 "안 돼요."라고 말하는 거죠.

43. 순회특수교사인 Jane은 3세 여아인 Mary에게 가정에서 행동치료 서

비스를 제공하고 있습니다. Mary의 IEP 목표에는 다른 아동들과 적절한 상호작용을 발전시키는 것이 포함되어 있습니다. Mary의 어머니는 Jane에게 3살 된 아이가 있다는 것을 알고, Jane에게 아이를 데려와 Mary와 놀게 해 달라고 계속해서 요구했습니다. Jane은 전문가로서 취할 적절한 행동이 아니라며 거절했죠. 그러나 Mary의 어머니는 Mary가 사회성 기술을 연습해야 하는데 알고 지내는 다른 아동이 없다고 계속 졸라 댔습니다. Jane은 Mary를 유치원에 보낼 것을 제안했지만, Mary의 어머니는 재정적으로 여유가 없다고 말했습니다. Jane은 점차 그들의 놀이에 대한 요구로 인하여 불편해지기 시작했습니다. 지난주에 베이비 시터가 갑자기 오지 못하게 되는 바람에 Jane은 회기를 취소하기 위해 Mary의 어머니에게 연락을 취했습니다. 그러자 Mary의 어머니는 회기를 취소하는 대신 아이를 데리고 오라고 고집을 부렸습니다. Jane은 난감한 상황에 빠지게 되었습니다.

힌트 42번을 참조하세요.

44. 한 동료가 고객의 가족으로부터 토요일에 보강을 해 달라는 압박을 받고 있다고 털어놓았습니다.

힌트 42번을 참조하세요.

45. 우리 팀 치료사 중 한 언어치료사는 '수다쟁이 Cathy'로 명성이 자자합니다. 이는 그녀의 성격이며 그녀가 관계를 맺는 방식입니다만, 문제는 고객에게 자신의 사생활에 대해서 거침없이 털어놓는다는 것입니다. 여기서의 딜레마는 그녀가 매우 재미있는 사람인데다 사실 고객들은 그녀의 특이한 인생사에 관한 파란만장한 이야기를 듣는 것을 아주 좋아한다는 것입니다. 이것이 우리가 중재에 나서야 할 상황인가요?

힌트 결국은 자연적으로 수반되는 결과에 의해서 이 문제가 해결될 것입니다.

46. 자신의 아이를 조기 중재 프로그램에서 유아특수교육위원회(Committee

on Preschool Special Education: CPSE)의 기금[2] 지원을 받는 프로그램으로 전환하려는 어머니가 있습니다. 그녀는 위원회의 승인 예상 프로그램과는 다른 전환 관련 서비스를 받고 싶어합니다. 자폐로 진단 받은 그 아동은 가정에서 꽤 많은 시수의 ABA 치료와 다른 관련 서비스를 받고 있습니다. 집에서 조기 중재 프로그램을 시행할 사람을 고용하는 일에 대해서 아동의 어머니가 크게 관여했습니다. 어머니와 가정 기반 치료 팀의 팀장은 담당 언어치료사에게 아동이 이룬 발전평가에 대해서는 덜 강조하면서 현재의 약점을 부각시키는 경과 보고서를 작성하라는 의사를 전달했습니다. 바로 다음 회의 전까지 위원장에게 팩스로 보낼 수 있기를 바라고 있었습니다. 하지만 정작 위원회에서는 해당 언어치료사에게 발전평가서를 요구한 바가 없었습니다. 언어치료사는 자신을 조종하려고 드는 요구가 꺼림직했습니다. 그러나 경험상 그녀가 아동의 어머니나 팀장의 마음에 들게 일을 처리하지 않는다면, 치료팀에서 제외될 것이라는 예감이 듭니다.

힌트 규정 1.04를 주의 깊게 살펴보세요. 거기에 답이 있습니다.

47. 자폐 진단을 받은 한 아동이 유아특수교육위원회(CPSE)로부터 자폐성 장애 아동을 위해 설립한 치료 센터의 종일반 프로그램으로의 입학을 권유 받았습니다. 아동의 어머니는 센터를 방문해 프로그램을 살펴본 후 입학을 결정했습니다. 그래서 CPSE는 전환 과정을 시행하기 전에 아동에게 추천했던 내용이 여전히 적절한지 확인하기 위해 1차 회의에서 전해진 대로 2차 회의를 소집하기로 했습니다. 그런데 어머니는 아이가 센터 기반의 프로그램에 다닐 것이 아니라 CPSE의 관리 하에서 집중적인 가정 기반 ABA 서비스를 지속적으로 받아야 하며, 교사의 동반 하에 어린이집에 다녀야 한다고 느끼고 있었습니다. 어머니는 가정 기반 치료 팀의 팀장에게 치료 센터의 직원에게 연락을 취해서 부모가 진정으로 센터 기반 프로그램을 원하지 않는다고 전해 주기를 부탁했습니다. 팀장은 그렇게 하면 치료 기관에서 CPSE 회의에 담

당 직원을 참여시키지 않을 수도 있고, 따라서 그들이 이내 제안 사항을 변경할 수도 있다는 사실을 잘 알고 있습니다. 기관에서 아이에게 필요하다고 생각되는 것과 부모가 원하는 것 사이의 거리가 있는 상태입니다.

힌트 보통 부모들은 전문가를 상대로 그들이 원하는 것을 얻어 냅니다. 하지만 간혹 윤리적인 전문가는 이렇게 말할 것입니다. "네, 그렇죠. 하지만 제게는 안 통할 겁니다."

48. 고객의 가정에서 치료서비스를 제공하는 행동분석적인 훈련을 받은 어느 선생님이 그 가족이 재정적으로 힘들다 보니 아이에게 간단한 생일 파티도 못해 주고 있다는 것을 알게 되었습니다. 선생님은 아동이 안쓰러워 조촐하게라도 파티 비용을 지불하고 싶어 합니다. 그녀는 가족도 이 선물을 받아들일 것을 알고 있습니다.

힌트 규정 1.06(d)를 살펴보세요.

49. 다음의 세 가지 상황에서는 지침이 필요합니다.

(1) 최근 몇몇 치료사들과 교사들이 아이의 생일 파티 혹은 가족 연회에 참석하는 경우가 있다.

(2) 그들은 또한 잦은 현금이나 값비싼 선물(우리 지역에서는 50달러 이하의 가치를 가진 물건의 경우, 간혹 선물하는 것이 허용된다.)을 받고 있을지도 모른다. 이 규칙을 무시하고 어떤 부모들은 편법으로 50달러 이하의 선물을 자주 보내어 결국 그 합계가 50달러를 넘어서게 되기도 한다.

(3) 가끔 조금 더 수입을 늘리고자 치료사들과 교사들이 아동을 돌봐 주고 가족으로부터 직접 돈을 받기도 한다.

힌트 규정 1.06(d)를 살펴보세요.

50. 우리 자문 회사는 텔레비전 광고를 만들고자 합니다. 그런데 우리 고객의 부모 중에는 다른 사람들에게 우리의 서비스가 그들의 삶을 변화시켰다고 말하고 다니는 분들이 있습니다. 그들은 저희가 부추긴 것이

아닌데도 늘 저희를 선전해 주시는 분들이니 텔레비전 광고나 인쇄 광

고물에 짧게 의견을 싣도록 부탁드려도 되지 않을까요?

[힌트] 8.06을 다시 보도록 하세요.

각주

1. 이들은 행동 중재를 실행할 수 있도록 훈련 받은 특수교육 교사들입니다.

2. 이것은 뉴욕 주의 특수 기금의 원천입니다.

부록 D 추가 학술 자료의 추천

Bersoff, D. N. (2003). *Ethical Conflicts in Psychology*. Washington, DC: American Psychological Association.

Bersoff 서적의 제3판은 윤리 규정, 윤리 적용, 비밀 보장, 다중 관계, 평가, 컴퓨터 테스트, 치료 및 연구에 관한 자료를 포함하고 있다. 게다가 그는 슈퍼비전, 동물 실험의 지침, 범죄과학적 현장에서의 윤리, 경영관리 한계 내에서의 윤리적 실행, 미국심리학회(APA)의 2002년 제2 윤리 규정과 2002년 8월에 열린 APA 윤리위원회에서 채택한 APA 회원에 대한 비윤리적 품행에 대한 민원 판결 규칙과 절차에 대한 수정안을 포함하였다.

Canter, M. B., Bennett, B. E., Jones, S. E., & Nagy, T. F. (1999). *Ethics for Psychologists: A Commentary on the APA Ethics Code*. Washington, DC: American Psychological Association.

본 책자의 세 가지 주요 절(section)은 기초, 윤리 규정의 해석, 그리고 결론으로 구성되어 있다. 가장 많은 내용은 각 윤리 기준을 분석하고, 해석을 제공한 '윤리 규정의 해석'에 관한 절이다.

Danforth, S., & Boyle, J. R. (2000). *Cases in Behavior Management*. Upper Saddle River, NJ: Prentice Hall.

본 책자의 전반부는 사회적 시스템 이론의 제시로 시작한다. 그 내용은 행동적 · 정신역동적 · 환경적 · 구조학적 모델을 포함하고 있는 치료 모델과 사례 분석에 대한 정보로 구성되어 있다. 본 책자의 후반부는 교사, 부모, 그리고 돌보는 사람들이 당면하는 행동관리 쟁점을 그린 38개의 사례를 소개하고 있다. 소개하는 여러 장면은 학교 현장(유치원에서부터 고등학교까지)과 연관이 있다. 각 사례는 꽤 구체적이며,

3~4페이지의 분량을 싣고 있다.

Fisher, C. B. (2003). *Decoding the Ethics Code: A Practical Guide for Psychologists*. Thousand Oaks, CA: Sage.

2002년에 제정된 APA의 심리학자를 위한 윤리 원리와 행동 규정을 이 책에 제시했다. 서론에서는 규정이 어떻게 만들어졌는지 설명하고, 이어서 각 윤리기준의 근거와 적용에 대해서 규정의 실행과 더불어 논의되고 있다. 제시된 기타 주제로는 전문적 책임 쟁점, 윤리적 의사결정, 그리고 윤리와 법과의 관련성을 다루고 있다.

Foxx, R. M., & Mulick, J. A. (2016). *Controversial Therapies for Autism and Intellectual Disabilities: Fad, Fashion, and Science in Professional Practice*. New York: Routledge, Inc.

본 책자의 초판이 발행된 지 10년이 지났다. 세상이 많이 변했어도, 여전히 자폐증과 지적장애 분야는 2005년과 그 이후에 나타난 인기몰이, 논란의 여지가 많으며, 과학적 지지와 검증이 부재하고, 타당성은 희박하지만 정치적으로는 문제 없어 보이는 치료로 넘쳐 나고 있다. 본 책자는 Bailey와 Burch가 행동분석가를 위한 윤리와 ABA가 인기몰이 치료가 아닌 이유에 대해 가르치듯이 앞의 내용을 모두 다루고 있다.

Hayes, L. J., Hayes, G. J., Moore, S. C., & Ghezzi, P. M. (1994). *Ethical Issues in Developmental Disabilities*. Reno, NV: Content Press.

본 서적은 다양한 저자의 이론적 연구저널을 모은 것이다. 일부 주제는 선택과 가치, 도덕적 발전, 도덕성, 발달장애인과 관련된 윤리적 쟁점, 역량, 치료에 대한 권리, 윤리와 성인 서비스, 그리고 행동문제에 대한 약물치료의 내용을 포함하고 있다.

Jacob, S., & Hartshorne, T. S. (2003). *Ethics and the Law for School Psychologists*. Wiley, New York.

본 책자는 학교심리학 서비스를 제공하는 것과 관련한 업무적 기준과 법적 필요 요건에 대한 정보를 제시하고 있다. 다루고 있는 주제는 학

생과 부모의 사생활 권리와 고지된 동의, 비밀 보장, 평가, 「미국특수
교육법(IDEA)」과 관련된 윤리적 쟁점, 특수교육 대상 학생의 교육, 교
사와의 자문, 학교의 훈육, 학교 규정 위반 방지, 그리고 슈퍼비전에
서의 윤리적 쟁점을 포함하고 있다. 본 책자는 또한 2002년에 수정한
APA의 윤리 원리와 행위 규정의 변화를 다루고 있다.

Jacobson, J. W., Foxx, R. M., & Mulick, J. A. (Eds.). (2005). *Controversial
Therapies for Developmental Disabilities: Fad, Fashion, and
Science in Professional Practice*. Mahwah, NJ: Lawrence Erlbaum
Associates.

세 사람의 저자는 관련 분야 중 발달장애 치료에서 인기몰이, 오류, '위
장치료'와 사기에 관련된 내용을 백과사전 식으로 편찬하는 데 큰 이바
지를 했다. 필히 소장할 필요가 있는 참고문헌은 모든 행동분석가에게
는 필독 도서다. 28장에서 소개한 몇 개의 샘플 제목만 살펴봐도 거의
30명의 전문가들이 택한 방법에 대한 아이디어를 인지할 수 있다. 여
기에는 '터무니없는 치료로부터 건전한 치료를 걸러 내기' '완전 통합
의 허구' '촉진된 의사소통: 인기몰이 치료법'이 포함되어 있다.

Koocher, G. P., & Keith-Spiegel, P. C. (1990). *Children, Ethics, and the
Law: Professional Issues and Cases*. Lincoln: University of Nebraska
Press.

본 책자는 아동, 청소년, 그리고 그들의 가족을 위해 종사하는 정신건
강 직업인이 접하는 윤리적·법적 쟁점을 요약하였다. 본 책자는 아
동에 대한 심리치료, 평가, 비밀 보장과 기록 유지, 치료와 연구 동의
에 관련된, 그리고 법적 쟁점의 해결에 대해 기술하고 있다. 사례 장면
들은 현재 토의 중인 윤리적·법적 딜레마를 잘 설명하도록 제공되고
있다.

Lattal, A. D., & Clark, R. W. (2005). *Ethics at Work*. Atlanta: Aubrey
Daniels International, Inc.

직업 현장에서 일하는 행동분석가를 위해 본 책자는 독자의 윤리 기준으로 사용할 수 있는 서적이다. 두 저자는 도덕적 정직성을 형성하고, 윤리적 판매를 성취하며, 윤리적으로 행동함과 동시에 윤리를 습관으로 만들 수 있는 모든 중요한 쟁점을 다루고 있다. 수업에서 토의를 유도하기 위해 사용할 수 있는 많은 사례가 소개되어 있다.

Nagy, T. F. (2000). *An Illustrative Casebook for Psychologists*. Washington, DC: American Psychological Association.

본 책자에서는 APA 윤리위원회의 심리학자를 위한 윤리 원리와 행위 규정의 102개 기준을 소개하고 있다. 책 내용의 설명을 위해 재구성된 사례 장면은 APA 규정의 핵심 영역, 즉 일반적 기준, 평가, 검사, 혹은 중재, 광고와 다른 공적 진술, 치료, 사생활과 비밀 보장, 교육과 훈련 슈퍼비전과 연구 및 출판, 법의학적 활동 그리고 윤리적 쟁점 해결하기를 잘 그려 내고 있다.

Offit, P. A. (2008). *Autism's False Prophets: Bad Science, Risky Medicine, and the Search for a Cure*. New York: Columbia University Press.

"백신 국가 전문가인 저자 Offit은 일반 사람들을 터무니없이 현혹시키는 현대판 거짓 선지자들에게 도전을 하고, 그들을 지지하는 변호사, 언론인, 명사, 그 정치가의 기회주의를 밝혀내고 있다. 저자는 자폐증 연구의 역사와 극렬분자의 이러한 서글픈 상황의 착취행각을 역설하고 있다. 그는 유명 미디어에서의 과학에 대한 조작과 법정 투쟁을 언급했고, 사회는 수많은 반백신주의자들이 주창하는 허위 과학과 위험한 치료에 왜 맥을 못 추는지 그 실태를 파헤쳤다."(책 표지에서)

Pope, K. S., & Vasquez, M. J. T. (1998). *Ethics in Psychotherapy and Counseling*. San Francisco, CA: Jossey-Bass.

본 서적은 정신건강 직업인의 일터에서 윤리적인 딜레마가 발생하는 영역을 추적했다. 다루고 있는 쟁점은 고지된 동의, 고객과의 성적 혹은 비성적 관계, 문화와 개인적인 차이, 슈퍼비전 관계, 그리고 비밀 보

장이다. 행위 규정과 심리학자를 위한 윤리 원리, 기관 관리 현장에서
일어나는 윤리적인 상담에 대한 지침이 부록에 포함되어 있다.

Stolz, S. B., & Associates. (1978). *Ethical Issues in Behavior Modification*.
San Francisco, CA: Jossey-Bass.

1974년, APA는 심리학에서 야기된 사회적·법적·윤리적 논란이 된
쟁점을 검토하는 위원회를 구성했다. 본 위원회에서는 또한 행동수정
방법의 사용 및 남용과 관련된 필요 요건을 제시하였다. 본 역사적인
책자는 외래환자 현장, 보호시설, 학교, 감옥, 지역사회를 포함한 현장
에서 적용하는 행동수정의 윤리를 다루고 있다. 아울러 치료중재 관련
윤리 쟁점도 포함하고 있다.

Van Houten, R., & Axelrod, S. (Eds.). (1993). *Behavior Analysis and
Treatment*. New York: Plenum Press.

두 저자는 응용행동분석 분야의 30명의 전문가를 설득하여 해당 분야
에 대한 그들의 평가를 요청해서 치료를 위한 최적의 환경을 창출할
수 있는 방법을 제시하고, 질적인 보호와 최고 수준의 치료를 위한 평
가를 제공해 줄 것을 요청했다. 8장 '최적의 치료 절차를 선택하기 위
한 의사결정 모델'은 3판 16장의 기초가 되었다.

Welfel, E. R., & Ingersoll, R. E. (2001). *The Mental Health Desk Reference*.
New York: Wiley.

본 책자의 10부는 '윤리적·법적 쟁점'이다. 본 절(section)에서는 윤
리적 불만 사항 접수, 사생활에 대한 고객의 권리, 고지된 동의서, 책
임 있는 문서화 처리, 아동 학대 보고, 노인 학대의 인지, 슈퍼비전, 그
리고 관리-보호 기관과의 책임 있는 상호작용에 대한 절차를 다루고
있다.

각주

제3장

1. 행동분석 분야에서 일하는 사람들로부터 직접적으로 인용하여 제출된 사례로서 따옴표로 표시한 것이다.

2. 뗏목 타기. 2015년 12월 23일판 위키피디아에서 검색. https://en.wikipedia.org/wiki/Rafting

3. 규정 조항으로 표기된 RBT는 규정 조항이 등록 행동실무사(Registered Behavior Technicians)에게 적용되는 것을 의미한다.

제7장

1. '요보호 대상자'에 대해서 더 구체적으로 정의하고 있다. 볼주립대학교 연구충실도 사무실의 홈페이지를 방문하시오. http://cms.bsu.edu/about/adminsitrativeoffices/researchintegrity/humansubjects/resources/protectedpopulationgroups

제9장

1. 출처: 펜실베이니아 규정. 본 규정 § 6400.191의 조항은 1982년 1월 22일까지 수정되어 1982년 3월 1일까지 유효함-12 Pa.B. 384. 1991년 8월 9일에 수정되어 1991년 11월 8일까지 유효함-21 Pa.B. 3595. 연결된 페이지(131375)에서 본 페이지 바로 앞에 소개됨. www.pacode.com/secure/data/055/chapter6400/s6400.191.html

2. VB-MAPP 전환 평가, 32쪽

3. VB-MAPP 기초 평가, 21쪽

제10장

1. 교정적 피드백은 7가지의 구성 요소를 포함한다. 긍정적이고 동감적인 진술을 제시하고, 슈퍼비전 피제공자가 올바르게 수행한 것을 언급해 주며, 슈퍼비전 피제공

자가 올바르지 않게 수행한 것을 명시하고, 수행 과정에서 바람직한 변화가 필요한 이유를 알려 주며, 3번째 단계부터 비효과적인 수행에 대해 어떻게 개선하는지 설명과 더불어 실제 표본을 보여 주고, 바람직한 목표 수행 과정을 연습할 수 있는 기회를 제공하며, 마지막으로 즉각적인 피드백과 (필요 시) 정적 강화를 제공한다. 본 내용은 Reid, Parsons, 그리고 Green(2012)과 BACB(2012)에서 발췌했다.

제11장

1. 더 많은 정보를 원하면 Reiki, 즉 www.reiki.org/faq/whatisreiki.html을 참고

제12장

1. 본 규정 조항은 실제적인 불법적 행동을 구성하는 어떠한 행위에 대해서 다루지 않았음을 주목하라. 불법적 행동을 인식하는 상황에서 여러분은 적절한 상급자에게 보고하여 그들이 이 문제를 다루게 할 필요가 있다.

2. 플로리다주 마이애미시 소재 World Evolve 회사는 웹페이지(http://www.world-evolve.com)에 직원을 위한 이러한 공식 선언을 게재했다.

3. 관련 규정은 42 USC §1320d-5다.

4. HIPAA에 관한 정보는 다음의 홈페이지에서 얻을 수 있다. http://www.amaassn.org/ama/pub/physician-resources/solutions-managing-your-practice/coding-billing-insurance/hipaahealth-insurance-portability-accountability-act/hipaa-violations-enforcement.page?

제13장

1. 대체치료에 대한 정보를 원하면 다음 홈페이지에서 찾을 수 있다. http://www.sciencedaily.com/releases/2015/02/150226154644.htm.

2. 대체치료에 대한 정보를 원하면 다음 홈페이지에서 찾을 수 있다. http://www.forbes.com/sites/emilywillingham/2013/10/29/the-5-scariest-autism-treatments/

3. 2015년 3월 18일 Computerweekly.com에 게재된 "Premera 보험회사의 해킹으로 인하여 1천1백만 건의 재정 및 의료 기록이 노출되었다."는 내용에서 발췌했다. 2015년 12월 12일에 다음의 링크로 검색되었다. http://Computerweekly.com/news/2240242508/Premera-hack-exposes-11-million-financial-and-medical-records

4. 관련 팟캐스트의 인터뷰 내용은 다음 홈페이지에서 시청할 수 있다. http://

www.stitcher.com/podcast/wwwstitchercompodcastspecialparentsconfidenti
al/special-parents-confidential/e/special-parents-confidential-episode-15-
applied-behavior-analysis-33753177

5. 위원회에서 추천 내용을 담은 광고 표현을 검토하였는데, 분명하고 두드러지게 '전
형적이지 않은 결과'라고 표현했는지, 아니면 더 강하게 "이 추천 내용은 일부 사람
들의 경험에 기초하였기에 당신에게 같은 결과가 나타나지 않을 수 있다."라고 표
현했는지 여부를 가려내려고 했다. 추천 내용의 어느 것도 드러난 경험이 일반적으
로 대표성을 갖고 있다는 의미 전달을 적절하게 제한하지 못했다. 본 연구에 기초
하여 추천자가 경험했던 것을 일반 소비자들도 같은 경험을 할 것이라고 기대하고
적용시키는 것은 한계가 있을 것이라는 유의 사항 고지 내용이 효과가 없을 것이라
고 위원회는 믿고 있다.

그럼에도 불구하고, 위원회는 보편성에 대한 강력한 유의 사항 고지는 특정 광고
의 맥락에서는 효과가 있을 것이라는 가능성을 배제할 수 없다. 위원회가 형법 절
차에서 증거에 대한 부담을 갖고 있다고 할지라도, 그러한 유의 사항 고지 내용을
포함한 광고에 대한 첫인상은 진정성이 있다는 것을 입증하는 신뢰도 있는 경험적
검증과정을 거친 한 광고자는 첫 사례에서의 그런 조치의 시작 위험성을 피할 수
있음을 위원회는 주목하고 있다.

직접 혹은 우회적으로 표현한 내용에 의해서 '실제적인 소비자'라고 보증하는 광
고는 영상 혹은 청취 내용 중에 실제의 소비자를 등장시키거나 그렇지 못했을 때에
는 분명히, 그리고 두드러지게 광고 속에 등장하는 사람들은 광고 내용의 서비스를
제공 받는 실제 인물이 아님을 고지해야 한다.

6. 연방무역협회(FTC)의 관련 규정은 § 255.2 소비자 보증이다.

(a) 광고하는 상품 혹은 서비스 수행과 관련하여 한 명 이상의 소비자의 보증을 담고
있는 광고는 상품 혹은 서비스가 광고에 표현된 목적에 효과적이라는 것으로 대변
하도록 해석되어야 할 것이다. 그래서 광고주는 적절한 증명 내용을 소지하거나 의
존해야 한다. 광고주가 보증할 다른 사람을 통하지 않고 직접 표현하려 한다면, 스
스로 나타내야 할 주장을 보충할 수 있도록 가능하면 유력하고 신뢰성 있는 과학적
증거를 포함해야 한다. 소비자가 보증하는 내용 자체는 그다지 유력하고 신뢰성 높
은 과학적 증거가 되지 못한다.

(b) 상품 혹은 서비스의 중심, 핵심 특성에 대해서 한 사람 이상의 소비자가 사용한 경
험과 관련된 보증 내용을 담고 있는 광고는 보증하는 사람의 경험이 소비자들이 일
반적으로 광고된 상품 혹은 서비스를 실제적, 때로는 다양한 사용 조건에서 경험할
수 있는 것을 대표하는 것으로 비추어질 수도 있다. 그래서 광고주는 이러한 대표

성 표현을 사용할 때 충분한 검증 자료를 갖고 있고, 그것에 의존해야 한다. 광고주의 추천 소비자 경험 사례가 일반 소비자들도 느낄 수 있는 동일함에 대한 입증 자료가 없다면, 광고는 표현되는 상황 하에서만 일반적으로 기대하는 효과가 나타난다고 분명하게 보여 주어야 한다. 그때 광고주는 그런 표현에 대해서도 충분한 검증 자료를 갖고 있어야 하고, 그것에 의존해야 한다.

7. IBS의 승인을 얻어 본 자료를 사용한다.

제14장

1. HHS의 홈페이지인 http://www.hhs.gov/ohrp/humansubjects/guidance/belmont.html에서 관련 내용의 전체 전언 참조

2. 뉴욕타임스 1987년 5월 24일의 '미국인의 정신지체에 대한 상위 연구자의 작업의 위증 사례 찾기'에서 인용하였고, 다음에서 검색할 수 있다. http://www.nytimes.com/1987/05/24/us/us-study-finds-fraud-in-top-researcher-s-work-onmentally-retarded.html.

3. 미국의 관련 규정을 다음에서 읽을 수 있다. http://www.acl.gov/programs/AIDD/DDA_BOR_ACT_2000/p2_tI_subtitleA.aspx

4. 행동분석 프로그램(BAP)은 휴스턴대학교 클리어레이크 분교의 Lerman 박사의 승인을 받아 본 시나리오를 공유했다.

제19장

1. 수정액, 즉 화이트아웃은 본문의 수정 부분을 지우고자 종이에 바르는 불투명하면서 보통 흰색의 용액이다. 한 번 마르면, 그 위에 덧 쓸 수 있다. 일반적으로 작은 병 속에 담아 포장을 했고, 뚜껑에 병 속에 깊이 담글 수 있는 브러시가 붙어 있다(혹은 세모 폼 유형). 브러시를 사용하여 용액을 종이에 바르게 된다. 본 정보는 'Wite-Out'이라는 제목으로 2015년 8월 14일 위키피디아에서 검색된 내용이고, 주소는 다음과 같다. http://en.wikipedia.org/wiki/Wite-out

제20장

1. 기관 규정의 최신 버전을 보려면 COEBO.com을 찾으면 된다.

2. 원래 Bailey 박사가 초안을 썼다.

3. COEBO 활동에 참여하려면 연락인과 연락처는 다음과 같다. 연락인: Adam Ventura, 이메일 adamvent@gmail.com

참고문헌

Administration on Intellectual and Developmental Disabilities (AIDD). (2000). *The developmental disabilities assistance and bill of rights act of 2000*. Washington, DC: Author.

American Psychological Association (APA) (2001). *PsychSCAN: Behavior analysis & therapy*. Washington, DC: Author.

American Psychological Association (APA) (2002). Ethical principles and code of conduct. *American Psychologist*, 57, 1060–1073.

Axelrod, S., Spreat, S., Berry, B., & Moyer, L. (1993). A decision–making model for selecting the optimal treatment procedure. In R. Van Houten, & S. Axelrod (Eds.), *Behavior analysis and treatment* (pp. 183–202). New York: Plenum Press.

Ayllon, T., & Michael, J. (1959). The psychiatric nurse as a behavioral engineer. *Journal of the Experimental Analysis of Behavior, 2,* 323–334.

Baer, D. M., Wolf, M. M., & Risley, T. R. (1968). Some current dimensions of applied behavior analysis. *Journal of Applied Behavior Analysis, 1,* 91–97.

Bailey, J. S., & Burch, M. R. (2010). *25 Essential skills and strategies for the professional behavior analyst: Expert tips for maximizing consulting effectiveness*. New York: Routledge.

Bailey, J. S., & Burch, M. R. (2011). *Ethics for behavior analysts*. New York: Routledge.

BBC Radio (1999, January 26). *Ten least respected professions* [Radio]. Retrieved December 30, 2015, from http://news.bbc.co.uk/2/hi/uk_news/politics/2013838.stm

Behavior Analyst Certification Board (BACB) (1998–2010). *Disciplinary standards, procedures for appeal.* Retrieved January 2, 2005, from www.bacb.com/redirect_frame.php?page=disciplineapp.html

Behavior Analyst Certification Board (2012). *BACB newsletter, special edition on supervision.* September 2012. Retrieved August 9, 2015, from http://bacb.com/wp-content/uploads/2015/07/BACB_Newsletter_9-12.pdf

Behavior Analyst Certification Board. (2014a). *BACB newsletter, special edition on supervision.* November 2014, p. 10. Retrieved August 9, 2015, from http://bacb.com/wp-content/uploads/2015/07/BACB_Newsletter_11-14.pdf

Behavior Analyst Certification Board (2014b). *Professional and ethical compliance code for behavior analysts.* Retrieved August 8, 2015, from http://bacb.com/wp-content/uploads/2015/05/BACB_Compliance_Code.pdf

Behavior Analyst Certification Board (2014c). *BACB newsletter.* September 2014, p. 2. Retrieved August 10, 2015, from http://bacb.com/wp-content/uploads/2015/07/BACB_Newsletter_09-14.pdf

Binder, R. L. (1992). Sexual harassment: Issues for forensic psychiatrists. *Bulletin of the Academy of Psychiatry Law, 20,* 409–418.

Borys, D. S., & Pope, K. S. (1989). Dual relationships between therapist and client: A national study of psychologists, psychiatrists, and social workers. *Professional Psychology: Research and Practice, 20,* 283–293.

Carnegie, D. (1981). *How to win friends and influence people.* New York: Pocket Books/Simon & Schuster, Inc.

Chhokar, J. S., & Wallin, J. A. (1984a). A field study of the effect of feedback frequency on performance. *Journal of Applied Psychology, 69,* 524–530.

Chhokar, J. S., & Wallin, J. A. (1984b). Improving safety through applied behavior analysis. *Journal of Safety Research, 15,* 141–251.

Cooper, J. O., Heron, T. E., & Heward, W. L. (2007). *Applied behavior analysis,* (2nd ed.). Upper Saddle River, NJ: Pearson Education.

Crouhy, M., Galai, D., & Mark, R. (2006). *The essentials of risk management.* New York: McGraw Hill.

Daniels, A., & Bailey, J. (2014). *Performance Management: Changing behavior that drives organizational effectiveness,* (5th ed.). Atlanta: Performance Management Publications.

Eliot, C. W. (1910). *Harvard classics volume 38*. New York: P. F. Collier and Son.

Foxx, R. M., & Mulick, J. A. (2016). *Controversial therapies for autism and intellectual disabilities: Fad, fashion, and science in professional practice*. New York: Routledge, Inc.

Hill, A. (1998). *Speaking truth to power.* New York: Anchor.

Iwata, B. A., Dorsey, M. F., Slifer, K. J., Bauman, K. E., & Richman, G. S. (1982). Toward a functional analysis of self-injury. *Analysis and Intervention in Developmental Disabilities, 2,* 3-20.

Jacobson, J. W., Foxx, R. M., & Mulick, J. A. (2005). *Controversial therapies for developmental disabilities.* Mahwah, NJ: Lawrence Erlbaum Associates, Inc.

Koocher, G. P., & Keith-Spiegel, P. (1998). *Ethics in psychology: Professional standards and cases* (2nd ed.). New York: Oxford University Press.

Krasner, L., & Ullmann, L. P (Eds.). (1965). *Research in behavior modification.* New York: Holt, Rinehart and Winston, Inc.

Lenard, J. A. (2012). *K.G. vs. Elizabeth Dudek*, Case No. 11-20684 Florida Agency for Health Care Administration, Judge Joan A. Lenard, presiding, March 2012.

Mason, S. A., & Iwata, B. A. (1990). Artifactual effects of sensoryintegrative therapy on self-injurious behavior. *Journal of Applied Behavior Analysis, 23*(3), 361-370.

May, J. G., Risley, T. R., Twardosz, S., Friedman, P., Bijou, S. W., Wexler, D., et al. (1976). Guidelines for the use of behavioral procedures in state programs for retarded persons. *M.R. Research, NARC Research & Demonstration Institute, 1*(1), 1-73.

McAllister, J. W. (1972). *Report of resident abuse investigating committee.* Tallahassee, FL: Division of Retardation, Department of Health and Rehabilitative Services.

Miltenberger, R. G. (2015). *Behavior modification: Principles and procedures*, (6th ed.). Farmington Hills, MI: Wadsworth Publishing.

National Association for Retarded Citizens (1976, November). *Mental retardation news.* Arlington, TX: National Association for Retarded Citizens.

Neuringer, C., & Michael, J. L. (Eds.). (1970). *Behavior modification in clinical psychology.* New York: Apple-Century-Crofts.

Ontario Consultants on Religious Tolerance (2004). Introduction to the ethic of reciprocity (a.k.a. the Golden Rule). Kingston, ON, Canada. Retrieved November 12, 2010 from http://www.religioustolerance.org/mor_dive3.htm

Reid, D. H., Parsons, M. B., & Green, C. W. (2012). *The supervisor's guidebook: Evidence-based strategies for promoting work quality and enjoyment among human service staff.* Morganton, NC: Habilitative Management Consultants.

Scott, J. (1988, September 20). Researcher admits faking data to get $160,000 in funds. *The Los Angeles Times.* Retrieved from http://articles.latimes.com/1988-09-20/news/mn-2318_1_research-fraud

Shermer, M. (2002). Smart people believe in weird things. *Scientific A merican,* August 12, 35.

Skinner, B. F. (1938). *Behavior of organisms.* New York: Appleton-Century.

Skinner, B. F. (1953). *Science and human behavior.* New York: Macmillan.

Skinner, B. F. (1957). *Verbal behavior.* New York: Appleton-Century-Crofts.

Sprague. R. (1998). *Telling people what they do not want to hear: Making a career of this activity as a psychologist.* Division 33, American Psychological Association conference, San Francisco, August.

Spreat, S. (1982). *Weighing treatment alternatives: Which is less restrictive?* Woodhaven Center E & R Technical Report 82-11(1). Philadelphia: Temple University.

Sundberg, M. L. (2008). *The verbal behavior milestones assessment and placement program: The VB-MAPP guide.* Concord, CA: AVB Press.

Tufte, E. (1983). *The visual display of quantitative information.* Cheshire, CT: Graphics Press.

Ullmann, L. P., & Krasner, L. (Eds.) (1965). *Case studies in behavior modification.* New York: Holt, Rinehart and Winston, Inc.

U.S. Equal Employment Opportunity Commission (EEOC) (2004). *Sexual harassment charges: EEOC & FEPAs combined: FY 1997–FY 2009,* p. 288. Retrieved November 12, 2010, from http://www.eeoc.gov/eeoc/statistics/enforcement/sexual_harassment.cfm

U.S. Equal Employment Opportunity Commission (EEOC) (2014). *EEOC Releases fiscal year 2014 enforcement and litigation data.* Retrieved July 27, 2015, from http://www1.eeoc.gov/eeoc/newsroom/release/2-4-15.cfm

U.S. Study Finds Fraud in Top Researcher's Work on Mentally Retarded. (1987, May 24). *The New York Times*. Retrieved from http://www.nytimes. com/1987/05/24/us/us-study-finds-fraud-in-topresearchers-work-onmentally-retarded.html

Van Houten, R., Axelrod, S., Bailey, J. S., Favell, J. E., Foxx, R. M., Iwata, B. A., et al. (1988). The right to effective behavioral treatment. *Journal of Applied Behavior Analysis, 21*, 381-384.

Wolf, M., Risley, R., & Mees, H. (1964). Application of operant conditioning procedures to the behaviour problems of an autistic child. *Behaviour Research and Therapy, 1*, 305-312.

Wilson, R., & Crouch, E.A.C. (2001). *Risk–benefit analysis*, (2nd ed.). Cambridge, MA: Harvard University Center for Risk Analysis.

Wyatt v. Stickney. 325 F. Supp 781 (M.D. Ala. 1971).

찾아보기

〈인명〉

⟨내용⟩

저자 소개

Jon S. Bailey

Jon S. Bailey 박사는 플로리다주립대학교의 심리학과 명예교수로서, 행동분석가를 위한 대학원 과정에서 학생들을 가르치고 있다. 그는 행동분석가 자격증 위원회(Behavior Analyst Certification Board®)의 창립 임원이며, 전문 행동분석가 협회(Association of Professional Behavior Analysts: APBA)의 전 회장이었다.

Mary R. Burch

Mary R. Burch 박사는 국제행동분석가(Board Certified Behavior Analyst®) 자격증 소지자이며, 25년 이상 발달장애 분야의 임상경험을 갖고 있다. 그녀는 행동전문가, QMRP(지적장애 전문가)이며, 발달장애, 정신보건, 유치원 분야에서 임원으로 근무하였다.

역자
소개

양문봉(Dr. Yang, Moon Bong)
백석대학교 특수교육과 교수로 학부와 교육대학원에서 응용행동분석 과목을 가르치고 있다. BCBA 시험 한국어 번역 및 리뷰 위원회 대표(Coordinator of Korean Translation and Review Committe)와 한국행동분석학회 및 한국특수교육총연합회의 임원으로 활동하고 있고, ABA기관인 (사)에듀비전의 공동대표이다.

이성봉(Dr. Lee, Sung Bong)
백석대학교 특수교육과 교수로 학부와 교육대학원에서 응용행동분석 과목을 가르치고 있다. 백석대학교 사범학부 학부장, 한국특수교육학회 이사, 한국자폐학회 이사, 한국발달장애학회 이사이며 한국행동분석학회 전 회장이었다.

조정연(Dr. Cho, Jung Yeon)
대구사이버대학교 행동치료학과 학과장으로 재직하고 있다. 정서·행동장애아교육 전공박사와 국제행동분석학회(ABAI) 정회원으로 아동·청소년 행동지도 한국지부(KACBT) 디렉터로 활동하고 있으며, 30년 이상의 발달장애 현장 임상경력과 한국행동분석전문가, 행동치료사 1급, 발달장애교육 및 발달진단평가전문가자격 소지자이다.

최진혁(Dr. Choi, Jin Heok)
부산대학교 특수교육과에서 교수로 재직 중이며, 부산대학교 BCBA 과정을 가르치고 있다. BCBA 자격 소지자이며, 응용행동분석을 적용하는 학교인 Fred S. Keller School, Rockland BOCES(Rockland Middle School, Hilltop Elementary School, Valley Cottage Elementary School)에서 교사로 근무하였고, The Faison School for Autism에서 교감급 디렉터로 근무하였다.

행동분석가 윤리
Ethics for Behavior Analysts

2019년 2월 25일 1판 1쇄 발행
2022년 4월 20일 1판 2쇄 발행

지은이 • Joh S. Bailey · Mary R. Burch
옮긴이 • 양문봉 · 이성봉 · 조정연 · 최진혁
펴낸이 • 김 진 환
펴낸곳 • ㈜ **학지사**

04031 서울특별시 마포구 양화로 15길 20 마인드월드빌딩 5층
대표전화 • 02) 330-5114   팩스 • 02) 324-2345
등록번호 • 제313-2006-000265호

홈페이지 • http://www.hakjisa.co.kr
페이스북 • https://www.facebook.com/hakjisabook

ISBN 978-89-997-1762-8   93370

정가 **22,000원**

이 도서의 국립중앙도서관 출판시도서목록(CIP)은 서지정보유통지원시스템
홈페이지(http://seoji.nl.go.kr)와 국가자료공동목록시스템(http://www.nl.go.kr/kolisnet)
에서 이용하실 수 있습니다.
(CIP제어번호: CIP2019003013)

출판 · 교육 · 미디어기업 **학지사**

간호보건의학출판 **학지사메디컬** www.hakjisamd.co.kr
심리검사연구소 **인싸이트** www.inpsyt.co.kr
학술논문서비스 **뉴논문** www.newnonmun.com
원격교육연수원 **카운피아** www.counpia.com